Anke Steenbock

Private Alterssicherung über den Kapitalmarkt

Schriftenreihe des Instituts für Geld- und Kapitalverkehr der Universität Hamburg

Herausgegeben von Prof. Dr. Hartmut Schmidt
Band 18

Bereits erschienen:

Band 1: Jurgeit, Ludwig
Bewertung von Optionen und bonitätsrisikobehafteten Finanztiteln
Anleihen, Kredite und Fremdfinanzierungsfazilitäten

Band 2: Bessler, Wolfgang
Zinsrisikomanagement in Kreditinstituten

Band 3: Helkenberg, Wilhelm-Christian
Anlegerschutz am Grauen Kapitalmarkt
Prognosegrundsätze für Emissionsprospekte

Band 4: Döhrmann, Andreas
Underpricing oder Fair Value
Das Kursverhalten deutscher Erstemissionen

Band 5: Brakmann, Heinrich
Aktienemissionen und Kurseffekte
Deutsche Bezugsrechtsemissionen für die Jahre 1978 bis 1988

Band 6: Daube, Carl Heinz
Marketmaker in Aktienoptionen an der Deutschen Terminbörse

Band 7: Schrader, Torsten
Geregelter Markt und geregelter Freiverkehr
Auswirkungen gesetzgeberischer Eingriffe

Band 8: Janssen, Stefan
Kontraktdesign und Kontrakterfolg von Financial Futures

Band 9: Iversen, Peter
Geld-Brief-Spannen deutscher Standardwerte

Band 10: Redanz, Ulf
Besteuerung von Termingeschäften in Aktienindizes

Band 11: Sender, Gerhard
Zinsswaps
Instrument zur Senkung der Finanzierungskosten oder zum Zinsrisikomanagement?

Band 12: Hohmann, Ralf
Portfolio Insurance in Deutschland
Strategien gegen Aktienkursverluste

Band 13: Fong, Lawrence W.
Werteingrenzung und Bewertung von Devisenoptionen

Band 14: Treske, Kai
Komponenten der Geld-Brief-Spanne am deutschen Aktienmarkt

Band 15: Prigge, Stefan
Zentralbank, Aktienkurssturz und Systemkrise

Band 16: Oesterhelweg, Olaf
Anlegerorientierte Handelsverfahren für den deutschen Aktienmarkt

Band 17: Bolek, Adam
Volatilitätsschwankungen und DAX-Optionen
Auswirkungen auf Bewertung und Risikomanagement

Anke Steenbock

Private Alterssicherung über den Kapitalmarkt

Mit einem Geleitwort von
Prof. Dr. Hartmut Schmidt

Springer Fachmedien Wiesbaden GmbH

Die Deutsche Bibliothek – CIP-Einheitsaufnahme

Steenbock, Anke:
Private Alterssicherung über den Kapitalmarkt / Anke Steenbock. Mit einem Geleitw. von Hartmut Schmidt. – Wiesbaden : DUV, Dt. Univ.-Verl., 1999
(DUV : Wirtschaftswissenschaft) (Schriftenreihe des Instituts für Geld- und Kapitalverkehr der Universität Hamburg; Bd. 18)
Zugl.: Hamburg, Univ., Diss., 1999
ISBN 978-3-8244-0465-0

Lektorat: Ute Wrasmann / Monika Mülhausen

http://www.duv.de

ISBN 978-3-8244-0465-0 ISBN 978-3-322-97644-4 (eBook)
DOI 10.1007/978-3-322-97644-4

Für Heide-Omi

Geleitwort

Die demographische Entwicklung und der internationale Wettbewerb zwingen dazu, nach einer neuen Konzeption für die Alterssicherung in Deutschland zu suchen. Hierzu kann die Wissenschaft beitragen. Das neue Alterssicherungssystem muß ökonomisch überlegen sein: Die finanzielle Absicherung des Alters soll den einzelnen und die Gemeinschaft so wenig wie möglich belasten. Eine in diesem Sinne effiziente Alterssicherung hat zwei Wurzeln. Die Erträge aus Alterssicherungsvermögen müssen in höchstmöglichem Maße den Vorsorgenden zugute kommen, und die Renditen auf Anlagen zur Alterssicherung sollten hoch sein.

Eine Effizienzsteigerung dürfte eine Substitution staatlicher durch private Formen der Alterssicherung voraussetzen. Deshalb ist die Arbeit primär auf die private Alterssicherung ausgerichtet, bei der in Deutschland trotz verschiedener Diskussionsbeiträge ein Reformstau zu verzeichnen ist. Frau Steenbock will durch internationalen Vergleich und auf der Basis allgemeiner wirtschaftswissenschaftlicher Theorie zu einem neuen Leitbild vorstoßen. Sie stellt sich der Herkulesaufgabe, die Alterssicherungssysteme Deutschlands, der USA und Großbritanniens vergleichend darzustellen. Wie sich zeigt, hat sich gerade in Deutschland der Wettbewerb zwischen und innerhalb staatlicher, betrieblicher und individueller Alterssicherung noch nicht entwickelt.

Wenn es im Alterssicherungssystem an wettbewerblicher Kontrolle mangelt, ist mit Effizienzdefiziten zu rechnen. Zwang geht mit Verschwendungsanreizen für die Verwalter der Alterssicherungseinrichtungen einher, während Wettbewerb sie zu guter Leistung herausfordert und Effizienz verspricht. Frau Steenbock macht deutlich, daß es darum geht, Ansatzpunkte für eine wettbewerbliche Kontrolle der Alterssicherungsinstitute zu suchen, was nach dem internationalen Vergleich und einer agencytheoretischen Analyse von Verschwendungsanreizen nicht schwer fällt: Es muß gewährleistet sein, daß jeder beim Einstieg in ein Alterssicherungssystem zwischen mehreren Anbietern von Versorgungs- oder Vorsorgezusagen wählen und sich bei einem oder mehreren Anbietern die Kombination von Alterssicherungsinstrumenten zusammenstellen kann, die in diesem Zeitpunkt seinen Vorstellungen am weitesten entgegenkommt. Aus wettbewerblicher Perspektive spricht alles dafür, während der meist langen Ansparphase den Wechsel von einem Alterssicherungsinstitut zum anderen zuzulassen, womit entsprechende Vermögensübertragungen verbunden sein müßten.

Schließlich sollte jeder am Ende seiner Berufstätigkeit sein angesammeltes Altersvorsorgevermögen an das Institut übertragen können, das dafür die höchsten Rentenleistungen zusagt. Wegen der Entwicklung in Großbritannien und den USA erscheint diese Sichtweise alles andere als unrealistisch.

Frau Steenbock analysiert auch, wie der deutsche Steuergesetzgeber zur marktlichen Kontrolle und Effizienz des Alterssicherungssystems beitragen kann. Sie stößt schließlich zu einer neuen Gesamtkonzeption vor und würdigt vor deren Hintergrund aktuelle Vorschläge zur Weiterentwicklung der privaten Alterssicherung in Deutschland.

Ich wünsche diesem bemerkenswerten Beitrag zur Diskussion um die Reform der Alterssicherung eine gute Aufnahme.

Hartmut Schmidt

Vorwort

Eine neue Konzeption für die Alterssicherung in Deutschland entwickeln zu wollen, ist ein hochgestecktes Ziel, das nur mit vielseitiger Hilfe zu bewältigen war. Allen, die mich unterstützt und mir geholfen haben, die vorliegende Arbeit im September 1998 fertigzustellen, möchte ich an dieser Stelle danken.

Mein besonderer Dank gilt meinem Doktorvater, Herrn Professor Dr. Hartmut Schmidt, der den Anstoß für die Arbeit gegeben, sie stets durch wertvolle Anregungen und Hinweise gefördert und sie in seine Schriftenreihe aufgenommen hat. Ihm verdanke ich auch eine finanzielle Förderung der Veröffentlichung durch die Stiftung des Vereins der Mitglieder der Wertpapierbörse in Hamburg. Herrn Professor Dr. Lutz Fischer danke ich für die Übernahme des Koreferats und Herrn Professor Dr. Carl-Christian Freidank als Vorsitzendem des Promotionsausschusses.

Bedanken möchte ich mich auch bei den Studentinnen und Studenten des Instituts für Geld- und Kapitalverkehr der Universität Hamburg für die freundschaftliche Zusammenarbeit. Schließlich ist die Promotionszeit für mich unzerrtrennlich mit der Lehrstuhltätigkeit und der angenehmen Atmosphäre am Institut verbunden. Vor allem aber danke ich meinen Kolleginnen und Kollegen, deren zahlreichen Ratschläge und aufmunternden Worte ich sehr geschätzt habe. Till hat wesentlichen Anteil an der technischen Umsetzung der Arbeit. Kai machte mir bei Olafs Disputation klar, daß Dissertationen in aller Regel nicht von allein entstehen. Stefans Kritik zeichnete sich stets dadurch aus, daß sie mit konkreten Anregungen verbunden war. Olaf hielt mich dazu an und half mir, stets die Gesamtkonzeption der Arbeit im Auge zu behalten. Vor allem aber gab er mir Mut und Zuversicht, daß meine wirren Gedanken eines Tages eine Dissertation ergeben konnten. Claudia unterstützte mich in jeglicher Hinsicht vor allem in der Endphase der Dissertation und opferte unzählige Stunden für die sprachliche Politur.

Mein Dank gilt auch meinen Freundinnen und Freunden außerhalb des Instituts. Sie haben mir durch "Kleinigkeiten" riesig geholfen und mich enorm motiviert: Ulla, die zur Stelle war, wann immer mir das Wasser bis zum Hals stand; Katrin mit ihrem Hinweis auf Momo; Nina mit den allmorgendlichen Kontrollanrufen; Danja und Dirk durch ihre Zuversicht und fachliche Hilfe; Bini und Bettina mit ihrem ewig offenen Ohr.

Den größten Dank schulde ich allerdings meiner Familie, die mir mein Studium ermöglicht und mich in jeder Hinsicht unterstützt hat. Der Zuspruch und die Geduld meiner Mutter waren unermüdlich.

Anke Steenbock

Inhaltsübersicht

DRITTER TEIL

Abkürzungsverzeichnis

A	Agent
AGI	Adjusted gross income
AIME	Average indexed monthly earnings
AktG	Aktiengesetz
APP	Appropriate personal pension
AVCS	Additional voluntary contribution scheme
BAG	Bundesarbeitsgericht
BDA	Bundesvereinigung der Deutschen Arbeitgeberverbände
betrAV	betriebliche Altersversorgung
BetrAVG	Gesetz zur Verbesserung der betrieblichen Altersversorgung (Betriebsrentengesetz)
BFH	Bundesfinanzhof
BVI	Bundesverband Deutscher Investment-Gesellschaften e.V.
CA	Contributions Agency
COMBS	Contracted out mixed benefit scheme
COMPS	Contracted out money purchase scheme
COSRS	Contracted out salary related scheme
CPS	Current population survey
DAI	Deutsches Aktieninstitut e.V.
EBRI	Employee Benefit Research Institute
ERISA	Employee Retirement Income Security Act
EStG	Einkommensteuergesetz
GmbHG	Gesetz betreffend die Gesellschaften mit beschränkter Haftung
I	Nutzenindifferenzkurve des geschäftsführenden Gesellschafters
IRA	Individual retirement account
IRAn	Individual retirement annuity
IRAr	Individual retirement arrangement
IRC	Internal Revenue Code
IRS	Internal Revenue Service
ISA	Individual savings account
KO	Konkursordnung

KStG	Körperschaftsteuergesetz
KStR	Körperschaftsteuer-Richtlinien
KStDV	Körperschaftsteuer-Durchführungsverordnung
NAPF	National Association of Pension Funds
NBER	National Bureau of Economic Research
n.F.	neue Fassung
OASDHI	Old-Age, Survivors, Disability and Hospital Insurance
OPRA	Occupational Pensions Regulatory Authority
P	Konsum an nicht pekuniären Vorteilen
PBGC	Pension Benefit Guaranty Corporation
PEP	Personal equity plan
PIA	Primary insurance amount
PMI	Pensions Management Institute
Pr	Prinzipal
PSV	Pensions-Sicherungs-Verein Versicherungsverein auf Gegenseitigkeit
PWBA	Pension and Welfare Benefit Administration
RechVersV	Verordnung über die Rechnungslegung von Versicherungsunternehmen
SEP	Simplified employee pension
SERPS	State Earnings Related Pension Scheme
SGB	Sozialgesetzbuch
SIMPLE	Savings incentive match plan for employees of small employers
SSA	Social Security Act
SSA	Social Security Administration
SSCBA 1992	Social Security Contributions and Benefits Act 1992
TA 1988	Income and Corporations Tax Act 1988
TESSA	Tax-exempt special savings account
TIAA-CREF	Teachers Insurance and Annuity Association - College Retirement Equities Fund
TUC	Trades Union Congress
V	Marktwert des Unternehmens
v.F.	vorgeschlagene Fassung
VVaG	Versicherungsverein auf Gegenseitigkeit
W	Marktwert des Vermögens

Verzeichnis der Abbildungen

Verzeichnis der Tabellen

Einführung

Reformen des deutschen Alterssicherungssystems werden seit Jahrzehnten angemahnt. Richteten sie sich zunächst vornehmlich darauf, die Leistungen an die Rentner auszuweiten, stehen seit einigen Jahren der Kostenaspekt und Einsparungen im Vordergrund. Bei der gesetzlichen Rentenversicherung ist in den kommenden Jahren wegen der demographischen und der gesamtwirtschaftlichen Entwicklung mit massiven Einschnitten zu rechnen. Eine um so höhere Bedeutung kommt zukünftig der privaten Alterssicherung zu. Doch auch der Verbreitungsgrad der betrieblichen Alterssicherung geht kontinuierlich zurück. Als Instrument verbleibt die individuelle Alterssicherung. Steuerliche Anreize zur individuellen Alterssicherung bestehen in Deutschland allerdings nur für wenige Anlageformen. Vertreter aus Wissenschaft,[1] Politik[2] und Wirtschaft,[3] insbesondere der Finanzdienstleister, fordern schon seit längerer Zeit, die private Alterssicherung zu stärken und die Vorzüge des Kapitalmarkts zu nutzen. Bisher wurden jedoch erst wenige konkrete Maßnahmen eingeleitet.

Ein Blick über die deutschen Grenzen hinaus zeigt, daß andere Staaten der privaten Alterssicherung einen bedeutend höheren Stellenwert beimessen. In den Alterssicherungssystemen der USA und Großbritanniens erfolgt der Aufbau des privaten Alterssicherungsvermögens über den Kapitalmarkt. In beiden Staaten flankieren steuerliche Anreize die private Alterssicherung. Auch in Deutschland hat sich der Gesetzgeber vorgenommen, die private Alterssicherung steuerlich zu unterstützen.[4] Offen ist allerdings noch, welche Instrumente in welchem Umfang begünstigt werden. Vertreter der Anbieter von privaten Alterssicherungsinstrumenten bemühen sich, jeweils die Vorzüge ihres Instruments herauszustellen, um eine steuerliche Unterstützung aufrechtzuerhalten oder künftig zu erfahren. Wirkt eine steuerliche Förderung

---

1 Sachverständigenrat zur Begutachtung der gesamtwirtschaftlichen Entwicklung (1988), S. 177 - 182; ders. (1994), S. 184f.; Wissenschaftlicher Beirat beim Bundesministerium der Finanzen (1994), S. 64; O. Issing (1996); Sachverständigenrat zur Begutachtung der gesamtwirtschaftlichen Entwicklung (1996), S. 223 - 242.

2 O. Verf. (1996); o. Verf. (1997e); Europäische Kommission (1997).

3 Arbeitsgemeinschaft für betriebliche Altersversorgung e.V. (1995); Deutsches Aktieninstitut e.V. (1995); B. Nürk und A. Schrader (1995); N. Walter (1995); Bundesverband deutscher Banken (1996); Bundesverband Deutscher Investment-Gesellschaften e.V. (1997), S. 29 - 38; Bundesverband deutscher Banken (1998); Bundesvereinigung der Deutschen Arbeitgeberverbände (1998).

4 Deutscher Bundestag (1995), S. 25 (Nr. 48); CDU (1997), S. 11; Bundesrat (1998), S. 29 (Nr. 30).

neben der finanziellen Entlastung doch gewissermaßen wie ein staatliches Gütesiegel, das die Anbieter im Marketing zusätzlich in die Waagschale werfen können. Die haushaltspolitische Lage erlaubt allerdings keine steuerliche Förderung der privaten Alterssicherung nach dem "Gießkannenprinzip". Vielmehr ist die Wissenschaft gefordert, einen Beitrag zur Klärung der Frage zu leisten, welche Formen der privaten Alterssicherung erwarten lassen, daß die steuerliche Förderung den Anleger erreicht und nicht vorab bei den Alterssicherungsinstituten oder ihren Trägern versickert. Dieses Ziel vor Augen gilt es, die derzeit gängigen Formen der privaten Alterssicherung nach potentiellen Reibungsverlusten abzuklopfen und nach neuen Formen Ausschau zu halten.

Sucht man in Deutschland nach neuen Formen der privaten Alterssicherung, bieten sich zwei Vorgehensweisen an: Zum einen liegt es nahe, detailliert die Alterssicherungssysteme der Staaten zu betrachten, in denen die private Alterssicherung einen hohen Stellenwert einnimmt und sich bereits bewährt hat. Möglicherweise lassen sich einzelne Systemmerkmale übernehmen. Ein zweiter Ansatz besteht darin, die gegebenen Strukturen des deutschen Alterssicherungssystems vor dem Hintergrund wirtschaftswissenschaftlicher Theorien zu beleuchten und entsprechende Schlußfolgerungen zu ziehen. Beide Lösungsansätze verfolgt diese Arbeit.

Der erste Teil der Arbeit orientiert sich an der zuerst genannten Vorgehensweise. Nach der Begriffssystematik folgt zunächst eine Bestandsaufnahme des deutschen Alterssicherungssystems. Die detaillierte Kenntnis der Ausgangssituation ist nötig, um fruchtbare Anregungen für Änderungen liefern zu können. In einem nächsten Schritt stellt sich die Frage, worin sich nun das deutsche Alterssicherungssystem von dem der USA und dem Großbritanniens unterscheidet. Der Schwerpunkt liegt auf der betrieblichen Alterssicherung, doch fließen auch individuelle Formen der Alterssicherung, die steuerlich gefördert werden, in die Betrachtungen ein. Dabei gilt es, insbesondere die verschiedenen Arten an Alterssicherungszusagen, ihre Finanzierung und ihre steuerliche Behandlung aufzuzeigen. Die Andersartigkeit der Alterssicherungszusagen läßt zudem Unterschiede in dem Schutz der Alterssicherungsansprüche und in der Information der begünstigten Arbeitnehmer erwarten.

Der zweite Teil der Arbeit folgt der zweitgenannten Vorgehensweise. Da in die private Alterssicherung zahlreiche Personen mit unterschiedlichen Interessen involviert sind, liegt der Verdacht nahe, daß Reibungsverluste das private Alterssicherungsvermögen schmälern. Die Agency-Theorie könnte einen Ansatz bieten, um potentielle Reibungsverluste aufzuzeigen. Darüber hinaus könnte sie auch Anregungen dafür liefern, welche Gegenmaßnahmen sinkende Reibungsverluste erwarten lassen. Die Analyse der Formen der privaten Alterssicherung erfolgt dabei unter dem Aspekt, über wen die Alterssicherung erfolgt: über den Arbeitgeber, über Intermediäre oder den Anleger selbst.

Der dritte Teil der Arbeit macht sich die Ergebnisse der ersten beiden Teile zunutze. Anhand ausgewählter Merkmale wird ein neuer Weg der privaten Alterssicherung entwickelt. Zahlreiche Reformvorschläge, insbesondere zur betrieblichen Alterssicherung, nehmen das geltende Steuerrecht als Ausgangspunkt ihrer Überlegungen und konstruieren entsprechende Instrumente. Dabei bleiben bestehende Strukturen in aller Regel unangetastet. Diese Arbeit schlägt einen anderen Weg ein: Die ersten beiden Teile liefern Anhaltspunkte dafür, welche Formen der privaten Alterssicherung eine bestmögliche Vermögenssituation der Anleger im Alter erwarten lassen. Der dritte Teil skizziert dann die Merkmale, die eine solche Form aufweisen muß. Erst in einem nächsten Schritt erscheint es sinnvoll, die Systemänderungen in der privaten Alterssicherung mit einer grundlegenden Überarbeitung des Steuerrechts zu begleiten. Eine Reform des deutschen Steuersystems im ganzen würde für diese Arbeit allerdings zu weit führen. Es bietet sich statt dessen an, ausgewählte, für die Alterssicherung besonders relevante steuerliche Aspekte unter die Lupe zu nehmen. An Vorschlägen zur Reform der privaten Alterssicherung mangelt es derzeit nicht, gilt es doch für zahlreiche Dienstleister, sich ein riesiges Geschäftsfeld zu erschließen. Deswegen erscheint es besonders interessant, ausgewählte Vorschläge verschiedener Interessengruppen darzustellen und im Lichte der Merkmale zu würdigen, die in dem dritten Teil der Arbeit herausgearbeitet wurden.

Zum Abschluß der Arbeit liegt es nahe, auf die vielschichtigen Auswirkungen einer Reform der privaten Alterssicherung einzugehen, die sich den Kapitalmarkt zunutze macht und eine Vielfalt an Alterssicherungsprodukten und -anbietern mit der Wahlfreiheit der Arbeitnehmer verbindet.

ERSTER TEIL

Alterssicherungssysteme im Überblick

Sucht man in Deutschland nach Reformen in der betrieblichen und individuellen Alterssicherung, liegt es nahe, zunächst eine Bestandsaufnahme der aktuellen Rahmenbedingungen vorzunehmen. Daran anschließend erscheint es sinnvoll, sich ein detailliertes Bild über die Alterssicherungssysteme der Länder zu verschaffen, in denen die betriebliche und die individuelle Alterssicherung besonders ausgeprägt sind. Offenkundig ist das in den USA und in Großbritannien der Fall.[1]

Eine grundlegende Begriffssystematik hat sich in Deutschland im Themenkomplex der Alterssicherung noch nicht durchgesetzt. Sie ist jedoch für internationale Vergleiche unentbehrlich.[2] In Kapitel A wird versucht, eine übergreifende Begriffssystematik zu entwickeln. Die Kapitel B, C und D stellen die Alterssicherungssysteme Deutschlands, der USA und Großbritanniens umfassend vor. Die Analyse richtet sich primär darauf, wie die Formen der privaten Alterssicherung ausgestaltet sind, die der Gesetzgeber steuerlich begünstigt. Erst von nachrangiger Bedeutung ist, auf welche Art und in welchem Umfang sie eine steuerliche Förderung erfahren.

Um die Alterssicherungssysteme im Querschnitt vergleichen zu können, ist eine einheitliche Analysesystematik zwingend notwendig. Ein Überblick über die staatliche Alterssicherung leitet jedes Kapitel ein. Nur vor diesem Hintergrund läßt sich jeweils ein ganzheitliches Bild der Alterssicherung jeden Landes gewinnen und die private Alterssicherung einordnen. Daran anschließend werden die betrieblichen und die individuellen Formen der Alterssicherung betrachtet. Es liegt nahe, zunächst das Spektrum an Alterssicherungszusagen und ihre unterschiedlichen Ausprägungen aufzuzeigen sowie ihren jeweiligen Stellenwert darzulegen. Im Detail interessiert dann, wie Arbeitgeber und Arbeitnehmer betriebliche Alterssicherungszusagen finanzieren und welche steuerlichen Konsequenzen sich ergeben. Die Form der Alterssicherungs-

---

1 In Einzelfällen wird auch auf Modelle anderer Länder hingewiesen, die ihre Alterssicherungssysteme weitgehend privatisiert haben, wie z.B. Chile. Will man jedoch verschiedene Länder vergleichen, um Anregungen für das eigene Land zu sammeln, sollten die ökonomischen Rahmenbedingungen ähnlich sein.

2 Zu Problemen der Begriffsabgrenzung bei internationalen Vergleichen siehe L. apRoberts (1993), S. 55 - 73.

zusage und ihre Finanzierung haben maßgeblichen Einfluß darauf, wie die Alterssicherungsansprüche geschützt sind und in welchem Umfang die Arbeitnehmer informiert werden. Beide Aspekte werden eingehend betrachtet.

Ergänzend zu den betrieblichen Alterssicherungsformen erscheint es sinnvoll, ausgewählte individuelle Formen vorzustellen, zumal der Übergang zwischen beiden Komponenten fließend sein kann. Wenngleich grundsätzlich alle Formen der Vermögensanlage auch der Alterssicherung dienen können, richtet sich der Blick nur auf die Formen, die der Gesetzgeber steuerlich fördert. Auch hier steht der Gedanke im Vordergrund, welche anderen Formen das Ausland unterstützt, um mögliche Anregungen für Reformen in Deutschland zu gewinnen.

A. Begriffssystematik

I. Alterssicherung: Versorgung versus Vorsorge

Alterssicherung umfaßt hier alle Maßnahmen, die dazu dienen, das Leben im Alter finanziell auskömmlich zu gestalten.[1] Alterssicherung läßt sich in Form von Altersversorgung, aber auch in Form von Altersvorsorge betreiben. Beide Ausdrücke findet man in der Literatur häufig als Synonyme. Sie spiegeln jedoch unterschiedliche Erwartungen an die Alterssicherung wider, so daß eine Differenzierung sinnvoll erscheint.

Im Rahmen von Altersversorgung übernimmt ein Institut das Risiko, bei oder ab Eintritt eines bestimmten Ereignisses einen bestimmten Geldbetrag[2] zu leisten. Als Ereignisse kommen der Eintritt in den Ruhestand, Berufs- oder Erwerbsunfähigkeit, Invalidität und bei Leistungen an Hinterbliebene der Tod der versorgungsberechtigten Person in Betracht. Das Institut trägt das Risiko für den Eintritt von mindestens einem dieser Ereignisse.[3] Die Dauer und damit der Umfang der Leistungen ist ungewiß. Das Institut übernimmt somit biometrische Risiken, aber auch Marktrisiken.

Altersvorsorge umfaßt alle Maßnahmen der Vermögensbildung vor Eintritt in den Ruhestand, die der Sicherung eines gewissen Lebensstandards im Alter dienen, ohne daß ein Institut biometrische Risiken trägt. Gleichwohl kann ein Institut Marktrisiken übernehmen.[4] Einzahlungen des Anlegers und Dritter bilden das Vorsorgevermögen.

---

1 Diese Definition ist bewußt weit gefaßt, weil jede Person unterschiedliche Kriterien dafür heranzieht, wann sie sich für das Alter abgesichert fühlt. Im monetären Bereich beispielsweise erachten einige einen Lebensstandard als auskömmlich, der unter dem Lebensstandard während des aktiven Erwerbslebens liegt, andere hingegen erwarten einen Anstieg des Lebensstandards im Alter.

2 Der Geldbetrag muß nicht exakt beziffert sein, sondern kann von verschiedenen Kriterien abhängen, z.B. dem Alter der versorgungsberechtigten Person, der Dauer der Beitragszahlungen oder dem Ertrag aus dem Alterssicherungsvermögen.

3 Eine ähnliche Abgrenzung nimmt Blomeyer vor. W. Blomeyer (1997a), S. 1921. Auch im allgemeinen Sprachgebrauch dominiert der Versicherungscharakter die Altersversorgung. O. Verf. (1972a).

4 Der Arbeitskreis „Betriebliche Pensionsfonds" grenzt Altersversorgung von Altersvorsorge ebenfalls dadurch ab, daß Altersversorgung zwangsweise biometrische Risiken absichert, Altersvorsorge hingegen nicht. W. Gerke u.a. (1998), S. 5.

Sein Marktwert bestimmt die Höhe der möglichen „Entnahmen“ im Alter.[1] Eine Umverteilung des Vermögens zwischen den vorsorgenden Personen erfolgt nicht.[2]

Institute, die Leistungen zum Zweck der Alterssicherung erbringen, werden nachfolgend als Alterssicherungsinstitute bezeichnet. Entsprechend obiger Begriffsabgrenzung wird nach Altersversorgungsinstituten und Altersvorsorgeinstituten unterschieden. Einige Institute bieten Instrumente für beide Formen der Alterssicherung an. Als Versorgungsinstitute kommen der Staat, öffentliche und private Versicherungsunternehmen sowie natürliche und sonstige juristische Personen in Betracht, die eine bestimmte Altersversorgung garantieren. Ein Vorsorgeinstitut erbringt dagegen sämtliche oder einige Dienstleistungen, die in Verbindung mit Vorsorgevermögen anfallen, z.B. die Anlage und Verwahrung oder Verwaltung des Vorsorgevermögens. Hierzu zählen u.a. Kreditinstitute, Vermögensverwalter, Wertpapiersammelstellen und Finanzinstitute.

II. Staatliche versus private und betriebliche versus individuelle Alterssicherung

Die Komponenten der Alterssicherung werden traditionell nach dem Träger oder Organisator in staatliche, betriebliche und individuelle Alterssicherung unterschieden.[3] Aus ökonomischer Sicht verschwimmt die Abgrenzung zwischen betrieblicher und

---

1 W. Blomeyer (1997a), S. 1921.

2 Trotzdem kann im weiteren Sinn eine Umverteilung von Vermögen zwischen dem Anleger und dem Vorsorgeinstitut erfolgen, beispielsweise durch Erhebung von Gebühren, die über die erforderlichen Transaktionskosten hinausgehen.

Eine ähnliche Abgrenzung zwischen Altersversorgung und Altersvorsorge nimmt Schmähl vor. Alterssicherung hat Versorgungscharakter, wenn Einkommen zwischen Personen gezielt umverteilt wird. Altersvorsorge hingegen zeichnet sich dadurch aus, daß Leistungen im Alter auf Vorleistungen in jüngeren Jahren beruhen, gleichgültig ob jemand einen Risikoausgleich vornimmt oder nicht. Hier gilt das Leistungs-Gegenleistungsprinzip. W. Schmähl (1993), S. 475; ders. (1997), S. 5.

3 Weltbank (1994), S. 96 - 99; B. Nürk und A. Schrader (1995), S. 3; C. Spengel und F. Schmidt (1997a), S. 38. Synonym zu individueller Alterssicherung findet man in der Literatur häufig den Ausdruck private Alterssicherung. Im Rahmen dieser Arbeit ist der Begriff private Alterssicherung allerdings umfassender als der Begriff individuelle Alterssicherung, was auf den nachfolgenden Seiten noch deutlich wird.

Weiterhin läßt sich unterscheiden nach dem Finanzierungsverfahren, dem Antrieb der Alterssicherung und dem Ausmaß von Risikoausgleich und Umverteilung. S. Homburg (1988a), S. 5 - 8; ders. (1988b).

individueller Alterssicherung allerdings zunehmend. Im Ausland hat die Abgrenzung bereits an Bedeutung verloren. Deswegen wird in dieser Arbeit lediglich zwischen staatlicher und privater Alterssicherung differenziert.[1] Die Formen der betrieblichen Alterssicherung werden diesen beiden Komponenten dann zugerechnet.

Zur staatlichen Alterssicherung zählt neben der mehr oder minder ausgeprägten Grundsicherung die betriebliche Alterssicherung der öffentlichen Hand. Die private Alterssicherung umfaßt die betriebliche Alterssicherung durch Unternehmen der Privatwirtschaft und die individuelle Alterssicherung.[2] Betriebliche Alterssicherung[3] knüpft an ein Beschäftigungsverhältnis an und bezieht sich in der Regel nur auf Arbeitnehmer. Im weiteren Sinne lassen sich, wie der Blick über die deutschen Grenzen zeigen wird, jedoch auch Selbständige einbeziehen. Individuelle Alterssicherung nehmen die einzelnen Personen selbst vor. Sie unterteilt sich wiederum in individuelle Altersversorgung und individuelle Altersvorsorge. Synonym zu den beiden Ausdrücken werden in dieser Arbeit Eigenversorgung bzw. Eigenvorsorge gebraucht.[4]

Innerhalb der privaten Alterssicherung sind die betriebliche und die individuelle Komponente derzeit genau voneinander abzugrenzen, da sie - vor allem in Deutschland - unterschiedlichen rechtlichen, insbesondere steuer-, arbeits- und insolvenzrechtlichen Rahmenbedingungen unterliegen. Einige Instrumente der Alterssicherung können für einen Arbeitnehmer im Rahmen der betrieblichen Alterssicherung unter dem Aspekt der Nachsteuerrendite attraktiv sein, im Rahmen der individuellen

---

1 Diese Differenzierung findet man auch in Sachverständigenrat zur Begutachtung der gesamtwirtschaftlichen Entwicklung (1988), S. 181; D. Blake (1995); S. K. Chand und A. Jaeger (1996), S. 1; G. A. Mackenzie, P. Gerson und A. Cuevas (1997).

2 Synonym zu privater Alterssicherung findet man in der Literatur häufig den Ausdruck individuelle Alterssicherung. Im Rahmen dieser Arbeit ist der Begriff private Alterssicherung umfassender als der Begriff individuelle Alterssicherung.

3 Wird nachfolgend von betrieblicher Alterssicherung gesprochen, ist stets die betriebliche Alterssicherung durch Unternehmen der Privatwirtschaft gemeint.

In der deutschen Literatur findet man überwiegend den Ausdruck betriebliche Altersversorgung. Aufgrund der Abgrenzung zwischen Vorsorge und Versorgung im vorigen Teilkapitel soll hier jedoch der übergeordnete Ausdruck Sicherung gebraucht werden. Zur Erklärung der dominanten Stellung des Ausdrucks betriebliche Altersversorgung im deutschen Schrifttum siehe auch Seite 26.

4 Eigenvorsorge und Eigenversorgung werden häufig synonym zu privater Altersvorsorge bzw. privater Altersversorgung gebraucht. Eigenvorsorge und Eigenversorgung umfassen im Rahmen dieser Arbeit aber nur einen Teil der privaten Alterssicherung.

Alterssicherung aber uninteressant, da die steuerliche Förderung fehlt. Abbildung I.1 gibt einen Überblick über die Komponenten der Alterssicherung.

Abb. I.1: Komponenten der Alterssicherung

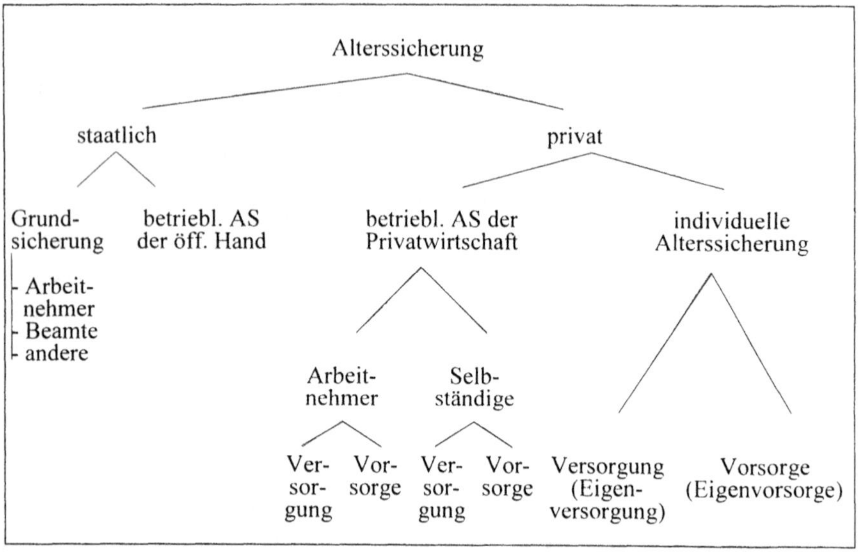

Diese Arbeit beschäftigt sich mit der privaten Alterssicherung "im allgemeinen" und differenziert nach den einzelnen Komponenten, wo es der Rechtsrahmen erfordert. Im Mittelpunkt der gesamten Arbeit steht die Alterssicherung der Arbeitnehmer, wenngleich in einigen Abschnitten auch andere Personengruppen einbezogen werden.[1]

III. Pension Fund und Pension Plan

Aus dem englischen Sprachraum werden häufig die Ausdrücke pension fund und pension plan als Pensionsfonds und Pensionsplan ins deutsche Schrifttum übernommen.[2] Unter Pensionsfonds wird im deutschen Schrifttum in aller Regel sowohl das Institut, das das Alterssicherungsvermögen verwaltet, als auch das Sonder-

---

1 Andere Personengruppen werden nur unter besonderem Hinweis einbezogen.

2 Beispielsweise durch B. Nürk und A. Schrader (1995); H. Lohneiß (1997), S. 217; C. Spengel und F. Schmidt (1997b).

vermögen selbst verstanden. Um die Bedeutungen klar zu trennen, wird in dieser Arbeit von Pensionsfonds oder allgemeiner von Alterssicherungsinstituten gesprochen, wenn das Institut gemeint ist. Das Sondervermögen wird als Alterssicherungsvermögen bezeichnet.[1]

Noch umfassender ist die Bedeutung des Begriffs pension plan im Schrifttum. Nach dem Employee Retirement Income Security Act (ERISA) ist ein pension plan definiert als "any plan, fund or program which was ... established or maintained by an employer ... to the extent that ... such plan, fund or program -

(i) provides retirement income to the employees, or

(ii) results in a deferral of income by employees extending to the termination of covered employment ... ."[2]

Diese Übersetzung von pension plan als Pensionsplan erscheint um so ungeeigneter, als im deutschen Schrifttum unter einem Plan lediglich ein "Entwurf, in dem ein Ziel und seine Verwirklichung gedanklich vorweggenommen werden ... in der Absicht, den gewünschten Effekt möglichst sicher und ohne Umwege zu erreichen"[3] verstanden wird. In dieser Arbeit bezeichnet ein pension plan im engeren Sinne eine Alterssicherungsvereinbarung oder -ordnung. Pension plan im Sinne von fund erhält die oben ausgeführten Bedeutungen als Pensionsfonds (Institut) oder Alterssicherungsvermögen oder -Sondervermögen. Pension plan im Sinne von pension program wird als Alterssicherungsprogramm oder -instrument übersetzt.

Die Begriffssystematik liefert das Rüstzeug, um nachfolgend die Alterssicherungssysteme Deutschlands, der USA und Großbritanniens in einheitlicher Terminologie darzustellen.

---

1 Im Deutschen bezeichnet Pension die Altersversorgung der Beamten durch den Staat. Der Gebrauch des Ausdrucks Pension im Zusammenhang mit Alterssicherung suggeriert damit in der Öffentlichkeit ein hohes Maß an Sicherheit. Im Englischen hingegen ist mit dem Ausdruck pension nicht die Garantie einer bestimmten Altersversorgung verbunden. Der Ausdruck Pension wird deswegen in dieser Arbeit möglichst gemieden und nur in Verbindung mit der Institution Pensionsfonds verwendet. Deutlich wird das Problem beispielsweise in der Diskussion um die Ausdrücke Pensions-Sondervermögen und Altersvorsorge-Sondervermögen im Vorwege der Verabschiedung des Dritten Finanzmarktförderungsgesetzes, in der Marketinggesichtspunkte eine wesentliche Rolle spielten. Siehe dazu Fußnote 1 auf Seite 253 und die dort angegebene Literatur.

2 Sec. 1002 (2) (A) ERISA.

3 O. Verf. (1972b).

B. Alterssicherung in Deutschland

In Deutschland bilden die gesetzliche Rentenversicherung und die Beamtenversorgung als öffentliche Basissysteme die staatliche Alterssicherung. Die gesetzliche Rentenversicherung erfaßt die Arbeitnehmer in der Privatwirtschaft und die im öffentlichen Dienst, die nicht beamtet sind. Die Beamtenversorgung bezieht sich nur auf Beamte. Selbständige unterliegen in der Regel nicht der staatlichen Alterssicherung.[1] Der Staat ist auch Träger der Zusatzversorgung für die nicht beamteten Arbeitnehmer im öffentlichen Dienst. Diese Komponente ist im weiteren Sinn der betrieblichen Alterssicherung zuzuordnen, da der Staat die Alterssicherung in Funktion des Arbeitgebers der versorgungsberechtigten Personen übernimmt.[2]

Unterschiedliche Komponenten der privaten Alterssicherung ergänzen die staatliche Alterssicherung. Arbeitnehmer der Privatwirtschaft können Alterssicherungszusagen ihres Arbeitgebers erhalten und sich individuell für das Alter absichern. Selbständige betreiben Alterssicherung in der Regel allein auf privater Basis, zum Teil gehören sie berufsständischen Versorgungswerken an.[3]

Tabelle I.1 stellt die Formen der Alterssicherung für verschiedene Arbeitnehmergruppen in Deutschland dar. Die grau schraffierte Fläche kennzeichnet wiederum alle Formen der privaten Alterssicherung. Sie sind Gegenstand der Reformdiskussion in dieser Arbeit.

---

1 Obwohl sich nicht versicherungspflichtige Personen nach § 7 SGB VI freiwillig in der gesetzlichen Rentenversicherung versichern dürfen, machen davon nur wenige Gebrauch. Der Anteil der freiwilligen Beitragszahler betrug in 1995 sowohl in den alten als auch in den neuen Bundesländern nur 2 % der Versicherten. Bundesregierung (1997a), S. 13 und 19. Der Anteil der Selbständigen an den Erwerbstätigen (Beamten ausgenommen) betrug hingegen immerhin knapp 12 %. Statistisches Bundesamt (1997), S. 104f.

2 Zur Frage, inwieweit das Betriebsrentengesetz, das vornehmlich Arbeitnehmer der Privatwirtschaft schützen soll, sich auch auf die Zusatzversorgung des öffentlichen Dienstes erstreckt, siehe W. Weinert (1975).

3 Siehe dazu z.B. J. Bieling (1998), S. 748 - 754.

Tab. I.1: Formen der Alterssicherung für verschiedene Arbeitnehmergruppen in Deutschland

Arbeitnehmergruppe / Form der Alterssicherung	Arbeitnehmer in der Privatwirtschaft	Arbeitnehmer im öffentlichen Dienst	
	Arbeiter/ Angestellte	nicht beamtet	Beamte
Staatliche Alterssicherung	gesetzliche Rentenversicherung		Beamtenversorgung
Betriebliche Alterssicherung	Betriebliche Altersversorgung	Zusatzversorgung des öffentlichen Dienstes	
Individuelle Alterssicherung	Individuelle Altersvorsorge und -versorgung		

In Anlehnung an W. Schmähl (1981), S. 646.

Für nichtselbständig Beschäftigte übernimmt die gesetzliche Rentenversicherung den größten Versorgungsanteil. Der Anteil der öffentlichen Transferzahlungen am Einkommen der Rentnerhaushalte betrug in 1993 über 70 %. Die nächst bedeutende Einkommensquelle bildete für die deutschen Rentner das Einkommen aus Vermögen mit einem Anteil am Gesamteinkommen von gut 20 %. Betriebsrenten machten hingegen nur knapp 6 % aus.[1] Dabei fällt auf, daß Einkommen aus Vermögen und Betriebsrenten bei Rentnern mit überdurchschnittlichem Einkommen ein höheres Gewicht hatten.[2]

1 O. Verf. (1997g).
Die Gewichte der Einkommensquellen unterscheiden sich in verschiedenen Untersuchungen. Da eine Abgrenzung der Einkommensquellen extrem schwierig ist, insbesondere im internationalen Vergleich, können die ausgewählten Zahlen nur eine Tendenz widerspiegeln. Gemäß von der Europäischen Union veröffentlichter Schätzwerte setzte sich 1986 das Einkommen der Rentenempfänger in Deutschland zu 78 % aus gesetzlicher Rentenversicherung, 15 % betrieblicher Altersversorgung, 2 % Erwerbstätigkeit, 4 % Anlagevermögen und 1 % Sonstigem zusammen. G. Tamburi u.a. (1994), S. 29.

2 Das ist eines der Ergebnisse des Alterssicherungsberichts der Bundesregierung, der erstmals im Januar 1998 als Ergänzung zum Rentenversicherungsbericht 1997 erschienen ist. Bundesregierung (1998), S. 11 und 101f.

I. Staatliche Alterssicherung

1. Aufbau

Da die gesetzliche Rentenversicherung für einen Großteil der Rentner die wichtigste Einkommensquelle darstellt, sei ihre Struktur nachfolgend grob skizziert,[1] um darauf aufbauend systemimmanente Problemfelder aufzeigen zu können. Versicherungspflichtig sind alle Personen, die gegen Arbeitsentgelt beschäftigt sind.[2] Die gesetzliche Rentenversicherung basiert auf dem Umlageverfahren[3] und finanziert sich zu ca. 80 % aus Beiträgen der Versicherten und zu ca. 20 % aus Bundeszuschüssen,[4] die versicherungsfremde Leistungen[5] decken sollen. Die Beiträge bemessen sich nach einem jährlich neu festzusetzenden Prozentsatz des beitragspflichtigen Einkommens der Versicherten,[6] wobei die Bemessungsgrundlage nach oben begrenzt ist.[7] Der

---

1 Nachfolgend wird auf die anderen Formen der staatlichen Alterssicherung nicht weiter eingegangen, weil sie nur ausgewählte Personengruppen treffen.

2 Zum Personenkreis der Pflichtversicherten siehe ausführlich §§ 1 - 6 SGB VI. Dazu zählen insbesondere Personen, die einer nichtselbständigen Arbeit nachgehen. Versicherungspflichtig sind aber auch Personen, die Arbeitslosengeld oder Arbeitslosenhilfe beziehen, wenn sie im letzten Jahr vor Bezugsbeginn von Arbeitslosengeld oder -hilfe versicherungspflichtig waren (§ 3 S. 1 Nr. 3 SGB VI). Ausgenommen sind Selbständige.

3 § 153 SGB VI.

4 Bundesregierung (1997a), S. 47 - 54. In den neuen Bundesländern betrug das Verhältnis von Beiträgen zu Bundeszuschuß sogar 75 % : 25 %. Für 1998 hat die Bundesregierung mit Zustimmung des Bundesrats die Umsatzsteuer von 15 % auf 16 % erhöht, um den zusätzlichen Bundeszuschuß an die gesetzliche Rentenversicherung gemäß Rentenreformgesetz 1999 zu finanzieren. Gesetz zur Finanzierung eines zusätzlichen Bundeszuschusses zur gesetzlichen Rentenversicherung.

Trotzdem deckt der Bundeszuschuß die versicherungsfremden Leistungen der gesetzlichen Rentenversicherung nicht in voller Höhe. Die Bundesversicherungsanstalt für Angestellte schätzt, daß der Beitragssatz um 2 Prozentpunkte zu senken wäre, wenn alle versicherungsfremden Leistungen aus Steuermitteln finanziert würden. O. Verf. (1998c).

5 Hierzu zählen sozialpolitisch motivierte Leistungen, wie beispielsweise die Berücksichtigung beitragsfreier Zeiten während der Schulzeit und des Studiums sowie der Kindererziehungszeiten bei der Ermittlung der Rentenhöhe.

6 Grundsätzlich gilt bei Personen, die gegen Arbeitsentgelt beschäftigt werden, das Arbeitsentgelt als Beitragsbemessungsgrundlage (§ 162 Nr. 1 SGB VI). Bei Personen, die Arbeitslosengeld oder Arbeitslosenhilfe beziehen, gelten ca. 80 % des der Leistung zugrundeliegenden Arbeitsentgelts als beitragspflichtiges Einkommen. Genauer siehe § 166 I SGB VI.

7 § 157 SGB VI. Die Beitragsbemessungsgrenze der gesetzlichen Rentenversicherung beträgt in den alten Bundesländern (neuen Bundesländern) 1998 100.800 DM (84.000 DM), der Beitragssatz 20,3 %. Beachtenswert ist, daß die Beitragsbemessungsgrenze in den alten Bundesländern von 1997 auf 1998 um 2.400 DM gestiegen, in den neuen Bundesländern hingegen um 1.200 DM gesunken ist.

Beitragssatz ist jährlich so festzulegen, daß die Einnahmen unter Berücksichtigung des Bundeszuschusses die Ausgaben der Rentenversicherung decken. Zu erbringen sind die Beiträge je zur Hälfte durch den Arbeitgeber und den Arbeitnehmer.[1] Die Leistungen der gesetzlichen Rentenversicherung umfassen neben Altersrenten auch Renten wegen verminderter Erwerbsfähigkeit und wegen Todes.[2] Ziel der gesetzlichen Rentenversicherung ist es, den Lebensstandard der Versicherten während ihres Erwerbslebens im Rentenalter zu erhalten.[3] Die Höhe der Renten hängt von der Rentenart, der Höhe und der Dauer der geleisteten Beiträge, sonstigen Anrechnungszeiten sowie dem aktuellen Lohnniveau ab.[4] Somit orientiert sich die Rentenhöhe an der Beitragsleistung des Versicherungsnehmers, enthält aber auch Umverteilungselemente.

Beiträge zur gesetzlichen Rentenversicherung mindern in begrenztem Umfang als Vorsorgeaufwendungen das zu versteuernde Einkommen[5] eines Arbeitnehmers.[6] Renten sind gemäß § 22 Nr. 1 EStG in Höhe ihres Ertragsanteils steuerpflichtig.[7]

2. Ausgewählte Probleme

Ein wichtiges Indiz für die Stabilität eines Rentenversicherungssystems dürfte die erwartete Beitragssatzentwicklung sein.[8] Die Bundesregierung erwartete in 1995 auf

---

1 § 168 I S. 1 Nr. 1 SGB VI. Die Beiträge von Personen, die Arbeitslosengeld oder Arbeitslosenhilfe beziehen, werden von den Leistungsträgern, d.h. der Bundesanstalt für Arbeit bzw. dem Bund getragen (§ 170 I Nr. 2b) SGB VI). Zur Frage, wer die Beiträge der sonstigen Versicherten trägt, siehe §§ 168 - 172 SGB VI.

2 § 33 SGB VI.

3 W. Schmähl (1981), S. 647. Ab einem bestimmten Gehalt sinkt jedoch das relative Absicherungsniveau, da die Bemessungsgrundlage der Rentenversicherungsbeiträge und somit auch die Leistungen nach oben begrenzt sind.

4 § 63 SGB VI.

5 Steuersystematisch gesehen mindern Vorsorgeaufwendungen den Gesamtbetrag der Einkünfte. Subtrahiert man von dem Ergebnis weitere Abzugsbeträge, erhält man das zu versteuernde Einkommen. Das zu versteuernde Einkommen ist somit bereits um Vorsorgeaufwendungen bereinigt.

6 Zur steuerlichen Abziehbarkeit von Vorsorgeaufwendungen siehe Seite 47f.

7 Der Ertragsanteil beträgt beispielsweise 27 % der Rente, wenn der Rentenempfänger bei Beginn der Rente das 65. Lebensjahr vollendet hat.

8 Bundesregierung (1995), S. 11. Das gilt jedoch nur, solange die übrigen Einzahlungen und die Auszahlungen der gesetzlichen Rentenversicherung nahezu stabil sind, womit künftig nicht unbedingt zu rechnen ist. Zu dem Problem siehe auch Seite 18.

Basis des damals geltenden Rechts bis 2009 einen Anstieg des Beitragssatzes auf 21,5 bis 22,3 %.[1] Die Prognos AG schätzte 1994 für das Jahr 2010 sogar einen Beitragssatz zwischen 22,4 und 23 %. Den Höhepunkt des Beitragssatzanstiegs sieht sie aber erst um das Jahr 2030 mit 26,3 bis 28,5 %.[2] Als wesentliche Ursache wird hier die demographische Entwicklung angeführt.[3] Als Folge haben immer weniger Beitragszahler die Renten einer wachsenden Zahl an Leistungsempfängern zu finanzieren. Hierzu tragen auch die verlängerten Ausbildungszeiten verbunden mit einem späteren Eintritt in das Berufsleben und die Tendenz zur Frühverrentung[4] bei.[5] Daneben ist die konjunkturelle Entwicklung von entscheidender Bedeutung, insbesondere die Entwicklung der Arbeitslosigkeit.[6] Aufgrund der Gestaltung der

---

1 Bundesregierung (1995), S. 62. Erläuterungen der Vorausberechnungen finden sich dort auf den Seiten 68 - 78. Die Vorausberechnungen der Bundesregierung erfolgen jährlich sowohl für einen 5- als auch für einen 15-Jahreshorizont. Der Zeitraum, in dem die geburtenstarken Jahrgänge aus der Mitte der 60er Jahre das Renteneintrittsalter erreichen, ist damit noch nicht erfaßt.

2 Prognos AG (1995), S. 11. Im Gegensatz zur Prognos AG verwendet die Bundesregierung bei ihrem mittelfristigen Szenario nur exogen vorgegebene Daten über die ökonomische Entwicklung, so daß Interdependenzen zwischen der Entwicklung der gesetzlichen Rentenversicherung und der Gesamtwirtschaft unberücksichtigt bleiben. W. Schmähl (1995), S. 224.

3 Prognos AG (1995), S. 163.

Als Indikator der Altersstruktur wird häufig ein Alters- oder Rentnerquotient verwendet, der beispielsweise das Verhältnis der über 60jährigen zu den 20- bis 59jährigen angibt. 1992 betrug dieser Quotient 35,6 %, für das Jahr 2030 hingegen erwartet die Prognos AG einen Wert zwischen 66,8 % und 72,6 %, das Statistische Bundesamt 71,1 %. Prognos AG (1995), S. 163; Statistisches Bundesamt (1994), S. 501. Überschlagsmäßig läßt sich daraus ableiten, daß 1992 drei Erwerbstätige die Rente eines Rentners finanzieren, wohingegen im Jahre 2030 drei Erwerbstätige die Rente von zwei Rentnern finanzieren müssen.

4 Bis 1996 konnten Versicherte mit Vollendung des 60. Lebensjahres ungekürzte Altersrente beziehen, wenn sie zuvor mindestens ein Jahr arbeitslos waren. Vor allem große Unternehmen nutzten diese Möglichkeit, um sich von „altem Personal" zu trennen. Nach Angaben des Bundesarbeitsministers Blüm kostete diese Variante die Bundesanstalt für Arbeit 9,2 Mrd. DM, die Rentenversicherung 12,7 Mrd. DM und die Arbeitgeber 1,8 Mrd. DM je 100.000 Arbeitnehmer. O. Verf. (1996b).

Seit 1997 werden die Altersgrenzen für Altersrente wegen Arbeitslosigkeit und nach Altersteilzeit schrittweise auf das 65. Lebensjahr angehoben. Die Altersrente für langjährig Versicherte und für Frauen erhöht sich ab dem Jahr 2000 ebenfalls schrittweise auf das 65. Lebensjahr. Nach Anhebung der Altersgrenzen können die Versicherten jedoch weiterhin die genannten Renten ab dem 60. Lebensjahr (Altersrente für langjährig Versicherte ab dem 63. Lebensjahr) beziehen. Die Rente wird dann um 0,3 % für jeden Monat gemindert, den sie vorzeitig in Anspruch genommen wird, § 77 II Nr. 1 SGB VI. Der Versicherte kann den Abschlag reduzieren, indem er zusätzliche Beitragszahlungen leistet, § 76a SGB VI. Die Abschläge liegen jedoch unter dem versicherungsmathematisch anzusetzenden Betrag. P. C. von Harder (1996), S. 676.

5 Deutsche Bundesbank (1995), S. 28f.

6 Prognos AG (1995), S. 163; W. Schmähl (1995), S. 226; W. Kannengießer (1996).

gesetzlichen Rentenversicherung wird in Zeiten hoher Arbeitslosigkeit zum einen die Höhe der Beitragseinnahmen gemindert und zum anderen die Bundesanstalt für Arbeit durch die zu entrichtenden Rentenversicherungsbeiträge sowie die Rentenversicherung durch vorzeitige Rentenleistungen hohen Belastungen ausgesetzt. Um die hohen Sozialversicherungsbeiträge zu meiden, versuchen zudem immer mehr abhängig Beschäftigte in die Selbständigkeit zu wechseln, so daß die Zahl der Beitragszahler abnimmt.[1]

Diskussionen um die Sicherheit der gesetzlichen Renten seit Ende der 80er Jahre führten zur Rentenreform 1992. Obwohl zahlreiche Vorschläge in Richtung einer systemändernden Reform unterbreitet wurden,[2] entschied sich die Bundesregierung für Änderungen innerhalb des Systems.[3] Als wichtigste Maßnahmen seien hier der Übergang zur nettolohnbezogenen Rentenanpassung, die Anhebung von Altersgrenzen, Neuregelungen für den Bundeszuschuß sowie die Beitragszahlung auf Lohnersatzleistungen genannt.[4]

Weitere Änderungen im Rentenrecht erfolgten insbesondere mit dem Gesetz zur Förderung eines gleitenden Übergangs in den Ruhestand und mit dem Gesetz zur Umsetzung des Programms für mehr Wachstum und Beschäftigung in den Bereichen der Rentenversicherung und Arbeitsförderung. Im wesentlichen zielen sie auf eine Beschränkung der Frühverrentung bzw. auf eine Stärkung des Prinzips der Lohn- und Beitragsbezogenheit der Rente.[5]

---

1 Wissenschaftlicher Beirat beim Bundesministerium für Wirtschaft (1998), S. 1f.

2 Im Mittelpunkt der Diskussion stand die Abwägung von Umlage- und Kapitaldeckungsverfahren sowie der Übergangsprobleme, die aus einem Systemwechsel resultierten. Daneben wurde der Ersatz der beitragsbezogenen Rente durch eine Grundrente vorgeschlagen. Eine Übersicht über die Reformvorschläge findet sich in G. Buttler und N. Jäger (1988), S. 386, Fn. 2 - 4; W. Schmähl (1994), S. 507 - 514; Deutsche Bundesbank (1995), S. 30f. Auch der wissenschaftliche Beirat beim Bundesministerium für Wirtschaft spricht sich für eine Reform des Umlageverfahrens in Richtung eines kapitalgedeckten Systems aus und stellt verschiedene Politikoptionen vor. Wissenschaftlicher Beirat beim Bundesministerium für Wirtschaft (1998).

3 Zur Rechtfertigung der Bundesregierung von Reformen innerhalb des Systems siehe beispielsweise Deutscher Bundestag (1997b), Allgemeiner Teil.

4 Deutsche Bundesbank (1995), S. 20 - 22.

5 Beispielsweise wurden Leistungen nach dem Fremdrentenrecht eingeschränkt, anrechenbare Ausbildungszeiten reduziert, die Versicherungsfreiheit bei Beschäftigung während des Studiums aufgehoben und Zeiten der Arbeitslosigkeit von Anrechnungszeiten in Berücksichtigungszeiten umgewandelt.

Da sich die Beitragssatzentwicklung weiter zu verschlechtern droht, hat die Bundesregierung Ende 1997 das Rentenreformgesetz 1999 verabschiedet.[1] Schwerpunkte des Gesetzes bilden die Einführung eines Demographiefaktors, der in der Rentenformel die längere Rentenbezugsdauer berücksichtigen soll. Das Eckrentenniveau[2] soll von derzeit ca. 70 % auf ca. 64 % abgesenkt und die Renten wegen verminderter Erwerbsfähigkeit neu geordnet werden. Mit Hinweis auf das Gleichbehandlungsgebot des Grundgesetzes soll der Altersrentenbezug für Männer und Frauen angeglichen und für beide ab dem 60. Lebensjahr mit Abschlägen möglich sein. Außerdem erhöht der Bund seinen Zuschuß[3], um kurzfristig eine Beitragsentlastung zu ermöglichen.

Ziel aller Maßnahmen ist es, die Einnahmen der Rentenversicherung zu erhöhen und ihre Ausgaben zu reduzieren, um den Anstieg des Beitragssatzes zu dämpfen. Die Bundesregierung prognostizierte in 1997 auf Basis der genannten Reformen und Reformvorhaben einen Beitragssatz für das Jahr 2011 zwischen 18,7 % und 19,5 %.[4] Die besonders problematische Zeit um das Jahr 2030 ist wiederum nicht erfaßt. Der Beitragssatz allein kann jedoch kaum noch als Indiz für die Sicherheit des gesetzlichen Rentenversicherungssystems herangezogen werden, sofern das Rentenniveau gesenkt wird. Es besteht die Gefahr, die aktuellen Beitragssatzprognosen im Vergleich zu denen aus dem Jahr 1995 zu positiv einzuschätzen. Trotz der bereits getroffenen und weiterer angekündigter Reformmaßnahmen besteht große Unsicherheit hinsichtlich der zukünftigen Leistungen der gesetzlichen Rentenversicherung. Eine Untersuchung der

---

1 Deutscher Bundestag (1997b). Dieses Gesetz bedarf nicht der Zustimmung des Bundesrats. Bisher trugen Bundestag und Bundesrat gemeinsam die Reformen der Rentenversicherung. Trotz des Einspruchs des Bundesrats hat das Parlament das Rentenreformgesetz 1999 angenommen. Mitteilung des Pressezentrums des Deutschen Bundestags, http://www.bundestag.de/wib97/ 2197211.htm. Die SPD hat angekündigt, das Rentenreformgesetz 1999 rückgängig zu machen, wenn sie die Bundestagswahl im September 1998 gewinnt. Nach einer Umfrage der Wochenzeitung "Die Zeit" begrüßten 65 % der Bundesbürger einen solchen Schritt. O. Verf. (1998g). Da die Prognosen für die Beitragssatzentwicklung auf dem Rechtsstand nach dem Rentenreformgesetz 1999 basieren, sind sie insofern mit Vorsicht zu betrachten. Im Dezember 1998 hat die neue Bundesregierung die Senkung des Rentenniveaus zunächst ausgesetzt und auf einen späteren Zeitpunkt verschoben.

2 Das Eckrentenniveau ist definiert als das Verhältnis der auf 45 Entgeltpunkten beruhenden Nettorente zum aktuellen Nettodurchschnittsverdienst aller Versicherten. 45 Entgeltpunkte erhält ein Arbeitnehmer, der über 45 Jahre beitragspflichtig war und jeweils den aktuellen Nettodurchschnittsverdienst hatte.

3 § 213 II SGB VI. Bereits umgesetzt für das Jahr 1998 im Zuge des Gesetzes zur Finanzierung eines zusätzlichen Bundeszuschusses zur gesetzlichen Rentenversicherung.

4 Bundesregierung (1997a), S. 64.

Gesellschaft für Konsumforschung hat ergeben, daß 75 % der deutschen Bevölkerung die gesetzlichen Rentenleistungen für unsicher halten.[1]

Bei schwindendem Vertrauen in die gesetzliche Rente wächst das Verlangen nach anderen Einkommensquellen im Alter. Betriebliche und individuelle Alterssicherung werden zukünftig an Bedeutung gewinnen.

II. Private Alterssicherung

1. Betriebliche Alterssicherung

Den rechtlichen Rahmen der betrieblichen Alterssicherung bilden das Gesetz zur Verbesserung der betrieblichen Altersversorgung von 1974 (Betriebsrentengesetz) und das Einkommensteuergesetz. Nach der Terminologie dieser Arbeit könnte man meinen, das Betriebsrentengesetz umfasse nur einen Teil der betrieblichen Alterssicherung. Der Begriff betriebliche Altersversorgung im Sinne dieser Arbeit erfaßt in der Tat genau die Intention des Gesetzgebers Anfang der 70er Jahre, Arbeitnehmern mit der betrieblichen Alterssicherung eine zusätzliche Versorgung zu garantieren. Erst seit wenigen Jahren hält auch der Vorsorgegedanke bei der betrieblichen Alterssicherung und bei der Diskussion über das Betriebsrentengesetz Einzug,[2] eine begriffliche Anpassung ist allerdings nicht im Gespräch.

Nach der Legaldefinition umfaßt betriebliche Altersversorgung sämtliche Leistungen der Alters-, Invaliditäts- oder Hinterbliebenenversorgung, die einem Arbeitnehmer aus Anlaß seines Arbeitsverhältnisses zugesagt sind.[3] Sie stellt eine freiwillige Sozial-

---

1 O. Verf. (1996d).

2 Änderungen des Betriebsrentengesetzes durch das Rentenreformgesetz 1999 sollen diesem Trend Rechnung tragen. Einen Überblick über Änderungen des Betriebsrentengesetzes ab 1999 enthält P. A. Doetsch, W. Förster und J. Rühmann (1998).

3 § 1 BetrAVG. Während die Rechtsprechung des BAG mit dieser Definition in Einklang steht, definiert der BFH die betriebliche Altersversorgung als eine freiwillige Maßnahme des Arbeitgebers in Anerkennung längerer Betriebstreue und in Erwartung längerer Betriebszugehörigkeit. K. Cramer (1996), S. 1095. Aus beiden Definitionen lassen sich unterschiedliche Merkmale einer betrieblichen Altersversorgung ableiten, die je nach Fragestellung von Bedeutung sein können. Der Unterschied ist im Rahmen dieser Arbeit jedoch nicht relevant.

leistung des Arbeitgebers dar. Zu den Merkmalen einer betrieblichen Altersversorgung gehören nach dem BAG[1]

- das Versprechen einer Leistung zum Zweck der Versorgung,
- ein den Versorgungsanspruch auslösendes Ereignis und
- die Zusage aus Anlaß eines Arbeitsverhältnisses.

Die Rechtsprechung hat in den letzten Jahren diverse Kriterien zur Abgrenzung der betrieblichen von der individuellen Alterssicherung[2] entwickelt, von denen insbesondere der Zufluß und die Verfügbarkeit über das Alterssicherungsvermögen für diese Arbeit von Bedeutung sind.[3] Individuelle Alterssicherung kann ein Arbeitnehmer nur aus zugeflossenem Arbeitsentgelt oder sonstigen Mitteln betreiben, über die er uneingeschränkt verfügungsberechtigt ist.[4] Leistungen der betrieblichen Alterssicherung fließen einem Arbeitnehmer hingegen erst nach Eintritt des Versorgungsfalls zu. Eine vorzeitige Verfügung über das Alterssicherungsvermögen oder die Versorgungsrechte ist grundsätzlich ausgeschlossen.[5] Nach Auffassung des BAG muß es sich bei der betrieblichen Alterssicherung aber nicht um eine Arbeitgeberleistung handeln, die dieser zusätzlich zum Barlohn erbringt.[6]

Die Rechtsprechung mißt der betrieblichen Alterssicherung zunehmend Entgeltcharakter bei.[7] Das unterstreichen die Regelungen zur Unverfallbarkeit der Versorgungsansprüche[8] und zum Insolvenzschutz[9]. Alterssicherungsleistungen werden damit als gleichermaßen schützenswert erachtet wie das laufende Gehalt. Der Fürsorge-

---

1 BAG (1990).

2 Wenngleich die Rechtsprechung zwischen betrieblicher Altersversorgung und Eigenvorsorge differenziert, wird nachfolgend stets die am Anfang der Arbeit vorgestellte Terminologie verwendet.

3 C. Bode (1994), S. 784f.; ders. (1997), S. 1769.

4 H.-D. Steinmeyer (1992), S. 193f.

5 C. Bode (1994), S. 784f.

6 Diese Auffassung stößt in der Literatur überwiegend auf Zustimmung. G. Griebeling (1995), Rdnr. 19 - 20, S. 8.

7 H.-D. Steinmeyer (1991), S. 37f.; ders. (1992), S. 193; J. Paulsdorff (1992), S. 198; P. Ahrend, W. Förster und N. Rößler (1995a), 1. Teil: Rdnr. 236; K. Esser und G. Sieben (1997), S. 8; H. Lohneiß (1997), S. 217.

8 § 1 I BetrAVG.

9 §§ 7 - 15 BetrAVG.

charakter rückt zunehmend in den Hintergrund.[1] Zumal die Rechtsprechung den Wandel des Charakters der betrieblichen Alterssicherung unterstreicht, wäre zu erwarten gewesen, daß sich das Betriebsrentenrecht in den vergangenen Jahren in die gleiche Richtung entwickelt und dem Arbeitnehmer größere Entscheidungsfreiheit bei der Verwendung seines Arbeitsentgelts eingeräumt hätte. Anpassungen in dieser Hinsicht erfolgten bisher in Deutschland jedoch nicht. Der Wandel des Charakters der betrieblichen Alterssicherung rechtfertigt oder fordert, betriebliche Alterssicherung im Sinne der Begünstigten, d.h. der Arbeitnehmer, zu organisieren.

a) Alterssicherungszusagen und deren Verbreitung

Alterssicherungszusagen eines Arbeitgebers lassen sich nach dem zeitlichen Bezug und dem Inhalt der Zusage unterscheiden. Erhält der Arbeitnehmer die Zusage, ab oder bei Eintritt eines bestimmten Ereignisses[2] eine bestimmte Versorgung zu bekommen, handelt es sich um eine Versorgungszusage.[3] Ein Versorgungsträger übernimmt das Risiko für den Eintritt des Ereignisses und letztlich für den Umfang der Versorgungsleistungen. Er trägt mindestens ein biometrisches Risiko ebenso wie Marktrisiken. Mit Eintritt des Ereignisses endet die aktive Erwerbstätigkeit des Arbeitnehmers. Die Zahlungsverpflichtung des Versorgungsträgers beginnt. Üblicherweise besteht die Leistung in wiederkehrenden Rentenzahlungen, zulässig sind aber auch einmalige Kapitalleistungen. In der Literatur findet sich für diese Zusagen häufig der Ausdruck Leistungszusagen.[4]

---

1 Zur historischen Entwicklung des Charakters der betrieblichen Altersversorgung siehe H.-D. Steinmeyer (1991), S. 16 - 20; ders. (1992), S. 193.

2 Beispielsweise das Erreichen der Regelaltersgrenze oder Invalidität.

3 Hier gibt es vielfältige Gestaltungsvarianten. Häufig wird die Höhe der Versorgungsleistung an die Dauer der Betriebszugehörigkeit und das durchschnittliche Gehalt des Arbeitnehmers innerhalb eines bestimmten Zeitraums gekoppelt. E. P. Davis (1991), S. 382. Eine weitere Variante besteht in einem Gesamtversorgungssystem. Danach wird dem Arbeitnehmer ein bestimmter Anteil seines letzten Gehalts als Versorgungsleistung garantiert, wobei die Leistungen der gesetzlichen Rentenversicherung angerechnet werden. Je niedriger die Leistungen aus der gesetzlichen Rentenversicherung, desto höher sind die vom Arbeitgeber zu tragenden betrieblichen Altersversorgungsleistungen. P. Ahrend, W. Förster und N. Rößler (1995a), 1. Teil: Rdnr. 124 und 125. Allerdings ist es den Unternehmen untersagt, bei Eintritt des Versorgungsfalls festgesetzte Leistungen herabzusetzen, wenn die Leistungen aus der gesetzlichen Rentenversicherung steigen und damit die vereinbarte Gesamtversorgung betragsmäßig überschritten würde, § 5 I BetrAVG.

4 W. Blomeyer (1996); K.-J. Bode und E. R. Grabner (1997).

Erteilt der Arbeitgeber die Zusage, dem Arbeitnehmer während seiner aktiven Tätigkeit einen bestimmten Betrag mit dem Ziel der Alterssicherung zu vergüten, handelt es sich um eine Vorsorgezusage.[1] Arbeitgeber und Arbeitnehmer vereinbaren, einen bestimmten Prozentsatz des Gehalts als Vorsorgebetrag zu verwenden.[2] Daneben ist auch denkbar, variable Vergütungsbestandteile, z.B. Boni oder Tantiemen, als Vorsorgeleistungen zu definieren, um damit flexibel auf Schwankungen in der Höhe der Gesamtvergütung zu reagieren.[3] Die Verbindlichkeit des Arbeitgebers erlischt unmittelbar mit Leistung des Vergütungsbestandteils, also während der aktiven Erwerbstätigkeit des Arbeitnehmers. Diese Form der Zusage wird in der Literatur häufig als Beitragszusage bezeichnet.[4] Sie ist im deutschen Betriebsrentenrecht jedoch nicht berücksichtigt.[5]

Die Ausdrücke Leistungszusage und Beitragszusage treffen keine klare Abgrenzung der Zusageformen, da auch Beiträge des Arbeitgebers als Leistungen zu klassifizieren sind. Demzufolge differenziert diese Arbeit nach Versorgungs- und Vorsorgezusage.

Betriebliche Alterssicherung läßt sich in Deutschland auf folgenden vier Wegen durchführen, die miteinander kombinierbar sind:[6]

- Direktzusage
- Unterstützungskasse
- Pensionskasse
- Direktversicherung.

Die Direktzusage ist dadurch gekennzeichnet, daß der Arbeitgeber die Versorgungsleistungen gegenüber dem Arbeitnehmer unmittelbar erbringt, d.h. ohne einen

---

1 Hier führt der Arbeitgeber Beiträge an einen externen Versorgungsträger ab. Die Höhe der Beiträge kann sich wiederum am Gehalt oder an der Betriebszugehörigkeit orientieren. W. Blomeyer (1997a), S. 1923.

2 Derartige Vorsorgezusagen entsprechen den money purchase plans in den USA. E. Andrews (1993), S. 18.

3 Derartige Vorsorgezusagen entsprechen den deferred profit sharing plans in den USA. Ebda.

4 W. Blomeyer (1996); K.-J. Bode und E. R. Grabner (1997). Im englischsprachigen Schrifttum differenziert man zwischen Defined-benefit-Plänen und Defined-contribution-Plänen. Z. Bodie (1992); D. Blake (1995), S. 159f.

5 W. Blomeyer (1996), S. 309f. Reine Vorsorgezusagen müßten außerhalb des Betriebsrentenrechts vereinbart werden, so daß sie steuer- und arbeitsrechtlich wie normale Gehaltszahlungen zu behandeln wären.

6 § 1 BetrAVG.

Versorgungsträger einzuschalten. Bei den anderen drei Durchführungswegen erfolgt die Versorgungsleistung mittelbar über einen externen Versorgungsträger.

Eine Unterstützungskasse ist eine rechtlich selbständige Einrichtung mit dem ausschließlichen Zweck, betriebliche Versorgungsleistungen zu gewähren. Die Arbeitnehmer haben aber keinen Rechtsanspruch auf die Versorgungsleistungen.[1] Wenngleich das Gesetz keine Gesellschaftsform für Unterstützungskassen vorgibt, werden sie überwiegend in der Rechtsform eines Vereins oder einer GmbH geführt, gelegentlich auch als Stiftung.[2]

Eine Pensionskasse ist ein Versicherungsunternehmen eines einzelnen oder einer Gruppe von Arbeitgebern wiederum mit dem alleinigen Ziel, die betrieblichen Versorgungsleistungen zu erbringen.[3] Im Gegensatz zur Unterstützungskasse haben die Arbeitnehmer aber einen Rechtsanspruch auf die Versorgungsleistungen.[4] Die Pensionskasse wird derzeit ausschließlich in Form des Versicherungsvereins auf Gegenseitigkeit geführt.[5] Sie unterliegt der Versicherungsaufsicht und damit den Anlagevorschriften des VAG.

Schließt der Arbeitgeber auf das Leben des Arbeitnehmers eine Lebensversicherung ab und sind der Arbeitnehmer oder seine Hinterbliebenen berechtigt, die Leistungen des Versicherers ganz oder teilweise zu beziehen, handelt es sich um eine Direktversicherung.[6]

---

1 § 1 IV BetrAVG. Infolge zahlreicher Urteile des Bundesarbeitsgerichts haben Zusagen durch Unterstützungskassen rechtsverbindlichen Charakter. P. Ahrend, W. Förster und N. Rößler (1995a), 3. Teil: Rdnr. 20. Mit Rechtsanspruch wäre eine Unterstützungskasse als Pensionskasse zu qualifizieren und unterläge damit deren rechtlichen Rahmenbedingungen.

2 Nach § 5 I Nr. 3 KStG sind nur rechtsfähige Unterstützungskassen steuerbegünstigt. F. Schwarzbauer (1995), S. 10 - 12. Denkbar wäre auch die Rechtsform der Aktiengesellschaft, doch dürften die mit dieser Gesellschaftsform verbundenen Kosten ein möglicher Grund dafür sein, daß Unterstützungskassen nicht als Aktiengesellschaft geführt werden.

3 B. Uebelhack (1995), Rdnr. 196, S. 53.

4 § 1 III und IV BetrAVG.

5 D. Farny (1995), S. 167. Da Pensionskassen Versicherungsunternehmen sind, dürfen sie gemäß § 7 VAG grundsätzlich nur in der Form der AG oder des VVaG betrieben werden. K.-J. Bode u.a. (1995), Rdnr. 29 - 40, S. 15 - 17.

6 § 1 II BetrAVG.

Gewährt ein Arbeitgeber unmittelbar eine betriebliche Altersversorgung oder organisiert er sie über eine Unterstützungskasse, erhält der Arbeitnehmer eine bestimmte Leistung ab Eintritt des Versorgungsfalls. Das Finanzierungsrisiko trägt bei beiden Durchführungswegen der Arbeitgeber. Je ertragreicher die Anlage des Kassenvermögens der Unterstützungskasse, desto niedriger sind die notwendigen Zuwendungen des Arbeitgebers. Dafür werden die Versorgungsleistungen den zugesagten Betrag auch nicht übersteigen, selbst wenn sich der Marktwert des Trägerunternehmens oder des Kassenvermögens besonders positiv entwickelt.

Bei den anderen beiden Durchführungswegen erfüllt der Arbeitgeber seine Versorgungsverpflichtungen weitgehend durch Zahlung der Beiträge an das jeweilige Versicherungsunternehmen. Bis zum Eintritt des Versorgungsfalls trägt das Versicherungsunternehmen das Finanzierungsrisiko. Das Trägerunternehmen kann jedoch zu weitergehenden Zuwendungen durch das Bundesaufsichtsamt für das Versicherungswesen gezwungen werden, wenn die Pensionskasse ihren Leistungsverpflichtungen nicht nachkommen kann.[1] Ob das Versicherungsunternehmen das Finanzierungsrisiko auch noch während der Auszahlphase trägt, hängt von den Versicherungsbedingungen ab. Bis Ende 1997 hat das Bundesaufsichtsamt für das Versicherungswesen abgelehnt, daß Pensionskassen ihren Verbindlichkeiten durch einmalige Kapitalleistungen nachkommen. Sie waren bis dahin verpflichtet, Rentenleistungen zu erbringen, wenn der Versicherungsnehmer das wünschte.[2] Folglich trug die Pensionskasse das Finanzierungsrisiko in Höhe der fest zugesagten Leistungen. Ende 1997 hat das Bundesaufsichtsamt für das Versicherungswesen Pensionskassen auch die direkte Versicherung von Kapitalleistungen gestattet. Produkte wie die fondsgebundene Lebensversicherung dürfen Pensionskassen jedoch weiterhin nicht anbieten.[3] Die Satzung einer Pensionskasse regelt, wie sich etwaige Überschüsse verteilen. Der Geschäftsplan gibt Aufschluß über die Prämienfestsetzung. Es hängt somit vom Einzelfall ab, inwieweit der Arbeitnehmer von einer positiven Wertentwicklung der Deckungsmittel profitiert.

---

[1] P. Ahrend, W. Förster und N. Rößler (1995a), 5. Teil: Rdnr. 67.

[2] Pensionskassen durften folglich höchstens Rentenleistungen mit Kapitalwahlrecht anbieten. K.-J. Bode u.a. (1995), Rdnr. 346, S. 75.

[3] O. Verf. (1998d).

Direktversicherungsverträge lassen sich im Gegensatz zu Verträgen mit Pensionskassen in jeder Form der Lebensversicherung gestalten.[1] Erfüllt die Versicherung bei Eintritt des Versorgungsfalls ihre Verpflichtung durch einmalige Kapitalleistung, so trägt der Arbeitnehmer von diesem Zeitpunkt an das Marktrisiko. Er kann von da an über die Art der Anlage frei entscheiden.

Bisher erlöschen die Verbindlichkeiten des Arbeitgebers auch bei Zusagen über Pensionskassen und Direktversicherungen nicht vollständig mit Leistung der Beiträge an das Versicherungsunternehmen. Der Arbeitgeber selbst bleibt verpflichtet, alle drei Jahre die Renten[2] zu prüfen und über deren Anpassung zu entscheiden.[3] Kann die Pensionskasse oder der Versicherer der Anpassung nicht nachkommen, hat der Arbeitgeber dafür einzustehen.[4] Vom 01.01.1999 an - vorausgesetzt das Rentenreformgesetz 1999 bleibt in Kraft - kann sich der Arbeitgeber der Anpassungspflicht entziehen, indem die Pensionskasse oder der Versicherer ab Rentenbeginn sämtliche auf den Rentenbestand entfallenden Überschußanteile zur Erhöhung der laufenden Leistungen verwendet.[5] Alternativ kann sich der Arbeitgeber seiner Anpassungspflicht entziehen, indem er eine jährliche Rentenanpassung von mindestens 1 % garantiert.[6] Offen bleibt, wie die Überschußanteile, die sich nicht auf den Rentenbestand beziehen oder vor Rentenbeginn anfallen, verwendet werden. Sie könnten sich mindernd auf die Beiträge des Arbeitgebers auswirken oder aber die spätere Leistung an den Arbeitnehmer erhöhen.

Die Ausführungen zeigen, daß bisher in aller Regel der Arbeitgeber mittelbar oder unmittelbar das Finanzierungsrisiko der Versorgungsleistungen trägt oder ein von ihm beauftragtes Versorgungsinstitut. Das Rentenreformgesetz 1999 sichert den erweiterten

---

1 Denkbar sind Kapitallebensversicherungen und Rentenversicherungen, aber auch fondsgebundene Lebensversicherungen. P. Ahrend, W. Förster und N. Rößler (1995a), 4. Teil: Rdnr. 13 - 15.

2 Bei Kapitalleistungen entfällt die Überprüfung der Anpassung. P. Ahrend und W. Förster (1991), S. 98.

3 § 16 BetrAVG. Zur Ermittlung der Rentenanpassung siehe C. Bode und E. R. Grabner (1998).

4 M. Schoden (1994), TZ 7 zu § 16, S. 289.

5 § 16 III Nr. 2 BetrAVG n.F. Voraussetzung dafür ist, daß der zur Berechnung der garantierten Rentenleistung vom Versicherungsaufsichtsgesetz festgelegte Höchstzinssatz zur Berechnung der Deckungsrückstellung nicht überschritten ist. Ab dem 01.01.1999 kann der Arbeitgeber dieses Wahlrecht auch für Altzusagen ausüben.

6 § 16 III Nr. 1 BetrAVG n.F. Diese Alternative gilt erst für Neuzusagen nach dem 31.12.1998.

Gestaltungsrahmen der betrieblichen Altersversorgung, den die Praxis entwickelt hat, lediglich ab. Es erkennt die Umwandlung künftiger Entgeltansprüche in wertgleiche Anwartschaften[1] und „beitragsorientierte Leistungszusagen"[2] an. Gleichwohl findet die reine Vorsorgezusage noch keinen Niederschlag im Betriebsrentengesetz.[3] Somit spiegelt der Ausdruck betriebliche Altersversorgung den Charakter der betrieblichen Alterssicherung in Deutschland noch heute treffend wider. Der Versicherungsaspekt steht im Vordergrund.

Verbreitung der Durchführungswege

Ende 1990 gewährten nur knapp ein Drittel aller Unternehmen eine betriebliche Altersversorgung.[4] Versorgungszusagen erteilten dabei vorrangig Unternehmen mit höherer Beschäftigtenzahl, so daß immerhin 46,2 % aller Arbeitnehmer über eine betriebliche Altersversorgungszusage verfügten.[5] In 1990 brachten Unternehmen mit 200 und mehr Beschäftigten sogar über 90 % der betrieblichen Versorgungsleistungen auf.[6] Die Zahlen zur Verbreitung der betrieblichen Altersversorgung weisen jedoch eine rückläufige Tendenz auf.[7] Im verarbeitenden Gewerbe ging die Zahl der Beschäftigten mit betrieblicher Altersversorgung von 72 % in den Jahren 1984 und 1987 auf 70 % in 1990, 66 % in 1993 und 65 % in 1996 zurück.[8] Zudem haben nach 1993 11 % der Unternehmen im verarbeitenden Gewerbe mit betrieblicher Altersversorgung ihre Leistungen eingeschränkt, wohingegen der Anteil im Zeitraum 1991 bis 1993 nur 7 % betrug.[9]

---

1 § 1 V BetrAVG n.F.

2 § 1 VI BetrAVG n.F. Siehe auch P. Ahrend, W. Förster und N. Rößler (1995b).

3 W. Blomeyer (1996), S. 309f.; P. A. Doetsch, W. Förster und J. Rühmann (1998), S. 258f.

4 Statistisches Bundesamt (1995), S. 604.

5 Statistisches Bundesamt (1995), S. 604. Die Zahlen beziehen sich nur auf das frühere Bundesgebiet, Angaben für die neuen Bundesländer liegen noch nicht vor.

6 E. Heppt (1995), S. 161.

7 J. Beyer (1994a), S. 653; ders. (1994b), S. 683.

8 W. Ruppert (1997), S. 10.

9 Ebda., S. 11.

Das Volumen der Deckungsmittel gibt einen Hinweis auf den Stellenwert der einzelnen Durchführungswege.[1] Der bis 1996 für betriebliche Versorgungsleistungen gebildete Kapitalstock in Höhe von ca. 515 Mrd. DM verteilt sich zu 57 % (292 Mrd. DM) auf Pensionsrückstellungen, 8 % (42 Mrd. DM) auf Unterstützungskassen, 23 % (114 Mrd. DM) auf Pensionskassen und 13 % (67 Mrd. DM) auf Direktversicherungen.[2]

Mögliche Gründe für die Verteilung der Durchführungswege dürften vornehmlich in der steuerlichen Ungleichbehandlung der Finanzierungs- und Rentenleistungen liegen.[3] Für die Erteilung von Direktzusagen spricht ferner, daß das Alterssicherungsvermögen im Unternehmen verbleibt und die Unternehmensführung die freie Verfügungsgewalt über die Mittel behält.[4] Würden diese Mittel auf dem Kapitalmarkt beschafft, müßte sich das Unternehmen der marktlichen Kontrolle unterwerfen.[5] Demzufolge dürfte die Pensionskasse für Arbeitgeber auch weniger attraktiv sein als Direktzusagen und Unterstützungskassen, zumal die Deckungsmittel den Anlagegrundsätzen des VAG unterliegen.

Für größere Unternehmen könnte daneben die Überlegung stehen, daß sie unternehmensintern die Verwaltung und Abwicklung der betrieblichen Altersversorgung kostengünstiger gestalten können als über einen externen Versorgungsträger.[6] Ihnen ist zumindest eine direkte Kontrolle der Kosten möglich. Hierin mag auch eine Ursache dafür liegen, daß die Pensionskasse als eigenes Versicherungsunternehmen des Trägers einen höheren Stellenwert hat als die Direktversicherung. Kleine Unternehmen, die das

---

1 Es gilt jedoch zu berücksichtigen, daß Versorgungszusagen über Unterstützungskassen während der Anwartschaft des Arbeitnehmers nur geringfügig kapitalgedeckt sind und erst bei Eintritt des Versorgungsfalls in voller Höhe unterlegt werden.

2 C. Urbitsch (1998). Neuere Daten liegen noch nicht vor. Das Statistische Bundesamt verdeutlicht den Stellenwert der Durchführungswege daran, wie hoch der Anteil der Arbeitnehmer mit Versorgungszusagen an den einzelnen Durchführungsformen ist. Hiernach erhalten 54,2 % aller Arbeitnehmer mit betrieblicher Altersversorgung ihre höchste betriebliche Versorgungsleistung als Direktzusage, 13,1 % von einer Unterstützungskasse, 19 % von einer Pensionskasse und 13,8 % über eine Direktversicherung. E. Heppt (1995), S. 157.

3 Zur Besteuerung der Durchführungswege der betrieblichen Altersversorgung siehe Teilabschnitt d) ab S. 32.

4 F. R. Kaen und H. C. Sherman (1994), S. 253.

5 Ebda.

6 Ein Indiz für diese Aussage mag sein, daß die Direktzusagen schwerpunktmäßig von Unternehmen mit mehr als 200 Mitarbeitern erteilt wurden. E. Heppt (1995), S. 157.

versicherungstechnische Risiko der Direktzusagen und der Unterstützungskasse selbst nicht tragen können und die keine Kooperationspartner haben, mit denen sie eine Pensionskasse gründen könnten, stehen gar nicht vor der Frage, welche Form der betrieblichen Altersversorgung sie ihren Arbeitnehmern gewähren sollten. Ihnen bleibt oft nur die Direktversicherung oder der Verzicht auf eine betriebliche Altersversorgung. Gestaltungsfreiraum haben unter den derzeitigen rechtlichen Rahmenbedingung de facto nur größere Unternehmen.

Für einen internationalen Vergleich des Stellenwerts der betrieblichen Alterssicherung im gesamten Alterssicherungssystem ist darüber hinaus die Höhe des Vermögens aus betrieblicher Alterssicherung pro Einwohner von Bedeutung. Hier schneidet Deutschland im Vergleich zu den USA und Großbritannien besonders schlecht ab. 1995 betrug das betriebliche Alterssicherungsvermögen in Deutschland pro Einwohner nur 1.715 US$, in den USA 16.190 US$ und in Großbritannien 15.025 US$.[1]

b) Unverfallbarkeitsregelungen

Wechselt ein Arbeitnehmer seinen Arbeitgeber, behält er seine Ansprüche aus einer betrieblichen Altersversorgungszusage, wenn er im Zeitpunkt der Beendigung des Arbeitsverhältnisses mindestens das 35. Lebensjahr vollendet hat und entweder die Versorgungszusage für ihn mindestens 10 Jahre bestanden hat oder der Beginn der Betriebszugehörigkeit mindestens 12 Jahre zurückliegt und die Versorgungszusage für ihn mindestens 3 Jahre bestanden hat.[2] Eine vertragliche Verkürzung dieser Fristen zugunsten des Arbeitnehmers ist zulässig.[3]

Scheidet ein Arbeitnehmer mit Direktzusage oder Versorgungszusage über eine Unterstützungskasse vor Erfüllung der Unverfallbarkeitsregelungen aus einem Unternehmen aus, verliert er jegliche betrieblichen Versorgungsansprüche und erhält

---

1 R. Finke, M. Piazolo u J. Stanowsky (1997), S. 32.

2 § 1 S. 1 BetrAVG. International üblich ist hingegen eine Frist von fünf Jahren. V. Matthießen (1996), S. 1036; A. Broxson (1996), S. 17. Die Bundesregierung schlug die Verkürzung der zehnjährigen Unverfallbarkeitsfrist auf fünf Jahre im Rahmen des Rentenreformgesetzes 1999 zunächst vor, zog diesen Änderungsvorschlag jedoch wieder zurück. Deutscher Bundestag (1997b), Artikel 8, § 1.

3 § 17 III BetrAVG.

auch keine Abfindung. Gleiches gilt grundsätzlich auch für Versorgungszusagen über Pensionskassen und Direktversicherer. Pensionskassen dürfen einem Arbeitnehmer aber die weitere Mitgliedschaft anbieten. Der Arbeitnehmer muß dann die Beiträge als Eigenleistung erbringen oder kann beitragsfrei gestellt werden.[1] Hat ein Arbeitnehmer eigene Beiträge an eine Pensionskasse geleistet, hat er Anspruch auf Rückgewähr seiner Beiträge zuzüglich einer angemessenen Verzinsung.[2]

Die Unverfallbarkeit der Versorgungsansprüche hat maßgeblichen Einfluß auf die Finanzierung und die steuerliche Behandlung der Versorgungszusagen.

c) Finanzierung

Die Durchführungswege der betrieblichen Altersversorgung unterscheiden sich in ihrer Finanzierung erheblich. Man unterscheidet drei Methoden: das Umlageverfahren, das Kapitaldeckungsverfahren und das Anwartschaftsdeckungsverfahren. Beim Umlageverfahren werden die Leistungen innerhalb einer Periode direkt aus den Zuwendungen erbracht, so daß keine Kapitalansammlung stattfindet. Beim Kapitaldeckungsverfahren erfolgt eine Kapitalfundierung der Leistungsverpflichtungen in voller Höhe in dem Zeitpunkt, in dem das Ereignis eintritt, das den Versorgungsfall auslöst. Nur beim Anwartschaftsdeckungsverfahren werden die Leistungsverbindlichkeiten sukzessive vor Eintritt des Versorgungsfalls unter Berücksichtigung versicherungsmathematischer Grundsätze unterlegt.[3]

Das Ausmaß der Kapitaldeckung der Versorgungsverpflichtungen ist im wesentlichen determiniert durch die steuerlichen Rahmenbedingungen. Die Unternehmen sind grundsätzlich daran interessiert, möglichst frühzeitig hohe Aufwendungen für künftige Leistungsverpflichtungen aus der betrieblichen Altersversorgung vorzunehmen, um

1 Zu den Voraussetzungen der Fortführung einer Mitgliedschaft siehe BAG (1993).

2 P. Ahrend, W. Förster und N. Rößler (1995a), 1. Teil: Rdnr. 398.

3 W. Schmähl (1981), S. 656; B. Uebelhack (1995), Rdnr. 150, S. 41. Häufig findet man in der Literatur nur die Differenzierung nach Umlage- und Kapitaldeckungsverfahren. Das Anwartschaftsdeckungsverfahren wird dann als eine Form des Kapitaldeckungsverfahrens angesehen.

ihre Steuerbemessungsgrundlage zu reduzieren.[1] Bei Direktzusagen sind die Unternehmen verpflichtet, für ihre Versorgungsverpflichtungen Rückstellungen zu bilden.[2] Die Finanzierung von Direktzusagen erfolgt nach dem Anwartschaftsdeckungsverfahren.

Zuwendungen an Unterstützungskassen sind während der Anwartschaftsphase dagegen nur in sehr begrenztem Umfang steuerlich anerkannt,[3] was mit dem fehlenden Rechtsanspruch des Arbeitnehmers begründet wird.[4] Es ist sogar zulässig, die Versorgungsleistungen nur nach dem Umlageverfahren zu erbringen. Erst bei Eintritt des Versorgungsfalls sind Zuwendungen des Arbeitgebers an die Unterstützungskasse bis zur vollen Höhe der Versorgungsverbindlichkeit steuerlich abziehbar. Keine der oben angeführten Finanzierungsmethoden trifft damit in reiner Form auf die Unterstützungskasse zu.

Versorgungszusagen über Pensionskassen und Direktversicherungen werden nach dem Anwartschaftsdeckungsverfahren finanziert. Damit erfolgt mit Ausnahme der reinen Unterstützungskasse bei allen Durchführungswegen der betrieblichen Altersversorgung eine Vorausfinanzierung der Versorgungsleistungen.

Beteiligung des Arbeitnehmers an der Finanzierung

Beteiligt sich ein Arbeitnehmer an der Finanzierung seiner betrieblichen Altersversorgung, kommt diese Form der individuellen Alterssicherung sehr nah. Der Arbeitnehmer leistet die Beiträge aus seinem Arbeitsentgelt, über das er zunächst frei verfügen kann. Die Verfügungsbeschränkung kommt erst dann zum Tragen, wenn die Mittel an einen Versorgungsträger abgeführt sind.[5] Genauso ist es denkbar, daß Teile

---

1 Das setzt voraus, daß die Unternehmen nach Abzug der Aufwendungen eine nicht negative Steuerbemessungsgrundlage aufweisen, da sie andernfalls zumindest in dem betrachteten Jahr keine Steuervergünstigung erfahren. Darüber hinaus sei ein konstanter Steuersatz unterstellt.

2 § 6a EStG. Zu Pensionsrückstellungen siehe Abschnitt d) ab S. 32.

3 Zur Höhe der steuerlich abziehbaren Zuwendungen an Unterstützungskassen siehe § 4d EStG und Teilabschnitt d) auf Seite 35.

4 P. Ahrend, W. Förster und N. Rößler (1995a), Einführung, Rdnr. 29. Ahrend u.a. machen darauf aufmerksam, daß es heute nicht mehr sachgerecht sei, der Unterstützungskasse die Anwartschaftsdeckung steuerlich zu versagen, da der Versorgungsanspruch des Arbeitnehmers durch die ständige Rechtsprechung des Bundesarbeitsgerichts abgesichert sei.

5 Um die steuerrechtliche Einstufung der Gehaltsbestandteile als betriebliche Altersversorgung nicht zu gefährden, sind die Gehaltsbestandteile jedoch als nicht frei verfügbar auszuweisen.

des Arbeitsentgelts unmittelbar in betriebliche Altersversorgungsansprüche umgewandelt[1] werden.[2]

Für die Entscheidung, ob sich ein Arbeitnehmer an der Finanzierung seiner betrieblichen Altersversorgung beteiligen kann und will, ist von entscheidender Bedeutung, ob seine Beiträge dem Vermögen des Arbeitgebers zugerechnet werden und letztlich in dessen Konkursmasse einfließen. Da die Beiträge bei Direktzusagen und Unterstützungskassen direkt oder indirekt im Unternehmen verbleiben, ist sicherzustellen, daß der Arbeitnehmer seine Versorgung auch im Fall des Konkurses des Arbeitgebers erhält. Sofern die Versorgungszusagen aus Gehaltsumwandlung abgesichert sind,[3] dürfte der Gehaltsumwandlung bei Direktzusagen aus dem hier genannten Grund nichts entgegenstehen.[4] Für Versorgungszusagen über Unterstützungskassen besteht zusätzlich das Problem, daß der Arbeitnehmer nach dem BetrAVG keinen Rechtsanspruch auf die Versorgung hat. Die Eigenbeteiligung des Arbeitnehmers ist bei der Finanzierung von Direktzusagen[5] und Unterstützungskassen[6] bisher unüblich.

Da bei der Pensionskasse und auch bei der Direktversicherung die Mittelansammlung außerhalb des Trägerunternehmens erfolgt, ist das Vermögen aus der betrieblichen Altersversorgung klar von dem Vermögen des Arbeitgebers getrennt. Es ist bei diesen beiden Durchführungswegen nicht nur vergleichsweise leicht möglich, sondern sogar

---

1 Zum Ausdruck Gehaltsumwandlung siehe C. Bode (1997), S. 1769, sowie die dort in Fußnote 1 zitierte Literatur.

2 Zu Möglichkeiten der Gehaltsumwandlung siehe K.-D. Rauser, R. Wurzberger und F. De Meo (1995); T. Schanz (1997).
Im Zuge des Rentenreformgesetzes 1999 ist mit Gültigkeit ab dem 01.01.1999 die Möglichkeit ins Betriebsrentengesetz aufgenommen worden, künftige Entgeltansprüche in eine wertgleiche Anwartschaft auf Versorgungsleistungen umzuwandeln, § 1 V BetrAVG n.F. Siehe dazu auch P. A. Doetsch, W. Förster und J. Rühmann (1998), S. 258.

3 Zur Absicherung der Ansprüche aus Direktzusagen über den PSV siehe die Seiten 41ff.

4 Das LAG Köln hat in 2. Instanz entschieden, daß Gehaltsumwandlungen in Direktzusagen dem Schutz des Pensions-Sicherungs-Verein VVaG (PSV) unterliegen. LAG Köln (1996). Eine Entscheidung des BAG steht noch aus.

5 Die noch geringe Verbreitung der Arbeitnehmerbeteiligung bei Direktzusagen resultierte auch aus der Ungewißheit der steuerlichen Behandlung der Beiträge. K.-D. Rauser, R. Wurzberger und F. De Meo (1995), S. 381.

6 P. Ahrend und H.-J. Heger (1995), S. 490. Nach § 3 KStDV dürfen Arbeitnehmer zu Leistungen an eine Unterstützungskasse nicht verpflichtet werden.

üblich, daß sich der Arbeitnehmer an der Finanzierung seiner betrieblichen Alterssicherung beteiligt.[1]

d) Besteuerung

Die vier Durchführungswege der betrieblichen Altersversorgung unterscheiden sich nicht nur in der Finanzierung, sondern auch in der Besteuerung der Finanzierungs- und Versorgungsleistungen erheblich. Ziel dieses Abschnitts ist es, einen Überblick über die einkommensteuerliche[2] Behandlung der Durchführungswege zu geben, um die wesentlichen Unterschiede in der Besteuerung zu verdeutlichen. Gemäß der zeitlichen Abfolge der betrieblichen Alterssicherung wird zunächst betrachtet, welche steuerlichen Konsequenzen die Finanzierungsleistungen des Arbeitgebers bei ihm und dem begünstigten Arbeitnehmer auslösen. Die gleiche Frage stellt sich für die Finanzierungsleistungen des Arbeitnehmers. Anschließend wird dargestellt, wie Erträge aus Alterssicherungsvermögen und wie Versorgungsleistungen besteuert werden.

α) Finanzierungsleistungen des Arbeitgebers

Erteilt ein Arbeitgeber eine Direktzusage, geht er eine Verbindlichkeit in ungewisser Höhe ein, die in einem ungewissen Zeitpunkt fällig wird. Er hat dafür nach § 249 II HGB Rückstellungen zu bilden (Passivierungsgebot).[3] Wenngleich das Steuerrecht grundsätzlich ein Passivierungswahlrecht für Versorgungsverpflichtungen gemäß § 6a EStG vorsieht, bewirkt das Maßgeblichkeitsprinzip gemäß § 5 I EStG dem Grunde

---

[1] 1990 wurden Beiträge in Höhe von 1,845 Mrd. DM an Direktversicherungen abgeführt, wobei der Anteil der Arbeitgeberaufwendungen gut 90 % betrug. An Pensionskassen wurden 2,29 Mrd. DM geleistet, wovon ca. 70 % auf die Arbeitgeber entfielen. Statistisches Bundesamt (1995), S. 606. Zur Gehaltsumwandlung bei Direktversicherungen siehe W. Blomeyer (1994); R. Pophal (1997).

[2] Andere Steuerarten bleiben außer acht, da ihre Bedeutung im Vergleich zur Einkommensteuer gering ist und hier nur Grundzüge der Besteuerung der betrieblichen Altersversorgung dargestellt werden sollen.

[3] K. Küting und C.-P. Weber (1995), § 249 Rn. 361f. Vor Einführung des Bilanzrichtliniengesetzes bestand für Pensionsverbindlichkeiten ein Passivierungswahlrecht, das für Altverbindlichkeiten (Zusagen, auf die der Arbeitnehmer bis zum 31.12.1986 einen Rechtsanspruch erhalten hat, sowie Erhöhungen dieser Zusagen) beibehalten wurde. K. Küting und M. Strickmann (1997), S. 5.

nach auch im Steuerrecht ein Passivierungsgebot. § 6a EStG enthält gegenüber dem Handelsrecht jedoch zusätzliche Anforderungen für steuerrechtlich zulässige Pensionsrückstellungen:

- Der Versorgungsberechtigte hat einen Rechtsanspruch auf einmalige oder laufende Versorgungsleistungen,
- die Versorgungszusage enthält keine steuerschädlichen Vorbehalte[1] und
- die Versorgungszusage ist schriftlich erteilt.

Eine Pensionsrückstellung darf steuerlich erstmals für das Wirtschaftsjahr gebildet werden, in dem ein Arbeitgeber die Versorgungszusage erteilt und der Versorgungsberechtigte bis zur Mitte des Jahres das 30. Lebensjahr vollendet hat.

Die Höhe einer Pensionsrückstellung ist nach handelsrechtlichen Vorschriften aufgrund vernünftiger kaufmännischer Beurteilung zu bestimmen.[2] Rentenverpflichtungen gegenüber Arbeitnehmern im Ruhestand sind mit ihrem Barwert anzusetzen.[3] Steuerrechtlich ist ihre Höhe allerdings auf den Teilwert der Versorgungsverpflichtung begrenzt.[4] Um den Teilwert zu berechnen, ist ein Rechnungszinsfuß von 6 % anzusetzen.[5] Das Steuerrecht untersagt, künftige, noch nicht eingetretene Erhöhungen der Bemessungsgrundlage der Rente einzubeziehen.[6] Die Höhe des Ansatzes kann somit in Handels- und Steuerbilanz abweichen.

Zuführungen zu den Pensionsrückstellungen sind steuerlich in Höhe der Differenz der Teilwerte am Ende eines Wirtschaftsjahres und am Ende des vorangegangenen

---

1 Ausgeschlossen von der Bemessungsgrundlage für Pensionsrückstellungen sind beispielsweise künftige gewinnabhängige Gehaltsbestandteile. P. Olbertz (1997).

2 § 253 I S. 2 HGB. Zur Bewertung von Verpflichtungen aus Direktzusagen siehe P. Ahrend (1995), S. 2 - 7; K. Küting und C.-P. Weber (1995), § 249 Rn. 366.

3 § 253 I S. 2 HGB.

4 § 6a III EStG. Das Teilwertverfahren ist zur Zeit das einzige Verfahren, das steuerrechtlich zulässig ist. Handelsrechtlich ist auch das Gegenwartswertverfahren gestattet. Das Teilwertverfahren erlaubt im Vergleich zum Gegenwartswertverfahren frühzeitig höhere Zuführungen zu Pensionsrückstellungen, da die Versorgungsanwartschaften auf den Zeitpunkt des Diensteintritts berechnet werden. G. Heubeck (1995), S. 40; L. Haberstock (1991), S. 160 - 165.

5 § 6a III S. 3 EStG.

6 § 6a III S. 4 EStG. Um sicherzustellen, daß künftige gewinnabhängige Gehaltsbestandteile von der steuerlichen Anerkennung ausgeschlossen sind, wurde § 6a EStG im Rahmen des Jahressteuergesetzes 1997 dahingehend geändert. P. Olbertz (1997).

Wirtschaftsjahres zulässig.[1] Unterläßt ein Arbeitgeber in einem Jahr einen Teil der steuerlich höchstmöglichen Zuführung zu den Pensionsrückstellungen, darf er diesen "Fehlbetrag" erst bei Eintritt des Versorgungsfalls aufholen.[2] Eine Betragsgrenze, bis zu der die Bildung von Pensionsrückstellungen pro Mitarbeiter steuerlich anerkannt ist, enthält das Einkommensteuergesetz nicht. Der BFH hat jedoch entschieden, daß Pensionsrückstellungen nur für den Teil der betrieblichen Altersrente gebildet werden dürfen, der zusammen mit der Anwartschaft aus der gesetzlichen Rentenversicherung 75 % des Gehalts des Arbeitnehmers am Bilanzstichtag nicht überschreitet.[3] Diese Betragsgrenze ist aber nicht als starr zu betrachten, zumal die Höhe künftiger Renten der gesetzlichen Rentenversicherung unsicher ist und die 75 %-Grenze pauschal für alle Arbeitnehmer eines Unternehmens gilt. Intention des BFH ist vielmehr zu vermeiden, daß die Unternehmen das Stichtagsprinzip des § 6a III Nr. 1 S. 4 EStG dadurch unterlaufen, daß sie bezogen auf das Gehalt des Arbeitnehmers hohe Direktzusagen erteilen, das Versorgungsniveau bis zum Eintritt in den Ruhestand durch die Lohnsteigerungen jedoch erheblich absinkt. Pensionsrückstellungen aufgrund endgehaltsabhängiger Direktzusagen dürfen insofern durchaus die 75 %-Grenze überschreiten.[4] Direktzusagen an geschäftsführende Gesellschafter erkennt die Steuerverwaltung nicht in unbegrenzter Höhe an, da der Verdacht verdeckter Gewinnausschüttungen besteht. Um zu prüfen, ob die Höhe einer Direktzusage angemessen ist, wird verglichen, ob ein gesellschaftsfremder Geschäftsführer eine Direktzusage in der Form erhielte.[5]

In welchem Ausmaß Steuervergünstigungen zur Finanzierung von Direktzusagen beitragen, wird in der betriebswirtschaftlichen Literatur seit Anfang der 80er Jahre kontrovers diskutiert.[6] Unumstritten dürfte jedoch sein, daß das Steuerrecht Direktzusagen unterstützt.

---

1 § 6a IV S. 1 EStG.

2 Das Nachholverbot ergibt sich ebenfalls aus § 6a IV S. 1 EStG. Siehe auch R 41 "Zuführung zur Pensionsrückstellung" EStR und H 41 "Nachholverbot" EStH.

3 BFH (1995), insbes. II.3.c) der Gründe.

4 Zum Problem der 75 %-Grenze siehe R. Höfer (1996). Hinweise auf die steuerlich anerkannte Höhe von Pensionsrückstellungen gibt auch E. R. Grabner (1996).

5 Siehe auch Abschn. 32 KStR. Der BFH hat mit seinem Urteil I R 52/97 vom 29.10.1997 klargestellt, welche Anforderungen an einen „Fremdvergleich" zu stellen sind. O. Verf. (1998b).

6 Einen Überblick über die Diskussion bieten S. Bogner und P. Swoboda (1994), S. 568f.

Zuwendungen des Arbeitgebers an eine Unterstützungskasse sind nach Maßgabe des § 4d EStG als Betriebsausgabe anerkannt und mindern sein steuerpflichtiges Einkommen. Die Höhe der steuerlich abziehbaren Aufwendungen ist jedoch begrenzt. Als grobe Orientierung[1] läßt sich sagen, daß Zuwendungen zum Kassenvermögen abziehbar sind, bis das Kassenvermögen zwei Jahresrenten des Arbeitnehmers umfaßt. Erst bei Eintritt des Versorgungsfalls darf das Trägerunternehmen die Deckung der Versorgungsverpflichtung in Höhe des Anwartschaftsbarwertes steuerlich berücksichtigen.[2] Versorgungszusagen über Unterstützungskassen sind deswegen in der Regel nur anteilig mit Kapital unterlegt. Sichert eine Unterstützungskasse ihrerseits ihre Leistungsverpflichtungen über eine Pensionskasse ab (rückgedeckte Unterstützungskasse), dann sind die Zuwendungen des Arbeitgebers an die Unterstützungskasse, die diese wiederum als Beiträge an die Pensionskasse weiterleitet, grundsätzlich in voller Höhe steuerlich als Aufwand anerkannt.[3]

Zuwendungen an Pensionskassen und Beiträge an Direktversicherungen mindern ebenfalls das steuerpflichtige Einkommen des Arbeitgebers und sind in ihrer Höhe nahezu unbeschränkt als Betriebsausgaben anerkannt.[4] Maßgebend ist der Geschäftsplan des Versicherungsunternehmens.[5]

Mit Ausnahme von Unterstützungskassen mindern somit die Zuwendungen zur betrieblichen Altersversorgung bei allen Durchführungswegen in der Ansparphase die Steuerbemessungsgrundlage des Arbeitgebers. Während die Deckungsmittel bei Direktzusagen im Unternehmen verbleiben, fließen sie bei den anderen Durchführungswegen allerdings an ein externes Versorgungsinstitut ab.

---

1 Im Detail siehe E. Littmann, H. Bitz und P. Hellwig (1998), Anmerkungen zu § 4d.

2 Zu den Voraussetzungen der steuerlichen Abziehbarkeit von Zuwendungen an Unterstützungskassen im Detail siehe P. A. Doetsch (1995), S. 2554 - 2558; C.-J. Beye (1995).

3 § 4d I Nr. 1c) EStG. A. Buttler (1997).

4 Zu abziehbaren Zuwendungen an Pensionskassen siehe P. Kirchhof und H. Söhn (1998), Rdnr. B 44 - B 71 zu § 4c. Für Beiträge an Direktversicherungen gilt § 4 IV EStG (Betriebsausgabenabzug). Eine Erwähnung in § 4b EStG ist darüber hinaus nicht nötig. E. Littmann, H. Bitz und P. Hellwig (1998), Anm. 13 - 16 zu § 4b.

5 Zuwendungen an eine Pensionskasse sind beispielsweise nicht abziehbar, wenn nach dem Geschäftsplan nur laufende Beiträge an eine Pensionskasse zu entrichten sind, das Trägerunternehmen aber dennoch einen höheren Einmalbeitrag leistet, der nicht dazu dient, einen Fehlbetrag auszugleichen. E. Littmann, H. Bitz und P. Hellwig (1998), Anm. 13 - 16 zu § 4b, Anm. 23 zu § 4c.

Die Durchführungswege der betrieblichen Altersversorgung unterscheiden sich ebenfalls darin, welche einkommensteuerlichen Wirkungen die Finanzierungsleistungen des Arbeitgebers beim Arbeitnehmer auslösen. Zuführungen zu Pensionsrückstellungen und Zuwendungen an Unterstützungskassen lösen keine Einkommensteuerpflicht bei ihm aus, da dem Arbeitnehmer kein Arbeitslohn zufließt.[1] Sie zählen damit auch nicht zum Entgelt im Sinne der Sozialversicherung und sind sozialversicherungsfrei.

Beiträge an Pensionskassen und an Direktversicherungen rechnen zu den steuerpflichtigen Einnahmen des Arbeitnehmers. Sie gelten gemäß § 19 I Nr. 2 EStG und § 2 II Nr. 3 LStDV beim Arbeitnehmer als Arbeitslohn und sind damit auch sozialversicherungspflichtig.[2] Alternativ zu der regulären Lohnbesteuerung kann ein Arbeitgeber die Lohnsteuer von den Beiträgen an Pensionskassen und Direktversicherungen pauschal mit 20 % der Beiträge erheben.[3] Die Pauschalbesteuerung ist auf einen Betrag in Höhe von 3.408 DM pro Arbeitnehmer im Kalenderjahr begrenzt.[4] Werden die Beiträge pauschal versteuert, sind sie zudem nicht sozialversicherungspflichtig.[5] Macht der Arbeitgeber von der Möglichkeit der Lohnsteuerpauschalierung keinen Gebrauch, kann der Arbeitnehmer die Beiträge als Vorsorgeaufwendungen im Rahmen der Sonderausgaben gemäß § 10 I Nr. 2b) EStG geltend machen, sofern er seine Höchstbeträge noch nicht ausgeschöpft hat.[6]

---

1 P. Ahrend, W. Förster und N. Rößler (1995a), 2. Teil: Rdnr. 433f. und 3. Teil: Rdnr. 248.

2 Für Pensionskassen siehe C. Herrmann, G. Heuer und A. Raupach (1998), Anm. 310a zu § 19; für Direktversicherungen ebda., Anm. 278 zu § 19.

3 § 40b I EStG. Zur historischen Entwicklung des § 40b EStG siehe O. Goecke (1997), S. 2568f.

4 Bei Gruppenversicherungen für mehrere Arbeitnehmer darf der Betrag, der durchschnittlich pro Arbeitnehmer einer Pensionskasse oder einer Direktversicherung zugeführt wird, 3.408 DM nicht überschreiten. In diese Durchschnittsbetrachtung dürfen jedoch nur Arbeitnehmer einbezogen werden, für die nicht mehr als 4.200 DM im Kalenderjahr aufgewendet werden, § 40b II EStG.

Voraussetzung dafür, daß ein Arbeitgeber die Lohnsteuer pauschal erheben darf, ist ferner, daß Versicherungen auf den Erlebensfall erst mit dem 60. Lebensjahr des Arbeitnehmers fällig werden, daß eine Kündigung des Versicherungsvertrags durch den Arbeitnehmer ausgeschlossen ist und daß die Arbeitgeberbeiträge aus dem ersten Dienstverhältnis des Arbeitnehmers resultieren. Zu den Voraussetzungen und Vorschriften im einzelnen siehe Abschnitt 129 LStR; P. Ahrend, W. Förster und N. Rößler (1995a), 4. Teil: Rdnr. 93 - 147.

5 § 2 I Nr. 3 der Verordnung über die Bestimmung des Arbeitsentgelts in der Sozialversicherung. Das gilt jedoch nicht, wenn Direktversicherungsbeiträge auf einer Umwandlung laufenden Gehalts beruhen. P. Ahrend, W. Förster und N. Rößler (1995a), 4. Teil: Rdnr. 143f.

6 C. Herrmann, G. Heuer und A. Raupach (1998), Anm. 425 zu § 19. Zu Vorsorgeaufwendungen siehe Abschnitt 2 dieses Kapitels ab Seite 45.

β) Einzahlungen des Arbeitnehmers

Ein Arbeitnehmer hat Beiträge zur betrieblichen Alterssicherung grundsätzlich aus seinem versteuerten Einkommen zu leisten. Bei entsprechender Gestaltung einer Alterssicherungszusage als Gehaltsumwandlung[1] werden seine Finanzierungsleistungen bei ihm allerdings so besteuert wie die Finanzierungsleistungen des Arbeitgebers. Eigenbeteiligungen der Arbeitnehmer bieten sich aus steuerlicher Sicht deswegen auch oder besonders für Direktzusagen an.[2] Die Gehaltsumwandlung in Verbindung mit Beiträgen an eine Pensionskasse oder Direktversicherung bietet dem Arbeitnehmer allerdings in aller Regel ebenfalls steuerliche Vorteile gegenüber einer individuell abgeschlossenen Lebensversicherung, wenn der Arbeitgeber die Lohnsteuer pauschal erhebt.[3]

γ) Erträge aus dem Vermögen

Direktzusagen führen nicht zu einer Ansammlung von Alterssicherungsvermögen, so daß sich die Frage nach der Besteuerung des Vermögens und der Erträge daraus nur für Unterstützungskassen, Pensionskassen und Direktversicherungen stellt. Unterstützungskassen und Pensionskassen sind von der Körperschaftsteuer befreit, sofern sie die Anforderungen gemäß § 5 I Nr. 3 KStG erfüllen.[4] Dazu zählen u.a. bestimmte Anforderungen an den Kreis der begünstigten Arbeitnehmer, an die Geschäftstätigkeit der Kassen, an die Verwendung des Vermögens und der Einkünfte und an die Höhe des Vermögens. Übersteigt das Kassenvermögen den zulässigen Höchstbetrag, werden das Vermögen, das die Höchstgrenze übersteigt, und die darauf entfallenden Einkünfte steuerpflichtig.[5] Verletzt eine Kasse die sonstigen Anforderungen, wird sie in vollem

---

1 Zu Formen der Gehaltsumwandlung siehe W. Blomeyer (1994); C. Bode (1994); P. Bredebusch (1996); J. Ophoff und N. Walkiewicz (1996); C. Bode (1997); T. Schanz (1997).

2 Das gilt zumindest dann, wenn der Steuersatz des Arbeitnehmers in der Ansparphase gleich oder höher ist als in der Versorgungsphase. Für einen großen Teil der Arbeitnehmer dürfte das der Fall sein, da ihr zu versteuerndes Einkommen während der Zeit ihrer Erwerbstätigkeit in der Regel höher ist als im Ruhestand. Für die Beurteilung, ob arbeitnehmerfinanzierte Direktzusagen steuerlich anerkannt werden, hat das BMF Grundsätze entwickelt. FinMin. NRW, mit dem BMF und den Ländern koordinierter Erlaß vom 15.05.1995. Dazu W. Niermann (1995).

3 Das setzt voraus, daß der Arbeitnehmer einem Grenzsteuersatz von über 20 % unterliegt.

4 P. Ahrend, W. Förster und N. Rößler (1995a), 3. Teil: Rdnr. 263 und 5. Teil: Rdnr. 108.

5 § 5 I Nr. 3d) u. e) KStG i.V.m. § 6 I Nr. 1 - 4 bzw. II KStG. K. Gratz und H.-H. Bühl (1996).

Umfang körperschaftsteuerpflichtig. Da Unterstützungskassen und Pensionskassen die Tatbestände zu umgehen versuchen werden, die eine Steuerpflicht auslösen, bleiben Erträge aus ihrem Vermögen in der Regel steuerfrei. Das bringt aber auch mit sich, daß die Körperschaftsteuerminderungen auf Dividenden nicht erstattet werden.[1] Das Finanzamt erstattet allerdings auf Antrag gemäß § 44c II Nr. 2 EStG die Hälfte der auf Dividenden einbehaltenen Kapitalertragsteuer.[2] Wird das Vermögen über Spezialfonds investiert, läßt sich dieses Manko heilen.[3] Zinserträge aus festverzinslichen Wertpapieren hingegen unterliegen nicht dem Steuerabzug.[4]

Lebensversicherungsunternehmen sind hingegen unbegrenzt steuerpflichtig.[5] In welchem Umfang die Erträge aus dem Alterssicherungsvermögen bei Direktversicherungen beim Arbeitnehmer steuerpflichtig sind, hängt davon ab, wie der Versicherungsvertrag gestaltet ist.[6] Erfüllt der Vertrag die Anforderungen des § 10 I Nr. 2b EStG, sind außerrechnungsmäßige und rechnungsmäßige Zinsen auf die Sparanteile steuerfrei.[7]

δ) Auszahlungen an den Arbeitnehmer

Versorgungsleistungen des Arbeitgebers aufgrund einer Direktzusage sind als Betriebsausgabe anerkannt und mindern seinen steuerpflichtigen Gewinn. Gleichzeitig wirkt jedoch die anteilige Auflösung der Pensionsrückstellungen gewinnerhöhend,[8] so daß im Zeitpunkt der Auszahlung der Versorgungsleistung nur der Saldo den steuerpflichtigen Gewinn mindert. Leistungen einer Unterstützungskasse, einer Pensionskasse und einer Direktversicherung beeinflussen den steuerpflichtigen Gewinn des Arbeitgebers nicht.

---

1 M. Schaber (1994), S. 996; P. Ahrend, W. Förster und N. Rößler (1995a), 3. Teil: Rdnr. 316 und 5. Teil: Rdnr. 118.

2 P. Ahrend, W. Förster und N. Rößler (1995a), 3. Teil: Rdnr. 319 und 5. Teil: Rdnr. 119.

3 H. Häuselmann (1992), S. 321.

4 Kapitalerträge im Sinne des § 43 I S. 1 Nr. 4, 7 und 8 sowie S. 2 EStG unterliegen nicht dem Abzug der Kapitalertragsteuer. Dazu zählen beispielsweise die Einkünfte aus Kapitalvermögen gemäß § 20 I Nr. 6 EStG. P. Ahrend, W. Förster und N. Rößler (1995a), 5. Teil: Rdnr. 119.

5 D. Farny (1995), S. 128 - 131.

6 Zur Besteuerung von Erträgen aus Lebensversicherungen siehe Abschnitt 2 dieses Kapitels ab Seite 50.

7 P. Ahrend, W. Förster und N. Rößler (1995a), 4. Teil: Rdnr. 84.

8 Ebda., 2. Teil: Rdnr. 304.

Versorgungsbezüge aufgrund einer Direktzusage oder über eine Unterstützungskasse gelten für den Arbeitnehmer als Einkünfte aus nichtselbständiger Arbeit gemäß § 19 I Nr. 2 EStG.[1] Dabei ist es unerheblich, ob es sich um laufende oder einmalige Bezüge handelt. 40 % der Versorgungsbezüge, höchstens jedoch 6.000 DM, sind pro Jahr steuerfrei (Versorgungsfreibetrag).[2] Erhält ein Arbeitnehmer eine einmalige Kapitalleistung, findet der ermäßigte Steuersatz nach § 34 I EStG keine Anwendung. Statt dessen darf der Arbeitnehmer den Zufluß der Kapitalleistung gemäß § 34 III EStG fiktiv auf drei Jahre verteilen.[3]

Renten durch eine Pensionskasse oder eine Direktversicherung sind nur in Höhe ihres Ertragsanteils steuerpflichtig. Sie zählen zu den sonstigen Einkünften gemäß § 22 Nr. 1a EStG.[4] Kapitalleistungen einer Pensionskasse oder Direktversicherung zählen nicht zu den Einkünften im Sinne des Einkommensteuergesetzes.[5] Sofern die Kapitalleistungen jedoch Zinsen enthalten, sind diese nur dann steuerfrei, wenn die Voraussetzungen des § 20 I Nr. 6 EStG erfüllt sind.[6] Dazu zählen eine Mindestvertragslaufzeit, ein Mindesttodesfallschutz und eine Mindesteinzahldauer.[7]

Zusammenfassend läßt sich festhalten, daß bei Direktzusagen und Unterstützungskassen das Prinzip der nachgelagerten Besteuerung greift, d.h. die Steuerpflicht setzt bei den Versorgungsbezügen an. Bei Pensionskassen und Direktversicherungen gilt dagegen das Prinzip der vorgelagerten Besteuerung. Beiträge sind in der Regel aus bereits versteuertem Einkommen zu leisten, wobei eine Minderung der Steuerbelastung während der Anwartschaftsphase in engen Grenzen denkbar ist. Tabelle I.2 faßt die steuerliche Behandlung der Durchführungsformen der betrieblichen Altersversorgung zusammen.

---

1 O. Klingebiel (1994), S. 96.

2 § 19 II S. 1 EStG.

3 P. Ahrend, W. Förster und N. Rößler (1995a), 2. Teil: Rdnr. 448 - 453a. Aufgrund dieser Regelung wird der Progressionseffekt gemildert.

4 C. Herrmann, G. Heuer und A. Raupach (1998), Anm. 352 zu § 19.

5 P. Ahrend, W. Förster und N. Rößler (1995a), 4. Teil: Rdnr. 84.

6 Ebda., 4. Teil: Rdnr. 84 - 88. Zur Besteuerung von Auszahlungen aus Lebensversicherungsverträgen siehe Abschnitt 2 dieses Kapitels auf Seite 51.

7 Siehe dazu im Detail die Seiten 45ff.

Tab. I.2: Übersicht über die steuerliche Behandlung der Formen der betrieblichen Altersversorgung

Form der betriebl. AV / Art der Leistung	Direktzusage	Unterstützungskasse	Pensionskasse	Direktversicherung
Finanzierungsleistungen (Besteuerung des Arbeitgebers)	voll abziehbar im Rahmen § 6a EStG; Stichtagsprinzip	beschränkt abziehbar § 4d EStG u. R 27a EStR	voll abziehbar § 4c EStG	voll abziehbar § 4b EStG
Finanzierungsleistungen (Besteuerung des Arbeitnehmers)	nicht einkommensteuerpflichtig	nicht einkommensteuerpflichtig	Beiträge sind lohnsteuerpflichtig § 2 II Nr. 3 LStDV • abziehbar im Rahmen der Vorsorgeaufwendungen gem. § 10 EStG • Pauschalbesteuerung nach § 40b EStG möglich - Steuersatz: 20 % - Höchstgrenze: 3.408 DM - Gruppenversicherung möglich[1]	
Versorgungsleistungen an den Arbeitnehmer in Form von a) Renten b) Kapitalleistungen	a) Einkünfte aus nichtselbständiger Arbeit § 19 I EStG Versorgungsfreibetrag: 40 %, max. 6.000 DM b) wie a) fiktive Verteilung auf drei Jahre gem. § 34 III EStG		a) Sonstige Einkünfte § 22 Nr. 1a EStG (nur Ertragsanteil) b) nicht steuerpflichtig, sofern Voraussetzungen des § 20 I Nr. 6 erfüllt sind	

1 Bei einer Gruppenversicherung ist für die Höchstgrenze der Durchschnittsbetrag der Finanzierungsleistungen maßgebend. Es dürfen jedoch nur Arbeitnehmer einbezogen werden, für die der Beitrag 4.200 DM nicht übersteigt.

Verwendet ein Arbeitnehmer für alle vier Durchführungswege den gleichen Betrag seines Einkommens vor Steuern, erhält er ceteris paribus bei Direktzusagen und Versorgungszusagen über Unterstützungskassen ein bedeutend höheres Alterseinkommen, da der Anlagebetrag und damit das Ertragspotential höher sind. Im Umkehrschluß bedeutet das, daß ein Arbeitnehmer bei Versorgungszusagen über Pensionskassen und Direktversicherungen ceteris paribus auf einen höheren Betrag seines Arbeitsentgelts verzichten muß, um das gleiche Alterseinkommen wie bei Direktzusagen und Versorgungszusagen über Unterstützungskassen zu beziehen.

Die Besteuerung der Durchführungswege ist eng mit ihrer Finanzierung verknüpft. Mit der Finanzierung verbunden ist ebenfalls die Frage, wem das Alterssicherungsvermögen rechtlich zuzuordnen ist und wie es vor allem gegen die Insolvenz des Arbeitgebers geschützt ist. Dieser Frage geht der nächste Teilabschnitt nach.

e) Vermögenszuordnung und Insolvenzschutz

Bei der Direktzusage hat der Arbeitgeber zwar Pensionsrückstellungen zu bilden, doch erfolgt keine Zuweisung oder Absicherung über bestimmte Aktiva.[1] Demnach haftet das gesamte Unternehmensvermögen für die Erfüllung der Versorgungsverbindlichkeiten. Im Konkursfall haben die Versorgungsanwärter sowie die Versorgungsempfänger keinen Anspruch auf bevorrechtigte Befriedigung ihrer künftigen Versorgungsansprüche. Sie nehmen die letzte Rangstelle unter den Gläubigern ein.[2]

Bei Zahlungsunfähigkeit der Unterstützungskasse hat der Arbeitgeber für die Versorgungsleistungen unmittelbar einzustehen.[3] Die Versorgungsansprüche sind damit erst bei dessen Zahlungsunfähigkeit gefährdet. Wie die Ansprüche aus Direktzusagen genießen auch die Versorgungsansprüche gegenüber Unterstützungskassen keine bevorrechtigte Befriedigung.

---

1 M. Schaber und G. Staber (1995), S. 169.

2 § 61 I Nr. 6 KO. P. Ahrend, W. Förster und N. Rößler (1995a), 1. Teil: Rdnr. 579 - 580.

3 Der Arbeitnehmer kann seinen Arbeitgeber auf dem Weg der Durchgriffshaftung in Anspruch nehmen. P. Ahrend, W. Förster und N. Rößler (1995a), 1. Teil: Rdnr. 85.

Die Insolvenz des Trägerunternehmens einer Pensionskasse hat grundsätzlich keinen Einfluß auf die Versorgungsleistungen der Versicherten,[1] da das Trägerunternehmen auf das Vermögen der Pensionskasse keinen Zugriff hat.[2] Die Insolvenzwahrscheinlichkeit einer Pensionskasse selbst dürfte gering sein, da sie der Aufsicht des Bundesaufsichtsamtes für das Versicherungswesen unterliegt. Ein weiterer Schutz der Versicherten erscheint damit nicht erforderlich.[3]

Grundsätzlich gelten für Direktversicherungen die Aussagen über Pensionskassen.[4] Ein wesentlicher Unterschied ergibt sich jedoch daraus, daß hier der Arbeitgeber Versicherungsnehmer ist und der Arbeitnehmer durch den Arbeitgeber zum Bezugsberechtigten bestimmt wird. Solange die Bezugsberechtigung vom Arbeitgeber widerrufen werden kann, stünde dieses Recht auch einem Konkursverwalter zu. Der Arbeitnehmer müßte seine Ansprüche dann analog zur Direktzusage und zur Unterstützungskasse im Konkursverfahren geltend machen.[5]

Da die Konkursquote für nichtbevorrechtigte Forderungen äußerst gering ist, gründeten die Deutschen Arbeitgeberverbände, der Bundesverband der Deutschen Industrie und der Verband der Lebensversicherungsunternehmen e.V. zum Schutz der Versorgungsanwärter und -empfänger den Pensions-Sicherungs-Verein VVaG (PSV). Der PSV hat für die oben aufgezeigten Ansprüche einzustehen, die der Arbeitnehmer andernfalls nur im Rahmen eines Konkursverfahrens hätte geltend machen können.[6] Der PSV tritt damit an die Stelle des Arbeitnehmers als Konkursgläubiger. Alle Arbeitgeber, die sicherungspflichtige Versorgungsleistungen gewähren, sind zur Mitgliedschaft beim PSV gesetzlich verpflichtet.[7] Der PSV finanziert sich nach dem Rentenwert-Umlageverfahren, d.h. daß die Aufwendungen eines Jahres durch die Beiträge des

---

1 Wenn die Pensionskasse dem Trägerunternehmen jedoch ein Darlehen gewährt hat, besteht die Gefahr, daß das Darlehen infolge der Insolvenz ausfällt und den Deckungsstock der Pensionskasse mindert.

2 P. Ahrend, W. Förster und N. Rößler (1995a), 1. Teil: Rdnr. 584.

3 E. P. Davis (1995a), S. 111.

4 In Deutschland gab es seit mehr als fünfzig Jahren keine Insolvenz eines Lebensversicherungsunternehmens mehr. J. Finsinger (1997), S. 208.

5 P. Ahrend, W. Förster und N. Rößler (1995a), 1. Teil: Rdnr. 583.

6 § 7 BetrAVG zeigt auf, unter welchen Tatbestandsmerkmalen der PSV für welche Versorgungsansprüche einzustehen hat.

7 § 10 I BetrAVG. Auch Versorgungszusagen aufgrund von Entgeltumwandlungen gemäß § 1 V BetrAVG n.F. sollen zwangsweise vom PSV zu versichern sein, unabhängig von dem gewählten Durchführungsweg. H. P. Wohlleben (1998); Pensions-Sicherungs-Verein VVaG (1998b).

Jahres zu decken sind. Die Mitgliedsbeiträge bemessen sich damit vornehmlich nach der Höhe der Versorgungszusagen eines Arbeitgebers sowie nach dem Schadensvolumen des Jahres.[1] Die Wahrscheinlichkeit, daß der PSV für einen Arbeitgeber einstehen muß, wird nicht berücksichtigt.[2]

Die unterschiedliche Finanzierung und Vermögenszuordnung bei den Durchführungswegen der betrieblichen Altersversorgung führt dazu, daß das Alterssicherungsvermögen auch einen unterschiedlichen institutionellen Schutz erfährt. Je weniger institutionellen Schutz das Alterssicherungsvermögen allerdings erfährt, desto umfangreicherer Kontrolle bedarf es durch die Beitragszahler und die Begünstigten. Um dieser Kontrolle nachkommen zu können, bedarf es deswegen hinreichender Informationen.

f) Information

Wenngleich für Arbeitnehmer die Gewährung einer betrieblichen Altersversorgung einen hohen Stellenwert einnimmt,[3] sind sie über die konkrete Ausgestaltung des Versorgungssystems ihres Arbeitgebers in aller Regel schlecht informiert.[4] Die Versorgungsordnung eines Unternehmens unterrichtet Arbeitnehmer, die einem Tarifvertrag unterliegen, über das betriebliche Altersversorgungssystem. Außertariflich beschäftigte Arbeitnehmer haben ihre betriebliche Altersversorgung einzelvertraglich zu regeln.[5]

Bei Direktzusagen und Versorgungszusagen über Unterstützungskassen erhält der Arbeitnehmer keine weiteren Informationen. Er benötigt sie auch nicht, da seine Versorgungsansprüche in der Versorgungszusage festgeschrieben sind und von der

---

1 Zur Beitragsbemessung siehe genauer § 10 BetrAVG; E. Windel (1985).

2 Grünbichler hat einen Ansatz entwickelt, mit Hilfe der Optionstheorie risikoadjustierte Mitgliedsbeiträge zu berechnen. A. Grünbichler (1990); ders. (1991), S. 80 - 122.

3 K. Esser und G. Sieben (1997), S. 36f.

4 P. Ahrend, W. Förster und N. Rößler (1995a), Einführung: Rdnr. 22.

5 Rechtsgrundlage einer betrieblichen Alterssicherung können kollektivrechtliche oder einzelvertragliche Abreden sein. Darüber hinaus kann der arbeitsrechtliche Grundsatz der Gleichbehandlung eine betriebliche Alterssicherung begründen. Ein Überblick darüber, wie sich Ansprüche auf betriebliche Alterssicherung begründen lassen, findet sich in ebda., 1. Teil, Rdnr. 38 - 78.1.

Anlage der Deckungsmittel unabhängig sind. Zudem sind sie über den PSV weitgehend abgesichert.

Pensionskassen und Direktversicherungen unterliegen keinen speziellen Informationspflichten, wohl aber dem Versicherungsaufsichtsgesetz und dem Versicherungsvertragsgesetz. Nach § 10a VAG ist der Arbeitnehmer als Versicherungsnehmer über die für das Versicherungsverhältnis maßgeblichen Tatsachen und Rechte vor Abschluß und während der Laufzeit des Vertrages zu unterrichten. Ist allerdings der Arbeitgeber der Versicherungsnehmer und der Arbeitnehmer nur Begünstigter, entfällt diese Informationspflicht.[1] Pensionskassen unterliegen darüber hinaus nur der Informationspflicht, wenn das Bundesaufsichtsamt für das Versicherungswesen ihnen eine erhebliche wirtschaftliche Bedeutung beimißt.[2] Damit greifen die Regelungen zur Verbraucherinformation nur bei wenigen Pensionskassen.[3] Wenngleich Pensionskassen grundsätzlich verpflichtet sind, ihren Jahresabschluß offenzulegen, gelten für "kleinere" Pensionskassen[4] auch hier Erleichterungen. Sie dürfen beispielsweise bestimmte Posten zusammenfassen und brauchen den Zeitwert von Kapitalanlagen und Grundstücken im Anhang nicht auszuweisen.[5] Der Gesetzgeber begründet diese Erleichterungen damit, daß die ausführlichen Angaben eine unangemessene Belastung darstellten.[6]

Die Bestandsaufnahme der betrieblichen Alterssicherung ist damit abgeschlossen. Unterschiedliche Durchführungsformen sollen den vielschichtigen Bedürfnissen der Arbeitgeber gerecht werden, damit sie ihren Arbeitnehmern eine betriebliche Altersversorgungszusage erteilen. Das Steuerrecht fördert alle Durchführungswege, wenn auch in unterschiedlichem Ausmaß. Für einen Arbeitnehmer kann es deswegen

---

1 Prölss (1997), Rdnr. 10, S. 304. Die Informationspflichten gelten nur für natürliche Personen. Sie sind in der Anlage D zum VAG konkretisiert. Beispielsweise ist der Versicherungsnehmer jährlich über die Überschußbeteiligungen zu informieren. Im einzelnen siehe ebda., S. 296 - 321.

2 § 157 I VAG. Eine Pensionskasse gilt erst dann als Unternehmen mit erheblicher wirtschaftlicher Bedeutung, wenn ihre Bilanzsumme mindestens 500 Mio. DM und ihre jährlichen Prämieneinnahmen mindestens 25 Mio. DM betragen. Im Detail siehe PKewBV.

3 H. Huhn und W. Galinat (1996), S. 57.

4 Die Erleichterungen gelten für Pensionskassen, deren Bruttobeiträge im vorausgegangenen Geschäftsjahr 15 Mio. DM oder deren Bilanzsumme am Abschlußstichtag des vorausgegangenen Geschäftsjahres 250 Mio. DM nicht überstiegen haben, § 61 IV RechVersV.

5 § 62 I RechVersV.

6 P. Ahrend, W. Förster und N. Rößler (1995a), 5. Teil: Rdnr. 77.

attraktiv sein, eine betriebliche Altersversorgungszusage zu erhalten statt zusätzlichen Barlohns.[1] Reicht einem Arbeitnehmer die betriebliche Altersversorgung nicht aus oder erhält er möglicherweise gar keine, muß er sich individuell fürs Alter absichern. Welche individuellen Formen der Alterssicherung der Gesetzgeber steuerlich fördert, zeigt der nächste Abschnitt.

2. Individuelle Alterssicherung

Grundsätzlich kann jede Form der Vermögensbildung der Alterssicherung dienen, d.h. die Anlage in Wertpapieren ebenso wie der Erwerb von Immobilien oder sonstiger Vermögensgegenstände. Hier sollen nur die Formen der Vermögensbildung dargestellt werden, die der Gesetzgeber vornehmlich unter dem Aspekt der Alterssicherung steuerlich fördert. Das Augenmerk liegt dabei vor allem auf Lebensversicherungen,[2] aber auch auf den Anlagen, die das Fünfte Vermögensbildungsgesetz begünstigt. Wie bei der betrieblichen Alterssicherung bietet es sich an, die steuerliche Behandlung der Formen der individuellen Alterssicherung entsprechend der zeitlichen Abfolge darzustellen.

Beiträge zu Lebensversicherungen gelten als Sonderausgaben und mindern den Gesamtbetrag der Einkünfte eines Arbeitnehmers, sofern sie dem Vorsorgegedanken des Steuerrechts entsprechen.[3] § 10 I Nr. 2 EStG zählt die geförderten Versicherungsformen abschließend auf. Die Finanzverwaltung fordert darüber hinaus, daß mindestens ein Todesfallschutz in Höhe von 60 % der Beitragssumme[4] und für einige

---

1 Gleichwohl dürfte einem Arbeitnehmer nur in den seltensten Fällen die Wahl der Alternative überlassen bleiben. Ein Verzicht auf eine gegebene betriebliche Altersversorgung dürfte in der Regel mit einem Verzicht auf einen Lohnbestandteil gleichzusetzen sein.

2 Zu den Gestaltungsformen von Lebensversicherungen siehe R. Schwebler (1988); M. Bitz (1997), S. 161 - 170.

3 H.-G. Horlemann (1995). Grundsätzlich gelten Beiträge zu Lebensversicherungen als Kosten der Lebenshaltung und sind somit steuerlich nicht abziehbar. Die steuerliche Förderung von Vorsorgeaufwendungen begründet der Gesetzgeber jedoch mit sozialpolitischen Motiven. Um die Gemeinschaft von Sozialaufgaben zu entlasten, soll ein Anreiz zur eigenverantwortlichen Lebens- und Altersvorsorge gegeben werden. Deutscher Bundestag (1974), S. 214f. Zur historischen Entwicklung der Begründung der Abziehbarkeit von Versicherungsbeiträgen siehe C. Treisch (1995a), S. 5 - 36; dies. (1995b), S. 29 - 32. Zur Erläuterung von Vorsorgeaufwendungen siehe H. Laux (1993).

4 Bundesministerium der Finanzen, Schreiben vom 6.12.1996.

Vertragstypen eine Mindestvertragsdauer von 12 Jahren vereinbart wird.[1] Davon müssen mindestens fünf Jahre beitragspflichtig sein.[2] Spalte 3 der Tabelle I.3 gibt einen Überblick darüber, für welche Vertragstypen der Sonderausgabenabzug anerkannt wird.

Die Forderung eines Mindesttodesfallschutzes deutet auf eine mögliche künftige Wandlung des Vorsorgebegriffs hin. Im Jahressteuergesetz 1996 hat der Bundesrat vorgeschlagen, ausschließlich Risikolebensversicherungen und Rentenversicherungen ohne Kapitalwahlrecht, die Versicherungsleistungen bei Tod, Invalidität oder nach Vollendung des 60. Lebensjahres des Versicherten gewähren, steuerlich anzuerkennen. Demnach soll nicht die Vermögensansammlung, sondern primär die Absicherung biometrischer Risiken gefördert werden. Deutscher Bundestag (1995), S. 25 (Nr. 48). Gefördert werden sollen nur noch "Aufwendungen, die der Risikovorsorge und Altersversorgung dienen". Die Anmerkung bringt auch die enggefaßte Vorstellung des Bundesrats von förderungswürdigen Instrumenten der Altersversorgung zum Ausdruck.

Zu Plänen der Bundesregierung, wie künftig Lebensversicherungen zu besteuern sein sollten, siehe H.-G. Horlemann (1997).

1 Hält man sich das Ziel der Alterssicherung vor Augen, dürfte gegen eine Mindestlaufzeit einer steuerlich förderungswürdigen Lebensversicherung kaum etwas einzuwenden sein. Die Regelung führt jedoch dazu, daß sich der Wettbewerb unter den Lebensversicherern jeweils nur auf den Zeitpunkt des Vertragsabschlusses konzentriert. Um den Wettbewerb auch während der Vertragslaufzeit aufrecht zu erhalten, wäre es wünschenswert, wenn der Versicherungsnehmer den Versicherer steuerunschädlich wechseln und den Rückkaufswert aus seinem Altvertrag auf den neuen Vertrag übertragen dürfte. Sollte sich der Katalog der steuerlich geförderten Anlagen erweitern, wäre auch ein steuerunschädlicher Übertrag auf eine andere Anlageform denkbar. Siehe dazu auch die Seiten 227 - 228.

2 H 88 "Beitragszahlungsdauer" EStH.

Tab. I.3: Steuerliche Behandlung von Lebensversicherungsverträgen[1]

Vertragstyp	Art der Beitragsleistung	Vorsorgeaufwendungen § 10 EStG	Erträge steuerfrei § 20 EStG	Mindestvertragsdauer
Rentenversicherung ohne Kapitalwahlrecht	einmalig	ja	ja	ja[2]
	laufend	ja	ja	nein
Rentenversicherung mit Kapitalwahlrecht	einmalig	nein	nein	-
	laufend	ja[3]	ja	12 Jahre
Kapitallebensversicherung mit Sparanteil	einmalig	nein	nein	-
	laufend	ja	ja	12 Jahre
Fondsgebundene Lebensversicherung[4]	einmalig	nein	nein	-
	laufend	nein	ja	-
Risikolebensversicherung	einmalig	ja	ja	nein
	laufend	ja	ja	nein

Lebensversicherungen, die im Erlebensfall der Tilgung oder Sicherung eines Darlehens dienen, sind grundsätzlich vom Sonderausgabenabzug ausgeschlossen.[5]

Doch nur wenige Arbeitnehmer kommen in den Genuß dieser steuerlichen Förderung, da die Höhe der abziehbaren Vorsorgeaufwendungen begrenzt ist. Sie hängt von der

1 H.-G. Horlemann (1994), S. 483. Zu den begünstigten Vertragstypen siehe auch C. Herrmann, G. Heuer und A. Raupach (1998), Anm. 120 - 124 zu § 10; P. Kirchhof und H. Söhn (1998), Rdnr. E 45 - E 149 zu § 10.

2 Hier gilt grundsätzlich auch die sonst übliche Vertragslaufzeit von 12 Jahren. Darüber hinaus erfolgt aber auch nach Ablauf von 12 Jahren eine Nachversteuerung, wenn vor Vertragsablauf - ausgenommen im Schadensfall oder bei Erbringung der vertragsmäßigen Rente - Einmalbeiträge ganz oder teilweise zurückgezahlt werden. G. Horlemann (1995), S. 747.

3 Ausübung des Kapitalwahlrechts frühestens 12 Jahre nach Vertragsbeginn.

4 Als "quasi-fondsgebundene" Lebensversicherung läßt sich die aktienindexgebundene Lebensversicherung betrachten. Wenngleich das Gesetz ihre steuerliche Behandlung nicht explizit regelt, ist davon auszugehen, daß sie wie fondsgebundene Lebensversicherungen behandelt wird. R. Kosler und K. Bölke (1997), S. 430.

5 Voraussetzung ist jedoch, daß der Arbeitnehmer die Finanzierungskosten als Werbungskosten oder Betriebsausgaben geltend macht, § 10 II S. 2 EStG. Folglich lassen sich zahlreiche Umgehungsmöglichkeiten finden. Siehe dazu E.-A. Ehlers (1993); H. Laux (1996), S. 4.

Bemerkenswert ist, daß Direktversicherungen auch in diesem Fall steuerlich begünstigt werden. Sie sind von der Eingrenzung ausgenommen, § 10 II S. 2b) EStG. Hier zeigt sich bereits ein Indiz dafür, daß Lebensversicherungen im Rahmen der betrieblichen Alterssicherung steuerlich günstiger behandelt werden als im Rahmen der individuellen Alterssicherung.

Höhe der Einnahmen aus nichtselbständiger Arbeit ab.[1] Ein alleinstehender Arbeitnehmer kann Vorsorgeaufwendungen bis zu 5.220 DM geltend machen, sofern seine Einnahmen aus nichtselbständiger Arbeit über 37.500 DM liegen. Sein Gesamtbetrag der Einkünfte wird jedoch nur um 3.915 DM gemindert, da Vorsorgeaufwendungen bis zu 2.610 DM in voller Höhe, darüber hinaus (bis zu 2.610 DM) aber nur zur Hälfte abziehbar sind. Verdient ein Arbeitnehmer weniger als 37.500 DM, erhöht sich der abziehbare Betrag an Vorsorgeaufwendungen um den Vorwegabzug bis zu 6.000 DM[2], die in voller Höhe steuerwirksam sind. Der Vorwegabzug wird ausschließlich durch Einnahmen aus nichtselbständiger Arbeit gemäß § 19 I EStG gemindert. Steuerpflichtige, die "nur" Einnahmen aus anderen Einkunftsarten erzielen, können den Vorwegabzug in voller Höhe ausschöpfen, unabhängig von ihrem Alter, ihrem zu versteuernden Einkommen und ihrem Vermögen. Ein Steuerpflichtiger kann somit Vorsorgeaufwendungen in Höhe von maximal 11.220 DM geltend machen, von denen 9.915 DM steuerwirksam sind. Für Verheiratete, die gemeinsam zur Einkommensteuer veranlagt werden, verdoppeln sich die Beträge. Tabelle I.4 faßt zusammen, wie die Höchstbeträge der abziehbaren Vorsorgeaufwendungen zu ermitteln sind.

Tab. I.4: Sonderausgabenhöchstbeträge für Vorsorgeaufwendungen eines Alleinstehenden in 1998

	Vorwegabzug	
	ungekürzt	erschöpft
Vorwegabzug	6.000	0
Grundhöchstbetrag	2.610	2.610
Hälftiger Höchstbetrag	2.610	2.610
Maximale Aufwendungen	11.220	5.220
Maximale Steuerwirksamkeit	9.915	3.915
Pflegeversicherungszusatzbetrag (Geburtsjahrgänge ab 1958)[3]	360	360

1 Im Detail siehe § 10 III EStG.

2 Der Höchstbetrag von 6.000 DM ist um 16 % der Einnahmen aus nichtselbständiger Arbeit gemäß § 19 I EStG zu mindern. Damit soll der Tatsache Rechnung getragen werden, daß diesen Personen Leistungen im Sinne des § 3 Nr. 62 EStG zugute kommen, d.h. steuerfreie Renten-, Kranken-, Pflege- und Arbeitslosenversicherungsbeiträge des Arbeitgebers oder andere Maßnahmen der Altersversorgung. H. Laux (1996), S. 5. Bei Einnahmen aus nichtselbständiger Arbeit über 37.500 DM ist der Vorwegabzug aufgezehrt. Zum Vorwegabzug siehe auch K. Tiedtke und J. Reuß (1994), 957f. Wenngleich Versorgungsbezüge zu den Einkünften aus nichtselbständiger Arbeit gemäß § 19 I Nr. 2 EStG zählen, mindern sie den Vorwegabzug nicht. C. Herrmann, G. Heuer und A. Raupach (1998), Anm. 403 zu § 10.

3 Der Sonderausgabenabzug gilt nur für zusätzliche freiwillige Beiträge zu einer Pflegeversicherung, nicht für die Beiträge zur gesetzlichen Pflegeversicherung. H. Laux (1995), S. 857.

Neben den Pflichtbeiträgen eines Arbeitnehmers zur Sozialversicherung[1] bleibt nur wenig oder ab einer bestimmten Einkommensgrenze gar kein Raum für die steuerliche Auswirkung privater Vorsorgeaufwendungen. Bereits ab einem Arbeitsverdienst in Höhe von ca. 30.000 DM[2] muß ein alleinstehender Arbeitnehmer, der sozialversicherungspflichtig ist, private Vorsorgeaufwendungen in voller Höhe aus bereits versteuertem Einkommen bestreiten; ein Sonderausgabenabzug für solche Beiträge bleibt ihm versagt. Für Verheiratete erhöht sich die Einkommensgrenze auf ca. 60.000 DM.[3] Bei Arbeitnehmern, die nicht rentenversicherungspflichtig sind, erhöht sich das „Grenzeinkommen", da ihnen ein geringerer Anteil an Vorsorgeaufwendungen "vorgeschrieben" ist. Ihnen verbleibt somit ein größerer Spielraum für die private Alterssicherung.[4]

An der Tatsache, daß der Spielraum für die private Absicherung um so größer ist, je geringer der Anteil an Pflichtbeiträgen zur Sozialversicherung, mag auf den ersten Blick nichts einzuwenden zu sein. Bedenklich erscheint jedoch beispielsweise, daß Rentner, die nur kranken- und pflegeversicherungspflichtig sind, einen höheren Betrag zur privaten Absicherung steuerlich geltend machen können als sozialversicherungspflichtige Arbeitnehmer.[5] Private Alterssicherung dürfte jedoch insbesondere für jüngere Arbeitnehmer unerläßlich sein.

---

1 In 1998 setzt sich der Arbeitnehmeranteil der Sozialversicherungsbeiträge folgendermaßen zusammen:

10,15 % Rentenversicherung
3,25 % Arbeitslosenversicherung
rd. 6,90 % Krankenversicherung
0,85 % Pflegeversicherung
21,15 % Sozialversicherungsbeitrag/ Arbeitnehmeranteil

Für alle vier Zweige der Sozialversicherung gelten Beitragsbemessungsgrenzen.

2 $0{,}2115 * \text{Einkommen} = 5.220\ \text{DM} + 6.000\ \text{DM} - 0{,}16 * \text{Einkommen}$

$\text{Einkommen} = 30.202\ \text{DM}$

3 H. Laux (1996), S. 10; ders. (1997).

4 Gleichwohl muß man berücksichtigen, daß nicht rentenversicherungspflichtige Personen ihre Alterssicherung in vollem Umfang auf privater Basis vornehmen müssen, so daß ein höherer steuerlich abziehbarer Vorsorgeaufwand gerechtfertigt erscheint.

5 Ein zusammen veranlagtes Rentnerehepaar kann jährlich bis zu 22.440 DM an Versicherungsbeiträgen als Vorsorgeaufwendungen geltend machen, wovon 19.830 DM steuerwirksam sind. Zu weiteren Beispielen siehe K. Tiedtke und J. Reuß (1994).

Bezüglich des Förderungsgegenstandes ist bemerkenswert, daß der Kreis der begünstigten Versicherungstypen begrenzt ist. Während Beiträge zu Kapitallebensversicherungen in aller Regel als Vorsorgeaufwendungen anerkannt sind, werden Beiträge zu fondsgebundenen Lebensversicherungen nicht gefördert.[1]

Bei der Frage nach der Besteuerung der Erträge aus Lebensversicherungen unterscheidet man nach Zinsen aus den Sparanteilen und sonstigen Erträgen.[2] Zinsen aus den Sparanteilen sind grundsätzlich gemäß § 20 I Nr. 6 EStG steuerpflichtig. Ausgenommen sind jedoch Zinsen aus Versicherungsverträgen, die dem Vorsorgegedanken des § 10 I Nr. 2 EStG genügen, d.h. Zinsen aus Lebensversicherungen mit laufender Beitragsleistung, aus Rentenversicherungen ohne Kapitalwahlrecht bei einmaliger Beitragsleistung und aus Risikolebensversicherungen.[3] Für Kapitalerträge aus fondsgebundenen Lebensversicherungen gelten - anders als beim Sonderausgabenabzug - die gleichen Regelungen wie bei Versicherungen auf den Erlebens- oder Todesfall.[4] Sonstige Erträge sind steuerfrei. Es stellt sich die Frage, warum der Gesetzgeber nur "Paketlösungen" der Versicherungsbranche fördert und nicht ein

---

1 Fondsgebundene Lebensversicherungen müssen folglich einen höheren Anlageerfolg erzielen, damit der Versicherungsnehmer nach Steuern einen gleich hohen Ertrag wie aus einer Kapitallebensversicherung erhält. Andererseits kommen nur wenige Personen in den Genuß, Beiträge zu Lebensversicherungen als Vorsorgeaufwendungen geltend machen zu können. Die steuerliche Benachteiligung der fondsgebundenen Lebensversicherung dürfte insofern eher ein systematisches als ein reales Problem sein.

2 Zu den sonstigen Erträgen zählen beispielsweise Überschüsse, die aus Verwaltungs- und Risikobeiträgen resultieren. C. Herrmann, G. Heuer und A. Raupach (1998), Anm. 738 zu § 20.

3 Der Entwurf für ein Steuerreformgesetz 1999 sieht vor, die rechnungsmäßigen und die außerrechnungsmäßigen Zinsen aus den Sparanteilen der Beiträge jährlich fiktiv als zugeflossen zu betrachten und mit einer Abgeltungsteuer in Höhe von 10 % zu belasten. Bundesministerium der Finanzen (1997), S. 38; H.-G. Horlemann (1997), S. 1610. Dieser Vorschlag stieß in der Versicherungsbranche auf heftige Kritik. O. Verf. (1996e); o. Verf. (1997h). In der Fassung, die der Bundestag im Juni 1997 verabschiedet hat, finden sich diese Reformüberlegungen nicht mehr wieder. Gleichwohl sieht der vom Bundestag verabschiedete Gesetzentwurf vor, eine Versicherungssteuer in Höhe von 3 % auf die Prämien von Lebensversicherungen zu erheben und die Mindestlaufzeit für steuerbegünstigte Verträge auf 18 Jahre zu erhöhen. Deutscher Bundestag (1997a). Auch wenn das Gesetz aufgrund des Widerstands des Bundesrats gescheitert ist, muß man zumindest damit rechnen, daß sich die steuerlichen Rahmenbedingungen für Lebensversicherungen künftig verändern.

4 H.-G. Horlemann (1998), S. 743.

Zur Differenzierung zwischen steuerpflichtigen und steuerbefreiten Einnahmen aus fondsgebundenen Lebensversicherungen siehe C. Herrmann, G. Heuer und A. Raupach (1998), Anm. 775 - 777 zu § 20.

synthetisch nachgebildetes Produkt, beispielsweise aus Risikoversicherung und Fondsanlage.[1]

Die Auszahlung von Lebensversicherungsverträgen kann je nach Vertragstyp in Form von einmaligen Kapitalleistungen oder von Renten erfolgen. Während Kapitalleistungen von der Einkommensteuer befreit sind, zählt bei Renten der Ertragsanteil zu den sonstigen Einkünften gemäß § 22 EStG.

Lebensversicherungen sind das einzige steuerlich geförderte Instrument der privaten Alterssicherung, das ein Arbeitnehmer im Rahmen der individuellen Alterssicherung und im Rahmen betrieblicher Alterssicherung abschließen kann, sofern der Arbeitgeber einverstanden ist. Dabei ist die betriebliche Variante für den Arbeitnehmer aus steuerlicher Sicht in aller Regel vorteilhafter, da der Arbeitgeber die Beiträge für ihn aus seinem Einkommen vor Steuern leisten und zum niedrigeren Pauschalsteuersatz versteuern darf.[2] Der Arbeitnehmer ist dann allerdings an das Versicherungsunternehmen gebunden ist, mit dem sein Arbeitgeber die Direktversicherung abschließen möchte. Ein Mitbestimmungsrecht steht ihm nicht zu.[3] Eine weiter reichende steuerliche Förderung genießen somit die Lebensversicherungen, die lediglich einem eingeschränkten Wettbewerb standhalten müssen. Wieso der Gesetzgeber bei Lebensversicherungen im speziellen oder bei der privaten Alterssicherung im allgemeinen in betriebliche und individuelle Alterssicherung unterscheidet und unterschiedliche Wege der Besteuerung geht, ist nicht unmittelbar einsichtig. Um so interessanter wird es sein zu betrachten, wie das Ausland die Trennung von betrieblicher und individueller Alterssicherung handhabt.

Die Anlage in Aktien und Aktienfonds fördert das Fünfte Vermögensbildungsgesetz, das zuletzt zum 1. Januar 1999 im Zuge des Dritten Vermögensbeteiligungsgesetzes

---

1 Zur Diskussion über die Möglichkeit, die Komponenten einer kapitalbildenden Lebensversicherung aufzusplitten, siehe auch Kapitel C im zweiten Teil der Arbeit ab Seite 182.

2 Nur wenn der Grenzsteuersatz des Arbeitnehmers unter dem Pauschalsteuersatz von 20 % liegt, ist es für den Arbeitnehmer steuerlich vorteilhaft, die Lebensversicherung individuell abzuschließen. Sollte der Arbeitnehmer noch Spielraum für Vorsorgeaufwendungen haben, kann er ihn bei beiden Varianten nutzen.

3 Über die Versicherungsgesellschaft darf weder der einzelne Arbeitnehmer noch der Betriebsrat als Vertreter der Arbeitnehmer mitbestimmen. Die Entscheidung liegt allein beim Arbeitgeber. P. Ahrend, W. Förster und N. Rößler (1995a), 1. Teil: Rdnr. 164.

geändert wurde.[1] Ein Ziel dieser Fördermaßnahme ist es, die Vorsorge der Arbeitnehmer zu unterstützen. Die Gesetzesbegründung stellt allerdings die Altersvorsorge nicht explizit heraus. Die Bundesregierung plant aber, Möglichkeiten der Vermögensbildung über das Vermögensbildungsgesetz auszubauen und speziell Anreize für zusätzliche private Altersvorsorge zu geben.[2] Vermögenswirksame Leistungen sind Geldleistungen des Arbeitgebers, die der Arbeitgeber für den Arbeitnehmer anlegt.[3] Der Arbeitgeber kann diese Leistungen zusätzlich zum normalen Arbeitslohn oder statt dessen erbringen. Ein Arbeitgeber ist sogar dazu verpflichtet, einen Teil des normalen Arbeitslohns als vermögenswirksame Leistungen zu vergüten, wenn ein Arbeitnehmer das wünscht.[4] Das Vermögensbildungsgesetz fördert derzeit nur Arbeitnehmer.[5] Ein Arbeitnehmer kann seine vermögenswirksamen Leistungen in unterschiedlicher Weise anlegen, z.B. in Bausparverträge, Kapitallebensversicherungsverträge und Verträge mit dem Ziel, Vermögensbeteiligungen zu erwerben, z.B. Aktien oder Wertpapierfonds mit Anlageschwerpunkt in Beteiligungstiteln.[6] Sparverträge über Wertpapiere oder andere Vermögensbeteiligungen können für einmalige Transaktionen abgeschlossen werden[7] oder für eine Einzahldauer von sechs Jahren.[8] In beiden Fällen unterliegen die Anlagen einer Sperrfrist von sieben Jahren.[9] Damit die vermögenswirksamen Leistungen nach dem Vermögensbildungsgesetz gefördert werden, muß ein Arbeitnehmer die Anlageform im Rahmen

---

1 Einen Überblick über die Änderungen des Fünften Vermögensbildungsgesetzes zum 01.01.1999 bietet K. Klöckner (1998).

2 W. Vogt (1998). Zur Bedeutung der Altersvorsorge im Rahmen der Vermögensbildungsdiskussion siehe R. Kroker (1998). Eine Stärkung des Altersvorsorgegedankens in der Vermögenspolitik fordert auch der Bundesverband deutscher Banken mit seiner Publikation "Vermögenspolitik vor neuen Weichenstellungen", Bundesverband deutscher Banken (1998).

3 § 2 VermBG.

4 § 11 I VermBG.

5 Der Begriff des Arbeitnehmers sei hier im weiteren Sinn gebraucht. Zum geförderten Personenkreis zählen beispielsweise auch Auszubildende, Beamte und Richter, nicht jedoch Selbständige, § 1 II und IV VermBG.

6 Förderungswürdig sind Wertpapier-Sondervermögen, wenn sie derzeit zu mindestens 70 % aus Aktien und stillen Beteiligungen bestehen, § 2 I Nr. 1c) u. d) VermBG. Ab 1999 wird der Prozentsatz auf 60 % gesenkt, § 2 I Nr. 1c) n.F. Ein Katalog aller geförderten Anlageformen findet sich in § 2 VermBG.

7 Z.B. im Rahmen des Erwerbs von Belegschaftsaktien.

8 § 4 I VermBG. Kapitallebensversicherungsverträge müssen über mindestens zwölf Jahre laufen, § 9 I VermBG.

9 § 4 II Nr. 2 VermBG. Unter besonderen Voraussetzungen, wie z.B. mindestens ein Jahr Arbeitslosigkeit, darf ein Arbeitnehmer vorzeitig über das Guthaben verfügen. Zu den Voraussetzungen im einzelnen siehe § 4 IV VermBG.

des förderungswürdigen Anlagenkatalogs frei wählen dürfen.[1] Auf diesen Aspekt weist der allgemeine Teil der Begründung des Dritten Vermögensbeteiligungsgesetzes ausdrücklich hin. Der Arbeitnehmer entscheidet auch darüber, bei welchem Institut er seine vermögenswirksamen Leistungen anlegen möchte.[2] Besondere Informationspflichten sieht das Vermögensbildungsgesetz weder für die Arbeitgeber noch für die Finanzdienstleister vor, bei denen die vermögenswirksamen Leistungen angelegt werden.

Die steuerliche Förderung erfolgt in Form einer Arbeitnehmer-Sparzulage. Sie hängt zum einen von der Höhe des zu versteuernden Einkommens des Arbeitnehmers ab, zum anderen von der Form der Anlage. Derzeit haben Arbeitnehmer mit einem zu versteuernden Einkommen bis zu 27.000 DM und zusammen veranlagte Eheleute bis zu 54.000 DM Anspruch auf die Arbeitnehmer-Sparzulage.[3] Sie beläuft sich auf einen bestimmten Prozentsatz der angelegten vermögenswirksamen Leistungen, der von der Steuerschuld des Arbeitnehmers abgezogen wird. Der Prozentsatz beträgt beispielsweise 10 % für Sparbeiträge des Arbeitnehmers aufgrund eines Sparvertrags über Wertpapiere oder andere Vermögensbeteiligungen und aufgrund eines Bausparvertrags.[4] Pro Kalenderjahr ist der förderbare Betrag auf 936 DM begrenzt.[5] Ein Arbeitnehmer kann somit maximal eine Arbeitnehmer-Sparzulage in Höhe von knapp 100 DM im Kalenderjahr beziehen.[6] Beiträge zu reinen Sparverträgen und Kapital-

---

1 § 12 VermBG.

2 Diese Wahlfreiheit hat der Arbeitnehmer jedoch nur vor Vertragsabschluß. Während der Sperrfrist ist er an ein Institut gebunden, da ein Übertrag nur steuerschädlich möglich ist. Der Wettbewerb unter den Instituten ist somit auf den Zeitpunkt des Vertragsabschlusses begrenzt.

3 § 13 I VermBG. Ab 01.01.1999 werden die Einkommensgrenzen auf 35.000 DM bzw. 70.000 DM erhöht, § 13 I VermBG n.F. Nach der Lohn- und Einkommensteuerstatistik hatten 1992 gut 60 % der alleinstehenden Steuerpflichtigen ein zu versteuerndes Einkommen unter 32.000 DM und knapp 70 % der zusammen veranlagten Steuerpflichtigen ein zu versteuerndes Einkommen unter 64.000 DM. Statistisches Bundesamt (1998). Unterstellt man eine jährliche Lohnsteigerung zwischen 2 und 3 %, dürften diese Daten einen groben Anhalt dafür bieten, wie viele Personen ab 1999 in den Genuß der Arbeitnehmer-Sparzulage kommen können. Übersteigt das zu versteuernde Einkommen eines Arbeitnehmers diese Grenze, kann er trotzdem vermögenswirksame Leistungen beziehen, erhält aber keine Arbeitnehmer-Sparzulage.

4 § 13 II VermBG. Zum 01.01.1999 wird der Prozentsatz für den Erwerb von Beteiligungen auf 20 % erhöht, § 13 II VermBG n.F.

5 § 13 I VermBG. Zum 01.01.1999 wird die Betragsgrenze auf 800 DM reduziert, wobei Bausparen weiterhin bis zu 936 DM zulagebegünstigt bleibt. Für Arbeitnehmer in den neuen Bundesländern gilt dann ein Höchstbetrag von 1.000 DM, § 13 II VermBG n.F.

6 Zum Auszahlungsmodus der Arbeitnehmer-Sparzulage siehe § 14 IV S. 4 VermBG. Die Arbeitnehmer-Sparzulage wird erst mit Ablauf der für eine Anlageform vorgeschriebenen Sperrfrist fällig.

lebensversicherungen werden durch das Vermögensbildungsgesetz steuerlich nicht mehr gefördert, wenngleich die Anlage vermögenswirksamer Leistungen in diesen Formen erlaubt ist. Der Katalog wählbarer und steuerlich geförderter Anlageformen weicht somit voneinander ab.

Vermögenswirksame Leistungen zählen zu den Einkünften aus nichtselbständiger Arbeit gemäß § 19 I EStG und sind damit steuerpflichtig. Auf vermögenswirksame Leistungen werden auch Sozialversicherungsbeiträge erhoben. Für die Besteuerung der Erträge und der Auszahlungen aus den Anlagen der vermögenswirksamen Leistungen ist es unerheblich, ob eine Anlage im Rahmen des Vermögensbildungsgesetzes vorgenommen wurde. Hier gelten die Regelungen zur Besteuerung von Einkünften aus Kapitalvermögen.[1] Über die Arbeitnehmer-Sparzulage hinaus sind vermögenswirksame Leistungen somit steuerlich nicht begünstigt.

Die Ausführungen zur steuerlichen Förderung der individuellen Alterssicherung in Deutschland zeigen, daß der Rahmen bezüglich der Höhe der Förderung aber auch bezüglich der geförderten Anlageform eng gesteckt ist. Es ist kaum zu erwarten, daß die Arbeitnehmer allein aufgrund der steuerlichen Anreize eine umfangreiche individuelle Alterssicherung betreiben. Andererseits läßt sich vermuten, daß einige Personen Kapitallebensversicherungsverträge als Kapitalanlage wählen, allein um Steuern zu sparen. Sie werden Kapitallebensversicherungsverträge anderen Anlageformen solange vorziehen, wie sie erwarten, daß die Renditeeinbußen niedriger sind als die Steuervergünstigung. Es ist zu bezweifeln, daß die derzeitige Rechtslage den Bedürfnissen der Personen gerecht wird, die individuelle Alterssicherung betreiben möchten oder müssen.

---

1 Das erklärt beispielsweise, warum Kapitallebensversicherungsverträge mindestens eine Laufzeit von 12 Jahren haben müssen. Eine kürzere Laufzeit führte dazu, daß die Erträge aus den Sparanteilen steuerpflichtig wären und die Kapitallebensversicherung als Anlageform für vermögenswirksame Leistungen noch weiter an Attraktivität verlöre.

C. Alterssicherung in den USA

Die Old-Age, Survivors, Disability and Hospital Insurance (OASDHI) bildet als Teil der Sozialversicherung in den USA die staatliche Rentenversicherung. Daneben unterhalten einige Institutionen des Bundes, der Einzelstaaten und der Kommunen eigene Basisrentensysteme für ihre Arbeitnehmer.[1] Die staatliche Alterssicherung ergänzt die betriebliche Alterssicherung durch öffentliche und private Pensionsfonds ebenso wie für das Alter angesammeltes privates Vermögen. Darüber hinaus verdienen einige Rentner noch jahrelang nach Eintritt in den "Ruhestand" Einkommen aus Erwerbstätigkeit, indem sie anderswo weiter arbeiten.

Das durchschnittliche jährliche Einkommen eines Rentners (65 Jahre und älter) betrug 1996 17.708 US$. Davon entfielen knapp 43 % auf Einkommen aus der Sozialversicherung (7.504 US$), knapp 20 % auf private Renten (3.485 US$), 18 % auf Einkommen aus dem Privatvermögen (3.130 US$) und auf Erwerbseinkommen gut 17 % (3.077 US$).[2] Die Gewichtung der Einkommensquellen hängt jedoch wesentlich von der Höhe des Einkommens eines Rentners ab. So bezogen beispielsweise Rentner im niedrigsten Einkommensquintil[3] über 88 % ihres Einkommens von der Sozialversicherung, Rentner des obersten Einkommensquintils hingegen nur 21 %.[4]

Obwohl die Einkommensquellen international nicht einheitlich abgegrenzt sind, kann man festhalten, daß die staatliche Rentenversicherung für die amerikanischen Rentner im Durchschnitt einen geringeren Stellenwert einnimmt als für die deutschen Rentner. Es ist sogar zu erwarten, daß der Anteil nichtstaatlicher Rentnereinkommen in den USA künftig noch zunehmen wird, da das Ausmaß privater Alterssicherung seit den

---

1 Zu weiteren Formen der staatlichen Alterssicherung für besondere Berufsgruppen siehe beispielsweise EBRI (1990), Teil V; E. Andrews (1993), S. 58 - 61. Nachfolgend wird von den staatlichen Alterssicherungsmaßnahmen nur die Rentenversicherung betrachtet.

2 EBRI (1997b). Die Zahlen basieren auf dem current population survey (CPS) im März 1997. Es zeigt sich auch, daß bei den 65jährigen der Anteil des Erwerbseinkommens am Gesamteinkommen noch bedeutend höher ist als der bei den 70jährigen. P. Diamond und J. Gruber (1997), Fig. 11.

Nach Angaben der Deutsche Börse AG beträgt in den USA der Anteil der öffentlichen Transferzahlungen am Einkommen der Rentnerhaushalte gut 50 %, der Anteil des Einkommens aus Vermögen und Betriebsrenten jeweils knapp 25 %. O. Verf. (1997g).

3 Die Quintile sind gebildet worden, indem sämtliche Rentner in fünf zahlenmäßig gleich große Gruppen in Abhängigkeit von der Einkommenshöhe aufgeteilt wurden.

4 EBRI (1997b).

70er Jahren erheblich gestiegen ist.[1] Reformbestrebungen zielen darüber hinaus in die Richtung, Teile der staatlichen Alterssicherung zu privatisieren.[2] Amerikanische Bürger sind aufgrund der niedrigen staatlichen Versorgung gezwungen, private Alterssicherungsmaßnahmen zu ergreifen, um im Alter finanziell abgesichert zu sein.

I. Staatliche Alterssicherung

Die staatliche Rentenversicherung ist auch in den USA Bestandteil der Sozialversicherung und umfaßt Leistungen im Alter (Old-Age Insurance), an Hinterbliebene (Survivors Insurance), bei Erwerbsunfähigkeit (Disability Insurance) und Leistungen bei Krankenhausaufenthalten[3] (Hospital Insurance). Die Rentenversicherung unterliegt Bundesrecht und wird durch die Social Security Administration verwaltet. Wichtigste gesetzliche Grundlagen sind das Sozialversicherungsgesetz (Social Security Act 1974 (SSA)) und das Steuergesetz (Internal Revenue Code (IRC)).

Versicherungspflichtig sind neun von zehn amerikanischen Erwerbstätigen, Arbeitnehmer[4] ebenso wie Selbständige[5]. Ausgenommen von der Versicherungspflicht sind beispielsweise einige Angestellte der öffentlichen Hand und aus dem Agrarbereich.[6]

Die staatliche Rentenversicherung basiert weitgehend auf dem Umlageverfahren, wobei die Einnahmen derzeit höher sind als die Ausgaben.[7] Die Beiträge zur

---

1 Wenngleich sich der Anteil der vollzeitbeschäftigten Arbeitnehmer in der Privatwirtschaft, die über eine betriebliche Alterssicherung verfügen, von 1972 bis 1993 nur geringfügig von 48 % auf 50 % erhöht hat und die Anzahl der Alterssicherungsordnungen von 1975 bis 1993 von 311.000 auf 702.000 gestiegen ist, ist das Volumen des betrieblichen Alterssicherungsvermögens von 1975 bis 1993 von 260 Mrd. US$ auf 2,32 Bio. US$ angewachsen. Department of Labor u.a. (1994), Tab. B 16; Department of Labor und PWBA (1997), Tab. F1, S. 73 und Tab. F11, S. 83.

2 E. M. Gramlich (1996).

Das Advisory Council on Social Security hat im Januar 1997 drei Vorschläge unterbreitet, die staatliche Rentenversicherung zu reformieren. Eine ausführliche Darstellung findet sich in Advisory Council on Social Security (1997).

3 Die Beiträge für die Krankenhausversicherung der Rentner leisten die derzeit Erwerbstätigen, die Beiträge für die sonstige ärztliche Versorgung leisten die Rentner selbst. Social Security Administration (1997a).

4 Zur Definition von employment siehe Sec. 210 SSA i.V.m. Sec. 3121 (b) IRC.

5 Zur Definition von self-employment siehe Sec. 211 SSA i.V.m. Sec. 1402 IRC.

6 Zu Ausnahmen von der Versicherungspflicht im einzelnen siehe Sec. 210 (b) SSA.

staatlichen Rentenversicherung zieht die Steuerbehörde (Internal Revenue Service) ein. Die Arbeitgeber sind verpflichtet, die Beiträge der Arbeitnehmer an die Steuerbehörde abzuführen.[1] Der Anteil der Einnahmen, der die Ausgaben übersteigt, fließt im Rahmen der Alters- und Hinterbliebenenversorgung in den Federal Old-Age and Survivors Insurance Trust Fund,[2] der Beitragsanteil mit dem Ziel der Erwerbsunfähigkeitsversorgung in den Federal Disability Insurance Trust Fund[3]. Das Vermögen der beiden Trust Fonds ist ausschließlich in Schuldverschreibungen der öffentlichen Hand zu investieren[4] und steht somit der Regierung als Darlehen zur Verfügung.[5] Die Regierung hat die Darlehen spätestens dann zurückzuzahlen, wenn die Beitragseinnahmen die Ausgaben nicht mehr decken und auf die Sondervermögen zurückgegriffen werden muß. Für den Federal Old-Age and Survivors Insurance Trust Fund rechnet das Social Security Board of Trustees damit im Jahr 2021, für den Federal Disability Trust Fund bereits im Jahr 2007. Bis zum Jahr 2031 bzw. 2015, so wird erwartet, werden die Sondervermögen aufgezehrt sein.[6]

Die Beiträge zur staatlichen Rentenversicherung tragen der Arbeitnehmer und der Arbeitgeber je zur Hälfte. 1998 beträgt der Beitragssatz zur Alters- und Hinterbliebenenversicherung 10,7 %, für die Erwerbsunfähigkeitsversicherung 1,7 %, zusammen also 12,4 %.[7] Selbständige haben die Beiträge in voller Höhe zu tragen.[8] Bemerkens-

---

7 Mit der Rentenreform 1983 führte Präsident Reagan eine Teilkapitaldeckung der Verbindlichkeiten der Rentenversicherung ein. Finanzierungsprobleme der Rentenversicherung, die ab Renteneintritt der geburtenstarken Jahrgänge 1958 - 1964 erwartet werden, sollten damit abgemildert werden. TIAA-CREF (1998a); Social Security Administration (1997c).

1 Sec. 232 SSA.

2 Sec. 201 (a) SSA.

3 Sec. 201 (b) SSA.

4 Sec. 201 (d) SSA. Bei den Schuldverschreibungen handelt es sich in aller Regel um solche, die die Regierung ausschließlich für die Trust Fonds emittiert. Investiert ein Trust Fonds in öffentlich gehandelte Schuldverschreibungen, muß der Trust Fonds Manager das öffentliche Interesse daran explizit darlegen.

5 Die jüngsten Reformvorschläge für die amerikanische Rentenversicherung zielen alle darauf ab, zumindest einen Teil des Kapitalstocks in Aktien anzulegen, um die Rendite des Kapitalstocks zu erhöhen. Ein Überblick über die Reformvorschläge findet sich bei E. M. Gramlich (1996); P. A. Diamond (1996). Kritiker der Reformvorschläge bezweifeln jedoch, daß die Aktienanlage die Probleme der Rentenversicherung zu mildern vermag. So z.B. M. Dotsey (1997), sowie die dort auf S. 68 zitierte Literatur.

6 Social Security Board of Trustees (1997).

7 Sec. 3101 (a) IRC für den Arbeitnehmeranteil, Sec. 3111 (a) IRC für den Arbeitgeberanteil. Im IRC ist der Beitragssatz für beide Versicherungen gemeinsam angegeben; die Aufteilung erfolgt gemäß Sec. 201 (b) SSA.

8 Sec. 1401 (a) IRC.

wert ist, daß die Beitragssätze bereits für die kommenden Jahre festgelegt und nahezu konstant sind.[1] Die Versicherten und deren Arbeitgeber können diese Komponente der Lohnnebenkosten somit im voraus kalkulieren. Bemessungsgrundlage ist das Einkommen des Arbeitnehmers aus nichtselbständiger Tätigkeit oder das Einkommen aus selbständiger Tätigkeit.[2] Nicht sozialversicherungspflichtig sind beispielsweise Zahlungen an steuerbegünstigte Pensionsfonds.[3] Die Bemessungsgrundlage ist 1998 auf 68.400 US$ begrenzt.[4] Der Beitrag eines Arbeitnehmers an die staatliche Rentenversicherung beträgt 1998 inklusive Erwerbsunfähigkeitsversicherung höchstens 4.240,80 US$, wobei der Arbeitgeber den gleichen Beitrag leisten muß. Ein Selbständiger zahlt maximal 8.481,60 US$ in 1998.

Ziel der staatlichen Rentenversicherung ist es, der Mehrheit der Bevölkerung eine Grundabsicherung zu gewährleisten.[5] Die Leistungen an einen Erwerbstätigen mit durchschnittlichem Einkommen betragen ca. 42 % seines durchschnittlichen Lebenseinkommens.[6] Voraussetzungen für den Bezug einer staatlichen Altersrente sind:[7]

- Erwerb des vollen Versicherungsschutzes,
- Vollendung des 62. Lebensjahres und
- Antrag auf Altersrente.

---

1 Bis zum Jahr 1999 beträgt der Beitragssatz zu Alters- und Hinterbliebenenversicherung 10,7 %, danach 10,6 %. Für die Erwerbsunfähigkeitsversicherung ist der Beitragssatz bis 1999 auf 1,7 % festgeschrieben und erhöht sich danach auf 1,8 %.

2 Zur Definition von wages siehe Sec. 209 SSA i.V.m. Sec. 3121 IRC, zur Definition von self-employment income Sec. 1402 (a) IRC.

3 Sec. 3121 (a)(5)A IRC. Das gilt für Arbeitnehmerbeiträge ebenso wie für Arbeitgeberbeiträge.

4 Die Beitragsbemessungsgrenze steigt jährlich entsprechend der durchschnittlichen Lohnsteigerungsrate (national average wage index), beläuft sich jedoch mindestens auf die Höhe des Vorjahres. Zur Berechnung siehe Sec. 230 SSA. Beispielrechnungen finden sich im Internet unter der Adresse http://www.ssa.gov.OACT/COLA/CBB.html.

5 B. Casmir (1989), S. 386.

6 Social Security Administration (1997a).

Der Prozentsatz hängt jedoch wesentlich von der Höhe des Einkommens des Versicherten ab. Niedrigverdiener erhalten einen höheren Prozentsatz, Bezieher höherer Einkommen hingegen einen niedrigeren.

7 Sec. 202 (a) SSA.

Den vollen Versicherungsschutz[1] genießt ein Erwerbstätiger, wenn er 40 Beitragspunkte erworben hat. Beitragspunkte kann er vierteljährlich erwerben, so daß er nach 10 Jahren den vollen Versicherungsschutz genießt, sofern er Beiträge an die staatliche Rentenversicherung entrichtet und sein rentenversicherungspflichtiges Einkommen einem bestimmten Betrag entsprochen hat.[2] Sammelt ein Erwerbstätiger mehr als 40 Beitragspunkte an, erhöht sich seine Rente aufgrund der zusätzlichen Beitragspunkte nicht.

Die Rentenhöhe wird in drei Schritten ermittelt.[3] Zunächst werden Einkommen vor dem 60. Lebensjahr indexiert.[4] Dann stellt man die 35 Jahre fest, in denen das Einkommen des Versicherten am höchsten war, und berechnet hieraus das durchschnittliche indexierte Monatseinkommen.[5] Im nächsten Schritt wird die Basisleistung der Rentenversicherung[6] ermittelt. Dabei erhalten durchschnittliche indexierte Monatseinkommen im unteren Bereich einen relativ hohen Gewichtungsfaktor,[7] so daß Bezieher niedriger Einkommen einen vergleichsweise hohen Prozentsatz ihres durchschnittlichen Einkommens als Sozialversicherungsrente beziehen. Da die Berechnungen derzeit auf das 65. Lebensjahr erfolgen, ist die Basisleistung an den Termin des Renteneintritts anzupassen. Bezieht der Versicherte die Rente bereits ab dem 62. Lebensjahr, mindert sich die Grundleistung um mindestens 20 %. Beantragt er

---

1 Zur Definition des vollen Versicherungsschutzes (fully insured individual) siehe ausführlich Sec. 214 (a) SSA.

2 Pro Kalenderjahr kann ein Erwerbstätiger maximal vier Beitragspunkte erwerben. 1998 beläuft sich das sozialversicherungspflichtige Einkommen, für das er einen Beitragspunkt erhält, auf 700 US$ monatlich. Denkbar ist, daß ein Erwerbstätiger das Maximum von vier Beitragspunkten allein innerhalb eines Vierteljahres ansammelt, wenn er z.B. 1998 ein sozialversicherungspflichtiges Einkommen über ein Vierteljahr in Höhe von monatlich mindestens 2.800 US$ bezogen hat. Social Security Administration (1997b). Dieser Betrag wird jährlich in Höhe der durchschnittlichen Lohnsteigerungsrate angepaßt.

3 Die Rechenschritte sind beispielsweise erläutert in TIAA-CREF (1998b).

4 Als Index dient die durchschnittliche Lohnsteigerungsrate.

5 Average indexed monthly earnings (AIME), Sec. 215 (b) SSA.

6 Primary insurance amount (PIA), Sec. 215 (a) SSA.

7 Ermittlung des PIA in 1997 für einen 62jährigen Versicherten nach Sec. 215 (a) SSA:

Faktor		Einkommensbereich
0,9	*	bis 455 US$
+ 0,32	*	456 bis 2.741 US$
+ 0,15	*	2.742 bis (AIME - 2.741) US$

Die Faktoren sind im Zeitablauf konstant, die Einkommensbereiche werden entsprechend dem Preisindex für die Lebenshaltung angehoben, Sec. 230 SSA.

Die Basisleistung (PIA) eines 65jährigen beträgt 1998 maximal 1.353 US$.

sie hingegen erst nach dem 65. Lebensjahr, erhöht sich seine Rente maximal um 15 %.[1] Ab dem Jahr 2000 erhöht sich das normale Renteneintrittsalter auf das 67. Lebensjahr,[2] und somit nehmen auch die Abschläge zu. Die Renten werden jährlich nach Maßgabe des Preisindex für die Lebenshaltung erhöht.[3] Ist der Versicherte verheiratet, erhöht sich seine Grundleistung der Rentenversicherung um 50 %, sofern der Ehegatte nicht eigene Rentenansprüche hat, die höher sind.

Bezieht ein Rentner nach Eintritt in den Ruhestand weiterhin Einkommen aus Erwerbstätigkeit, werden ihm gegebenenfalls Teile des Einkommens auf seine Sozialversicherungsrente angerechnet.[4] Der anrechnungsfreie Betrag nimmt mit dem Alter des Rentners zu. Für 65- bis 70jährige Rentner betrug der Freibetrag 1997 13.500 US$ und soll bis zum Jahr 2002 auf 30.000 US$ ansteigen. Rentner unter 65 Jahren hatten 1997 nur einen Freibetrag in Höhe von 8.640 US$.[5] Diese Regelung verdeutlicht, daß die Sozialversicherungsrenten das übrige Einkommen eines Rentners nur ergänzen, nicht jedoch ersetzen sollen.

In welchem Umfang die Sozialversicherungsrenten einkommensteuerpflichtig[6] sind, hängt von dem Gesamteinkommen[7] des Versicherten ab.[8] Steuerfrei bleibt die Rente, wenn das Gesamteinkommen eines alleinstehenden Rentners unter 25.000 US$ liegt, bei verheirateten Rentnern[9] unter 32.000 US$. Maximal 85 % der Sozialversicherungs-

---

1 Zu den genauen Regelungen siehe Sec. 215 SSA. Diamond und Gruber untersuchten die bestehenden Anreize, sich frühzeitig pensionieren zu lassen oder den Rentenbeginn hinauszuzögern. P. Diamond und J. Gruber (1997).

2 Sec. 216 (l) 1 SSA.

3 Sec. 215 (i) SSA.

4 Einkommen, die angerechnet werden, finden sich in: Social Security Administration (1997d), § 1812. Beispielsweise mindern betriebliche Renten und Zahlungen aus steuerbegünstigten Alterssicherungsprogrammen die Sozialversicherungsrente nicht.

5 Social Security Administration (1997d), § 1802ff.

6 Sozialversicherungsrenten wurden erst im Zuge der Rentenreform 1983 einkommensteuerpflichtig. P. Diamond und J. Gruber (1997), S. 9.

7 Das Gesamteinkommen ist für diese Zwecke folgendermaßen definiert:
  Steuerbares Einkommen
+ Steuerfreie Zinseinnahmen
+ 50 % der Leistungen der Sozialversicherung
= Gesamteinkommen

8 Einen Überblick über die Besteuerung von Sozialversicherungsrenten bietet Department of the Treasury, Internal Revenue Service (1997).

9 Die höheren Betragsgrenzen gelten nur bei gemeinsamer Veranlagung eines Ehepaars.

rente unterliegen der Besteuerung, wenn das Gesamteinkommen 34.000 US$ bzw. 44.000 US$ überschreitet. Rangiert das Gesamteinkommen zwischen den genannten Einkommensgrenzen, beläuft sich der steuerpflichtige Anteil auf höchstens 50 %.[1]

Vor dem Hintergrund der staatlichen Alterssicherung sind nachfolgend die Regelungen zur privaten Alterssicherung einzuordnen. Die im Vergleich zu Deutschland geringe staatliche Alterssicherung erfordert demnach ausgeprägte private Alterssicherung. Welche Formen der Gesetzgeber wie fördert, soll das nächste Kapitel aufzeigen.

II. Private Alterssicherung

1. Betriebliche Alterssicherung

Den rechtlichen Rahmen für die betriebliche Alterssicherung bilden der Employee Retirement Security Act von 1974[2] (ERISA) und der Internal Revenue Code (IRC)[3]. Die rechtlichen Rahmenbedingungen sind bundeseinheitlich geregelt.[4] Wesentliches Merkmal des amerikanischen Rechtsrahmens ist, daß er Mindestanforderungen an Formen der betrieblichen Alterssicherung formuliert, die für eine steuerliche Förderung erfüllt sein müssen.[5] Dazu zählen beispielsweise die Verwendung des betrieblichen Alterssicherungsvermögens ausschließlich zugunsten der Arbeitnehmer, das Einhalten von Unverfallbarkeitsfristen und Finanzierungsvorgaben. Die genaue Ausgestaltung ist den Vertragsparteien und den Finanzdienstleistern selbst überlassen.

---

1 Zu den Betragsgrenzen siehe Department of the Treasury, Internal Revenue Service (1998a).

2 ERISA gliedert sich grob in drei Teile: Die Schutzvorschriften für Arbeitnehmer, den Verweis auf weitere Rechtsquellen, insbesondere das Steuerrecht, und die Vorschriften zur Absicherung der Rentenansprüche bei Beendigung eines Pensionsfonds, insbes. über die PBGC.

3 Relevant sind hier insbesondere Subtitle A Chapter 1 Subchapter D und E IRC.

4 Im Gegensatz zu den privaten Pensionsfonds unterliegen die Pensionsfonds öffentlichrechtlicher Träger dem Recht der jeweiligen Einzelstaaten. R. Romano (1993a), S. 109.

5 PWBA (1997), Kapitel 1; EBRI (1990), S. 25.

Die Anforderungen an Pensionsfonds für eine steuerliche Förderung finden sich in Sec. 401 IRC.

Neben den nachfolgend dargestellten Formen der betrieblichen Alterssicherung existieren noch weitere Formen. Sie werden in dieser Arbeit nicht näher erläutert, da ihr Anteil gering ist. Siehe dazu beispielsweise J. S. Rosenbloom (1988), Kapitel 33.

a) Alterssicherungszusagen und deren Verbreitung

Alterssicherungszusagen basieren auf einer Alterssicherungsordnung (pension plan), die ein Arbeitgeber errichten kann.[1] In der Alterssicherungsordnung sind ein oder mehrere Treuhänder mit der Verwaltung und Kontrolle sämtlicher Aufgaben zu betreuen, die aus der Alterssicherungsordnung resultieren.[2] Die Alterssicherungsordnung hat darüber hinaus Angaben über die Finanzierung und die Anlagepolitik zu beinhalten, die Verantwortlichen für sämtliche Aufgaben aus der Alterssicherungsordnung zu benennen, z.B. den Hauptverantwortlichen (plan administrator), und das Vorgehen bei Änderungen der Alterssicherungsordnung darzulegen.[3]

Alterssicherungszusagen lassen sich auch in den USA in Versorgungszusagen (defined benefit plan[4]) und Vorsorgezusagen (defined contribution plan[5]) unterscheiden. Versorgungszusagen beinhalten die Determinanten und die Formel, nach der sich die Höhe der Leistungen im Leistungsfall bestimmt.[6] Die Versorgungszusagen ähneln den Versorgungszusagen nach deutschem Recht weitgehend.

Anders als in Deutschland findet man in den USA eine große Vielfalt an Vorsorgezusagen. Sie sind dadurch gekennzeichnet, daß das Vorsorgevermögen auf individuellen Konten verbucht ist und sich die Höhe der möglichen Auszahlungen ausschließlich aus der Höhe der Einzahlungen und den damit verbundenen Zahlungen ergibt.[7] Die einzelnen Arten unterscheiden sich im wesentlichen dadurch, wer die Vorsorgezusagen finanziert, wer das Vorsorgevermögen verwaltet und wer die Anlageentschei-

---

1 Ein Pensionsfonds kann auch von mehreren Arbeitgebern gemeinsam geführt werden. Die rechtlichen Rahmenbedingungen unterscheiden sich teilweise von denen für Alterssicherungsprogramme, die ein einzelner Arbeitgeber unterhält. Ihre Zahl ist jedoch vergleichsweise gering (unter 1 % der Programme), so daß nachfolgend die Regelungen für Programme eines Arbeitgebers im Vordergrund stehen. Department of Labor und PWBA (1997), Tab. F1, S. 73.

2 Alternativ ist in der Alterssicherungsordnung das Verfahren festzulegen, nach dem die Treuhänder zu ermitteln sind, Sec. 1102 (a) ERISA.

3 Sec. 1102 (b) ERISA.

4 Sec. 1002 (35) ERISA; Sec. 414 (j) IRC. Alle Alterssicherungszusagen, die nicht als Vorsorgezusagen zu qualifizieren sind, gelten danach als Versorgungszusagen.

5 Sec. 1002 (34) ERISA; Sec. 414 (i) IRC.

6 Beispiele finden sich in EBRI (1990), S. 40.

7 Die individuellen Kontosalden können auch dadurch erhöht werden, daß Einzahlungen des Arbeitgebers auf Vorsorgekonten, deren Inhaber mit verfallbaren Alterssicherungsansprüchen den Arbeitgeber wechseln, auf die anderen Arbeitnehmer verteilt werden.

dungen trifft. Bezüglich der Anlageentscheidungen lassen sich drei Modelle unterscheiden: Der Arbeitnehmer trifft sämtliche Anlageentscheidungen, der Arbeitgeber und der Arbeitnehmer treffen die Anlageentscheidungen jeweils für ihre Einzahlungen oder allein der Arbeitgeber nimmt die Anlageentscheidungen vor.[1]

Die bedeutendsten Arten sind money purchase plans, deferred profit sharing plans, thrift savings plans und employer stock ownership plans. Um insbesondere die betriebliche Alterssicherung auch für kleinere Unternehmen attraktiv zu gestalten, gibt es darüber hinaus Programme für Arbeitnehmer in kleineren Unternehmen, z.B. den savings incentive match plan for employees of small employers (SIMPLE) und simplified employee pensions (SEP).

Money purchase plans verpflichten den Arbeitgeber, regelmäßig bestimmte im voraus festgelegte Einzahlungen vorzunehmen. Sie berechnen sich gewöhnlich als prozentualer Anteil des Gehalts des Arbeitnehmers.[2]

Bei deferred profit sharing plans hingegen kann der Arbeitgeber die Höhe der Zuführungen jedes Jahr neu bestimmen, also z.B. von der Erfolgssituation des Unternehmens abhängig machen.[3]

Bei thrift savings plans bilden die Einzahlungen der Arbeitnehmer selbst den wesentlichen Kapitalstock. Darüber hinaus können die Arbeitgeber auf die Vorsorgekonten einzahlen. Steuerrechtlich werden diese Altersvorsorgeprogramme den deferred profit sharing plans zugeordnet.[4]

Deferred profit sharing und thrift savings plans dominieren unter den Alterssicherungsordnungen mit Vorsorgecharakter. Sie machen mehr als 75 % aus, money purchase plans hingegen weniger als 20 %.[5] Betrachtet man die Personenzahl, die von

---

1 PWBA Advisory Council (1997b), S. 5.

2 EBRI (1990), S. 55.

3 Ein Arbeitnehmer erhält beispielsweise einen Anteil am Unternehmensgewinn, der dem Anteil seines Gehalts an der Gehaltssumme des Unternehmens entspricht. Die Höhe der Einzahlung ist jedoch nicht zwangsweise an den Unternehmenserfolg zu koppeln. E. Andrews (1993), S. 18f.

4 Ebda., S. 19.

5 Die Zahlen beziehen sich auf 1993. EBRI (1996a).

den einzelnen Alterssicherungsordnungen erfaßt ist,[1] erhöht sich das Gewicht der deferred profit sharing und thrift savings plans auf 83 %, das von money purchase plans sinkt auf unter 10 %.[2]

Eine Beteiligung des Arbeitnehmers an dem Unternehmen, in dem er beschäftigt ist, mit dem Ziel der Altersvorsorge ermöglichen employer stock ownership plans (ESOPs). 51 % des Vermögens auf ESOPs müssen im Unternehmen des Arbeitgebers gebunden sein. Die Arbeitnehmer erwerben in der Regel Aktien des Arbeitgebers auf Kredit. Spätere Einzahlungen in den ESOP dienen der Kredittilgung. Gleichwohl ist auch der Direkterwerb der Aktien zulässig. Neben der Altersvorsorge verfolgt ein Arbeitgeber mit diesem Alterssicherungsprogramm weitere personalpolitische Ziele, z.B. die Motivation der Mitarbeiter aufgrund ihrer Beteiligung am Unternehmen zu fördern, um letztlich den Marktwert des Unternehmens zu erhöhen.[3]

SEPs und SIMPLEs sind Alterssicherungsprogramme, die aufgrund der niedrigeren rechtlichen Anforderungen speziell für kleine Unternehmen konstruiert wurden. Auch Selbständige können solche Vorsorgekonten führen, bei denen es sich in der Regel um besondere Formen der individual retirement arrangements handelt, die jeder Erwerbstätige unabhängig von seinem Arbeitgeber abschließen kann. Wenngleich SEPs und SIMPLEs der betrieblichen Altersvorsorge zuzuordnen sind, da stets ein Arbeitgeber involviert ist, werden sie im Rahmen der individuellen Alterssicherung vorgestellt, da ihre rechtliche Ausgestaltung weitgehend der der individual retirement arrangements entspricht.

1993 nahmen knapp 84 Mio. Amerikaner an einem betrieblichen Alterssicherungsprogramm teil, 1997 wurde die Zahl auf ca. 85 Mio. geschätzt.[4] Der Marktwert des angesammelten Vermögens betrug 1993 über 2,3 Bio. US$, 1997 ca. 3,5 Bio. US$.[5] Während 1974 bei Einführung des Employee Retirement Income Security Act

---

1 Erfaßt sind nur die Erwerbstätigen, die noch in die Pensionsfonds einzahlen. Rentner bleiben außer acht.

2 Department of Labor und PWBA (1997), Tab. B7, S. 19.

3 Zu ESOPs siehe M. M. Blair (1995), S. 308 - 311. Zum Zusammenhang zwischen Mitarbeiterbeteiligung und Marktwert eines Unternehmens siehe K. H. Chung und S. W. Pruitt (1996), sowie die dort auf S. 1136f. zitierte Literatur; D. E. Logue und J. S. Rader (1998), S. 327 - 330.

4 PWBA Advisory Council (1997a), S. 4.

5 EBRI (1997a).

Versorgungszusagen dominierten (1975: 33 Mio. Versorgungszusagen versus 12 Mio. Vorsorgezusagen), hat sich das Zahlenverhältnis 1993 auf 40 zu 44 Mio. geändert.[1] Heute verfügen mehr Erwerbstätige über eine Vorsorgezusage.[2] Die Anzahl an Versorgungsordnungen sank von 103.000 in 1975 auf 83.600 in 1993. Die Anzahl an Vorsorgeordnungen hingegen stieg von 208.000 auf 618.500 und umfaßt damit 88 % aller privaten Alterssicherungsordnungen.[3] Insbesondere kleinere Arbeitgeber haben ihre Versorgungsinstitute geschlossen und bieten heute Vorsorgeprogramme an. Große Arbeitgeber hingegen führen in aller Regel ihre Versorgungsinstitute fort, errichten jedoch keine neuen mehr.[4]

b) Unverfallbarkeitsregelungen

Ein Arbeitnehmer ist an einer Alterssicherungsordnung grundsätzlich teilnahmeberechtigt, sobald er das 21. Lebensjahr vollendet hat und mindestens ein Jahr bei einem Arbeitgeber für 1000 Stunden beschäftigt[5] ist.[6] Trotzdem lassen sich einzelne Arbeitnehmer oder Arbeitnehmergruppen ausschließen.[7]

Für die Arbeitnehmer ist darüber hinaus von Interesse, ab wann ihre Ansprüche aus einer Alterssicherungsordnung nicht mehr verfallen können. Die nachfolgend aufgeführten Unverfallbarkeitsregelungen sind Mindestanforderungen, damit ein Pensionsfonds steuerlich förderungswürdig ist. Abweichungen zugunsten der Arbeitnehmer sind zulässig.[8]

Ansprüche, die aus eigenen Beiträgen der Arbeitnehmer resultieren, sind sofort unverfallbar. Resultieren die Ansprüche aus Beitragsleistungen des Arbeitgebers,

---

1 Department of Labor und PWBA (1997), Tabelle F5, S. 77.

2 EBRI (1997a).

3 Department of Labor und PWBA (1997), Tabelle F1, S. 73.

4 PWBA Advisory Council (1997a).

5 Damit sind auch Teilzeitkräfte einzubeziehen. Zur genauen Abgrenzung siehe Sec. 1052 (a) (3) (A) ERISA.

6 Sec. 1052 (a) (1) ERISA.

7 Zum Personenkreis, dem eine Alterssicherungsordnung zugänglich sein muß, siehe Sec. 401 (a) (26) (A) und 410 (b) IRC.

8 Sec. 1053 (d) ERISA.

stehen dem Arbeitgeber zwei Verfahren zur Auswahl, die Unverfallbarkeitsfristen zu bestimmen:[1]

a) 100 % der Arbeitgeberbeiträge sind nach 5 Jahren Betriebszugehörigkeit[2] unverfallbar.

b) Zeitliche Staffelung der Höhe der unverfallbaren Arbeitgeberbeiträge über einen Zeitraum von 5 Jahren: nach 3 Jahren Betriebszugehörigkeit 20 %, nach 4 Jahren 40 %, kontinuierlich ansteigend bis nach 7 Jahren 100 % erreicht sind.

Ansprüche aus Alterssicherungszusagen sind auch unverfallbar, sobald ein Arbeitnehmer das normale Renteneintrittsalter erreicht.[3]

Die Regelungen sollen sicherstellen, daß auch jüngere Arbeitnehmer in den Genuß unverfallbarer Ansprüche kommen können und somit ihre Mobilität nur innerhalb der genannten Grenzen eingeschränkt wird.

c) Finanzierung

Betriebliche Alterssicherung ist steuerlich nur dann förderungswürdig, wenn die Zusagen mit Alterssicherungsvermögen unterlegt sind, das außerhalb des Trägerunternehmens verwaltet wird.[4] Dem Arbeitgeber steht es jedoch frei, ein Versicherungsunternehmen[5] mit der Aufgabe zu betrauen oder das Vermögen treuhänderisch über einen Trust anzusammeln.[6] Der überwiegende Anteil an Alterssicherungsvermögen

---

1 Sec. 1053 (a) (2) ERISA. Darüber hinaus existieren zahlreiche Ausnahmeregelungen, die sich in Sec. 1053 (a) (2) (c) finden.

2 Betriebszugehörigkeit im Zusammenhang mit Unverfallbarkeitsfristen wird definiert in Sec. 1053 (b). Beispielsweise werden Zeiten, in denen ein Arbeitnehmer jünger als 18 Jahre war, nicht als Betriebszugehörigkeit gewertet.

3 Sec. 1053 (a) ERISA.

4 C. Spengel und F. Schmidt (1997a), S. 148.

5 Organisiert ein Arbeitgeber die betriebliche Alterssicherung über ein Versicherungsunternehmen, kann er das Versicherungsunternehmen auch nur als treuhänderischen Vermögensverwalter beauftragen und ist nicht verpflichtet, klassische Versicherungsinstrumente in Anspruch zu nehmen. Man unterscheidet deswegen in Vertragsformen mit und ohne Versicherungsschutz. B. T. Beam und J. J. McFadden (1996), S. 498 - 507.

6 O.-C. Hein (1991), S. 5.

Zu weiteren Ausnahmen von der Trust-Konstruktion siehe Sec. 1103 ERISA.

Zum Wahlproblem zwischen Fonds- und Versicherungslösung siehe E. T. Allen, J. J. Melone und J. S. Rosenbloom (1984), Kapitel 10 - 14.

wird in den USA über Trusts verwaltet.[1] Als Trustee können Unternehmen, z.B. Banken, Fondsgesellschaften und Versicherungsunternehmen fungieren, aber auch Privatpersonen.[2]

Zu den Pflichten eines Treuhänders (fiduciary) zählt, daß er ausschließlich im Interesse der Arbeitnehmer oder alternativ Begünstigter handelt und auf angemessene Kosten bei der Verwaltung der Alterssicherungsordnung und des Sondervermögens zu achten hat.[3] Grundsätzlich unterliegt er bei all seinen Tätigkeiten dem Prudent-man-Konzept.[4] Die Finanzierung hängt von der Art einer Alterssicherungszusage ab. Vorsorgezusagen sind stets in voller Höhe kapitalgedeckt, sofern der Arbeitgeber die vereinbarten Leistungen termingerecht erbringt. Die Forderung des Arbeitnehmers entspricht dem Marktwert des Vermögens, das auf seinem Konto verbucht ist.

Für die Verbindlichkeiten aus Versorgungszusagen enthält ERISA Mindestanforderungen an die Höhe der Deckung.[5] Die Höhe der Verbindlichkeiten ist nach versicherungsmathematischen Grundsätzen zu berechnen. Zudem muß das Berechnungsverfahren vernünftig sein.[6] Das Financial Accounting Standard Board formuliert mit der Projected-Unit-Credit-Methode (Anwartschaftsbarwertverfahren) ein solches Verfahren.[7] Bewertungsgrundlage ist der Barwert der bereits erdienten künftigen Versorgungsleistungen. Dabei sind die Gehaltsentwicklung des Arbeitnehmers ebenso wie Änderungen des Preis- und Lohnniveaus zu berücksichtigen.[8] Außer acht bleiben

---

1 Über 90 % aller Alterssicherungsordnungen verwalten ihr Vermögen über Trusts. Department of Labor und PWBA (1997), Tabelle B8, S. 20.

2 Im Gesetz sind nur die Personen aufgeführt, die keine Aufgaben in Zusammenhang mit Pensionsgeldern übernehmen dürfen, z.B. Personen, die straffällig geworden sind. Im Detail siehe Sec. 1111 (a) ERISA.

3 Hinweise dazu, ob Kosten in Verbindung mit einem Pensionsfonds angemessen sind, finden sich z.B. in Department of Labor (1998b), Kapitel 7, und speziell für 401(k)-Pläne in HR Investment Consultants (1997).

4 Zu den einzelnen Pflichten siehe Sec. 1104 (a) ERISA. Das Prudent-man-Konzept umfaßt neben oben genannten Pflichten, daß das Vermögen diversifiziert, vorsichtig und mit Sachverstand anzulegen ist. Im einzelnen bedarf es der Auslegung des Gesetzes, um einen Verstoß gegen die Pflichten nachzuweisen. Beispielsweise ist offen, inwieweit ein Treuhänder zur aktiven Unternehmenskontrolle verpflichtet ist, auch unter Berücksichtigung der damit verbundenen Kosten. Siehe dazu J. P. Hawley und A. T. Williams (1996), S. 75.

5 Sec. 1082 ERISA.

6 Sec. 412 (c) (3) IRC. C. Spengel und F. Schmidt (1997a), S. 152.

7 B. Pellens (1998), S. 198.

8 Ebda., S. 202.

jedoch erwartete Versorgungsansprüche aus Arbeitszeiten, die erst in der Zukunft liegen. Rechnungszinsfuß ist der langfristige Kapitalmarktzinssatz.[1] Sind die Verbindlichkeiten nicht hinreichend gedeckt, ist die Unterdeckung in der Bilanz des Arbeitgebers auszuweisen.[2]

Anlagebeschränkungen existieren nur bei Versorgungsordnungen. Maximal 10 % des Alterssicherungsvermögens dürfen in dem Unternehmen investiert sein, das den Pensionsfonds unterhält.[3] Ansonsten haben die Anlageentscheidungen nach dem Prudent-man-Konzept zu erfolgen. Vorsorgeordnungen hingegen unterliegen derzeit noch keinen Anlagebeschränkungen.[4] Kritiker verweisen auch hier auf die Gefahren nichtdiversifizierter Portfolios, insbesondere wenn der Arbeitgeber die Anlageentscheidungen trifft.[5] Das Problem bezieht sich dabei weniger auf handelbare Wertpapiere als auf Immobilien und Grundbesitz.

d) Besteuerung

Ziel dieses Abschnitts ist es, einen Überblick über die einkommensteuerliche Behandlung der Formen der betrieblichen Alterssicherung zu geben. Dabei bietet es sich an, die Ausführungen wiederum gemäß der zeitlichen Abfolge der Zahlungen vorzunehmen.

α) Finanzierungsleistungen des Arbeitgebers

Ist ein Pensionsfonds als steuerlich förderungswürdig qualifiziert,[6] mindern die Aufwendungen des Arbeitgebers als Betriebsausgaben sein steuerpflichtiges

---

1 Ebda.

2 E. Andrews (1993), S. 55. Die Unterdeckung ermittelt sich als Differenz aus der Höhe der aktuellen Verbindlichkeiten (ohne Berücksichtigung künftiger Steigerungen) und dem Marktwert des Fondsvermögens. O.-C. Hein (1991), S. 15.

3 Sec. 1107 (a) ERISA.

4 Sec. 1107 (b) (1) i.V.m. (d) (3) ERISA.

5 PWBA Advisory Council (1997b).

6 Die Anforderungen finden sich in Sec. 401 IRC.

Einkommen.[1] Die Höhe der absetzbaren Aufwendungen ist jedoch begrenzt und hängt von der Art der Alterssicherungszusage ab.[2] Anders als in Deutschland sind die Aufwendungen des Arbeitgebers stets zahlungswirksam, da das Alterssicherungsvermögen in einen externen Pensionsfonds fließt.

Das angesammelte Vermögen für Verbindlichkeiten aus Versorgungszusagen darf den niedrigeren der nachfolgenden Beträge nicht übersteigen: Die Verbindlichkeiten unter Berücksichtigung sämtlicher künftig zu erwartender Steigerungen oder 150 % der aktuellen Verbindlichkeiten (ohne Berücksichtigung künftiger Steigerungen). Ab 1999 steigt diese Grenze auf 155 % und erreicht bis zum Jahr 2005 170 %.[3] Ziel dieser Begrenzung ist es, eine Überdeckung der Verbindlichkeiten zu vermeiden, die ausschließlich der Steuervermeidung dient. Gleichwohl soll die Flexibilität des Arbeitgebers bei der Finanzierung der betrieblichen Alterssicherung nicht zu sehr eingeschränkt werden. Übersteigt der Wert des angesammelten Vermögens die Grenzen, wird der übersteigende Betrag dem steuerpflichtigen Einkommen des Arbeitgebers zugerechnet und zusätzlich eine Strafe in Höhe von 10 % erhoben. Gleichwohl kann ein Arbeitgeber zu hohe Beiträge auf die folgenden zehn Jahre vortragen und dann von seinem steuerpflichtigen Einkommen abziehen.[4]

Daneben bestehen Grenzen hinsichtlich der Höhe der Rente, die ein einzelner Arbeitnehmer aufgrund einer Versorgungszusage steuerbegünstigt beziehen darf. Die jährliche Rente[5] darf 1998 den niedrigeren der Beträge 130.000 US$[6] oder das höchste durchschnittliche Einkommen eines Arbeitnehmers über einen 3-Jahreszeitraum nicht überschreiten.[7]

---

1 J. A. Turner und N. Watanabe (1995), S. 51.

2 Sec. 401 (a) (16) i.V.m. Sec. 415 IRC.

3 KPMG US (1998), S. 1.

4 Ab 1999 steigt der Zeitraum auf zwanzig Jahre. KPMG US (1998), S. 1.

5 Die Rentenhöhe bezieht sich auf das normale Renteneintrittsalter der staatlichen Rentenversicherung. Zu Anpassungen der Rentenhöhe bei abweichendem Renteneintrittsalter siehe Sec. 415 (b) (2) IRC.

6 Der Betrag steigt in Schritten von 5.000 US$. Jährlich wird er rechnerisch nach Maßgabe des Preisindex für die Lebenshaltung erhöht, doch erst wenn er die nächste 5.000er Grenze überschreitet, erfolgt die Anpassung. Die Basisperiode bildet Oktober 1986 mit einem Betrag von 90.000 US$. Sec. 415 (d) (1) (A), (d) (3) (A) und (d) (4).

7 Sec. 415 (b) (1) IRC. Zu den Betragsgrenzen in 1998 siehe auch PWBA Advisory Council (1997a), S. 9.

Bei Vorsorgeordnungen bezieht sich die Förderungshöchstgrenze auf die Höhe der Einzahlungen auf die Vorsorgekonten. Sie dürfen im Jahr den niedrigeren der Beträge 30.000 US$ oder 25 % des Arbeitsentgelts eines Arbeitnehmers nicht übersteigen.[1] Als Einzahlungen gelten Arbeitnehmer- und Arbeitgeberbeiträge, aber auch Überträge aus verfallenen Ansprüchen ausgeschiedener Arbeitnehmer.[2] Verfügt ein Arbeitnehmer über mehrere betriebliche Alterssicherungszusagen, gelten die angeführten Betragsgrenzen für die Summe aller Zuführungen zu den Pensionsfonds.[3]

Die Leistungen eines Arbeitgebers während der Finanzierungsphase der Alterssicherung werden nicht dem zu versteuernden Einkommen der Arbeitnehmer zugerechnet. Sie bleiben bis zur Auszahlung steuerfrei. Einzahlungen in Pensionsfonds zählen auch nicht zum sozialversicherungspflichtigen Einkommen eines Arbeitnehmers, sofern die Alterssicherungsordnung als steuerlich förderungswürdig nach Sec. 401 (a) i.V.m. Sec. 501 (a) IRC anerkannt ist.[4]

β) Einzahlungen des Arbeitnehmers

Leistet ein Arbeitnehmer selbst Beiträge für seine betriebliche Alterssicherung, hat er diese grundsätzlich aus seinem versteuerten Einkommen zu erbringen. Seit den 70er Jahren sind jedoch zahlreiche betriebliche Alterssicherungsprogramme geschaffen worden, z.B. SEPs und 401(k)-Pläne[5], bei denen Beiträge des Arbeitnehmers als aufgeschobene Vergütung qualifiziert werden und sein zu versteuerndes Einkommen mindern.[6] 1998 beläuft sich der absetzbare Höchstbetrag auf 10.000 US$.[7] Betriebliche

---

1 Sec. 415 (c) (1) IRC. Der Betrag steigt ebenfalls in Schritten von 5.000 US$. Jährlich wird er rechnerisch nach Maßgabe des Preisindex für die Lebenshaltung erhöht, doch erst wenn er die nächste 5.000er Grenze überschreitet, erfolgt die Anpassung. Die Basisperiode ist hier Oktober 1993. Sec. 415 (d) (1) (C), (d) (3) (D) und (d) (4).

2 Sec. 415 (c) (2) IRC.

3 Sec. 415 (f) IRC.

4 Sec. 3121 (a) (5) IRC.

5 Nähere Informationen zu 401(k)-Plänen finden sich im Exkurs am Ende dieses Abschnitts. In Zusammenhang mit Alterssicherungsvereinbarungen, die sich auf Sec. 401(k) IRC beziehen, wird entgegen der Abgrenzung in Teilkapitel A III. auf Seite 11 von Plänen gesprochen, da dieser Ausdruck zweifelsfrei ist und einheitlich verwendet wird.

6 Sec. 402 (e) (3) i.V.m. Sec. 402 (g) IRC.

Alterssicherungsprogramme mit Versorgungscharakter, bei denen Arbeitnehmer Beiträge aus unversteuertem Einkommen leisten dürfen, gibt es hingegen nicht.[1]

γ) Erträge aus dem Vermögen

Das Sondervermögen in einem steuerlich förderungswürdigen Pensionsfonds ist steuerbefreit.[2] Erträge und Kursgewinne können somit steuerfrei thesauriert werden. Der Trust, der das Vermögen verwaltet, ist in der Regel ebenfalls steuerbefreit.[3]

δ) Auszahlungen an den Arbeitnehmer

Leistungen aus Alterssicherungsprogrammen zählen zum steuerpflichtigen Einkommen (ordinary income) eines Rentners.[4] Spätestens im Alter von 70½ Jahren muß die Auszahlphase beginnen.[5] Ausgenommen von der Steuerpflicht sind Leistungen, die auf Beiträgen aus versteuertem Einkommen basieren. Kapitalleistungen unterliegen einer gemilderten Besteuerung,[6] um die Folgen des Progressionseffekts abzuschwächen. Von der Steuerpflicht zunächst ausgenommen sind ausgezahlte Beträge, die binnen 60 Tagen in ein anderes förderungswürdiges Alterssicherungsprogramm wieder eingezahlt werden.[7]

---

7 PWBA Advisory Council (1997a), S. 2. Die Betragsgrenze wird jährlich nach Maßgabe des Preisindex für die Lebenshaltung angepaßt, sofern der Betrag die nächsten vollen 500 US$ übersteigt.

1 PWBA Advisory Council (1997a), S. 9. Ausnahme bilden beispielsweise einige Versorgungszusagen durch die öffentliche Hand (Sec. 414 (h) 2 IRC) und individuelle Rentenversicherungsverträge in Verbindung mit SEPs.

2 Sec. 401 IRC.

3 Sec. 501 (a) IRC. C. Spengel und F. Schmidt (1997a), S. 148. Ausnahmen finden sich in Sec. 502 und 503 IRC.

4 Sec. 402 (a) IRC.

5 Sec. 401 (a) (9) (I) (C) (i) (I) IRC.

6 Sec. 402 (d) IRC.

7 Sec. 402 (c) IRC.

e) Vermögenszuordnung und Insolvenzschutz

Das Vermögen zur Deckung betrieblicher Alterssicherungszusagen ist außerhalb des Trägerunternehmens investiert, sofern die betriebliche Alterssicherung steuerlich gefördert wird. Es steht ausschließlich den begünstigten Arbeitnehmern zu.[1] Erst wenn alle Verbindlichkeiten aus einer Alterssicherungsordnung beglichen sind, d.h. bei Schließung der Alterssicherungsordnung, erhält der Arbeitgeber das verbleibende Alterssicherungsvermögen zurück.[2]

Bei Insolvenz des Arbeitgebers oder bei Kündigung einer Alterssicherungsordnung aus sonstigen Gründen[3] dient das angesammelte Vermögen dazu, die Verbindlichkeiten aus der Alterssicherungsordnung zu begleichen. Während die Verbindlichkeiten aus Vorsorgeordnungen in voller Höhe erfüllt sind, trifft dies auf Ansprüche aus Versorgungsordnungen nur teilweise zu. Um die Ansprüche der Arbeitnehmer aus Versorgungsordnungen zu schützen, ist im Zuge des ERISA 1974 die Pension Benefit Guaranty Corporation (PBGC) als öffentlichrechtliche Institution gegründet worden.[4] Ihre Aufgaben[5] bestehen darin zu überwachen, daß die Arbeitgeber ihre Versorgungszusagen vereinbarungsgemäß mit Kapital unterlegen.[6] Ist das nicht der Fall, sorgt die PBGC dafür, daß die Arbeitnehmer ebenso wie die Finanzöffentlichkeit darüber unterrichtet werden. Die Gefahr einer Herabstufung durch Ratingagenturen und höherer Kapitalkosten soll die Arbeitgeber zu mehr Disziplin bei der Deckung ihrer Versorgungszusagen veranlassen. Der Retirement Protection Act von 1994 ermächtigt die PBGC zudem, selbst Mindestanforderungen zur Deckung der Versorgungsverbindlichkeiten durchzusetzen.[7] Zunächst ermittelt die PBGC die Unternehmen,

---

1 Verfallen beispielsweise Ansprüche aus Versorgungszusagen, da ein Arbeitnehmer den Arbeitgeber wechselt, reduzieren sich die Verbindlichkeiten des Arbeitgebers aus der Versorgungsordnung und mindern künftige Einzahlungen. Der Arbeitgeber erhält jedoch die Beträge, die er in einen Pensionsfonds eingezahlt hat, nicht anteilig zurück.

2 Sec. 401 (a) (2) IRC. Der Arbeitgeber darf beispielsweise das Vermögen auch nicht als Kreditsicherheit für eigene Zwecke nutzen, Sec. 1106 ERISA.

3 Zu den Gründen für die Kündigung einer Alterssicherungsordnung siehe Sec. 1341 IRC.

4 Die Absicherung der Ansprüche aus der betrieblichen Alterssicherung über die PBGC ist in Abschnitt 3 ERISA geregelt.

5 Zu den Aufgaben der PBGC siehe ausführlich Sec. 1302 (a) ERISA.

6 Eine Maßnahme stellt das early warning program der PBGC dar. Einen Überblick darüber bietet PBGC (1997a). Die rechtliche Grundlage für das Auskunftsrecht der PBGC bildet Sec. 1310 ERISA.

7 Einen Überblick über den Inhalt des Retirement Protection Act of 1994 bietet PBGC (1997c).

deren Unterdeckung 5 Mio. US$ überschreitet. Anschließend führt sie Gespräche mit der Unternehmensführung mit dem Ziel, das Versorgungsvermögen zu erhöhen. Verweigern Unternehmen die Gespräche oder kommen der Aufforderung nach höherer Deckung nicht nach, kann die PBGC gerichtliche Schritte einleiten.[1] Sind die Ansprüche der Arbeitnehmer aus der betrieblichen Alterssicherung im Vorwege nicht zu sichern, tritt die PBGC an die Stelle des Arbeitgebers, um die Verbindlichkeiten aus einer Versorgungsordnung im Rahmen bestimmter Grenzen zu begleichen.

Versicherungspflichtig ist bei der PBGC jeder Arbeitgeber, der seinen Arbeitnehmern betriebliche Versorgungszusagen erteilt.[2] Versichert werden nur die unverfallbaren Ansprüche.[3] Die PBGC finanziert sich vornehmlich aus den Prämien der Versicherungsnehmer. Ein Arbeitgeber hat für jeden Arbeitnehmer, der über eine Versorgungszusage verfügt, im Jahr 19 US$ zu zahlen.[4] Für je 1.000 US$, die die Verbindlichkeiten aus Versorgungszusagen eines Arbeitgebers unterdeckt sind, muß er weitere 9 US$ entrichten.[5] Damit soll die Versicherungsprämie dem Risiko der PBGC Rechnung tragen, daß sie für seine Versorgungsverbindlichkeiten einstehen muß.

Bis 1997 war der variable Anteil der Versicherungsprämie auf 53 US$ pro Versicherten begrenzt,[6] so daß sich im Durchschnitt pro versicherten Arbeitnehmer eine Prämienbemessungsgrenze von knapp 6.000 US$ ergab. Für Arbeitgeber, die die Prämienbemessungsgrenze erreicht hatten, resultierte daraus der Anreiz zu einer Unterdeckung der Alterssicherungsverbindlichkeiten, die über die Prämienbemessungsgrenze hinausging.[7] Um diese Fehlanreize zu beseitigen, wurde die Prämienbemessungsgrenze 1998 aufgehoben.[8]

---

1 PBGC (1997a).

2 Versicherungspflichtige Alterssicherungszusagen sind in Sec. 1321 ERISA definiert.

3 Sec. 1322 (a) ERISA.

4 Sec. 1306 (a) (3) (A) (i) ÉRISA.

5 Sec. 1306 (a) (3) (E) ERISA.

6 Die Versicherungsprämie pro versicherten Arbeitnehmer ermittelt man, indem man das Produkt aus Unterdeckungsbetrag in Tausend US$ und Strafprämie über 9 US$ durch die Anzahl der versicherten Arbeitnehmer dividiert.

7 1996 überschritten 80 % der Arbeitgeber mit untergedeckten Versorgungsordnungen die Prämienbemessungsgrenze. PBGC (1997b).

8 Die PBGC rechnet damit, daß 1998 allein die Arbeitgeber mit untergedeckten Versorgungsordnungen 50 % des Prämienvolumens der PBGC aufbringen müssen. Ebda.

Die PBGC erbringt ihre Leistungen in der Regel in Form monatlicher Renten,[1] die auf Höchstbeträge begrenzt sind. Die Höhe der Rente hängt unter anderem von der genauen Gestaltung der Versorgungszusage, der Deckung der Rentenansprüche durch das Alterssicherungsvermögen und dem Alter des Begünstigten ab.[2] Die Rentenhöhe und ihre Obergrenze werden für das Jahr ermittelt, in dem ein Pensionsfonds aufgelöst wird. Eine Anpassung an gestiegene Lebenshaltungskosten erfolgt in der Zukunft nicht. Die Rentenobergrenze bei einem 1998 aufgelösten Pensionsfonds beträgt 34.568 US$ pro Jahr für einen Rentner im Alter von 65 Jahren. Je jünger ein Rentner ist, desto niedriger ist seine garantierte Rente.

Bei Gründung der PBGC stand die Versicherung der Ansprüche aus betrieblichen Versorgungszusagen im Vordergrund. Die PBGC wurde damals erst aktiv, nachdem ein Arbeitgeber oder ein Pensionsfonds in finanzielle Schwierigkeiten geraten war und deswegen seine Alterssicherungsordnung aufkündigte. Heute dominiert das Ziel, die Arbeitnehmer schon lange vor der Kündigung einer Alterssicherungsordnung infolge wirtschaftlicher Schwierigkeiten des Arbeitgebers zu schützen.

f) Information

Im amerikanischen Recht existieren detaillierte Vorschriften, nach denen Arbeitnehmer über eine Alterssicherungsordnung, die Gestaltung der Zusage und ihre aktuellen Ansprüche zu informieren sind.[3] Ziel dieser umfassenden Informationspolitik ist, die begünstigten Arbeitnehmer in die Lage zu versetzen, selbständig Entscheidungen hinsichtlich ihrer Alterssicherung zu treffen und damit eigenverantwortlich zu handeln.[4] Außerdem soll ihnen ermöglicht werden, die Einhaltung der Alterssicherungsordnung zu kontrollieren, um die staatlichen Kontrollinstanzen zu entlasten.[5] Die Regierung fördert die umfassende Information der Bevölkerung über Fragen der

---

1 Bei geringfügigen Ansprüchen erfolgt eine jährliche Rentenleistung oder sogar eine einmalige Kapitalleistung.

2 PBGC (1998).

3 Einen Überblick über das Informationsmaterial, das den Arbeitnehmern und anderen Begünstigten zur Verfügung zu stellen ist, und von wem es in welchem zeitlichen Abstand zu welchem Preis zu beziehen ist, bietet Department of Labor (1997b), Kapitel 2.

4 EBRI (1995), S. 1 - 6.

5 Department of Labor (1998b), Introduction.

Alterssicherung, insbesondere seit 1995 durch die retirement savings education campaign.[1] Als Maßnahmen seien insbesondere das Erstellen und Verteilen von Informationsbroschüren, die Gründung von Auskunftsbüros und des American Savings Education Council (ASEC) genannt.

Wichtigstes Dokument ist eine Kurzbeschreibung der Alterssicherungsordnung (summary plan description).[2] Aus ihr müssen die Leistungen des Alterssicherungsträgers und die Art der Vermögensverwaltung hervorgehen, aber auch personenbezogene Angaben über die Alterssicherungszusage, Unverfallbarkeitsfristen etc.[3] Diese Kurzbeschreibung hat der Hauptverantwortliche einer Alterssicherungsordnung den begünstigten Arbeitnehmern unaufgefordert zur Verfügung zu stellen. Änderungen sind den Arbeitnehmern unverzüglich mitzuteilen. Diese Informationen sind auf Anfrage auch über das Arbeitsministerium zu beziehen. Darüber hinaus kann der Alterssicherungsträger dazu verpflichtet werden, den Arbeitnehmern eine Aufstellung über ihre Rechte aus der Alterssicherungsordnung zur Verfügung zu stellen.[4]

Ein Pensionsfonds hat für jedes Sondervermögen einmal im Jahr einen Geschäftsbericht zu erstellen.[5] Er hat teilweise sehr detaillierte Angaben zu beinhalten, z.B. über Preis und Partner von Wertpapiertransaktionen ab einer bestimmten Größenordnung.[6] Eine Zusammenfassung des Geschäftsberichts ist jedem begünstigten Arbeitnehmer

---

1 Department of Labor (1997a).
Empirische Untersuchungen in den USA haben ergeben, daß Arbeitnehmer verstärkt Altersvorsorge betreiben, wenn ihr Arbeitgeber sie über die Möglichkeiten der privaten Alterssicherung unterrichtet. P. J. Bayer, B. D. Bernheim und J. K. Scholz (1996); B. D. Bernheim und D. M. Garrett (1996).

2 Sec. 1021 (a) (1) ERISA.

3 Sec. 1022 (b) ERISA führt sämtliche Informationen auf, die eine Kurzbeschreibung einer Alterssicherungsordnung umfassen muß.

4 Sec. 1024 (c) ERISA.

5 Sec. 1023 ERISA. Dort findet sich auch im Detail, welche Informationen er mindestens enthalten muß.

6 Sec. 1023 (b) (3) (H) ERISA.
Auszuweisen ist eine Transaktion beispielsweise, wenn sie
- 3 % des Marktwertes des Fondsvermögens übersteigt,
- mit oder über dieselbe Person abgewickelt wird, mit der eine zuvor genannte Transaktion erfolgte, unabhängig von ihrem Volumen,
- Teil mehrerer Transaktionen in Wertpapieren desselben Emittenten ist, deren Gesamtvolumen in dem Geschäftsjahr 3 % übersteigt.

jährlich zu übermitteln,[1] auf Anfrage der Geschäftsbericht in vollem Umfang. Ein Arbeitnehmer kann ebenfalls einmal jährlich einen Ausweis seiner individuellen Alterssicherungsansprüche anfordern.[2] Dieser Ausweis hat das angesammelte Guthaben zu beinhalten (Art der Anlage, Marktwert etc.) ebenso wie die Höhe der unverfallbaren Ansprüche.

Sind Versorgungszusagen zu weniger als 90 % durch das Vermögen eines Pensionsfonds gedeckt, verschärfen sich die Informationspflichten.[3] Die begünstigten Arbeitnehmer sind über die Höhe der Unterdeckung zu unterrichten,[4] und sie sind darauf hinzuweisen, daß ihre Versorgungsansprüche nur anteilig über die PBGC abgesichert sind.[5]

Exkurs: Der 401(k)-Plan als dominierendes Altersvorsorgeprogramm

Unter 401(k)-Pläne sind alle Altersvorsorgeprogramme zu subsumieren, die die Voraussetzungen des § 401(k) IRC erfüllen. Sie wurden 1978 ins Leben gerufen, erlangten aber erst ab 1981 Bedeutung, als sie steuerrechtlich eindeutig geregelt waren.[6] Seitdem ist ihr Stellenwert innerhalb der betrieblichen Alterssicherung kontinuierlich gestiegen, wenngleich sich die steuerrechtlichen Rahmenbedingungen mit der Steuerreform 1986 erheblich verschlechtert haben.[7] Heute übersteigen die Einzahlungen in 401(k)-Pläne die Einzahlungen in traditionelle Formen der betrieblichen Alterssicherung.[8] 1992 betrugen sie 64,3 Mrd. US$ und machten damit 24 % des Sparvolumens der privaten Haushalte aus.[9] Aufgrund des Stellenwertes innerhalb

---

1 Sec. 1023 ERISA i.V.m. Sec. 1024 ERISA.

2 Sec. 1025 ERISA.

3 Sec. 1021 (d) ERISA.

4 Sec. 1311 ERISA.

5 PBGC (1996).

6 Zum Einfluß der Besteuerung auf das Sparverhalten über 401 (k)-Pläne siehe J. M. Poterba, S. F. Venti und D. A. Wise (1995a).

7 Vor 1987 waren Einzahlungen bis zu 30.000 US$ pro Jahr steuerlich absetzbar, seit 1987 hingegen nur noch 7.000 US$. Dieser Betrag erhöht sich jedes Jahr nach Maßgabe des Preisindex für die Lebenshaltung. J. M. Poterba, S. F. Venti und D. A. Wise (1996), S. 2.

8 L. E. Papke (1996), S. 2; J. M. Poterba und D. A. Wise (1996), S. 7.

9 L. E. Papke (1996), S. 1.

der betrieblichen Alterssicherung werden 401(k)-Pläne nachfolgend im Detail dargestellt.

401(k)-Pläne werden überwiegend in Form von thrift savings plans geführt. Sie zeichnen sich insbesondere dadurch aus, daß die Arbeitnehmer einen großen Teil der Einzahlungen aus ihrem laufenden Einkommen, d.h. selbst leisten und diese Beträge ihr zu versteuerndes Einkommen mindern.[1] Sie stellen eine Art aufgeschobener Vergütung dar. In aller Regel steuert der Arbeitgeber darüber hinaus zwischen 50 % und 100 % des Arbeitnehmerbeitrags bei, bis zu 6 % des Arbeitsentgelts eines Arbeitnehmers (compensation).[2] In den Genuß der steuerlichen Förderung kommen alle Arbeitnehmer, deren Arbeitgeber einen 401(k)-Plan einrichten, unabhängig von der Höhe ihres Einkommens. Dabei steht es jedem Arbeitnehmer frei, sich an einem 401(k)-Plan zu beteiligen. Lehnt ein Arbeitnehmer ab, spart der Arbeitgeber seinen Beitragsanteil. 401(k)-Pläne können deshalb für einen Arbeitgeber kostengünstiger sein, als wenn er automatisch alle Arbeitnehmer in eine Alterssicherungsordnung einbeziehen muß, die bestimmte Teilnahmevoraussetzungen erfüllen.[3]

401(k)-Pläne zeichnen sich durch eine weitgehende Entscheidungsfreiheit des begünstigten Arbeitnehmers aus.[4] Wenngleich der Arbeitgeber die Anlageformen vorgibt, muß der Arbeitnehmer zwischen mindestens drei Anlageformen (einem Aktienfonds, einem Rentenfonds und einem Geldmarktfonds) wählen dürfen.[5] Drei Viertel der Arbeitgeber stellen sogar mindestens sechs Anlagen zur Auswahl.[6] Analysen der Portfoliozusammensetzung ergaben, daß ungefähr die Hälfte des

---

1 Vor Einführung der 401(k)-Pläne gab es für Arbeitnehmer der Privatwirtschaft keine Möglichkeit, selbst Beiträge aus unversteuertem Einkommen für die betriebliche Alterssicherung zu leisten. Ebda.

2 L. E. Papke (1996), S. 3.

3 1993 nahmen nur ca. zwei Drittel aller Arbeitnehmer, denen die Teilnahme an einem 401(k)-Plan offenstand, an diesem teil. Department of Labor u.a. (1994), Tab. C2. Allerdings verzichten nur 2 - 4 % der Arbeitnehmer, die an einem 401(k)-Plan teilnehmen könnten und über keine andere betriebliche Alterssicherung verfügen, auf dieses Instrument. A. A. Samwick und J. Skinner (1996), S. 9.

4 Papke charakterisiert 401(k)-Pläne demnach auch als kostengünstige Möglichkeit für einen Arbeitgeber, die unterschiedlichen Bedürfnisse der Arbeitnehmer bei der betrieblichen Alterssicherung zu berücksichtigen. L. E. Papke (1996), S. 4.

5 J. M. Poterba und D. A. Wise (1996), S. 8.

6 Ebda., S. 16.

Vermögens in Aktien investiert ist, mit wachsender Tendenz.[1] In der Literatur findet sich zum Teil die Ansicht, daß die Arbeitnehmer nicht selbst über die Anlage des Vermögens der betrieblichen Alterssicherung entscheiden sollten, da ihr Anlageverhalten zu risikoavers sei und der Anlageerfolg unnötig niedrig.[2] Papke und Wise stellen die Zusammensetzung der Versorgungs-Sondervermögen und die Anlagen in 401(k)-Plänen und individuellen Konten, die speziell der Altersvorsorge dienen (individual retirement accounts, IRAs)[3] für das Jahr 1995 gegenüber. Sie zeigen, daß der Aktienanteil in Sondervermögen aus Versorgungsordnungen nur geringfügig höher ist, der Anteil garantierter Anlagen (guaranteed investment contracts) hingegen geringer. Dramatische Unterschiede in der Portfoliozusammensetzung erkennen sie nicht.[4] Man sieht darüber hinaus, daß sich das „übliche" Anlageverhalten der Bevölkerung[5] auch in 401(k)-Plänen widerspiegelt. So investieren junge Leute im Vergleich zu älteren Leuten einen größeren Anteil ihres Vorsorgevermögens in Aktien. Der Aktienanteil steigt auch mit zunehmendem Einkommen des Arbeitnehmers.[6]

Ein Arbeitnehmer darf ebenfalls die Form der Auszahlung weitgehend selbst bestimmen, auch vor Eintritt in den Ruhestand. Wechselt ein Arbeitnehmer beispielsweise seinen Arbeitgeber, so kann er sich sein Guthaben aus einem 401(k)-Plan auszahlen lassen. Die ausgezahlten Beträge unterliegen der Einkommensteuer zuzüglich einer Strafsteuer in Höhe von 10 %, wenn der Arbeitnehmer jünger als 59½ Jahre ist. Seit 1992 fällt darüber hinaus unmittelbar bei Auszahlung eine Quellensteuer

---

1 Die Gründe dafür sind vielschichtig: Die positive Wertentwicklung der Aktien in den vergangenen Jahren, sinkende Nominalzinssätze für langfristige Rentenpapiere, Erwartung positiver Wertentwicklung der Aktien auch in Zukunft. Ebda., S. 15. Die zunehmende Bereitschaft, in Aktien zu investieren, mag auch auf die bessere Aufklärung der Anleger zurückzuführen sein. P. J. Bayer, B. D. Bernheim und J. K. Scholz (1996); B. D. Bernheim und D. M. Garrett (1996). Eine Studie des EBRI hat ergeben, daß 73 % der Teilnehmer an einem 401(k)-Plan von ihrem Arbeitgeber Informationsmaterial erhalten, das über die gesetzlichen Mindestanforderungen hinausgeht. Ein Drittel dieser Arbeitnehmer haben daraufhin ihre eigenen Beiträge erhöht und fast die Hälfte haben die Zusammensetzung ihres Portfolios revidiert. EBRI (1995), S. 1 - 6.

2 Diese Auffassung kommt beispielsweise zum Ausdruck bei J. P. Hawley (1995), S. 426f.; E. P. Davis (1996), S. 203f.

3 IRAs werden detailliert auf den nachfolgenden Seiten dargestellt.

4 J. M. Poterba und D. A. Wise (1996), S. 18f.

5 Daten zum persönlichen Anlageverhalten in den USA haben z.B. Bodie und Crane aufgearbeitet. Z. Bodie und D. B. Crane (1997).

6 J. M. Poterba und D. A. Wise (1996), S. 17 und 46f. Zu einem ähnlichen Ergebnis kommt das Employee Benefit Research Institute. EBRI (1996b).

in Höhe von 20 % an, die den Anreiz vorzeitiger Verfügungen bedeutend mindert.[1] Der Übertrag des Guthabens auf ein individual retirement account oder ein Alterssicherungsprogramm des neuen Arbeitgebers ist hingegen steuerunschädlich möglich.[2] Bei Eintritt in den Ruhestand kann der Arbeitnehmer wählen, ob er sofort über das gesamte oder nur über einen Teil des Vermögens verfügen möchte und wie er das Geld verwendet, beispielsweise zum Erwerb einer Rentenversicherung.

2. Individuelle Alterssicherung

Obwohl alle Formen der Vermögensbildung auch der Alterssicherung dienen können, sollen hier nur die Formen vorgestellt werden, die der Gesetzgeber explizit unter dem Hinweis auf die Alterssicherung steuerlich fördert (individual retirement arrangements, IRAr). Dazu zählen besondere individuelle Konten (individual retirement account, IRA), aber auch Rentenversicherungen[3] (individual retirement annuity, IRAn).[4] Steuerrechtlich rechnet man auch SEPs und SIMPLEs zu den individuellen Alterssicherungsformen, wenngleich diese Alterssicherungsformen über einen Arbeitgeber laufen. Die Aufzählung an steuerlich geförderten individuellen Alterssicherungsformen läßt bereits das Anliegen des amerikanischen Gesetzgebers erkennen, den individuellen Bedürfnissen der Anleger gerecht zu werden und den Wettbewerb unter den Alterssicherungsinstituten zu fördern.[5]

---

1 J. M. Poterba, S. F. Venti und D. A. Wise (1995c), S. 6. Die Quellensteuer erhöht nicht den Nominalbetrag der Steuer, die auf vorzeitige Auszahlungen entfällt, sondern verlagert den Zahlungszeitpunkt eines Teilbetrags der Steuer nach vorn, so daß sich der Barwert der Steuer erhöht

2 Der Employee Benefit Supplement to the Current Population Survey 1993 zeigt, daß nur gut 30 % des vorzeitig ausgezahlten Vermögens in IRAs oder andere Alterssicherungsprogramme übertragen wird. J. M. Poterba, S. F. Venti und D. A. Wise (1995c), S. 35.

3 Zu Formen und Bewertung von Rentenversicherungen in den USA siehe J. M. Poterba (1997); O. S. Mitchell, J. M. Poterba, M. J. Warshawsky (1997).

4 Nachfolgende Ausführungen beziehen sich grundsätzlich auf IRAs, da ihr Anteil an allen IRArs dominiert. In aller Regel unterliegen IRAn aber den gleichen rechtlichen Rahmenbedingungen wie IRAs.

5 Der Wettbewerb unter den Anbietern von Rentenversicherungsverträgen wird sich noch erhöhen, wenn sich in den USA Banken und andere Finanzdienstleister durchsetzen können, die die derzeitige Monopolstellung der Versicherungen für dieses Produkt brechen wollen. J. M. Poterba (1997), S. 3. In Deutschland dürfen Kreditinstitute und Kapitalanlagegesellschaften biometrische Risiken nicht übernehmen. Statt dessen gründen sie häufig eigene Versicherungsunternehmen oder arbeiten mit einzelnen Versicherungsunternehmen zusammen.

a) Individual Retirement Accounts

IRAs wurden 1974 eingeführt für Arbeitnehmer, die über keine betriebliche Alterssicherung verfügten.[1] Sie fanden jedoch kaum Beachtung in der Bevölkerung. Wenngleich 1978 gut die Hälfte aller Arbeitnehmer an diesem Programm teilnehmen durften, machten nur 3 % davon Gebrauch.[2] Mit der Steuerreform 1981 hob der Gesetzgeber die Bedingung auf, daß ein Arbeitnehmer nicht gleichzeitig über eine betriebliche Alterssicherung verfügen durfte, und hob die Einzahlungshöchstbeträge an. Finanzinstitute weiteten zudem ihre Werbung für dieses Programm aus, so daß die Einzahlungen Anfang der 80er Jahre im Vergleich zu den 70er Jahren erheblich stiegen. Abbildung I.2 zeigt die Entwicklung des Beitragsvolumens für IRAs. Die drastischen Änderungen des Beitragsvolumens 1981 und 1987 sind jeweils auf Änderungen des Steuerrechts zurückzuführen.[3] Man erkennt daraus deutlich den Einfluß des Steuerrechts auf die Attraktivität eines Instruments der Alterssicherung.

Abb. I.2: Einzahlungen auf IRAs und 401(k)-Pläne 1980 - 1993

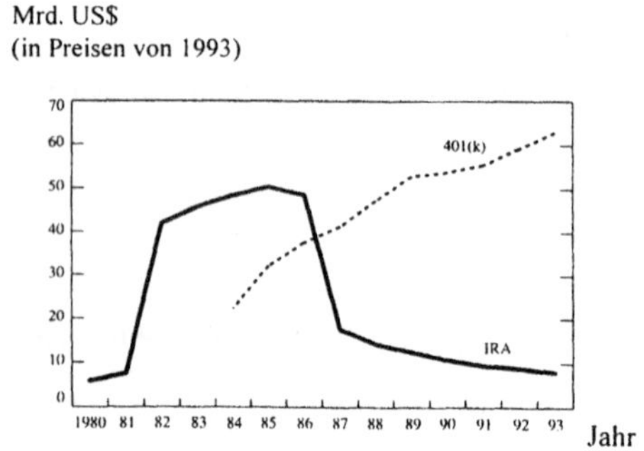

Quelle: J. McCarthy u. H. N. Pham (1995), S. 2.

Das Vermögen auf IRAs betrug 1995 schätzungsweise knapp eine Bio. US$.[4] Betrachtet man die Verbreitung von IRAs in Abhängigkeit von dem Alter und dem

---

1 Zur historischen Entwicklung von IRAs siehe J. Skinner (1991).

2 J. McCarthy und H. N. Pham (1995), S. 1f.

3 Siehe dazu Fußnote 3 auf Seite 82.

4 J. M. Poterba und D. A. Wise (1996), S. 7.

Einkommen der Kontoinhaber, zeigt sich, daß Personen mit steigendem Alter und höherem Einkommen IRAs intensiver nutzen.[1]

Ein IRA ist in Form eines Trust ausschließlich zugunsten des Kontoinhabers oder eines alternativ Begünstigten zu führen. Ein IRA zeichnet sich u.a. durch folgende Merkmale aus:[2]

- Als Trustee dürfen nur Banken und sonstige vom Finanzministerium anerkannte Institute fungieren, z.B. Wertpapierdienstleistungsunternehmen.
- Wertpapiere und sonstige Vermögensgegenstände dürfen einem IRA nur bei Überträgen aus anderen Alterssicherungsprogrammen gutgeschrieben werden; ansonsten sind nur Geldleistungen zulässig.
- Das Kontoguthaben darf nicht zum Kauf einer Lebensversicherung verwendet werden.

Die Förderung von IRAs ist in zweierlei Hinsicht begrenzt: Zum einen sind Einzahlungen nur bis zu einer bestimmten Höhe zulässig und zum anderen sind die Einzahlungen gegebenenfalls nur anteilig steuerlich absetzbar. Förderungswürdig ist jede Person unter 70½ Jahren, die steuerpflichtiges Arbeitsentgelt bezieht.[3] Einzahlungen auf ein IRA sind bis zu 2.000 US$ p.a. pro Person zulässig.[4] Ist das Arbeitsentgelt geringer als 2.000 US$, bildet das Arbeitsentgelt die betragliche Obergrenze. Ehepaare, die zusammen veranlagt werden, dürfen seit 1998 bis zu 4.000 US$ p.a. ansparen, auch wenn ein Ehepartner kein steuerpflichtiges Arbeitsentgelt bezieht.[5] Es obliegt dem Anleger, den zulässigen Betrag auf mehrere individuelle Alterssicherungsformen und auch auf mehrere Anbieter aufzuteilen. Der Anleger kann die Höhe seiner Einzahlungen jedes Jahr im Rahmen der Höchstbeträge neu bestimmen.

In welcher Höhe die zulässigen Sparbeträge auch steuerlich gefördert werden, hängt davon ab, ob der Kontoinhaber neben einem IRA eine betriebliche Alterssicherung

---

1 Department of Labor u.a. (1994), Tab. E 3; J. M. Poterba, S. F. Venti und D. A. Wise (1995b), S. 1 - 32.

2 Sec. 408 (a) IRC.

3 Diese Anforderungen sind jedes Jahr zu erfüllen, in dem Einzahlungen vorgenommen werden. Erfüllt ein Kontoinhaber die Anforderungen nicht, kann bereits angesammeltes Vermögen trotzdem in dem IRA verbleiben, und später können weitere Einzahlungen erfolgen.

4 Sec. 408 (a) (1) und (b) (2) (B) IRC.

5 Department of the Treasury, Internal Revenue Service (1998c).

genießt,[1] ob sein Bruttoeinkommen (AGI)[2] unterhalb einer bestimmten Grenze liegt und welchen Familienstand er hat.[3] Die Einzahlungen eines Erwerbstätigen ohne betriebliche Alterssicherung oder mit betrieblicher Alterssicherung, aber niedrigem Bruttoeinkommen, mindern das zu versteuernde Einkommen in voller Höhe. Der steuerlich förderungswürdige Betrag reduziert sich bei Erwerbstätigen mit betrieblicher Alterssicherung innerhalb bestimmter Einkommensgrenzen.[4] Tabelle I.5 faßt die Einkommensgrenzen für die steuerliche Förderung eines IRAs zusammen.

Tab. I.5: Einkommensobergrenzen für die steuerliche Förderung eines IRAs bei zusätzlicher betrieblicher Alterssicherung 1998[5]

Förderungsumfang / Familienstand	Reduzierung des förderungswürdigen Betrags	Keine steuerliche Förderung
Alleinstehend	30.000 \$ ≤ AGI ≤ 40.000 \$[6]	AGI > 40.000 \$
Verheiratet - Veranlagung zusammen	50.000 \$ ≤ AGI ≤ 60.000 \$[7]	AGI > 60.000 \$
Verheiratet - getrennte Veranlagung	AGI ≤ 10.000 \$	AGI > 10.000 \$

Hat bei zusammen veranlagten Ehepaaren nur ein Partner eine betriebliche Alterssiche-

---

1 Eine Aufzählung der förderungsschädlichen Alterssicherungsprogramme findet sich in Department of the Treasury, Internal Revenue Service (1998c), Kapitel 3.

2 Als Maßstab gilt das adjusted gross income. Über das steuerpflichtige Arbeitsentgelt hinaus umfaßt es z.B. ausländisches Einkommen.

3 Als IRAs 1974 eingeführt wurden, war ihre steuerliche Förderung zunächst von der Höhe des Einkommens des Kontoinhabers unabhängig. Voraussetzung war jedoch, daß ein Arbeitnehmer keine betriebliche Alterssicherung besaß. Dieses Kriterium wurde 1981 aufgehoben, so daß alle Arbeitnehmer ein IRA eröffnen konnten. Erst die Steuerreform 1986 schränkte die steuerliche Förderung der Personen mit höherem Einkommen ein und berücksichtigte erneut die betriebliche Alterssicherung. J. McCarthy und H. N. Pham (1995); J. M. Poterba und D. A. Wise (1996), S. 6f.

4 Zur Ermittlung des förderungswürdigen Betrags siehe Department of the Treasury, Internal Revenue Service (1998c), Kapitel 3.

5 Zu den Betragsgrenzen siehe Department of the Treasury, Internal Revenue Service (1998a), Kapitel 18.

6 Bis zum Jahr 2005 wird die Einkommensspanne um 20.000 US\$ auf 50.000 bis 60.000 US\$ angehoben. P. Yakoboski und B. Pierron (1997), S. 2.

7 Bis zum Jahr 2007 wird die Einkommensspanne auf 80.000 bis 100.000 US\$ angehoben. Ebda.

rung, sind für den anderen bis zu 2.000 US$ p.a. steuerlich förderungswürdig, sofern das gemeinsame Bruttoeinkommen geringer als 150.000 US$ ist. Ab einem gemeinsamen Bruttoeinkommen von 160.000 US$ entfällt eine steuerliche Förderung, in dem Einkommensbereich zwischen 150.000 und 160.000 US$ erfolgt sie anteilig.[1]

Beispiel:

* AGI eines zusammen veranlagten Ehepaars in 1998: 100.000 US$
* Nur Ehepartner A genießt eine betriebliche Alterssicherung.

Ehepartner / Höchstbeträge	A	B
zulässige Einzahlung	2.000 US$	2.000 US$
förderungswürdige Einzahlung	0 US$	2.000 US$

Die steuerliche Förderung der IRAs besteht darin, daß Einzahlungen in ein IRA bis zu den förderungswürdigen Höchstbeträgen das steuerpflichtige Einkommen (gross income) des Kontoinhabers mindern, d.h. aus unversteuertem Einkommen geleistet werden dürfen. Sämtliche Erträge aus IRAs werden zunächst steuerfrei thesauriert, unabhängig davon, ob die Einzahlung aus versteuertem oder unversteuertem Einkommen erfolgte.[2]

Auszahlungen aus IRAs sind steuerpflichtig. Sie erhöhen das normale steuerpflichtige Einkommen (ordinary income) des Kontoinhabers, sofern die Einzahlungen steuerfrei waren.[3] Auszahlungen aus versteuerten Einzahlungen hingegen sind nicht noch einmal zu versteuern.[4] Sämtliche Erträge werden als unversteuerte Einzahlung gewertet und werden damit im Zeitpunkt der Auszahlung steuerpflichtig.[5]

---

1 Department of the Treasury, Internal Revenue Service (1998c).

2 Dies. (1998a), Kapitel 18.

3 Zahlungen aus IRAs unterliegen damit dem normalen Steuertarif und sind nicht begünstigt, wie z.B. langfristige Kursgewinne und Kapitalleistungen aus betrieblichen Alterssicherungsprogrammen.

4 Diese Regelungen erfordern eine exakte Buchführung über die Art der Einzahlungen. In welcher Höhe eine Auszahlung steuerpflichtig wird, bestimmt sich nach dem Anteil der unversteuerten Einzahlungen und Erträge am Marktwert des IRAs.

5 Department of the Treasury, Internal Revenue Service (1998a), Kapitel 18.

Ein- und Auszahlungen sind an bestimmte Altersgrenzen gebunden. Einzahlungen dürfen höchstens bis zum Alter von 70½ Jahren erfolgen. Auszahlungen dürfen ab 59½ Jahren,[1] müssen jedoch spätestens ab 70½ Jahren beginnen. Beginnt der Kontoinhaber mit 70½ Jahren noch nicht, über einen Teil des Guthabens zu verfügen, hat er eine Steuer in Höhe von 50 % auf den Betrag zu zahlen, den er auf dem Konto beläßt, obwohl er ihn sich hätte auszahlen lassen müssen.[2]

Grundsätzlich unterliegt das Vermögen aus den IRAs keinen Anlagebeschränkungen. Der Kontoinhaber kann über die Anlage frei entscheiden. Es liegt an ihm, die Leistungen eines Dritten, z.B. einer Fondsgesellschaft, in Anspruch zu nehmen oder direkt in Aktien oder Renten zu investieren. Trotzdem sind ihm einige Transaktionen untersagt, z.B. die Verwendung des Vermögens als Kreditsicherheit.[3] Damit bildet das IRA die Form der privaten Alterssicherung, die dem Anleger die größte Entscheidungsfreiheit hinsichtlich der Vermögensanlage bietet.[4]

IRAs geben dem Anleger auch den größten Entscheidungsspielraum hinsichtlich des Instituts, das die Konten führen soll. Empirische Untersuchungen ergaben, daß 1994 knapp ein Drittel des Vermögens über Fondsgesellschaften investiert war, 1989 hingegen erst knapp ein Viertel. Gut die Hälfte davon (54 %) entfiel 1994 auf Aktienfonds, während sich der Anteil 1989 erst auf 47 % belief. Geschäftsbanken (commercial banks) verwalteten 1989 noch 21,8 % des Vermögens, 1994 hingegen nur noch 14,5 %. Noch dramatischer stellt sich der Rückgang bei Kreditinstituten mit Spareinlagengeschäft (thrifts) dar (1989: 21,5 % und 1994: 8 %). Lebensversicherungsunternehmen hielten in beiden Betrachtungszeitpunkten um die 8 %.

---

1 Auszahlungen vor diesem Termin sind grundsätzlich steuerschädlich. Sie erhöhen das steuerpflichtige Einkommen. Zusätzlich fällt eine Strafsteuer in Höhe von 15 % an. Der Gesetzgeber hat jedoch zahlreiche Ausnahmen formuliert und in jüngster Zeit ausgeweitet, die keine Steuerpflicht auslösen: Einzahlungen aus versteuertem Einkommen und besondere Ereignisse, wie z.B. Erwerbsunfähigkeit, Erwerb eines Eigenheims und Ausgaben für die Ausbildung der Kinder oder Enkel.

2 Department of the Treasury, Internal Revenue Service (1998), Kapitel 5. Hier finden sich auch Hinweise darauf, wie der Betrag zu ermitteln ist, der von einem IRA jährlich abgehoben werden muß. Wesentliche Kriterien sind der Marktwert des IRA und die Lebenserwartung des Kontoinhabers oder ggf. eines alternativ Begünstigten.

3 Verstößt der Kontoinhaber gegen diese Beschränkungen, ist der Marktwert seines IRAs seinem steuerpflichtigen Einkommen in dem betreffenden Jahr in voller Höhe zuzurechnen. Diese hohe Strafe dürfte hinreichend abschreckenden Charakter haben.

4 J. M. Poterba und D. A. Wise (1996), S. 8.

Bemerkenswert ist der Anstieg des Vermögens, das der Anleger selbst verwaltet, von 18,1 % in 1989 auf 34,6 % in 1994.[1]

Der Wettbewerb unter den Instituten ist nicht auf den Zeitpunkt des Vertragsabschlusses beschränkt. Der Kontoinhaber darf jederzeit seine Anlagen aus einem IRA von einem Trustee auf einen anderen Trustee übertragen, ohne dadurch eine Steuerpflicht auszulösen. Darüber hinaus besteht die Möglichkeit, einmal jährlich steuerfrei Anlagen aus einem IRA oder einem sonstigen Pensionsfonds auf ein anderes IRA zu übertragen (rollover).[2] Der Übertragungsvorgang muß jedoch innerhalb von 60 Tagen abgeschlossen sein. Überträge werden nicht auf die zulässigen Einzahlungshöchstbeträge angerechnet. Läßt sich beispielsweise ein Arbeitnehmer sein Guthaben aus der betrieblichen Alterssicherung auszahlen, wenn er seinen Arbeitgeber wechselt, kann er den Betrag in unbegrenzter Höhe in ein IRA einzahlen und damit die Erträge weiterhin steuerfrei thesaurieren.

Zusätzlich zu den klassischen IRAs hat der Gesetzgeber ab 1998 ROTH IRAs geschaffen.[3] Einzahlungen auf ROTH IRAs dürfen nur aus bereits versteuertem Einkommen erfolgen. Erträge aus dem angesammelten Vermögen werden steuerfrei thesauriert, und Auszahlungen sind ebenfalls steuerfrei.[4] Voraussetzung für steuerfreie Auszahlungen ist jedoch, daß ein ROTH IRA mindestens fünf Jahre geführt wurde und der Kontoinhaber älter als 59½ Jahre ist. Das Vermögen kann steuerfrei bis zum Tod des Kontoinhabers auf einem ROTH IRA verbleiben.

Einzahlungen auf ein ROTH IRA sind wie bei einem klassischen IRA auf 2.000 oder 4.000 US$ im Jahr pro Steuerpflichtigen bzw. pro Ehepaar begrenzt, wobei die Betragsgrenze für die Summe der Einzahlungen auf klassische IRAs und ROTH IRAs gilt. Ein Steuerpflichtiger darf somit mehrere IRAs und mehrere ROTH IRAs unterhalten. ROTH IRAs darf jeder Steuerpflichtige unabhängig davon nutzen, ob ihm eine betriebliche Alterssicherung zusteht, sofern sein Bruttoeinkommen (AGI) als Alleinstehender unter 95.000 US$ oder bei zusammen Veranlagten unter 150.000 US$

1 J. M. Poterba und D. A. Wise (1996), Tab. 4.

2 Die Jahresfrist bezieht sich auf jedes einzelne IRA.

3 Zu ROTH IRAs siehe P. Yakoboski und B. Pierron (1997), S. 2f; TIAA-CREF (1998c), S. 14f.

4 Damit entfällt auch die Verpflichtung, spätestens mit 70½ Jahren über einen Teil des Guthabens verfügen zu müssen.

liegt. Steuerpflichtigen mit einem Bruttoeinkommen über 110.000 US$ bzw. 160.000 US$ sind ROTH IRAs nicht zugänglich, bei Einkommen innerhalb der genannten Betragsgrenzen dürfen Einzahlungen nur anteilig erfolgen. Die Einkommensgrenzen sind somit höher als beim klassischen IRA, so daß die Zahl der potentiellen Kontoinhaber größer ist.[1] Ansonsten dürfte ein ROTH IRA für einen Steuerpflichtigen nur dann interessanter sein als ein klassisches IRA, wenn er erwartet, im Zeitpunkt der Auszahlung einem höheren Steuersatz zu unterliegen als im Zeitpunkt der Einzahlung.

Der Inhaber eines klassischen IRAs darf sein Vermögen auf ein ROTH IRA übertragen, wenn das Familieneinkommen unter 100.000 US$ liegt. Erträge und Einzahlungen aus unversteuertem Einkommen werden damit sofort steuerpflichtig, unterliegen aber keiner Strafsteuer. Die anfallende Steuerschuld darf auf vier Jahre verteilt werden, wenn der Übertrag noch 1998 erfolgt.

b) Simplified Employee Pensions und Savings Incentive Match Plans for Employees of Small Employers

Im Gegensatz zu den IRArs ist bei SEPs und SIMPLEs stets ein Arbeitgeber involviert. Sie bieten gegenüber normalen IRArs dafür den Vorteil, daß die steuerlich absetzbaren Beträge höher sind.

Simplified employee pensions (SEPs)[2] sind ein Alterssicherungsprogramm für Arbeitnehmer und Selbständige und zeichnen sich gegenüber den anderen Arten der betrieblichen Alterssicherung durch niedrigere rechtliche Anforderungen aus. Die Einzahlungen erfolgen auf individuelle Konten (SEP-IRA) oder in Rentenversicherungen (SEP-IRAn). Mit der Errichtung eines SEPs schafft ein Arbeitgeber zwar den rechtlichen Rahmen für eine betriebliche Alterssicherung, ist aber trotzdem zu Einzahlungen nicht verpflichtet. Er kann einen SEP auch jederzeit beenden. Richtet ein Arbeitgeber jedoch einen SEP ein, darf er einzelne Arbeitnehmer nicht diskriminieren.

---

1 Das EBRI hat ermittelt, daß 99 % aller Alleinstehenden und 97 % aller zusammen Veranlagten in die steuerliche Förderung eines ROTH IRAs einbezogen sind. Bei den klassischen IRAs beläuft sich ihr Anteil auf nur 96 % bzw. 91 %. P. Yakoboski und B. Pierron (1997), S. 2.

2 Einen Überblick über SEPs bieten Department of Labor (1997c); Department of the Treasury, Internal Revenue Service (1998b), S. 3 - 8; Department of the Treasury, Internal Revenue Service (1998c), Kapitel 7.

Ein Arbeitnehmer ist grundsätzlich teilnahmeberechtigt, wenn er mindestens 21 Jahre alt ist, innerhalb der letzten 5 Jahre mindestens 3 Jahre für den Arbeitgeber gearbeitet hat und ein Entgelt von mindestens 400 US$ von diesem Arbeitgeber in einem Jahr bezogen hat.

Einzahlungen auf SEP-IRAs nimmt der Arbeitgeber vor. Sie sind auf 15 % des Arbeitsentgelts eines Arbeitnehmers, jedoch maximal auf 30.000 US$[1] begrenzt. Bietet ein Arbeitgeber weitere Altersvorsorgeprogramme an, unterliegen die Einzahlungen insgesamt einer Betragsobergrenze von 25 % des Arbeitsentgelts eines Arbeitnehmers, maximal 30.000 US$. Einzahlungen des Arbeitgebers auf ein SEP-IRA zählen nicht zu dem steuerpflichtigen Einkommen des Arbeitnehmers und reduzieren das steuerpflichtige Einkommen des Arbeitgebers. Für Auszahlungen gelten die gleichen rechtlichen Rahmenbedingungen wie für IRAs.

Eine weitere Alternative für kleine Arbeitgeber[2] und Selbständige, eine betriebliche Alterssicherung anzubieten, besteht in savings incentive match plans for employees of small employers (SIMPLEs)[3]. Sie können auf Basis von IRArs als individuelles Konto (IRA) und als Rentenversicherung (IRAn) oder im Rahmen eines 401(k)-Plans eingerichtet werden. Arbeitgeber, die bereits eine betriebliche Alterssicherung anbieten, dürfen zusätzlich keine SIMPLEs errichten.

Ein Arbeitnehmer kann seinen Arbeitgeber auffordern, einen Teil seines Arbeitsentgelts in ein SIMPLE-IRAr einzuzahlen (qualified salary reduction arrangement), wenn er in den vergangenen zwei Jahren jeweils mindestens 5.000 US$ als Entgelt bezogen hat und das auch für das kommende Kalenderjahr erwartet. Er darf diese Vereinbarung jederzeit wieder aufheben. 6.000 US$[4] ist der Höchstbetrag, den ein Arbeitnehmer von seiner Vergütung in einen SIMPLE-IRAr übertragen darf. Zusätzlich zu den Arbeitnehmerbeiträgen hat der Arbeitgeber in gleicher Höhe

---

1 Sec. 402 (h) IRC. Dieser Höchstbetrag gilt in 1997. Jährlich erfolgt eine Anpassung nach Maßgabe des Preisindex für die Lebenshaltung.

2 Ein kleiner Arbeitgeber ist hier definiert als Arbeitgeber mit höchstens 100 Arbeitnehmern.

3 SIMPLEs wurden 1997 eingeführt und lösten damit salary reduction arrangements (aufgeschobene Vergütung) in Zusammenhang mit SEPs ab. Einen Überblick über SIMPLEs bietet Department of Labor (1998a); Department of the Treasury, Internal Revenue Service (1998b), S. 8f.; Department of the Treasury, Internal Revenue Service (1998c), Kapitel 8.

4 Der Betrag steigt jährlich nach Maßgabe des Preisindex für die Lebenshaltung, allerdings nur wenn durch die Indexierung die nächste 500 US$-Grenze überschritten wird.

Einzahlungen auf die IRArs der Arbeitnehmer vorzunehmen (matching contributions). Alternativ kann er bestimmte Beträge auf die IRArs einzahlen (nonelective contributions), unabhängig davon, ob der Arbeitnehmer selbst einen Teil seiner Vergütung beisteuert. Die matching contributions des Arbeitgebers sind auf 3 % des Arbeitsentgelts des Arbeitnehmers begrenzt,[1] nonelective contributions sogar auf 2 % des Arbeitsentgelts.[2]

Die Einzahlungen mindern das steuerpflichtige Einkommen des Arbeitgebers, lösen beim Arbeitnehmer ebenso wie die Erträge aber erst bei Auszahlung eine Steuerpflicht aus.[3] Auszahlungen aus SIMPLE-IRArs unterliegen den gleichen steuerrechtlichen Rahmenbedingungen wie andere IRArs. Der Arbeitgeber hat keinen Einfluß auf die Verfügungen.

Welches Institut die SIMPLE-IRArs führen soll, entscheidet grundsätzlich der Arbeitgeber. Der Arbeitnehmer ist dann aber berechtigt, das Konto auf ein anderes Institut kostenfrei zu übertragen. Der Arbeitgeber kann es alternativ von vornherein jedem Arbeitnehmer überlassen, ein Institut auszuwählen.

Die Einzahlungen des Arbeitnehmers, aber auch die des Arbeitgebers sind sofort unverfallbar. Über die Anlage der Einzahlungen entscheidet in jedem Fall der Arbeitnehmer.

Alternativ zu der IRAr-Lösung kann ein Arbeitgeber einen SIMPLE-Plan auch in Form eines 401(k)-Plans errichten. Vorteil gegenüber einem normalen 401(k)-Plan ist, daß der Arbeitgeber bei der Auswahl der begünstigten Arbeitnehmer und bei der Bestimmung der Leistungshöhe die Nichtdiskriminierungsrichtlinien außer acht lassen darf.[4]

---

1 Der Arbeitgeber darf seine Beiträge für zwei Jahre innerhalb eines Fünfjahreszeitraums auf ein Prozent des Arbeitsentgelts reduzieren.

2 Für nonelective contributions beträgt die Beitragsbemessungsgrenze 1997 160.000 US$.

3 Einzahlungen in einen SIMPLE-IRAr sind jedoch - im Gegensatz zu Einzahlungen in steuerbegünstigte betriebliche Alterssicherungsprogramme und andere IRArs - sozialversicherungspflichtig.

4 Zum Kreis der zu begünstigenden Arbeitnehmer siehe Sec. 401 (a) (26) (A) und 410 (b) IRC, zur Homogenität der Leistungshöhe Sec. 416 IRC.

Die Bestandsaufnahme des amerikanischen Alterssicherungssystems hat zahlreiche Unterschiede zu dem deutschen Alterssicherungssystem aufgezeigt. Es liegt nahe, zunächst das britische Alterssicherungssystem zu betrachten und erst in der Zusammenfassung die wesentlichen Unterschiede aller drei Alterssicherungssysteme herauszustellen.

D. Alterssicherung in Großbritannien

Die staatliche Alterssicherung nimmt in Großbritannien einen niedrigen Stellenwert ein. Eine staatliche Grundrente bildet die Einkommensbasis der Rentner.[1] Seit 1978 bestreitet der Staat darüber hinaus ein für Arbeitnehmer zunächst obligatorisches einkommensabhängiges Zusatzversorgungssystem (State Earnings Related Pension Scheme, SERPS).[2] Alternativ können sich die Arbeitnehmer für eine private Form der Alterssicherung entscheiden, was der Staat durch steuerliche Anreize unterstützt.[3] Nachdem anfangs nur eine betriebliche Alterssicherung zum Ausstieg aus SERPS berechtigte, dehnte die Regierung 1986 die Befreiungsmöglichkeit auf individuelle Rentenvereinbarungen (personal pensions) aus.[4] Freiwillige betriebliche und individuelle Alterssicherung ergänzen die obligatorischen Komponenten der Alterssicherung.[5] Daneben beziehen auch die Briten im Alter Einkommen aus ihrem Vermögen und aus Erwerbstätigkeit. Abbildung I.3 zeigt die Möglichkeiten der Alterssicherung für Arbeitnehmer in Großbritannien. Die einzelnen Komponenten werden in den nachfolgenden Abschnitten erläutert.

Abb. I.3: Komponenten der Alterssicherung für Arbeitnehmer in Großbritannien

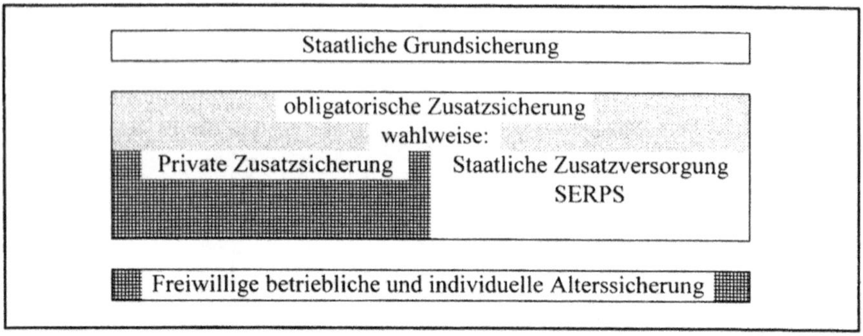

1 Zur Entwicklung der staatlichen Alterssicherung in Großbritannien nach dem zweiten Weltkrieg siehe A. Bokeloh (1988), S. 1; Department of Social Security (1997a).

2 Von 1961 bis 1975 existierte als Zusatzversorgung das State Graduated Retirement Pension Scheme. Die Renten waren jedoch sehr gering. Die Versicherten konnten sich auch von dieser Zusatzversorgung befreien lassen. D. Blake (1995), S. 81f.

3 A. Budd und N. Campbell (1997), S. 1.

4 T. Tollerton u.a. (1996), S. 6. Die Regelung trat 1988 in Kraft.

5 Zur historischen Entwicklung der privaten Alterssicherung in Großbritannien siehe G. L. Clark (1998), S. 3 - 12.

Das durchschnittliche verfügbare Einkommen eines Ein-Personen-Rentnerhaushalts betrug 1995 121 £ pro Woche.[1] Der Anteil der staatlichen Alters- und Transferzahlungen am Einkommen der Rentnerhaushalte belief sich im Durchschnitt auf gut 50 %. Betriebsrenten stellten für die britischen Rentner mit einem Anteil am Gesamteinkommen von knapp 30 % die nächst bedeutende Einkommensquelle dar. Einkommen aus Vermögen machten ungefähr 17 % des Gesamteinkommens aus.[2]

Je nach Höhe des Einkommens eines Rentners unterscheidet sich die Gewichtung der Einkommensquellen auch in Großbritannien wesentlich. Die Rentner im untersten Einkommenssegment[3] bezogen 1995 ein durchschnittliches Bruttoeinkommen pro Woche in Höhe von knapp 70 £. Davon entfielen gut 80 % auf staatliche Rentenleistungen, 8 % auf staatliche Transferleistungen, 5 % auf Einkommen aus Vermögen und 4 % auf betriebliche Altersleistungen. Einkommen aus Erwerbstätigkeit und sonstige Einkommen waren unbedeutend.[4] Die Zusammensetzung der Einkommen der Rentner des obersten Einkommenssegments[5] stellte sich völlig anders dar. Sie erhielten im Durchschnitt ein Bruttoeinkommen pro Woche in Höhe von gut 600 £. Wichtigste Einkommensquellen für diese Rentner waren betriebliche Altersleistungen und Einkommen aus Vermögen mit je gut 30 %. Einkommen aus Erwerbstätigkeit machten knapp 20 % aus. Staatliche Alterssicherungsleistungen hatten nur einen Anteil von 16 %.[6]

Im Vergleich zu Deutschland haben die staatlichen Altersleistungen in Großbritannien einen niedrigeren Stellenwert. Das Gewicht der Grundrente ist über die letzten Jahre kontinuierlich gesunken.[7]Zudem existieren Reformbestrebungen, auch die staatliche

1 Office for National Statistics (1998), S. 93

2 O. Verf. (1997g). Da eine Abgrenzung der Einkommensquellen extrem schwierig ist, insbesondere im internationalen Vergleich, können die ausgewählten Zahlen nur eine Tendenz widerspiegeln.

Die Europäische Union veröffentlichte Schätzwerte, nach denen sich 1988 das Einkommen der Rentenempfänger in Großbritannien zu 51 % aus staatlicher Rente, 23 % Zusatzrenten, 8 % Erwerbstätigkeit, 17 % Anlagevermögen und 1 % Sonstigem zusammensetzte. G. Tamburi u.a. (1994), S. 29.

3 10 % aller Rentner.

4 Department of Social Security (1997b), S. 3.

5 Ebenfalls 10 % aller Rentner.

6 Department of Social Security (1997b), S. 3.

7 Department of Social Security (1997b), S. 10. Während die Grundrente 1981 noch rund 33 % des durchschnittlichen Einkommens eines Arbeiters betrug, macht sie 1998 nur ca. 15 % aus.

Grundrente zu privatisieren[1] und die private Alterssicherung auszubauen.[2] Da das staatliche Zusatzrentensystem erst 1978 eingeführt wurde und als Bemessungsgrundlage das Durchschnittseinkommen aus zwanzig Berufsjahren zugrunde legt, ist allerdings damit zu rechnen, daß die Bedeutung der staatlichen Zusatzversorgung künftig zunimmt. Andererseits wächst die Zahl der Arbeitnehmer, die aus der staatlichen Zusatzversorgung aussteigen und eine betriebliche oder individuelle Form der Zusatzsicherung betreiben.[3] Der Nettoeffekt bleibt abzuwarten.

I. Staatliche Alterssicherung

Alters-, Invaliditäts- und Hinterbliebenenleistungen erbringt in Großbritannien die staatliche Sozialversicherung (Social Security).[4] Es existiert jedoch keine eigenständige Institution wie in Deutschland und den USA, die allein für diese Sozialleistungen verantwortlich ist.[5] Die Sozialversicherung insgesamt unterliegt dem Department of Social Security. Wichtigste gesetzliche Grundlage für den Bereich Alterssicherung ist der Social Security Pensions Act von 1975, der 1978 in Kraft trat.[6] Im Zuge dieses Gesetzes wurde das derzeitige duale staatliche Alterssicherungssystem eingeführt. Es bietet sich an, nachfolgend zunächst die staatliche Grundsicherung (basic state pension scheme) und dann die staatliche Zusatzversorgung SERPS darzustellen.

B. Schulte (1991), S. 372; A. Budd und N. Campbell (1997), S. 2. Siehe dazu auch Fußnote 7 auf Seite 95.

1 O. Verf. (1997b); o. Verf. (1997c). Mit Wechsel der Regierung dürften diese Reformüberlegungen jedoch zunächst zurückgestellt werden.

2 Einen Vorschlag hat die neue Regierung bereits in ihrem Wohlfahrtsprogramm unterbreitet. Im Vordergrund steht die Förderung individueller Alterssicherungskonten, wobei der Anleger zwischen verschiedenen Formen der Anlage, wie z.B. Lebensversicherung, Renten,- und Aktienanlage wählen darf. Secretary of State for Social Security and the Minister for Welfare Reform (1998), S. 39f; o. Verf. (1998e).

3 P. Thelen (1997), S. 9.

4 Neben diesen Leistungen ist die Sozialversicherung u.a. verantwortlich für Leistungen bei Arbeitslosigkeit, Familienzulagen und Sterbegeld.

5 B. Casmir (1989), S. 259.

6 T. Tollerton u.a. (1996), S. 5f.

1. Staatliche Grundsicherung

Sozialversicherungspflichtig sind grundsätzlich alle Einwohner Großbritanniens, sobald sie das 16. Lebensjahr vollendet haben.[1] Arbeitnehmer mit einem Einkommen unter 64 £ pro Woche und Selbständige mit einem Jahreseinkommen unter 3.590 £ sind in 1998 von der Versicherungspflicht entbunden.

Die Sozialversicherung basiert weitgehend auf dem Umlageverfahren. Die Beiträge können die Ausgaben jedoch nicht in vollem Umfang decken - mit Ausnahme der Jahre 1989 und 1992. Der Staat bezuschußt die Sozialversicherung mit ca. 20 %.[2] Da die Alterssicherung keine eigenständige Komponente der Sozialversicherung darstellt, wird auch kein Beitrag allein für die Alterssicherung erhoben, sondern ein Gesamtsozialversicherungsbeitrag. Die Beiträge werden differenziert nach den Beitragszahlern verschiedenen Klassen zugeteilt:[3]

Tab. I.6: Beitragsklassen für die Sozialversicherung in Großbritannien

Klasse	Beitragszahler
1	Arbeitnehmer (getrennt nach Arbeitnehmer- und Arbeitgeberanteil)
2	Selbständige
3	Freiwillige Beitragszahler
4	Selbständige, deren Einkommen eine bestimmte Grenze überschreitet

Arbeitnehmer und Arbeitgeber leisten die Beiträge anteilig. Bemessungsgrundlage ist das Gesamteinkommen eines Arbeitnehmers, wobei es eine untere und eine obere Beitragsbemessungsgrenze gibt.[4] Die Beiträge zur staatlichen Grundsicherung werden grundsätzlich mit den Beiträgen zur obligatorischen Zusatzsicherung gemeinsam

1 Ausgenommen sind beispielsweise Studenten und Sozialleistungsempfänger. B. Casmir (1989), S. 262.

2 T. Tollerton u.a. (1996), S. 57.

3 Contributions Agency (1997). Eine weitere Klasse existiert für Sozialversicherungsbeiträge auf den geldwerten Vorteil eines Firmenwagens. Nachfolgend bleibt diese Klasse außer acht.

4 Die Beitragsbemessungsgrenzen richten sich nach der Höhe der Grundrente, die ein Rentner maximal beziehen kann. 1998 beträgt sie 64,70 £ pro Woche, die untere Beitragsbemessungsgrenze 64 £ pro Woche (3.328 £ pro Jahr). Die obere Beitragsbemessungsgrenze soll das 6,5- bis 7,5fache der Grundrente betragen. 1998 ist die Grenze mit 485 £ pro Woche (25.220 £ pro Jahr) nach oben voll ausgeschöpft. Social Security Contributions and Benefits Act 1992; o. Verf. (1998a), S. 24.

erhoben. Dabei gelten unterschiedliche Beitragssätze je nachdem, ob ein Arbeitnehmer über SERPS oder eine private Form (appropriate personal pensions (APP), contracted out salary related schemes (COSRS) oder contracted out money purchase schemes (COMPS)) zusätzlich abgesichert ist.[1] Tabelle I.7 gibt einen Überblick über die Beitragssätze für Arbeitnehmer in 1998.

Tab. I.7: Beitragssätze zur Sozialversicherung von Arbeitnehmern in Großbritannien 1998[1]

Einkommen pro Woche in £	mit staatl. Zusatzsicherung	befreit von staatl. Zusatzsicherung			mit staatl. Zusatzsicherung oder mit APP	befreit von staatl. Zusatzsicherung
	Arbeitgeberanteil				Arbeitnehmeranteil	
		APP	COSRS	COMPS		
unter 64,00	0	0	0	0	0	0
64,00 - 109,99	3 %	3 %	0[2]	1,5 %[2]	2 % * 64£ + (Eink. - 64£)* 10 %	2 % * 64£ + (Eink. - 64£)* 8,4 %
110,00 - 154,99	5 %	5 %	2 %[2]	3,5 %[2]		
155,00 - 209,99	7 %	7 %	4 %[2]	5,5 %[2]		
210,00 - 485,00	10 %	10 %	7 %[2]	8,5 %[2]		
über 485,00	10 %	10 %	10 %[3]	10 %[3]	42,12£[4]	36,64£[5]

1 Department of Social Security, Facts and Figures, o.O. 1998.

2 Der Beitragssatz gilt für Einkommen über 64£; auf die ersten 64£ wird der Beitragssatz angewendet, dem ein Arbeitnehmer mit staatlicher Zusatzsicherung in seiner Einkommensklasse unterläge, d.h. 3, 5, 7 oder 10 %.

3 Der Beitragssatz gilt für die ersten 64£ und für Einkommen über 485£; für Einkommen zwischen 64£ und 485£ gelten bei COSRSs 7,0 % und bei COMPSs 8,5 %. Der Beitrag beträgt somit 35,87£ + 10,0 % * (Eink. - 485£) bzw. 42,19£ + 10,0 % * (Eink. - 485£).

4 2 % * 64£ + 10 % * (485£ - 64£) = 42,12£

5 2 % * 64£ + 8,4 % * (485£ - 64£) = 36,64£

Einkommen oberhalb der oberen Beitragsbemessungsgrenze unterliegen für Arbeitnehmer nicht mehr der Sozialversicherungspflicht, wohl aber für den Arbeitgeber. Für Arbeitnehmer, die das gesetzliche Rentenalter erreicht haben, entrichten nur die Arbeitgeber ihren anteiligen Sozialversicherungsbeitrag.[2] Selbständige müssen einen Grundbetrag von 6,35 £ pro Woche zahlen und einen zusätzlichen variablen

1 SERPS und die privaten Formen der Zusatzsicherung werden auf den nachfolgenden Seiten noch detailliert dargestellt.

2 B. Schulte (1991), S. 370.

Anteil in Höhe von 6 % auf Einkommen zwischen 7.310 £ und 25.220 £ pro Jahr.[1] Der Beitrag für freiwillig Versicherte beträgt 6,25 £ pro Woche.[2] Sozialversicherungsbeiträge sind aus versteuertem Einkommen zu leisten.[3]

Die Leistungen der Sozialversicherung lassen sich grob in zwei Kategorien aufteilen: beitragsabhängige und beitragsunabhängige Leistungen. Während die Höhe der Leistungen der ersten Kategorie von der Summe der geleisteten Beiträge abhängt, bestimmen sich die Leistungen der zweiten Kategorie nach der Bedürftigkeit. Die Grundrente zählt weitgehend zu den beitragsabhängigen Leistungen. Dabei ist die Höhe der einzelnen Beiträge irrelevant. Entscheidend ist der Zeitraum, über den sie entrichtet wurden. Man unterscheidet aber auch bei der Grundrente verschiedene Typen, von denen die wichtigsten die Grundrenten des Typs A und des Typs B sind.[4]

Eine Grundrente des Typs A erhält ein Erwerbstätiger, der die normalen Beiträge zur Sozialversicherung gezahlt hat.[5] Die volle Grundrente beträgt 1998 64,70 £ pro Woche.[6] Das entspricht ca. 15 % des durchschnittlichen Gehalts eines Arbeiters.[7] Um die volle Grundrente zu erhalten, muß ein Erwerbstätiger über mindestens 90 % seines Arbeitslebens[8] die Anrechnung von Sozialversicherungsbeiträgen[9] nachweisen

---

1 Sofern ein Selbständiger nur Beiträge der Klasse 2 entrichtet, muß er 1998 einmalig zusätzlich 10,40 £ zahlen. Contributions Agency (1998), S. 2.

2 Department of Social Security (1998b).

3 B. Schulte (1987), S. 109.

4 T. Tollerton u.a. (1996), S. 59 - 63.

5 Dazu zählen Beiträge der Klassen 1, 2 und 3.

6 Social Security Benefits Up-rating Order 1998, Part II, No. 4 III b).

7 A. Budd und N. Campbell (1997), S. 2. Da die Grundrente nach Maßgabe des Preisindex für die Lebenshaltung steigt und die Preissteigerungsrate in den vergangenen Jahren niedriger als die Lohnsteigerungsrate war, nimmt das relative Gewicht der Grundrente kontinuierlich ab. Sec. 52 SSCBA 1992; J. A. Turner und N. Watanabe (1995), S. 35.

8 Das Arbeitsleben ist definiert als der Zeitraum von Vollendung des 16. Lebensjahres bis zu dem Jahr, bevor ein Erwerbstätiger in den Ruhestand tritt oder stirbt. D. Blake (1995), S. 52.

9 Dazu zählen die Zeiten, in denen ein Erwerbstätiger Beiträge gezahlt hat, aber auch Ausfallzeiten, wie z.B. während des Studiums und bei Arbeitslosigkeit. Dauert ein Arbeitsleben zwischen 0 und 10 Jahren, muß ein Erwerbstätiger angerechnete Sozialversicherungszeiten für die Dauer seines Arbeitslebens abzüglich einem Jahr nachweisen, bei 11- bis 20jährigem Arbeitsleben abzüglich zwei Jahren usw. Ausgehend von einer Regelaltersgrenze von 65 Jahren für Männer (60 Jahre für Frauen), umfaßt das Arbeitsleben 49 (44) Jahre, so daß für 44 (39) Jahre Sozialversicherungsanrechnungszeiten nachzuweisen sind. Da die Ausfallzeiten angerechnet werden, erhält nahezu jeder männliche Rentner die volle Grundrente, jedoch weniger als 60 % der Rentnerinnen. R. Blundell und P. Johnson (1997), S. 18f.

können.[1] Wenn die Zahl angerechneter Sozialversicherungsjahre darunter liegt, aber mindestens 25 % der geforderten Anrechnungszeiten erbracht sind, erhält ein Rentner die Grundrente anteilig.[2]

Eine Grundrente des Typs B erhalten Ehepartner, die selbst nicht hinreichend Sozialversicherungsbeiträge entrichtet haben, um eine Rente des Typs A zu beziehen, beispielsweise Hausfrauen. Sowohl der Ehemann als auch die Ehefrau müssen die gesetzliche Altersgrenze erreicht haben, damit die Ehefrau diese Rente beziehen kann. Sie beträgt ca. 60 % der Grundrente des Ehemanns, 1998 maximal 38,70 £ pro Woche.[3]

Das gesetzliche Renteneintrittsalter beträgt für Männer 65 Jahre und für Frauen derzeit noch 60 Jahre.[4] Ab dem Jahr 2010 wird es auch für Frauen sukzessive bis zum Jahr 2020 auf 65 Jahre angehoben.[5] Es ist grundsätzlich nicht möglich, die Grundrente vor Erreichen dieser Altersgrenzen zu beziehen.[6] Mit Vollendung des Renteneintrittsalters darf jeder Versicherte frei wählen, ab wann er die Grundrente in Anspruch nehmen möchte. Ein Aufschub ist bis zu fünf Jahren zulässig. Für jedes Jahr, das ein Versicherter den Bezug seiner Rente aufschiebt, erhöht sich seine Rente um 7,5 %.[7]

Die Grundrente ist steuerpflichtig.[8] Rentner haben jedoch einen Freibetrag, dessen Höhe von ihrem Alter und dem Familienstand abhängt.[9] Er wird um 1 £ je 2 £ steuerpflichtigen Einkommens gekürzt, das einen bestimmten Betrag (1998 16.200 £) überschreitet, beläuft sich aber mindestens auf den Standardfreibetrag eines allein-

---

1 Ein Jahr wird im sozialversicherungsrechtlichen Sinn als Beitragsjahr anerkannt, wenn der Erwerbstätige Beiträge in Höhe von mindestens dem 52fachen Beitrag auf die untere Beitragsbemessungsgrenze geleistet hat. D. Blake (1995), S. 52.

2 D. Blake (1995), S. 52. Kann ein männlicher Erwerbstätiger nur 40 Anrechnungsjahre nachweisen, erhält er 40/44 der normalen Grundrente.

3 Benefits Agency (1998), S. 15.

4 Sec. 126 Pensions Act 1995.

5 Umgesetzt im Pensions Act 1995. T. Tollerton u.a. (1996), S. 9 und 11.

6 A. Budd und N. Campbell (1997), S. 7.

7 R. Blundell und P. Johnson (1997), S. 19.

8 Sec. 617 (1) TA 1988. Inland revenue (1995), S. 3.

9 1998 beträgt der Freibetrag für alleinstehende Steuerpflichtige unter 65 Jahren 4.195 £, für Rentner zwischen 65 und 74 Jahren 5.410 £ und ab 75 Jahren 5.600 £. Für Ehepaare gelten Aufschläge in Höhe von 1.900 £, 3.305 £ bzw. 3.345 £. A. Seely (1998), S. 6.

stehenden Steuerpflichtigen unter 65 Jahren.[1] Bezieht ein Rentner nur die Grundrente als Alterseinkommen, bleibt diese steuerfrei.

2. Staatliche Zusatzversorgung (SERPS)

SERPS erfaßt zunächst alle Arbeitnehmer, deren Einkommen die untere Beitragsbemessungsgrenze übersteigt. Es basiert wie die Grundsicherung auf dem Umlageverfahren. Aus Tabelle I.7[2] geht bereits der Beitragssatz zu SERPS hervor (contracted-out rebates). Er beläuft sich auf die Differenz der Beitragssätze mit staatlicher Zusatzversorgung und mit privater Zusatzsicherung über contracted out salary related schemes (COSRS). Eine solche Differenz ergibt sich nur zwischen den Beitragsbemessungsgrenzen. Beim Arbeitnehmeranteil beträgt der Beitragssatz 1,6 % auf derzeit bis zu 421 £, beim Arbeitgeberanteil 3 %.

Die Leistungen aus SERPS hängen - anders als die Grundrente - von den gezahlten Beiträgen und damit von der Höhe des Einkommens ab. Die Höhe der Zusatzversorgung wird bis 1999 folgendermaßen ermittelt:[3]

1. Auflistung der Einkommen der Jahre, in denen SERPS-Beiträge anfielen. Maximal ist die obere Beitragsbemessungsgrenze anzusetzen.
2. Subtraktion der für jedes Jahr geltenden Grundrente von dem Einkommen jedes einzelnen Jahres.
3. Hochrechnung des verbleibenden Einkommens jeden Jahres mit der jeweiligen Lohnsteigerungsrate (national average earnings) auf das Jahr des Rentenbeginns.[4]
4. Auswahl der zwanzig höchsten hochgerechneten Jahreseinkommen und deren Addition.
5. 25 % dieser Summe (d.h. 1,25 % pro Jahr) ergibt die jährliche Zusatzrente.

---

1 Rentner im Alter zwischen 65 und 74 Jahren (ab 75 Jahren) erhalten ab einem Einkommen von 18.630 £ (19.010 £) nur den Freibetrag in Höhe von 4.195 £. Inland revenue (1995), S. 5; A. Seely (1998), S. 7.

2 Siehe Seite 94.

3 D. Blake (1995), S. 73f.; T. Tollerton u.a. (1996), S. 69.

4 Bis 1997 wurden zunächst die Jahreseinkommen entsprechend der Lohnsteigerungsrate indexiert und dann die untere Beitragsbemessungsgrenze subtrahiert. Da die Lohnsteigerungsrate in den letzten Jahren über der Preissteigerungsrate lag, folgt aus der Gesetzesänderung eine Minderung der Zusatzversorgung. T. Tollerton u.a. (1996), S. 69.

Die Zusatzversorgung wird jährlich nach Maßgabe des Preisindex für die Lebenshaltung des Vorjahres angepaßt. Sie wird wie die Grundrente als normales Einkommen besteuert. Nach 1999 ändert sich die Berechnung der Zusatzversorgung dahingehend, daß nicht mehr die zwanzig Jahre mit den höchsten adjustierten Jahreseinkommen die Höhe der Zusatzrente bestimmen, sondern der Durchschnitt aller adjustierten Jahreseinkommen (career-revalued earnings).[1] Zudem sinkt der Prozentsatz, der auf den 20fachen Durchschnitt angewendet wird, auf 1 %, so daß die maximale Zusatzversorgung 20 % des 20fachen Durchschnitts statt bisher 25 % der Summe der 20 höchsten adjustierten Einkommen beträgt. Hinterbliebene erhalten statt der vollen nur noch die Hälfte der Zusatzversorgung des Ehepartners.[2] Diese Leistungskürzungen bei der staatlichen Zusatzversorgung könnten viele Arbeitnehmer veranlassen, anstelle von SERPS oder zusätzlich dazu auf privater Basis Alterssicherung zu betreiben.

II. Private Alterssicherung

Ein Arbeitnehmer kann sich auf eigenen oder auf Antrag des Arbeitgebers von SERPS befreien lassen (contracting out).[3] Dabei stehen ihm grundsätzlich drei Alternativen zur Wahl:[4]

- Contracted out salary related schemes (COSRSs) seit 1978
- Contracted out money purchase schemes (COMPSs) seit 1988 mit Garantie einer Mindestrente, seit 1997 auch ohne diese Garantie
- Appropriate personal pensions (APPs) seit 1988

COSRSs und COMPSs fallen in den Bereich der betrieblichen, APPs in den der individuellen Alterssicherung. Im April 1996 waren 7,5 Mio. Arbeitnehmer über SERPS versichert und 13,7 Mio. Arbeitnehmer befreit. Von denen sind 8 Mio. Arbeitnehmer über ein COSRS versichert (4,1 Mio. Arbeitnehmer der Privatwirtschaft und 3,9 Mio. Arbeitnehmer der öffentlichen Hand). COMPSs erfassen nur 0,3 Mio. der Arbeitnehmer, APPs 5,4 Mio.[5]

---

1 Zu den Änderungen und Übergangsregelungen im Detail siehe T. Tollerton u.a. (1996), S. 66f.

2 A. Budd und N. Campbell (1997), S. 9.

3 D. Blake (1995), S. 72.

4 T. Tollerton u.a. (1996), S. 69 und 71.

5 Department of Social Security (1998a).

Um als Alternative zu SERPS anerkannt zu werden, mußte eine Alterssicherungsordnung bis April 1997 den Arbeitnehmern Leistungen garantieren, die denen durch SERPS entsprachen (guaranteed minimum pension). Das galt für alle Formen der privaten Zusatzsicherung, auch für Vorsorgezusagen über COMPS. Seitdem berechtigen allerdings auch "reine" contracted out money purchase schemes zum Ausstieg aus SERPS, so daß der Gesetzgeber die Anforderungen ändern mußte.[1]

COSRSs müssen dem Vergleich mit einer Referenzordnung standhalten. Der Aktuar einer Alterssicherungsordnung muß bestätigen, daß 90 % der Arbeitnehmer mindestens so hohe Leistungen erhalten wie aus einer Referenzordnung (requisite benefits test). Für die Referenzordnung wird unterstellt, daß sie Leistungen ab dem 65. Lebensjahr eines Arbeitnehmers gewährt, die 1/80 von 90 % seines Durchschnittseinkommens[2] pro Verdienstjahr betragen. Die Leistungen an Hinterbliebene müssen sich auf mindestens 50 % der Leistungen an den begünstigten Arbeitnehmer belaufen.[3]

An appropriate personal pensions und contracted out money purchase schemes stellt der Gesetzgeber die Anforderung, daß die Beitragsrabatte infolge des Ausstiegs aus SERPS zuzüglich etwaiger Zuschüsse des Staates in vollem Umfang dem Alterssicherungsvermögen zugeführt werden müssen.[4]

Die Rahmenbedingungen der betrieblichen und der individuellen Alterssicherung gelten für Programme privater Alterssicherung, die als Ersatz für SERPS gelten, gleichermaßen wie für Programme auf freiwilliger Basis. Um als Ersatz für SERPS anerkannt zu werden, müssen allerdings zusätzlich oben aufgeführte Mindestanforderungen erfüllt sein.

---

1 J. Tiley und D. Collison (1997), S. 1453.

2 Das Durchschnittseinkommen wird über die letzten drei Jahre ermittelt, wobei nur das Einkommen innerhalb der Beitragsbemessungsgrenzen zur Sozialversicherung berücksichtigt wird.

3 R. Self (1996), S. 96.

4 J. Tiley und D. Collison (1997), S. 1453.

1. Betriebliche Alterssicherung

Den rechtlichen Rahmen für die betriebliche Alterssicherung bilden die Rechtsprechung zur betrieblichen Alterssicherung (insbesondere Pensions Schemes Act 1993 und Pensions Act 1995, die durch zahlreiche Durchführungsverordnungen ergänzt sind) und das Steuerrecht (insbesondere Tax Act 1988). Ferner ist das Trust Law für die betrieblichen Alterssicherungsordnungen von Bedeutung, die in Form eines Trusts organisiert sind.[1] Das trifft auf den Großteil der Alterssicherungsordnungen in Großbritannien zu,[2] so daß nachfolgend nur diese Form betrachtet wird.

Wie in den USA müssen betriebliche Alterssicherungsordnungen bestimmte Anforderungen erfüllen, um steuerlich förderungswürdig zu sein. Der Gesetzgeber unterscheidet dabei zwischen Ordnungen, die kraft Gesetzes förderungswürdig sind (mandatory approval), und Ordnungen, die kraft Entscheidung der obersten Aufsichtsbehörde für betriebliche Alterssicherung (Occupational Pensions Regulatory Authority, OPRA)[3] als förderungswürdig eingestuft sind (discretionary approval).[4] Darüber hinaus müssen weitere Kriterien erfüllt sein, damit alle Zahlungen in Verbindung mit einem betrieblichen Alterssicherungsvermögen steuerbefreit sind (exempt approval).

Eine Alterssicherungsordnung ist kraft Gesetzes als steuerlich förderungswürdig anerkannt, wenn sie u.a. folgende Anforderungen erfüllt:[5]

- Einziges Ziel der Alterssicherungsordnung ist es, den begünstigten Arbeitnehmern oder ihren Hinterbliebenen Leistungen im Alter zu gewähren.[6]
- Die Alterssicherungsordnung ist vom Arbeitgeber und den Arbeitnehmern anerkannt.[7]

---

1 Neben der Form des trust fund steht die des statutory fund. Trust funds sind jedoch vergleichsweise günstiger zu errichten und flexibler. D. Blake (1995), S. 83f. Zum Konzept des Trusts siehe J. Thurston (1994).

2 D. Blake (1995), S. 83; R. Self (1996), S. 1.

3 OPRA löste 1995 das Occupational Pensions Board als oberste Aufsichtsbehörde für betriebliche Alterssicherung ab.

4 Zu den Bedingungen siehe Sec. 591 TA 1988.

5 R. Stephen (1992), S. 69; D. Blake (1995), S. 87; J. Tiley und D. Collison (1997), S. 1458 - 1465.

6 Sec. 590 (2) (a) und (3) (c) TA 1988.

7 Sec. 590 (2) (b) TA 1988.

- Eine Person, die in Großbritannien ansässig ist, trägt für die Alterssicherungsordnung die Hauptverantwortung (plan administrator).[1]
- Der Arbeitgeber beteiligt sich an der Finanzierung des Alterssicherungsvermögens.[2]
- Alterssicherungsvermögen darf an den Arbeitnehmer nicht ausgezahlt werden, bevor die in der Alterssicherungsordnung vereinbarten Ereignisse eintreten, z.B. das Erreichen der Altersgrenze.[3]
- Ein- und Auszahlungen in das Alterssicherungsvermögen bewegen sich in bestimmten Grenzen.[4]

Anders als in Deutschland richtet sich die betriebliche Alterssicherung vornehmlich auf die Absicherung des Arbeitnehmers und seiner Hinterbliebenen im Alter. Biometrische Risiken, z.B. Invalidität, werden in der Regel getrennt abgesichert.[5] Das Gesetz grenzt sogar explizit Leistungen aus, die aus Ereignissen resultieren, die nicht in Verbindung mit dem Arbeitsverhältnis stehen, beispielsweise Invalidität oder vorzeitiger Tod während einer Urlaubsreise.[6]

a) Alterssicherungszusagen und deren Verbreitung

Es steht jedem Arbeitgeber frei, eine Alterssicherungszusage zu erteilen. Sie basiert stets auf einer Alterssicherungsordnung (pension scheme). In dieser Ordnung sind die Trustees und eine Person zu bestimmen, die die Hauptverantwortung trägt (plan administrator). In der Regel übernimmt einer der Trustees auch die Aufgabe des Hauptverantwortlichen.[7] Aufgabe des oder der Trustees ist es, das Alterssicherungsvermögen eigenverantwortlich zugunsten der Arbeitnehmer zu verwalten.[8] Trustee kann eine Privatperson, ein unabhängiges Unternehmen oder ein Finanzdienstleister,

---

1 Sec. 590 (2) (c) TA 1988.

2 Sec. 590 (2) (d) TA 1988. Ein Arbeitgeber muß mindestens 10 % der Einzahlungen in das Alterssicherungsvermögen vornehmen. T. Tollerton u.a. (1996), S. 34.

3 Sec. 590 (2) (f) TA 1988.

4 Sec. 590 (3) TA 1988. Siehe genauer in Teilabschnitt d) auf Seite 108.

5 H. A. Etzel (1996), S. 97.

6 Sec. 612 (1) TA 1988.

7 D. Blake (1995), S. 84.

8 T. Tollerton u.a. (1996), S. 18.

aber auch ein Tochterunternehmen des Arbeitgebers sein, das einzig für diese Aufgabe gegründet wird.[1] Die Alterssicherungsordnung muß auch beinhalten, wie die Trustees künftig zu bestimmen sind. Können sich Arbeitgeber und Arbeitnehmer darüber nicht einigen, gilt die gesetzliche Regelung, daß die Arbeitnehmer mindestens ein Drittel der Trustees wählen.[2]

Bietet ein Arbeitgeber eine Alterssicherungszusage an, kann ein Arbeitnehmer sie annehmen oder ablehnen.[3] Wenngleich über diese Option grundsätzlich auch die Arbeitnehmer in Deutschland und den USA verfügen, stellt sich die Situation in Großbritannien anders dar, weil die betriebliche Alterssicherung die staatliche Zusatzversorgung ersetzen kann. Der Arbeitnehmer hat zumindest für die zusätzliche Alterssicherung, die im Umfang mit SERPS vergleichbar ist, die Auswahl zwischen dem Staat, seinem Arbeitgeber und einem privaten Finanzdienstleister als Anbieter. In Deutschland und den USA steht es einem Arbeitnehmer hingegen lediglich zu, auf eine betriebliche Alterssicherung zu verzichten. Er hat aber keinen Anspruch darauf, daß die „gesparten" Beiträge des Arbeitgebers anders investiert werden.

Die britische Regelung bringt mehrere Vorteile mit sich. Die Arbeitnehmer sind bezüglich einer steuerlich geförderten Zusatzsicherung nicht länger vom Wohlwollen ihrer Arbeitgeber abhängig. Sie können zwischen der staatlichen und verschiedenen privaten Zusatzsicherungen wählen. Betriebliche Alterssicherung steht damit in unmittelbarem Wettbewerb zu den anderen Formen der Alterssicherung. Die Arbeitgeber fungieren gewissermaßen als Finanzdienstleister und müssen um ihre „Kunden", die Arbeitnehmer, werben.

Man unterscheidet auch in Großbritannien zwischen Versorgungszusagen (salary related schemes) und Vorsorgezusagen (money purchase schemes).[4] Beide Arten lassen sich unterschiedlich ausgestalten und berechtigen gleichermaßen zum Ausstieg

---

1 J. Cunliffe (1994), S. 6f. Das Gesetz grenzt jedoch bestimmte Personengruppen davon aus, die Position des Trustees zu übernehmen, Sec. 29 Pensions Act 1995. Dazu zählen beispielsweise der Aktuar und der Wirtschaftsprüfer einer Alterssicherungsordnung.

2 Zur Bestimmung der Trustees im Detail siehe R. Self (1996), S. 16 - 33.

3 D. Harrison (1995), S. 75; J. Tiley und D. Collison (1997), S. 1451.

4 Einen Überblick über die verschiedenen Formen an Alterssicherungsordnungen bieten J. Tiley und D. Collison (1997), S. 1454.

aus SERPS.[1] Seit April 1997 existiert auch eine Form, die Komponenten beider Arten enthält (mixed benefit scheme).[2] Zudem hat der Gesetzgeber die Grundformen an Alterssicherungsordnungen zum Teil so modifiziert, daß sie speziell auf die Bedürfnisse ausgewählter Arbeitgeber- und Arbeitnehmergruppen zugeschnitten sind, z.B. simplified money purchase schemes, small self-administered schemes und „top-up" schemes.[3] Simplified money purchase schemes basieren auf einem standardisierten Mustervertrag, der nur begrenzt die individuellen Wünsche eines Arbeitgebers berücksichtigt, dafür aber weniger verwaltungsinstensiv ist als die traditionellen betrieblichen money purchase schemes und keiner gesonderten Anerkennung durch die Steuerbehörde bedürfen. Die rechtlichen Rahmenbedingungen entsprechen weitgehend denen für individuelle Rentenvereinbarungen (personal pensions).[4] Ein großer Unterschied besteht allerdings darin, daß ein Arbeitgeber involviert ist. Wesentliches Charakteristikum[5] eines simplified money purchase schemes ist, daß die Höhe der möglichen Rentenleistungen nach oben unbegrenzt ist.[6]

Small self-administered schemes sind für kleine Arbeitgeber konzipiert. Sie dürfen nicht mehr als 12 Arbeitnehmer begünstigen,[7] unterliegen geringeren Anlagerestriktionen und ermöglichen es dem Arbeitgeber, einen bedeutenden Teil des Alterssicherungsvermögens im eigenen Unternehmen anzulegen.[8] Zielgruppe sind vornehmlich Geschäftsführer und sonstige leitende Angestellte.

---

1 Während Versorgungszusagen seit Beginn von SERPS anerkannt sind, genehmigte erst der Social Security Act 1986 Vorsorgezusagen als alternative Zusatzsicherung. D. Blake (1995), S. 31

2 J. Tiley und D. Collison (1997), S. 1489.

3 Simplified final salary schemes als Standardvariante der salary related schemes stießen bei den Arbeitgebern nicht auf Anklang, so daß der Gesetzgeber sie zurückgezogen hat. J. Tiley und D. Collison (1997), S. 1489.

4 J. Tiley und D. Collison (1997), S. 1489. Zu personal pensions siehe die Seiten 114 - 119.

5 Zu weiteren Merkmalen siehe J. Tiley und D. Collison (1997), S. 1489.

6 „Normale" money purchase schemes unterliegen in diesem Punkt den gleichen Restriktionen wie Versorgungsordnungen. Siehe dazu Seite 108.

7 Weitere Bedingungen sind, daß zumindest Teile des Alterssicherungsvermögens nicht in Lebensversicherungen investiert sind und daß mindestens zwei Mitglieder in besonderem Verhältnis zueinander stehen, z.B. Eheleute oder Partner einer Personengesellschaft. J. Tiley und D. Collison (1997), S. 1466f.

8 Siehe dazu Teilabschnitt c) auf Seite 107.

"Top-up" schemes[1] dienen dazu, Beiträge über die steuerlich zulässigen Höchstbeträge hinaus als betriebliche oder individuelle Form der Alterssicherung anzulegen. Sie sind besonders für besserverdienende Arbeitnehmer interessant,[2] da die Erträge aus dem Alterssicherungsvermögen in einem Trust einem niedrigeren Steuersatz unterliegen als Erträge aus individuell angelegtem Privatvermögen.[3]

Gut 50 % der Arbeitnehmer in Großbritannien verfügten 1997 über eine betriebliche Alterssicherungszusage, wovon ca. 10 % zusätzlich über SERPS versichert waren.[4] Während die Versorgungszusagen, vom Bestand her gesehen, noch eindeutig dominieren, eröffnen die Arbeitgeber heute überwiegend Alterssicherungsordnungen mit Vorsorgecharakter.[5]

b) Unverfallbarkeitsregelungen

Wechselt ein Arbeitnehmer den Arbeitgeber, behält er seine Ansprüche aus einer betrieblichen Alterssicherungszusage, wenn diese seit mindestens zwei Jahren besteht.[6] Eine Altersgrenze besteht nicht. Der Arbeitnehmer darf wählen, ob er seine Ansprüche bei dem alten Arbeitgeber aufrechterhalten[7] oder das angesammelte Vermögen auf eine andere Form privater Alterssicherung übertragen möchte. Zur Disposition stehen die betriebliche Alterssicherung des neuen Arbeitgebers oder eine individuelle Form (personal pension oder "buy-out policy").[8] Der Transfer ist steuerunschädlich. Verläßt ein Arbeitnehmer vor Ablauf von zwei Jahren das Unternehmen, erhält er seine Einzahlungen zurück, die des Arbeitgebers verbleiben im Fonds. Auf den erstatteten Betrag wird eine Steuer in Höhe von 20 % erhoben.[9]

---

1 Auch bekannt als funded unapproved retirement benefit schemes (FURBSs).

2 D. Blake (1995), S. 94f.; R. Self (1996), S. 2.

3 J. Tiley und D. Collison (1997), S. 1471.

4 A. Budd und N. Campbell (1997), S. 2 und 12.

5 J. Tiley und D. Collison (1997), S. 1456.

6 D. Blake (1995), S. 97.

7 Der Arbeitnehmer profitiert aber nicht mehr davon, wenn sich die Leistungen aus einer Alterssicherungsordnung verbessern sollten, nachdem er aus dem Unternehmen ausgeschieden ist. TUC (1996b).

8 NAPF (1995), S. 1.

9 TUC (1996b).

c) Finanzierung

Wie in den USA fördert der Gesetzgeber betriebliche Alterssicherung in der Regel nur, wenn die Alterssicherungszusagen mit Kapital unterlegt sind und das Kapital weitgehend außerhalb des Unternehmens des Arbeitgebers investiert ist.[1] Ungedeckte Alterssicherungszusagen existieren somit kaum.[2]

Die Trustees eines betrieblichen Alterssicherungsvermögens müssen entscheiden, ob der Pensionsfonds die Verbindlichkeiten aus den Alterssicherungszusagen über eine Lebensversicherung rückdecken (insured scheme) oder ob er die biometrischen und die Marktrisiken selbst tragen soll (self-administered scheme).[3] Während die Trustees anfangs überwiegend die rückgedeckte Variante wählten, nehmen diese Leistung heute nur noch wenige kleine Unternehmen in Anspruch. Die Lebensversicherungsbranche fügte sich diesem Trend und bietet seit Anfang der 70er Jahre Pensionsfonds auch die reine Vermögensverwaltung an.[4]

Ein steuerbefreiter Pensionsfonds muß seine Verbindlichkeiten in einem vorgegebenen Rahmen gedeckt haben.[5] Während Vorsorgeordnungen diese Anforderungen stets erfüllen, bedarf es bei Versorgungsordnungen der Aufsicht durch einen Aktuar.[6] Er hat die Höhe der Verbindlichkeiten nach der Projected-accrued-benefit-Methode zu bestimmen. Diese Methode berücksichtigt die geleisteten Dienstjahre eines Arbeitnehmers, aber auch seine künftige Gehaltsentwicklung (Inflation, erwartete Entwick-

---

1 Die öffentliche Hand bietet im Gegensatz zur Privatwirtschaft durchaus betriebliche Alterssicherung, die auf dem Umlageverfahren basiert. TUC (1996a), S. 28f.

Eine Ausnahme hinsichtlich der Anlagerestriktionen im eigenen Unternehmen bilden die small self-administered schemes. Siehe dazu Seite 107.

2 R. Stephen (1992), S. 69. Bis 1989 wurde ein Arbeitnehmer durch ungedeckte Alterssicherungszusagen sogar doppelt steuerlich belastet: Zum einen bezüglich der fiktiven Beiträge des Arbeitgebers während der „Ansparphase", zum anderen bezüglich der Auszahlungen. Seit 1989 sind nur noch die Auszahlungen beim Arbeitnehmer steuerpflichtig. J. Tiley und D. Collison (1997), S. 1458.

3 R. Self (1996), S. 3f.

4 P. B. Hübner (1991), S. 106f.

5 Sec. 56 - 61 Pensions Act 1995. Trotzdem werden die Mindestanforderungen an die Deckung der Verbindlichkeiten nicht immer sicherstellen, daß das Alterssicherungsvermögen die Verbindlichkeiten bei plötzlicher Schließung eines Pensionsfonds deckt. J. Tiley und D. Collison (1997), S. 1449.

6 Diese Aufsicht entfällt für rückgedeckte Versorgungsordnungen, da diese Aufgabe das Versicherungsunternehmen übernimmt. C. F. Flesch (1993), S. 994.

lung der Karriere) und mögliche Rentensteigerungen.[1] Gleichwohl steht es im Ermessen des Aktuars, die wertbestimmenden Parameter festzusetzen, z.B. den Diskontierungszinssatz. Die Höhe der Verbindlichkeiten wird somit je nach Wahl der Parameter differieren. Der Gesetzgeber fordert allerdings, daß die Beitragssätze zum Alterssicherungsvermögen im Zeitablauf möglichst konstant sein sollen.[2] Sind die Verbindlichkeiten zu weniger als 90 % gedeckt, hat der Arbeitgeber das Alterssicherungsvermögen innerhalb eines Jahres auf mindestens 90 % der Verbindlichkeiten zu erhöhen. Die verbleibenden 10 % an Unterdeckung kann er innerhalb der folgenden fünf Jahre aufholen.[3]

Das Alterssicherungsvermögen darf die Verbindlichkeiten aus den Zusagen andererseits nur um 5 % übersteigen.[4] Um Vermögen darüber hinaus abzubauen, sind zunächst die laufenden Renten - sofern noch nicht geschehen - nach Maßgabe des Preisindex für die Lebenshaltung zu erhöhen, maximal jedoch um 5 %.[5] Verbleibt ein Überschuß, hat ein Pensionsfonds mehrere Alternativen zur Auswahl. Der Überschuß kann an den Arbeitgeber zurückfließen, unterliegt dann aber einer Steuer in Höhe von 40 %.[6] Alternativ kann ein Arbeitgeber über fünf Jahre die Einzahlungen aussetzen (contribution holiday), ohne daß die Steuerbehörde der Alterssicherungsordnung ihren Status als steuerbefreit aberkennt. Als dritte Alternative kann der Arbeitgeber die Leistungen an den Arbeitnehmer über die Indexierung hinaus erhöhen.[7] Baut ein Arbeitgeber die Überdotation der Alterssicherungszusagen nicht ab, wird das überdotierte Alterssicherungsvermögen steuerpflichtig.[8]

Betriebliches Alterssicherungsvermögen darf höchstens zu 5 % in dem Unternehmen des Arbeitgebers investiert sein.[9] Darüber hinaus unterliegt es keinen Anlagerestrik-

---

1 J. Tiley und D. Collison (1997), S. 1481.

2 R. Self (1996), S. 92; C. Spengel und F. Schmidt (1997b), S. 126f.

3 R. Self (1996), S. 95.

4 Sch. 22, para. 3 TA 1988. Ziel dieser Regelung ist es zu vermeiden, daß die Arbeitgeber Pensionsfonds als Instrument der Steuervermeidung einsetzen, indem sie besonders hohe Beiträge leisten.

5 C. Spengel und F. Schmidt (1997b), S. 129.

6 Sec. 601 (2) TA 1988.

7 D. Blake (1995), S. 92.

8 C. Spengel und F. Schmidt (1997), S. 129f.

9 T. Tollerton u.a. (1996), S. 26f. Für small self-administered schemes gelten schwächere Anlagerestriktionen. Siehe dazu Seite 107.

tionen.[1] Wie in den USA müssen die Trustees die Anlageentscheidungen allerdings vorsichtig und umsichtig treffen (Prudent-man-Konzept).[2] Die Trustees sind dazu verpflichtet, ihre Anlagegrundsätze schriftlich zu fixieren.[3]

Von der engen Beschränkung der Anlage im eigenen Unternehmen sind small self-administered schemes ausgenommen, wenn alle Begünstigten der Alterssicherungsordnung Trustees sind und ihr Einverständnis erklären, die Grenze zu überschreiten.[4] Um als steuerbefreite Alterssicherungsordnung anerkannt zu sein, unterliegen jedoch auch small self-administered schemes Anlagerestriktionen, beispielsweise bezüglich der erlaubten Kreditaufnahme, der Anlage in nichtbörsennotierten Aktien und der Anlage im eigenen Unternehmen.[5] Small self-administered schemes ermöglichen kleineren Arbeitgebern somit eine steuerbegünstigte betriebliche Alterssicherung, ohne daß die Beiträge zum Alterssicherungsvermögen in vollem Umfang die Liquidität des Unternehmens mindern müssen. Beispielsweise darf das Alterssicherungsvermögen teilweise als Darlehen rückgewährt werden.[6] Durch die Personalunion von Begünstigten und Trustees dürften diese Alterssicherungsordnungen zudem vergleichsweise geringes Konfliktpotential in sich bergen,[7] sofern die Trustees sich einig sind.

d) Besteuerung

Ein Überblick über die einkommensteuerliche Behandlung der Formen der betrieblichen Alterssicherung ist auch für Großbritannien von großer Bedeutung, da das Steuerrecht die betriebliche Alterssicherung maßgeblich prägt. Es liegt nahe, zunächst die quantitativen Anforderungen aufzuzeigen, die die OPRA an eine steuerlich

---

1 Anfangs war die Anlage betrieblichen Alterssicherungsvermögens stark reglementiert. Mit dem Finance Act 1989 wurden die Anlagerestriktionen jedoch weitgehend aufgehoben. Statt beispielsweise nur in britische börsennotierte Aktien investieren zu dürfen, ist den Trustees seitdem die Anlage in nichtbörsennotierten Aktien weltweit erlaubt. D. Blake (1995), S. 45.

2 Sec. 33 Pensions Act 1995.

3 Sec. 35 Pensions Act 1995.

4 J. Tiley und D. Collison (1997), S. 1467.

5 Ebda., S. 1467f. Für die Anlagen im eigenen Unternehmen gibt es keine generellen Grenzen; sie liegen jedoch auf jeden Fall weit über den erlaubten 5 % der „normalen" Alterssicherungsordnungen.

6 Die ersten zwei Jahre, die eine Alterssicherungsordnung besteht, ist der Darlehensbetrag auf 50 % des Alterssicherungsvermögens begrenzt. J. Tiley und D. Collison (1997), S. 1468.

7 D. Harrison (1995), S. 181.

förderungswürdige betriebliche Alterssicherung stellt,[1] und erst nachfolgend auf die konkrete Besteuerung einzugehen. Dabei bietet es sich an, die Ausführungen wiederum gemäß der zeitlichen Abfolge der Zahlungen zu gliedern. Zunächst werden die steuerlichen Konsequenzen der Finanzierungsleistungen von Arbeitgeber und Arbeitnehmer betrachtet, dann die Besteuerung der Erträge aus dem Vermögen und abschließend die der Auszahlungen an den Arbeitnehmer.

Grundsätzlich ist zwischen steuerlich förderungswürdigen und steuerbefreiten Alterssicherungsordnungen zu unterscheiden. Stuft die OPRA eine Alterssicherungsordnung als steuerlich förderungswürdig ein, bezieht sich die Förderung lediglich darauf, wie Einzahlungen des Arbeitgebers in das Alterssicherungsvermögen beim Arbeitnehmer besteuert werden.[2] Um den Status steuerbefreit zu erlangen, müssen Alterssicherungsordnungen darüber hinaus als unwiderruflicher Trust (irrevocable trust)[3] oder in einem anderen Treuhandverhältnis organisiert sein.[4]

Eine Alterssicherungsordnung wird als steuerlich förderungswürdig anerkannt, wenn sie nachfolgende Anforderungen hinsichtlich der Höhe der Leistungen erfüllt:

- Die Auszahlung erfolgt in Form einer Rente, deren Zahlung nach Vollendung des 60., aber vor Erreichen des 75. Lebensjahres beginnt.[5]
- Die Höhe der Rente ist begrenzt. Sie beträgt x/60 des durchschnittlichen Einkommens des Arbeitnehmers, ermittelt über die drei Jahre vor dem Ruhestand. Das durchschnittliche Einkommen, das berücksichtigt werden darf, ist wiederum auf 87.600 £ begrenzt (earnings cap);[6] x steht für die Anzahl der Jahre, die ein Arbeitnehmer bei einem Arbeitgeber beschäftigt war, wobei höchstens 40 Jahre anerkannt werden.[7] Ein Arbeitnehmer kann somit 1998 höchstens

---

1 Die qualitativen Anforderungen finden sich bereits auf den Seiten 100 bis 101. Hier wird lediglich Anforderung sechs konkretisiert.

2 J. Tiley und D. Collison (1997), S. 1470.

3 Sec. 592 (1) TA 1988.

4 J. Tiley und D. Collison (1997), S. 1470.

5 Sec. 590 (3) (a) TA 1988.

6 Die Begrenzung gilt für Versorgungsordnungen, die nach 1989 vereinbart wurden. Sie gilt auch für Arbeitnehmer, die einer älteren Versorgungsordnung erst nach diesem Datum beigetreten sind. Davor galt eine Obergrenze für das durchschnittliche Einkommen, das zu berücksichtigen ist, in Höhe von 100.000 £, allerdings nicht indexiert. J. Tiley und D. Collison (1997), S. 1459f.

7 Sec. 590 (3) (a) TA 1988.

eine Rente in Höhe von 58.400 £[1] beziehen, d.h. 2/3 der Einommensanrechnungsgrenze.

- Anstelle einer Rente ist eine einmalige Kapitalleistung zulässig. Sie beträgt nicht mehr als 3x/80 (max. 120/80) des durchschnittlichen Einkommens,[2] 1998 also maximal 131.400 £.[3]
- Die Rente an Hinterbliebene übersteigt nicht 2/3 der Rente an den begünstigten Arbeitnehmer.[4]
- Andere Leistungen gewährt die Alterssicherungsordnung nicht.

Der OPRA steht es allerdings zu, darüber hinaus auch solche Alterssicherungsordnungen als förderungswürdig anzuerkennen, deren Leistungen den angegebenen Rahmen überschreiten, z.B. Renten an Hinterbliebene bei vorzeitigem Tod des Arbeitnehmers vorsehen.[5]

α) Finanzierungsleistungen des Arbeitgebers

Die Leistungen des Arbeitgebers, die zur Finanzierung der betrieblichen Alterssicherung der Arbeitnehmer erforderlich sind, mindern das steuerpflichtige Einkommen des Arbeitgebers.[6] Die Leistungen, die über die jährlich vereinbarten Beträge (ordinary annual contributions) hinausgehen, sind jedoch erst auf mehrere Jahre verteilt steuerwirksam.[7]

---

1 40/60 * 87.600 £ = 58.400 £.

2 Sec. 590 (3) (d) TA 1988.

3 120/80 * 87.600 £ = 131.400 £. Für Arbeitnehmer, die ihre Versorgungszusage vor März 1989 erhalten haben, gilt eine Obergrenze von 150.000 £. In einigen Jahren dürfte die neue Regelung für Arbeitnehmer, die in den Ruhestand treten, günstiger sein, da die Obergrenze entsprechend dem Preisindex für die Lebenshaltung angepaßt wird, während der Betrag von 150.000 £ unverändert bleibt.

4 Sec. 590 (3) (b) TA 1988.

5 Zu den Bedingungen im Detail siehe J. Tiley und D. Collison (1997), S. 1460f.

6 Sec. 592 (4) TA 1988.

7 Sec. 592 (6) TA 1988. J. Tiley und D. Collison (1997), S. 1473f.

Grundsätzlich gelten die Finanzierungsleistungen des Arbeitgebers als steuerpflichtiges Einkommen des Arbeitnehmers.[1] Davon ausgenommen sind Leistungen aufgrund von Alterssicherungsordnungen, die als steuerlich förderungswürdig anerkannt sind.[2]

β) Einzahlungen des Arbeitnehmers

Ein Arbeitnehmer darf Teile seines unversteuerten Einkommens in seine betriebliche Alterssicherung einbringen, wenn die Alterssicherungsordnung als steuerbefreit anerkannt ist.[3] Der Betrag ist jedoch auf 15 % seines Einkommens (remuneration) beschränkt,[4] wobei 1998 nur Einkommen bis zur Höhe von 87.600 £ als Bemessungsgrundlage berücksichtigt werden darf.[5] Der Höchstbetrag an steuerfreien Arbeitnehmerbeiträgen beläuft sich damit auf 13.140 £. Die Arbeitnehmer schöpfen diese Grenze in der Regel allerdings nicht aus, sondern führen durchschnittlich nur 5 % ihres Einkommens der betrieblichen Alterssicherung zu.[6] Die Betragsgrenze gilt für die Summe aller Beträge, die ein Arbeitnehmer in eine steuerbefreite Form der privaten Alterssicherung einzahlt.[7] Einzahlungen darüber hinaus sind nur aus versteuertem Einkommen zulässig. Die steuerlichen Regelungen führen dazu, daß es weitgehend irrelevant ist, ob ein Arbeitgeber oder ein Arbeitnehmer in einen Pensionsfonds einzahlt. Grundsätzlich können alle Arbeitnehmer in den Genuß einer steuerlichen Förderung ihrer betrieblichen Alterssicherung kommen, unabhängig von der Höhe ihres Einkommens und Vermögens.

---

1 Sec. 595 (1) TA 1988.

2 Sec. 596 (1) TA 1988.

3 Sec. 592 (7) TA 1988.

4 Sec. 592 (8) TA 1988.

5 Sec. 590C TA 1988; Retirement Benefits Schemes (Indexation of Earnings Cap) Order 1998. Die Beitragsbemessungsgrenze erhöht sich jedes Jahr entsprechend dem Preisindex für die Lebenshaltung. Da dieser in den letzten Jahren niedriger war als der Index für den durchschnittlichen Lohnanstieg, mindert sich - relativ betrachtet - der steuerlich geförderte Betrag im Zeitablauf.

6 C. Spengel und F. Schmidt (1997a), S. 133.

7 Neben der betrieblichen Alterssicherung zählen dazu beispielsweise personal pensions und additional voluntary contribution schemes (AVCS). Siehe dazu Seite 114 bzw. Seite 119. PEPs und TESSAs rechnen nicht zu diesen Formen; in sie darf nur versteuertes Einkommen eingezahlt werden.

γ) Erträge aus dem Vermögen

Erträge aus dem Alterssicherungsvermögen sind steuerbefreit, wenn die Alterssicherungsordnung als steuerbefreit anerkannt ist.[1] Das gilt auch für Erträge aus Alterssicherungsvermögen, das Rückversicherer halten.[2] Seit Juli 1997 wird den steuerbefreiten Pensionsfonds allerdings die auf Dividenden einbehaltene Körperschaftsteuer nicht mehr erstattet.[3]

δ) Auszahlungen an den Arbeitnehmer

Auszahlungen aus einem steuerlich förderungswürdigen Pensionsfonds zählen beim Arbeitnehmer als normales steuerpflichtiges Einkommen.[4] Ausgenommen sind einmalige Kapitalleistungen, sofern sie den anerkannten Höchstbetrag nicht überschreiten.[5] Da die Kapitalleistungen auch aus unversteuertem Einkommen resultieren, bleiben diese Beträge völlig steuerfrei. Insofern empfiehlt es sich für einen Arbeitnehmer, sich die maximale Kapitalleistung auszahlen zu lassen.[6]

e) Vermögenszuordnung und Insolvenzschutz

Wie in den USA fördert der Staat grundsätzlich nur solche Formen der betrieblichen Alterssicherung, die ihre Mittel getrennt vom Vermögen des Trägerunternehmens halten. Betriebliches Alterssicherungsvermögen dient ausschließlich dazu, Ansprüche aus einer Alterssicherungsordnung zu befriedigen, und darf - auch oder gerade bei Insolvenz des Trägerunternehmens - nicht zweckentfremdet werden.

---

1 Sec. 592 (2) TA 1988. Steuerpflichtig sind jedoch Erträge, die nicht aus der Anlage in, sondern aus dem Handel mit Vermögensgegenständen resultieren. J. Tiley und D. Collison (1997), S. 1477.

2 Sec. 438 TA 1988.

3 Sec. 231 A TA 1988. J. Tiley und D. Collison (1997), S. 1477.

4 Sec. 19 (1) TA 1988.

5 Zur Ermittlung des Höchstbetrags siehe Seite 108.

6 OECD (1998), S. 77.

Um sicherzustellen, daß ein Pensionsfonds allen Ansprüchen der Arbeitnehmer nachkommen kann, schreibt der Gesetzgeber eine Mindestdeckung vor.[1] In Großbritannien sind Ansprüche der Arbeitnehmer aus Versorgungszusagen allerdings nicht über ein Versicherungsunternehmen abgesichert. Der Staat steht jedoch für eine Mindestrente ein.[2]

Kann ein Pensionsfonds seinen Verbindlichkeiten nicht nachkommen, weil ein Trustee seine Pflichten verletzt hat, haftet der Trustee persönlich. Der Betrag, bis zu dem ein Trustee haftet, läßt sich aber im Trustvertrag begrenzen.[3] Im Zuge des Pensions Act 1995 ist ein Fonds eingerichtet worden, der im Fall nachgewiesener Veruntreuung betrieblichen Alterssicherungsvermögens einsteht. Alle Unternehmen, die ihren Arbeitnehmern eine betriebliche Alterssicherung bieten, sind dazu verpflichtet, Prämien an diesen Fonds zu zahlen.[4]

f) Information

Die Trustees eines Pensionsfonds, aber auch die öffentliche Hand informieren die Arbeitnehmer über ihre Alterssicherung. Der Arbeitgeber selbst ist nicht dazu verpflichtet. Ziel der öffentlichen Hand ist es, das Bewußtsein der Arbeitnehmer zu schärfen, daß sie während ihrer Erwerbstätigkeit für ein hinreichendes Einkommen im Alter sorgen müssen. Die Regierung hat dafür 1997 die Pensions Education Working Group eingesetzt. Gemeinsam mit Arbeitgebern und Anbietern von Alterssicherungsprodukten soll sie sich bemühen, das Verständnis der Bevölkerung für Fragen der Geldanlage und der Alterssicherung zu erhöhen.[5]

Trustees sind gesetzlich dazu verpflichtet, die Arbeitnehmer über ihre betriebliche Alterssicherung zu informieren.[6] Sie dürften zudem selbst an einer umfangreichen

---

1 Zu den Mindestdeckungsvorschriften siehe Teilabschnitt c) auf Seite 105.

2 E. P. Davis (1995a), S. 112.

3 J. Cunliffe (1994), S. 123. Trustees können sich allerdings gegen das Haftungsrisiko über eine Haftpflichtversicherung absichern. T. Tollerton u.a. (1996), S. 24.

4 J. Tiley und D. Collison (1997), S. 1449.

5 Pensions Education Working Group (1998).

6 Umfangreiche Informationspflichten enthält der Social Security Act 1985. T. Tollerton u.a. (1996), S. 43.

Information ihrer „Kunden" interessiert sein, da die Arbeitnehmer freiwillig einem betrieblichen Alterssicherungsprogramm angehören und andere Wettbewerber zur Auswahl stehen.[1]

Man unterscheidet in einmalige und periodische Auskunftspflichten. Bevor sich ein Arbeitnehmer zum Beitritt zu einem betrieblichen Alterssicherungsprogramm entscheidet, ist ihm die Alterssicherungsordnung auszuhändigen, aus der u.a. die Beitrags- und Leistungsstruktur detailliert hervorgehen.[2] Änderungen der Alterssicherungsordnung sind den Arbeitnehmern unverzüglich mitzuteilen. Jedes Jahr haben die Trustees einen Geschäftsbericht zu erstellen, der den Arbeitnehmern auf Wunsch auszuhändigen ist.[3] Der Bericht muß u.a. Angaben über die Trustees und den Aktuar, über die Anlagestruktur des Alterssicherungsvermögens und über den Deckungsgrad der Verbindlichkeiten enthalten.[4] Neben den allgemeinen Informationsrechten hat jeder Arbeitnehmer Anspruch auf Auskunft über den Stand seiner persönlichen Alterssicherung. Beispielsweise müssen ihm die Trustees auf Anfrage mitteilen, wie hoch seine Ansprüche aus der betrieblichen Alterssicherung wären, wenn er aus dem Unternehmen ausschiede oder wenn er bis Renteneintritt unverändert Beiträge leistete.[5] Arbeitnehmern mit Vorsorgezusage ist jährlich ihr „Kontostand" und eine Depotaufstellung auszuhändigen.[6]

2. Individuelle Alterssicherung

Neben den betrieblichen existieren auch individuelle Formen der Alterssicherung, in die ein Arbeitnehmer Teile seines unversteuerten Einkommens einbringen kann. Hierbei handelt es sich überwiegend um Rentenvereinbarungen, von denen personal pensions die bedeutendsten sind.

---

1 D. Harrison (1995), S. 233.
2 P. B. Hübner (1991), S. 108.
3 R. Self (1996), S. 69.
4 D. Blake (1995), S. 111.
5 Ebda., S. 112.
6 T. Tollerton u.a. (1996), S. 44.

Daneben gibt es Anlageprogramme, deren steuerliche Begünstigung darin besteht, daß die Erträge aus dem angesammelten Vermögen steuerfrei sind. Ihr Anlageschwerpunkt liegt zum einen auf Aktien (personal equity plans) und zum anderen auf langfristigen Spareinlagen (tax-exempt special savings accounts). Für 1999 hat die Regierung individual savings accounts als ein neues Programm angekündigt.

a) Rentenvereinbarungen

Individuelle Rentenvereinbarung (Personal pension, PP)

Seit Juli 1988 sind individuelle Rentenvereinbarungen als Alternative zur staatlichen Zusatzversorgung SERPS anerkannt (appropriate personal pensions).[1] Während einer Ansparphase leistet der Anleger Beiträge, die angelegt und bei Renteneintritt in eine Rente umgewandelt werden. Individuelle Rentenvereinbarungen existieren in zahlreichen Ausprägungen,[2] die sich u.a. nach der Person, die das Vermögen verwaltet, nach dem erfaßten Personenkreis, nach der Form der Auszahlung und nach dem Umfang der versicherten Risiken unterscheiden lassen. 5,4 Mio. Briten hatten 1996 eine derartige Rentenvereinbarung abgeschlossen.[3] Nachfolgend werden nur Rahmenbedingungen für die personal pensions dargestellt, die als steuerlich förderungswürdig anerkannt sind.

Verträge über individuelle Rentenvereinbarungen kann jeder Steuerpflichtige eigenständig abschließen. Damit ist ein Arbeitnehmer nicht länger auf seinen Arbeitgeber angewiesen, wenn er sich von SERPS befreien lassen möchte.[4] Genießt ein Arbeitnehmer bereits eine betriebliche Alterssicherung, kommt eine individuelle Rentenvereinbarung dann für ihn in Frage, wenn

- die betriebliche Alterssicherung ausschließlich Leistungen an Hinterbliebene erbringt,

---

1 Die Änderung wurde mit dem Social Security Act 1986 vorgenommen.

2 Einen Überblick über verschiedene Vertragstypen von personal pensions bietet D. Blake (1995), S. 164 - 166 und 176 - 182.

3 Department of Social Security (1998a).

4 T. Tollerton u.a. (1996), S. 70.

- die betriebliche Alterssicherung nicht als Alternative zu SERPS dient, sondern als ergänzende freiwillige Alterssicherungsmaßnahme (contracted in), und statt dessen die individuelle Rentenvereinbarung als obligatorische Zusatzsicherung SERPS ersetzen soll, so daß sich die Einzahlungen nur auf den Mindestbetrag[1] belaufen, oder
- die individuelle Rentenvereinbarung Transfers aus der betrieblichen Alterssicherung aufnehmen soll.[2]

In individuelle Rentenvereinbarungen kann jeder Arbeitnehmer, aber auch sein Arbeitgeber einzahlen.[3] Nutzt ein Arbeitnehmer eine individuelle Rentenvereinbarung als Alternative zu SERPS, müssen mindestens die Beiträge zu SERPS in sie fließen. Arbeitnehmer und Arbeitgeber zahlen die vollen Sozialversicherungsbeiträge inklusive Zusatzversorgung an das Department of Social Security,[4] das die Beiträge, die sonst an SERPS gegangen wären, dann an die Anbieter der individuellen Rentenvereinbarungen weiterleitet.[5] Dem Arbeitgeber entsteht somit kein zusätzlicher Verwaltungsaufwand, wenn ein Arbeitnehmer eine individuelle Rentenvereinbarung anstelle von SERPS wünscht. Zwischen dem Zeitpunkt der Beitragszahlung und der Einzahlung in eine individuelle Rentenvereinbarung kann allerdings ein Zeitraum von bis zu eineinhalb Jahren liegen, was den Anlageerfolg erheblich beeinträchtigt, und insbesondere im Vergleich zu betrieblichen Alterssicherungsmaßnahmen auch benachteiligt.[6]

In welcher Höhe Einzahlungen steuerlich gefördert werden, hängt von dem Alter und dem Einkommen des Anlegers ab. Die Obergrenze steigt mit dem Alter stufenweise an, um auch ältere Arbeitnehmer zum Ausstieg aus SERPS zu motivieren.[7] Beispielsweise beträgt sie für Arbeitnehmer, die eine individuelle Rentenvereinbarung vor Erreichen des 36. Lebensjahres abschließen, 17,5 % ihres Einkommens (net relevant earnings)[8], für Arbeitnehmer zwischen 61 und 74 Jahren 40 %.[9] Dabei ist es

---

1 Der Mindestbetrag setzt sich aus den „ersparten" Sozialversicherungsbeiträgen des Arbeitnehmers und des Arbeitgebers zusammen.

2 D. Blake (1995), S. 162.

3 Sec. 638 (6) TA 1988.

4 Contributions Agency (1997), S. 2.

5 J. Tiley und D. Collison (1997), S. 1497.

6 D. Blake (1995), S. 189f.

7 Ebda., S. 186f. Dabei gilt das Alter im Zeitpunkt des Vertragsabschlusses.

8 Net relevant earnings umfassen das gesamte steuerpflichtige Einkommen abzüglich bestimmter Abzugs- und Freibeträge. Die genaue Definition findet sich in Sec. 646 i.V.m. 644 TA 1988.

unerheblich, ob es sich um Beiträge des Arbeitgebers oder des Arbeitnehmers handelt.[1] Nur 5 % des Einkommens darf jedoch jährlich für die Prämie einer Todesfallrisikoversicherung ausgegeben werden.[2] Eine Beitragsbemessungsobergrenze schränkt die Beiträge in ihrer Höhe ein.[3] Sie beträgt 1998 - wie bei der betrieblichen Alterssicherung - 87.600 £.[4] Ein 30jähriger Arbeitnehmer kann 1998 somit bis zu 15.330 £ steuerbegünstigt anlegen. Die Mindestbeiträge, die den Beiträgen zu SERPS entsprechen, werden auf die Einzahlungsobergrenze nicht angerechnet.[5] Ein Arbeitnehmer darf mithin die steuerlich förderungswürdigen Einzahlungen in voller Höhe zusätzlich zu den Mindestbeiträgen vornehmen.

Individuelle Rentenvereinbarungen dürfen ausschließlich dem Zweck der Alterssicherung dienen, um als Alternative zu SERPS anerkannt zu werden.[6] Damit begründet der Gesetzgeber auch die Vorgabe, daß das Vermögen, das bis zum Eintritt in den Ruhestand angespart wird, zu mindestens 75 % in eine lebenslange Rente bei einem Versicherungsunternehmen umzuwandeln ist,[7] Vermögen aufgrund der Mindestbeiträge sogar in vollem Umfang.[8] Frühestens im Alter von 50 Jahren darf sich ein Arbeitnehmer seine personal pension auszahlen lassen. Spätestens mit 75 Jahren muß die Auszahlphase beginnen.[9] Der Beginn der Auszahlphase ist dabei seit 1995 nicht mehr an den Zeitpunkt des Renteneintritts gekoppelt.[10] Damit soll vermieden werden, daß Anleger in einem bestimmten Zeitpunkt zum Kauf einer Rente bei einer Lebensversicherung gezwungen sind. Sie sollen vielmehr flexibel auf Marktentwicklungen reagieren können.[11] Während sie auf den Kauf einer Rente warten, dürfen sie über Erträge aus dem angesammelten Vermögen verfügen.[12] Vermögen, das sich aus

---

9 Ab dem 36. bis zum 45. Lebensjahr beträgt der Prozentsatz 20 und erhöht sich dann alle fünf Lebensjahre um jeweils 5 Punkte, Sec. 638 (5) i.V.m. 640 (1) TA 1988.

1 Sec. 640 (4) TA 1988.

2 Sec. 640 (3) i.V.m. 637 TA 1988.

3 Sec. 640A TA 1988 i.V.m. Sch. 7 para. 4 FA 1989.

4 Retirement Benefits Schemes (Indexation of Earnings Cap) Order 1998.

5 Sec. 640 (5) TA 1988. J. Tiley und D. Collison (1997), S. 1497.

6 Sec. 633 (1) TA 1988.

7 Sec. 634 (1) und (4) TA 1988.

8 D. Blake (1995), S. 192 und 197.

9 Sec. 634 (2) TA 1988.

10 D. Blake (1995), S. 200.

11 J. Tiley und D. Collison (1997), S. 1501.

12 J. Tiley und D. Collison (1997), S. 1501.

den Mindestbeiträgen aufgebaut hat, darf erst nach Erreichen des gesetzlichen Renteneintrittsalters ausgezahlt werden. Die Rente, die aus den Mindestbeiträgen seit April 1997 resultiert, ist jährlich entsprechend dem Preisindex für die Lebenshaltung, maximal jedoch um 5 % zu erhöhen.[1] Renten aufgrund freiwilliger Beiträge des Anlegers unterliegen nicht der Anpassungspflicht.[2]

Ein Anleger hat Einzahlungen in individuelle Rentenvereinbarungen zunächst aus seinem versteuerten Einkommen zu leisten. Die Steuerbehörde vergütet anschließend die Steuer, die auf die Einzahlungen erhoben wurde. Anders als bei den Beiträgen des Arbeitnehmers zu SERPS erfolgt auch auf die Mindestbeiträge zu individuellen Rentenvereinbarungen eine Steuergutschrift. Das Department of Social Security zieht die Steuer auf die Arbeitnehmerbeiträge zu SERPS von der Steuerbehörde ein und leitet sie mit den Beiträgen an die Vertragspartner der individuellen Rentenvereinbarungen weiter.[3] Dabei wird für die Mindestbeiträge als Steuersatz der Basissteuersatz unterstellt.[4] Beiträge darüber hinaus werden auf Basis des Grenzsteuersatzes des Anlegers bezuschußt.[5] Bis 1993 unterstützte der Staat neue personal pensions zudem mit einem Bonus von 2 % des Einkommens des Anlegers innerhalb der Beitragsbemessungsgrenzen zur Sozialversicherung (z.B. 1990 maximal 316,60 £).[6] Seitdem beträgt der Bonus 1 %, sofern der Anleger mindestens 30 Jahre alt ist.[7]

Einzahlungen eines Arbeitgebers in individuelle Rentenvereinbarungen des Arbeitnehmers rechnen nicht zu dessem steuerpflichtigen Einkommen.[8] Sie dürfen zusammen mit den Einzahlungen des Arbeitnehmers die oben aufgeführten Grenzen jedoch nicht überschreiten.[9] Erträge aus der Anlage des Vermögens sind ebenfalls

---

1 D. Blake (1995), S. 202.

2 NAPF (1996a), S. 8; NAPF (1996b), S. 4.

3 J. Tiley und D. Collison (1997), S. 1497.

4
Basissteuersatz 1998:	23,0 %	
Beitragssatz vor Steuervergünstigung:	1,6 %	
Beitragssatz mit Steuervergünstigung:	2,08 %	= 1,6 %/(1-23 %)

5 Sec. 639 TA.

6 D. Pfaffenzeller und H. Reich (1990), S. 44; G. Tamburi u.a. (1994), S. 62. Die gleiche Förderung genossen in dem Zeitraum 1988 - 1993 neue betriebliche Alterssicherungsordnungen. D. Blake (1995), S. 183.

7 J. Tiley und D. Collison (1997), S. 1453.

8 Sec. 643 (1) TA 1988.

9 Siehe Seite 115.

steuerbefreit.[1] Renten aus den Verträgen gelten als steuerpflichtiges Einkommen und sind unter Berücksichtigung der normalen Freibeträge steuerpflichtig.[2] Steuerfrei ist hingegen auch hier eine einmalige Kapitalleistung innerhalb der oben aufgeführten Grenzen.[3]

Individuelle Rentenvereinbarungen werden von Versicherungen angeboten, aber – anders als die herkömmlichen Rentenversicherungen - auch von Banken, Investmentfonds und Bausparkassen (building societies).[4] Es ist jederzeit möglich, den Vertragspartner steuerunschädlich zu wechseln.[5] Dem Arbeitnehmer steht es damit beispielsweise frei, das Alterssicherungsvermögen bei einem Institut anzusammeln und es bei Renteneintritt an ein anderes Institut zu übertragen (open-market option).[6] Das ist wesentliche Voraussetzung dafür, daß sämtliche Finanzdienstleister, zumindest während der Ansparphase, in Wettbewerb zueinander stehen. In der Entsparphase ist der Wettbewerb dann auf die Lebensversicherungen beschränkt, da nur sie die lebenslange Rente garantieren dürfen.[7] Auch Vermögen aus anderen steuerlich geförderten Formen der Alterssicherung (z.B. aus steuerbefreiten betrieblichen Alterssicherungsprogrammen) darf ein Arbeitnehmer steuerunschädlich auf individuelle Rentenvereinbarungen übertragen.[8]

Die Anbieter von individuellen Rentenvereinbarungen stehen seit einigen Jahren in der Kritik. Ihnen wird vorgeworfen, Anleger durch besonders undurchsichtige und ungünstige Gebührenstrukturen zu schädigen. Gebühren verzehrten 20 % bis 30 % des Vermögens.[9] Zudem verkauften sie Arbeitnehmern individuelle Rentenvereinbarungen als Alternative zu ihrer betrieblichen Alterssicherung, auch wenn die Leistungen der betrieblichen Alterssicherung für die Arbeitnehmer vorteilhafter seien. Seit 1994 läuft

---

1 Sec. 643 (2) TA 1988.

2 Sec. 643 (3) und 648A TA 1988.

3 Sec. 635 TA 1988. Bis 1989 war die zulässige Einmalzahlung auf 150.000 £ begrenzt, Sec. 635 (4) TA 1988.

4 Sec. 632 (1) TA 1988 zählt die Personen auf, die zum Angebot von personal pensions berichtigt sind.

5 D. Blake (1995), S. 174, 201. Gleichwohl sind die Transaktionskosten bei jedem Wechsel zu berücksichtigen.

6 D. Blake (1995), S. 195.

7 Sec. 634 (1) TA 1988.

8 J. Tiley und D. Collison (1997), S. 1498.

9 F. Rintoul (1997), S. 41.

ein Programm, das die Personen entschädigen soll, die individuelle Rentenvereinbarungen getroffen haben.[1] Die Regierung will der Anlegerschädigung künftig mit einem neuen Finanzdienstleistungsgesetz und umfassenden Aufklärungsmaßnahmen begegnen.[2]

Additional voluntary contribution scheme

Ein additional voluntary contribution scheme (AVCS) stellt für Arbeitnehmer eine weitere Möglichkeit der steuerlich geförderten Alterssicherung dar. AVCSs haben ihren Ursprung in der betrieblichen Alterssicherung. Während Arbeitgeber diese Form ihren Arbeitnehmern anfangs nur anbieten durften, sind sie seit April 1988 dazu verpflichtet, sofern sie eine betriebliche Alterssicherung betreiben.[3] Seit Oktober 1987 dürfen aber auch andere Finanzdienstleister, z.B. Kreditinstitute, Investmentfonds und Lebensversicherungen, AVCSs vertreiben (freestanding AVCSs).[4] AVCSs gelten als steuerbefreit, wenn sie die im Rahmen der betrieblichen Alterssicherung aufgeführten Anforderungen erfüllen.[5] Ein Arbeitnehmer kann mittels AVCSs für das Alter sparen, solange er noch nicht 15 % seines Einkommens steuerbefreit für das Alter zurückgelegt hat.[6]

Vorteil von AVCSs ist, daß ein Arbeitnehmer jedes Jahr die Obergrenze voll ausschöpfen, aber auch sein Sparverhalten flexibel nach den sonstigen Bedürfnissen ausrichten kann. Das Vermögen in einem AVCS ist steuerunschädlich auf einen anderen Anbieter übertragbar. Alle Neueinzahlungen eines Jahres müssen jedoch in dasselbe AVCS fließen. Ein Arbeitnehmer darf allerdings jedes Jahr ein neues AVCS

1 Financial Services Authority (1998a). In einer ersten Phase wurden bereits 419.000 Fälle überprüft, aus denen die Financial Services Authority einen Verlust der Anleger in Höhe von 3,5 Mrd. £ erwartet. In einer zweiten Phase sollen weitere 1.821.000 Pläne untersucht werden; der erwartete Verlust beläuft sich auf 6,6 Mrd. £. Financial Services Authority (1998b), S. 13. Das Wirtschaftsministerium schätzt die Entschädigungskosten auf 2 Mrd. £. F. Rintoul (1997), S. 41.

2 Ebda.

3 Sec. 12 SSA 1986. Gleichwohl kann ein Arbeitgeber, der seinen Arbeitnehmern keine betriebliche Alterssicherung anbietet, im Rahmen von AVCSs dazu gezwungen werden.

4 J. Tiley und D. Collison (1997), S. 1485.

5 Siehe dazu die Seiten 100f.

6 Sec. 592 (8) TA 1988. Siehe dazu Seite 110.

eröffnen und auch angespartes Vermögen übertragen, so daß die Anbieter von AVCSs fortlaufend in Wettbewerb zueinander stehen.

Grundsätzlich berechtigt auch ein AVCS einen Arbeitnehmer dazu, sich von SERPS befreien zu lassen, sofern er darauf den Mindestbeitrag einzahlt. Da der Arbeitnehmer aber die Steuer, die auf seine Sozialversicherungsbeiträge erhoben wird, nicht erstattet bekommt, sind individuelle Rentenvereinbarungen den AVCSs vorzuziehen.[1] Gleichwohl stellen AVCSs eine steuerlich attraktive Form der privaten Alterssicherung dar, da die Besteuerung nach den Regelungen bei der betrieblichen Alterssicherung erfolgt.

b) Anlageprogramme

Derzeit existieren in Großbritannien zwei Anlageprogramme, die steuerlich gefördert werden: Der personal equity plan (PEP) und das tax-exempt special savings account (TESSA). Im April 1999 wird ein neues Anlageprogramm, das individual savings account (ISA) die beiden bisherigen Anlageprogramme ablösen. Das ISA ist ähnlich konstruiert wie heute der PEP.

Personal equity plan[2]

Der PEP wurde 1987 eingeführt mit dem Ziel, den Erwerb von Aktien zu fördern. Beim PEP unterscheidet man zwei Typen: die Grundform (general PEP) und die Spezialform (single company PEP)[3]. 1997 waren 2,7 Mio. Briten Inhaber eines general PEP und 400.000 Briten Inhaber eines single company PEP. Das Vermögen auf den Konten betrug in dem Zeitpunkt 38,3 Mrd. £ bzw. 3,3 Mrd. £.[4]

Jeder Einwohner über 18 Jahren ist berechtigt, einen PEP einzurichten, unabhängig von der Höhe seines Einkommens oder Vermögens. Jährlich darf er bis zu 6.000 £ in einen einzigen general PEP und zusätzlich bis zu 3.000 £ in einen einzigen single

---

1 J. Tiley und D. Collison (1997), S. 1487.

2 Eine Beschreibung von PEPs findet sich in Inland Revenue (1997a).

3 Single company PEPs wurden erst 1992 eingeführt.

4 Inland Revenue (1997b), S. 10.

company PEP einzahlen. Mehr als je ein Vertrag darf nicht abgeschlossen werden, um dem Fiskus die Kontrolle darüber zu erleichtern, ob die Einzahlungsgrenzen eingehalten werden. Die Beträge können über ein Jahr verteilt eingezahlt werden.

Die Anlage kann in börsennotierten britischen und anderen europäischen Aktien erfolgen, aber auch in bestimmten Investmentfonds und ausgewählten festverzinslichen Wertpapieren. Single company PEPs dienen ausschließlich der Anlage in börsennotierten Aktien eines britischen oder anderen europäischen Unternehmens.

Für jeden PEP gibt es einen Verwalter. Der Anleger kann den Verwalter mit der Anlage des PEP-Vermögens betrauen (managed PEP) oder über die Anlage selbst entscheiden (self select PEP). Umschichtungen der Anlagen sind jederzeit möglich. Das Vermögen eines single company PEP ist dann in vollem Umfang auf einen anderen single PEP zu übertragen.

PEPs sind für die Anleger attraktiv, weil sämtliche Erträge aus dem Vermögen steuerfrei sind. Einzahlungen in PEPs haben allerdings aus versteuertem Einkommen zu erfolgen. Auszahlungen aus PEPs sind jederzeit steuerunschädlich möglich.

Tax-exempt special savings account[1]

Die Vertragsform TESSA wurde erst 1991 mit dem Ziel eingeführt, längerfristiges Sparen auf Konten bei Banken zu fördern. 1997 existierten auf dieser Basis ca. 4,5 Mio. Konten mit einem Vermögen von knapp 30 Mrd. £.[2] Jeder Brite über 18 Jahre kann ein TESSA eröffnen. Ein TESSA läuft über fünf Jahre, wobei im ersten Jahr 3.000 £ und in den nächsten vier Jahren jeweils 1.800 £ eingezahlt werden dürfen. Nach Ablauf der fünf Jahre darf das Sparguthaben, allerdings ohne die Zinsen, auf ein Follow-up-TESSA übertragen werden. Wie bei den PEPs sind die Erträge, d.h. hier die Zinsen, steuerfrei.

---

1 Eine Beschreibung von TESSAs findet sich in Inland Revenue (1997b), S. 10.

2 Inland Revenue (1997b), S. 10.

Individual savings account[1]

Im April 1999 wird das individual savings account (ISA) die bisher geförderten Anlageprogramme PEP und TESSA ablösen. Die Neuregelung soll mindestens zehn Jahre gelten. Die Regierung und die Steuerbehörde haben bisher nur ihre Vorschläge dazu unterbreitet, wie das ISA ausgestaltet sein soll. Zielgruppe sind insbesondere Steuerpflichtige mit niedrigem Einkommen.[2] Trotzdem ist die steuerliche Förderung eines ISAs nicht an eine Einkommensgrenze gebunden.

Nach dem gegenwärtigen Diskussionsstand ist mit folgender Regelung zu rechnen: ISAs stehen wiederum allen Steuerpflichtigen über 18 Jahren offen.[3] Jährlich darf ein Anleger maximal 5.000 £ bis zu einem Höchstbetrag von 50.000 £ einzahlen. Der Katalog möglicher Anlagen ist im Vergleich zu den bisherigen Anlageprogrammen erweitert und erstreckt sich auf drei Kategorien: geldnahe Anlagen, Lebensversicherungen und Wertpapiere. Jeweils bis zu 1.000 £ dürfen pro Jahr in geldnahe Anlagen und in Lebensversicherungen fließen.[4] Lebensversicherungen dürfen nicht in der Form einer Rentenversicherung abgeschlossen werden.[5] Zulässige Wertpapiere sind u.a. Aktien, bestimmte Investmentfonds und ausgewählte festverzinsliche Wertpapiere.[6] Ein ISA darf alle drei Anlagekomponenten enthalten (maxi account), kann aber auch auf eine Komponente beschränkt bleiben (mini account). Ein Anleger darf pro Jahr nur ein Konto, das mehrere oder alle Komponenten umfassen mag, oder ein Konto pro Komponente eröffnen.[7] Vermögen auf einem ISA läßt sich jederzeit steuerunschädlich auf ein anderes ISA übertragen.[8] Damit wird der Wettbewerb unter den Anbietern von ISAs zwar innerhalb eines Jahres eingeschränkt, erstreckt sich ansonsten aber über die gesamte Laufzeit der ISAs. Es ist unter Wettbewerbsaspekten ebenfalls zu begrüßen, daß Konten für die drei Komponenten bei verschiedenen Anbietern geführt werden

---

1 Inland Revenue (1997b); Inland Revenue (1998).

2 Inland Revenue (1997b), S. 4.

3 Sec. 10 (2) Individual savings account regulations 1998.

4 Im Steuerjahr 1999/2000 darf ein Anleger bis zu 7.000 £ auf ein ISA einzahlen, wovon maximal 3.000 £ in geldnahe Anlagen und 1.000 £ in Lebensversicherungen fließen dürfen, Sec. 4 (2) Individual savings account regulations 1998.

5 Sec. 9 (3) (d) (i) Individual savings account regulations 1998.

6 Sec. 4 (1) (a) und (2), Sec. 7 - 9 Individual savings account regulations 1998.

7 Sec. 12 (3) (d) Individual savings account regulations 1998.

8 Sec. 21 Individual savings account regulations 1998.

dürfen und der Anleger nicht zwangsweise eine Paketlösung wählen muß. Der erweiterte Anlagenkatalog berücksichtigt zudem unterschiedliche Bedürfnisse der Anleger.

Jedes ISA muß einen Verwalter haben.[1] Diese Funktion dürfen eine Reihe von Instituten übernehmen, z.B. Banken und Versicherungen.[2] Der Verwalter ist verpflichtet, dem Anleger auf Wunsch den Geschäftsbericht der Unternehmen zuzusenden, in die sein Vermögen investiert ist.[3] Darüber hinaus muß er dem Anleger sämtliche Informationen zugänglich machen, die dieser bei einer Direktanlage erhielte. Das Stimmrecht aus Aktien steht ebenfalls dem Anleger zu.[4] Während der Zwang, einen Verwalter einzusetzen, Nährboden für Interessenkonflikte liefert, dürften die umfangreichen Informationspflichten helfen, mögliche Reibungsverluste zu reduzieren.

Wie bei den bisherigen Anlageprogrammen sollen sämtliche Erträge aus ISAs steuerfrei bleiben.[5] Zusätzlich leistet der Staat während der ersten fünf Jahre einen Bonus in Höhe von 10 % auf Dividenden britischer Aktien.[6] Der Anleger muß keine Mindestbeträge einzahlen und darf jederzeit steuerunschädlich über Vermögen auf ISAs verfügen.[7] Einzahlungen auf ISAs haben aus bereits versteuertem Einkommen zu erfolgen.

Anleger in PEPs und TESSAs können ihre Guthaben während der ersten sechs Monate, in denen ISAs existieren werden, auf diese übertragen.[8] Alternativ dürfen PEPs weitergeführt werden, unterliegen dann aber dem Recht für ISAs. Einzahlungen

---

1 Sec. 4 (5) Individual savings account regulations 1998.

2 Anforderungen an Planmanager finden sich in Sec. 14 Individual savings account regulations 1998.

3 Sec. 4 (6) Individual savings account regulations 1998.

4 Sec. 4 (6) (d) Individual savings account regulations 1998.

5 Sec. 22 (1) (a) Individual savings account regulations 1998. Diese steuerlichen Vergünstigungen gelten gleichermaßen für Aktien, die Lebensversicherungen im Rahmen von ISAs in ihrem Portefeuille halten.

6 Inland Revenue (1997b), S. 2.

7 Diese Regelung soll insbesondere Anleger mit niedrigerem Einkommen motivieren, ISAs zu eröffnen. Inland Revenue (1997b), S. 4. ISAs können somit auch in Funktion von Vorsichtsbeständen geführt werden.

8 Sec. 5 (1) Individual savings account regulations 1998.

auf ein PEP sind nach April 1999 nicht mehr zulässig. Für Anleger mit höherem Vermögen verschlechtern sich die steuerlichen Rahmenbedingungen, da die Steuervergünstigung nur auf einen Vermögensbestand von maximal 50.000 £ gewährt wird. Ein Anleger in PEPs beispielsweise, der die Höchstgrenzen der steuerlich geförderten Beträge jedes Jahr voll ausgeschöpft hat, kann bis April 1999 Aktien mit Anschaffungskosten in Höhe von bis zu 91.200 £[1] angesammelt haben. Ab 1999 werden deren Erträge dann anteilig steuerpflichtig. Bis April 1999 eröffnete TESSAs dürfen ebenfalls unter den derzeitigen Rahmenbedingungen weiterlaufen. Hier sind sogar weitere Einzahlungen zulässig, ohne daß sie die Höchstbeträge für ISAs mindern.[2]

Die Regierung will mit ISAs auch Wege gehen, die bisher für Anlageprogramme unüblich sind. Zum einen beabsichtigt sie, den Kreis der Vertriebswege beispielsweise auf Supermärkte auszudehnen.[3] Zum anderen plant sie, ISAs mit einem Gewinnspiel zu kombinieren. Es ist beispielsweise angedacht, den ersten Kontoinhabern einen zusätzlichen staatlichen Zuschuß in Aussicht zu stellen.[4] Diese Maßnahmen sollen insbesondere die unteren Einkommensgruppen ansprechen.

---

1 Bis April 1998: 82.200 £. Inland Revenue (1997b), S. 11. Zusätzlich im Steuerjahr 1998/99: 9.000 £.

2 Inland Revenue (1998), S. 4; A. Seely (1998), S. 12f.

3 Inland Revenue (1997b), S. 2.

4 Ebda., S. 9.

E. Zusammenfassung des ersten Teils

Wie ist die Alterssicherung in Deutschland derzeit organisiert und worin unterscheidet sie sich von den Systemen in den USA und in Großbritannien? Um Anregungen für Reformen des deutschen Alterssicherungssystems zu sammeln, wurden die drei Alterssicherungssysteme dargestellt und dabei einheitlich nach Komponenten gegliedert. Der Schwerpunkt lag auf der privaten Komponente, die sich aus betrieblichen und individuellen Formen zusammensetzt. Für die betriebliche Alterssicherung war von besonderem Interesse, in welcher Form Arbeitgeber Alterssicherungsordnungen und -zusagen gestalten, wie sie diese finanzieren und welche steuerlichen Anreize der Gesetzgeber setzt. Daneben galt es aufzuzeigen, welchen Schutz betriebliche Alterssicherungsansprüche genießen. Bei den individuellen Formen der Alterssicherung lag das Augenmerk vor allem darauf, welche Formen der Gesetzgeber steuerlich fördert.

Der Umfang der staatlichen Alterssicherung hat maßgeblichen Einfluß darauf, wie stark die private Alterssicherung ausgeprägt ist. Die britischen Rentner erhalten eine niedrige staatliche Grundrente, die amerikanischen Rentner eine niedrige einkommensabhängige staatliche Rente. Ihr Anteil am Gesamteinkommen eines Rentners liegt im Durchschnitt in beiden Ländern weit unter 50 %. Die Renten aus der gesetzlichen Rentenversicherung stellen für deutsche Rentner hingegen in der Regel die wichtigste Einkommensquelle dar.

Der Stellenwert der staatlichen Alterssicherung, die in allen Ländern weitgehend auf dem Umlageverfahren basiert, dürfte weiter zurückgehen. Niedrigere erwartete Einnahmen bei stark steigenden Ausgaben bereiten allen drei staatlichen Alterssicherungssystemen große Probleme. Weltweit gilt eine Reform vornehmlich der Alterssicherungssysteme, die auf dem Umlageverfahren basieren, als dringend notwendig.[1] Die prognostizierte demographische Entwicklung stellt ein wesentliches Problem dar. In Großbritannien, aber auch in den USA setzt die "Überalterung" der Bevölkerung allerdings erst später und weniger dramatisch ein als in Deutschland, wie aus Tabelle I.8 ersichtlich ist. Wenngleich sich die Lasten aus der staatlichen Alterssicherung heute nur prognostizieren lassen und günstigere als die heute

[1] Weltbank (1994); G. S. Becker (1994).

erwarteten Entwicklungen eintreten können, werden die Rentner in allen drei Ländern zunehmend auf private Alterssicherung angewiesen sein.

Tab. I.8: Demographische Entwicklung in Deutschland, den USA und Großbritannien 1995 - 2050

Land / Jahr	1995	2010	2030	2050
Deutschland				
Bevölkerung	100	97,2	90,6	81,2
Altersquotient*	22,3	30,3	49,2	51,9
USA				
Bevölkerung	100	113,0	124,7	127,2
Altersquotient	19,2	20,4	36,8	38,4
Großbritannien				
Bevölkerung	100	102,2	103,9	102,0
Altersquotient	24,3	25,8	38,7	41,2

*: Der Altersquotient ist definiert als Anteil der Bevölkerung ab 65 Jahren im Verhältnis zum Anteil der Bevölkerung zwischen 15 und 64 Jahren.

Quelle: S. K. Chand u. A. Jäger, Aging populations and public pension schemes, IMF (Hrsg.), Occasional paper 147, Washington 1996, S. 4.

Ungefähr 50 % der Arbeitnehmer erhalten in Deutschland, den USA und Großbritannien eine betriebliche Alterssicherung. Der Verbreitungsgrad unterscheidet sich in den Ländern nur unwesentlich. Die Höhe des betrieblichen Alterssicherungsvermögens unterscheidet sich jedoch beträchtlich. Das betriebliche Alterssicherungsvermögen je Einwohner in Deutschland beträgt nur gut 10 % des betrieblichen Alterssicherungsvermögens eines Amerikaners oder eines Briten. Noch ungünstiger steht Deutschland da, wenn man das betriebliche Alterssicherungsvermögen zum Bruttoinlandsprodukt ins Verhältnis setzt. Eine Aufstockung des Alterssicherungsvermögens erscheint in Deutschland dringend geboten.

Tab. I.9: Betriebliches Alterssicherungsvermögen in Deutschland, den USA und Großbritannien 1995

Land / Kriterium	insgesamt in Mrd. US$	in % des BIP	pro Einwohner in US$
Deutschland	140	6	1.715
USA	4.258	59	16.190
Großbritannien	879	80	15.025

Quelle: R. Finke, M. Piazolo und J. Stanowsky (1997), S. 32.

Steuervergünstigungen sollen die Bevölkerung in allen drei Ländern zu privater Alterssicherung animieren. Die Steueranreize unterscheiden sich allerdings erheblich im Umfang, besonders aber darin, welche Anlagen der Gesetzgeber fördert. Offensichtlich ist, daß private Alterssicherung in den USA, vor allem aber in Großbritannien in größerem Umfang gefördert wird als in Deutschland. Während die Förderung in den USA teilweise an Einkommensgrenzen gekoppelt ist, genießen die Briten sie unabhängig von der Höhe ihres Einkommens.

In den USA werden Versorgungsordnungen von Vorsorgeordnungen mit steigender Tendenz dominiert. In Großbritannien befinden sich Vorsorgeordnungen noch in der Gründungsphase, doch liegen die gesetzlichen Rahmenbedingungen für einen Ausbau dieser Form vor. Es liegt in der Hand der Arbeitgeber, die Form der Alterssicherungsordnung zu bestimmen. In Deutschland existieren derzeit nur Versorgungsordnungen, teilweise mit einzelnen Charakteristika von Vorsorgeordnungen. Der Katalog, aus dem ein Arbeitgeber in Deutschland auswählen kann, ist im Vergleich zu den USA und zu Großbritannien eingeschränkt.[1]

Betriebliche Alterssicherungszusagen sind in den USA und in Großbritannien grundsätzlich durch spezielles Vermögen gedeckt, da sie nur dann steuerlich gefördert werden. Das Alterssicherungsvermögen ist vorsichtig und umsichtig anzulegen, wobei enge Grenzen für die Anlage im Trägerunternehmen bestehen. Anlageschwerpunkt bilden jeweils inländische Aktien.[2] Altersversorgungszusagen in Deutschland schlagen sich überwiegend in Pensionsrückstellungen nieder und sind durch das Vermögen des jeweiligen Unternehmens gedeckt. Die Arbeitnehmer nehmen die Stellung eines Gläubigers ein. Pensionskassen und Direktversicherer unterliegen den Anlagebeschränkungen des VAG.

Die Unverfallbarkeitsfristen für Ansprüche aus betrieblicher Alterssicherung sind in den USA und in Großbritannien kürzer als in Deutschland. Zudem dürfen die Arbeitnehmer angesammeltes Alterssicherungsvermögen auf das Alterssicherungsprogramm eines anderen Arbeitgebers oder auf ausgewählte individuelle Alterssiche-

---

[1] Das soll nicht verkennen, daß in Deutschland unterschiedliche Durchführungswege existieren, aber eben alle mit Versorgungscharakter.

[2] E. P. Davis (1995), S. 138 - 143.

rungsprogramme anderer Finanzdienstleister steuerunschädlich übertragen, wenn sie den Arbeitgeber wechseln.

Betriebliche Altersversorgungsansprüche sind in Deutschland institutionell über den PSV abgesichert. Den Arbeitgebern entstehen dadurch erhebliche Kosten, die sie aufgrund der Prämienstruktur selbst nicht beeinflussen können.[1] In den USA haftet die PBGC für Versorgungsansprüche der Arbeitnehmer, allerdings in niedrigerem Umfang als der PSV. Die Prämienhöhe richtet sich nach der Wahrscheinlichkeit, daß die PBGC Versorgungsverbindlichkeiten eines Arbeitgebers übernehmen muß. In Großbritannien sind die Versorgungsansprüche der Arbeitnehmer nicht institutionell versichert. Der Staat steht bei Insolvenz des Arbeitgebers aber für eine Mindestrente ein. Vorsorgezusagen bedürfen keiner institutionellen Absicherung, da sich die Ansprüche der Arbeitnehmer auf das angesammelte Vorsorgevermögen beziehen.

Die Arbeitnehmer werden zudem in den USA, aber auch in Großbritannien umfangreicher über ihre betriebliche Alterssicherung informiert. Das ist zum einen auf die unterschiedliche Art der Alterssicherungszusagen zurückzuführen. Vorsorgezusagen übertragen dem Arbeitnehmer mehr Risiken und Verantwortung als Versorgungszusagen und erfordern damit umfangreichere Information. Ziel der umfassenden Informationspolitik ist es aber auch, das Bewußtsein der Arbeitnehmer für ihre Alterssicherung im allgemeinen zu schärfen und den Arbeitnehmern die Grundlage für eine eigenständige Kontrolle ihres Alterssicherungsinstituts zu schaffen. Die Aufklärung der Arbeitnehmer erfolgt in den USA und in Großbritannien daher von staatlicher Seite, aber auch von Seiten der Arbeitgeber.

Die Bestandsaufnahme der betrieblichen und der individuellen Formen der Alterssicherung zeigt auch das Verhältnis der beiden Formen zueinander auf. In Deutschland stehen betriebliche und individuelle Alterssicherung weitgehend getrennt nebeneinander. Steuerliche Regelungen begünstigen allerdings die betriebliche Alterssicherung. Es ist kaum möglich, unversteuertes Einkommen zur individuellen Alterssicherung einzusetzen. In den USA wird die betriebliche Alterssicherung ebenfalls stärker gefördert als die individuelle Alterssicherung. Trotzdem können Arbeitnehmer auch losgelöst von ihrem Arbeitgeber steuerlich gefördert Alterssicherung betreiben. In

[1] Sie können die Kosten nur insofern beeinflussen, als daß sie keine Versorgungszusagen mehr erteilen, die der Versicherungspflicht beim PSV unterliegen.

Großbritannien stehen betriebliche und individuelle Alterssicherung in direktem Wettbewerb zueinander. Ein Arbeitnehmer ist nicht von dem Wohlwollen seines Arbeitgebers abhängig, wenn er steuerbegünstigt für das Alter sparen möchte.

Das Wettbewerbsverhältnis zwischen betrieblicher und individueller Alterssicherung beeinflußt die Zahl der Anbieter von Alterssicherungsprogrammen maßgeblich. In Deutschland ist der Kreis der Anbieter auf Arbeitgeber und Versicherungen beschränkt. In Großbritannien und den USA stehen sämtliche Finanzdienstleister mit den Arbeitgebern im Wettbewerb um die Verwaltung von Alterssicherungsvermögen. Gleichwohl sind in Großbritannien zumindest während der Auszahlphase des Alterssicherungsvermögens überwiegend Versicherungen einzuschalten.

Eine große Anzahl an Anbietern von Alterssicherungsprogrammen fördert den Wettbewerb um Alterssicherungsvermögen jedoch nur dann, wenn die Anleger sich frei für einzelne Anbieter entscheiden und diese auch wechseln dürfen. Alle drei Länder geben den Anlegern die Wahlfreiheit im Rahmen der individuellen Alterssicherung, jedoch nur Großbritannien auch im Rahmen der obligatorischen Zusatzsicherung.

Während in Deutschland die steuerlich geförderte private Alterssicherung nur im Kollektiv möglich ist, existieren in Großbritannien und den USA mehrere Formen der Alterssicherung, die auf individuellen Konten der Anleger basieren. Anders als in den USA ist in Großbritannien jedoch stets ein Dritter als Verwalter des Alterssicherungsvermögens eingeschaltet. Dabei darf der Anleger trotzdem frei über die Anlage seines Vermögens entscheiden.

Der deutsche Arbeitnehmer übernimmt kaum Risiken bei den steuerbegünstigten Formen der privaten Alterssicherung. Biometrische Risiken und Marktrisiken tragen überwiegend der Arbeitgeber oder Versicherungen. Wenngleich diese Möglichkeit auch in den USA und Großbritannien besteht, können Arbeitnehmer dort auch selbst einen Teil der Risiken übernehmen. Damit ist verbunden, daß die Arbeitnehmer selbst von einer positiven Entwicklung des Marktes profitieren können.

Leistungen des Arbeitgebers im Rahmen der betrieblichen Alterssicherung sind Bestandteil des Entgelts eines Arbeitnehmers. Das Distanzieren von dem Fürsorgecharakter der betrieblichen Altersversorgung verlangt, den Arbeitnehmer in die

Entscheidung über und die Verantwortung für die Verwendung seines Entgelts miteinzubeziehen. Die Rahmenbedingungen in den USA und in Großbritannien zielen in diese Richtung und könnten für Reformen in Deutschland als Leitbild dienen. Ferner scheint es aus ökonomischer Sicht ungerechtfertigt, länger an der strikten Trennung zwischen der betrieblichen und der individuellen Alterssicherung und an der umfangreicheren Begünstigung der betrieblichen Alterssicherung festzuhalten.

ZWEITER TEIL

Private Alterssicherung im Lichte der Agency-Theorie

Die Bestandsaufnahme der privaten Alterssicherung in Deutschland und ihr Vergleich mit den Sicherungsangeboten, die den Bürgern der USA und Großbritanniens offen stehen, haben gezeigt, daß der Wettbewerb unter den Alterssicherungsinstituten in Deutschland eingeschränkt ist. Das gilt vor allem für die Formen der betrieblichen Alterssicherung, aber auch für die individuelle Alterssicherung über Intermediäre infolge der steuerlichen Ungleichbehandlung. Im zweiten Teil sollen potentielle Interessenkonflikte zwischen Alterssicherungsinstituten, den Trägern der Alterssicherungsinstitute und den Arbeitnehmern oder Anlegern beleuchtet und Verschwendungsanreize der Alterssicherungsinstitute aufgezeigt werden, mit denen besonders dann zu rechnen ist, wenn es im Alterssicherungssystem an wettbewerblicher Kontrolle mangelt.

Die Agency-Theorie könnte einen Ansatz liefern, das Verhalten der Alterssicherungsinstitute zu erklären. Es bietet sich an, zunächst die Agency-Theorie im Rahmen der Finanzierungstheorie darzustellen und darauf aufbauend zu untersuchen, welche Prinzipal-Agent-Beziehungen bei ausgewählten Formen der privaten Alterssicherung vorliegen. Es erscheint sinnvoll, die Formen der privaten Alterssicherung danach zu unterscheiden, wer der Träger der jeweiligen Form ist: der Arbeitgeber, Intermediäre oder der Anleger selbst. Dabei richtet sich das Augenmerk besonders darauf, ob sich die Reibungsverluste, die aus den Prinzipal-Agent-Beziehungen resultieren, durch entsprechende Kontroll- und Selbstbindungsmaßnahmen reduzieren lassen und welche gegenwärtigen rechtlichen oder institutionellen Regelungen dem entgegenstehen. Auf Basis der aufgezeigten Interessenkonflikte läßt sich dann nach institutionellen Arrangements suchen, bei denen zu erwarten ist, daß sie die Reibungsverluste zugunsten der Arbeitnehmer oder Anleger reduzieren. Dieses Anliegen gewinnt an Bedeutung, wenn man berücksichtigt, daß der Staat einige Formen der Alterssicherung steuerlich fördert und weitere Fördermaßnahmen in der Diskussion stehen. Angesichts der zu erwartenden Probleme in der Alterssicherung gilt es sicherzustellen, daß steuerliche Vergünstigungen dem Arbeitnehmer oder Anleger zugute kommen und nicht bei einem Alterssicherungsinstitut oder anderen beteiligten Instituten versickern.

Die Partialanalyse der Reibungsverluste bei den einzelnen Formen der privaten Alterssicherung in diesem Teil der Arbeit soll gemeinsam mit den Anregungen aus dem Ausland aus dem ersten Teil die Grundlage für Vorschläge zu Reformen der privaten Alterssicherung in Deutschland geben, die der dritte Teil der Arbeit beinhaltet.

A. Grundlagen der Agency-Theorie

I. Einführung in die Agency-Theorie

Nachdem Adam Smith die Vorteile der Arbeitsteilung und Spezialisierung aufgezeigt hat, mehren sich seit den 30er Jahren dieses Jahrhunderts kritische Äußerungen zur Trennung von Eigentum und Verfügungsmacht. Berle und Means[1] zeigten 1932 auf, daß mit der Delegation von Entscheidungsbefugnissen durch den Eigentümer und Risikotragenden auf einen Beauftragten auch ökonomische Nachteile verbunden sein können, da die Märkte nicht vollkommen sind und jede der beteiligten Personen ihren eigenen Vorteil sucht.[2]

Diese Gedanken liegen auch der Agency-Theorie zugrunde. Eine Agency-Beziehung ist durch eine Situation gekennzeichnet, in dem eine oder mehrere Personen (Prinzipale) eine oder mehrere andere Personen (Agenten) beauftragen, komplexe Dienste zu leisten.[3] Damit der Agent seine Aufgaben erfüllen kann, muß der Prinzipal Entscheidungsbefugnis an ihn delegieren.[4] Ein Prinzipal wird das tun, wenn er selbst keine Neigung oder Zeit hat, bestimmte Handlungen vorzunehmen, aber insbesondere auch dann, wenn ihn fachliche Unkenntnis[5] oder rechtliche Aspekte[6] daran hindern. Ökonomische Nachteile entstehen dem Prinzipal, wenn die Beteiligten unterschiedliche Interessen verfolgen und die Handlungen und Informationen nicht für alle Beteiligten kostenlos und vollständig einsehbar sind.[7]

---

1 A. A. Berle und G. C. Means (1932).

2 J. Drukarczyk (1993), S. 622.

3 Nachfolgend wird von Prinzipalen und Agenten im Singular gesprochen, auch wenn eine Personengruppe betrachtet wird.

4 M. C. Jensen und W. H. Meckling (1976), S. 308. Allgemeiner definieren Pratt und Zeckhauser eine Agency-Beziehung: „Whenever one individual depends on the action of another, an agency relationship arises." J. W. Pratt und R. J. Zeckhauser (1985), S. 2.

5 J. E. Stiglitz (1992), S. 185.

6 Will z.B. ein Aktionär Aktien über die Börse verkaufen, so ist er gezwungen, ein an der Börse zugelassenes Institut als Agenten damit zu beauftragen.

7 S. G. Schoppe u.a. (1995), S. 181.

Grundlegende Annahmen der Agency-Theorie sind: [1]

1. Die Handlungen des Agenten beeinflussen die Wohlfahrt des Agenten und des Prinzipals.
2. Prinzipal und Agent verfolgen stets ihre eigenen Interessen, um ihren Nutzen zu maximieren.
3. Es liegen unsichere Erwartungen vor.
4. Es bestehen Informationsasymmetrien[2] zwischen Prinzipal und Agent.

Ziel der Agency-Theorie ist es, Prinzipal-Agent-Beziehungen ausfindig zu machen, mögliche Konflikte zwischen den Beteiligten offenzulegen und aufzuzeigen, inwiefern die Wohlfahrt der Beteiligten beeinflußt wird. In einem weiteren Schritt gilt es dann, Möglichkeiten herauszuarbeiten, die die Wohlfahrtsverluste des Prinzipals und des Agenten aus der Auftragsbeziehung minimieren. Hierbei ist die Rolle der Märkte zu betrachten, aber auch nach institutionellen Arrangements zu suchen, die die Kosten aus der Auftragsbeziehung reduzieren.

In der Literatur wird die Agency-Theorie in zwei Hauptströme eingeteilt, die ökonomische Agency-Theorie und die finanzielle Agency-Theorie.[3] Zentrales Anliegen der ökonomischen Agency-Theorie ist es, paretooptimale Auftragsverträge zu modellieren, in denen zwischen Erfolgsanreizen und Risikoallokation unter den Vetragspartnern abzuwägen ist.[4] Diese Ausrichtung der Agency-Theorie hat damit überwiegend normativen Charakter.[5] Die Rolle der Märkte und die Auswirkungen des

---

1 A. Barnea, R. A. Haugen und L. W. Senbet (1981), S. 8f.; J. Zechner (1982), S. 182; A. Barnea, R. A. Haugen und L. W. Senbet (1985), S. 26.

2 Informationsasymmetrien lassen sich auf das Handeln des Agenten beziehen, das durch den Prinzipal nicht beobachtbar ist, und auf Informationen, über die der Agent, nicht aber der Prinzipal verfügt. Diese Formen der Informationsasymmetrien werden in der Literatur auch bezeichnet als „hidden action“ oder „moral hazard“ bzw. „hidden information“ oder „adverse selection“. K. J. Arrow (1985), S. 38 - 40.

3 A. Barnea, R. A. Haugen und L. W. Senbet (1985), S. 25 - 40; S. G. Schoppe u.a. (1995), S. 180 - 233. In den angegebenen Quellen findet sich jeweils ein Literaturspiegel zu den Hauptvertretern der verschiedenen Forschungsrichtungen.

Alternativ wird die ökonomische Agency-Theorie in der Literatur auch als Principal-Agent-Theorie bezeichnet und die finanzielle Agency-Theorie als positive Agency-Theorie. C. W. Smith, Jr. (1992), S. 27. Zu weiteren Einteilungskriterien siehe W. Neus (1989), S. 10 - 18.

4 T. Hartmann-Wendels (1989), S. 715; S. Reichelstein (1992), S. 23; C. W. Smith, Jr. (1992), S. 27; A. Wagenhofer (1996), S. 155f.

5 M. C. Jensen und W. H. Meckling (1976), S. 309f.

Wettbewerbs zwischen Agenten und Prinzipalen bleiben außer acht.[1] Die finanzielle Agency-Theorie läßt sich als Anwendung der ökonomischen Agency-Theorie auf Vertragsbeziehungen im Finanzsektor interpretieren.[2] Sie mißt dem Kapitalmarkt insofern große Bedeutung zu, als daß er hilft, Informationsasymmetrien zwischen Prinzipalen und Agenten abzubauen, und dazu beiträgt, daß sich der Wert eines Gutes in seinem Preis widerspiegelt. Kernaussage dieses Zweiges der Agency-Theorie ist, daß sich am Markt unter Wettbewerb die institutionellen Arrangements behaupten, die im Sinne der Agency-Theorie effizient sind. Ziel der ökonomischen Agency-Theorie ist es, diese institutionellen Arrangements herauszuarbeiten und zu erklären.[3]

Wenngleich die Agency-Theorie insbesondere in die Theorie der Unternehmensfinanzierung Eingang gefunden hat, lassen sich durch sie jegliche Auftragsbeziehungen erfassen.[4] Aus diesem Grunde erscheint es sinnvoll, unterschiedliche Durchführungswege der privaten Alterssicherung im Lichte der Agency-Theorie zu betrachten.[5] Dabei sind zunächst die Prinzipal-Agent-Beziehungen aufzuzeigen, um mögliche Herde für Konflikte bei der privaten Alterssicherung aufzudecken. Auf dieser Grundlage lassen sich dann möglicherweise Instrumente finden, die dazu beitragen, die Reibungsverluste aus den Agency-Beziehungen zu reduzieren.

---

1 A. Barnea, R. A. Haugen und L. W. Senbet (1985), S. 28.

2 W. Neus (1989), S. 15.

3 S. G. Schoppe (1995), S. 181.

4 Einen Überblick über Agency-Beziehungen, die in der Literatur diskutiert werden, gibt W. Neus (1989), S. 19.

5 Im deutschen Schrifttum befaßt sich erstmals Grünbichler mit dieser Problematik. Er analysiert die Agency-Beziehungen bei der betrieblichen Altersvorsorge, schwerpunktmäßig bei der Direktzusage. A. Grünbichler (1991). In der amerikanischen Literatur werden insbesondere die Art von Alterssicherungszusagen sowie private und öffentliche Pensionsfonds im Lichte der Agency-Theorie diskutiert. R. Romano (1993b); J. P. Hawley (1995); ders. und A. T. Williams (1996).

II. Agency-Probleme bei Aufnahme eines externen Eigenkapitalgebers

Zunächst bietet es sich an, die Agency-Probleme am Beispiel eines geschäftsführenden Gesellschafters, der einen externen Eigenkapitalgeber aufnehmen möchte, aufzuzeigen.[1] Ein geschäftsführender Gesellschafter, der das gesamte Eigenkapital seines Unternehmens hält, hat die Wahl zwischen der Maximierung des Unternehmenswertes V, und damit seines Vermögens W[2], und dem Konsum an nicht pekuniären Vorteilen (Perks) P.[3] Außerdem bezieht er ein Gehalt, das in seiner Höhe konstant und damit unabhängig vom Marktwert des Unternehmens ist.[4] Konsumiert der geschäftsführende Gesellschafter keine Perks, so beträgt der Marktwert seines Unternehmens V*. Der Marktwert reduziert sich im selben Ausmaß, in dem der geschäftsführende Gesellschafter seinen Perkkonsum ausweitet.[5] Dieser wird sich für die Kombination von Vermögenswert und Perkkonsum entscheiden, die ihm den höchsten Nutzen stiftet. Sie ist gekennzeichnet durch den Tangentialpunkt A der Nutzenindifferenzkurve des geschäftsführenden Gesellschafters und seiner Vermögenslinie V*P*. In diesem Punkt entspricht die Grenzrate der Vermögenssubstitution der Grenzrate der Nutzensubstitution. Der Wert des Unternehmens beträgt V1 und entspricht dem Wert seines Vermögens W1 bei einem Konsum von Perks in Höhe von P1. Abbildung II.1 veranschaulicht die Ausgangssituation.

---

1 Gründe dafür können sein, daß der geschäftsführende Gesellschafter den Verkaufserlös in ein Projekt investieren kann, dem er einen höheren Wert beimißt, oder sein Portefeuille besser diversifizieren möchte.

2 Das Vermögen W des geschäftsführenden Gesellschafters umfaßt nicht die nicht pekuniären Vorteile, die der Gesellschafter aus seiner Position als Geschäftsführer ziehen kann.

3 Synonym zu Perks oder Perquisits wird in der Literatur auch der Begriff Fringe Benefits verwendet. Man versteht darunter geldwerte Vorteile, auf die der im Unternehmen Tätige aufgrund seiner Position zugreifen kann und die nicht als Gehalt ausbezahlt werden, aber das Unternehmen finanziell belasten, wie z.B. eine kürzere als die vereinbarte, normale Arbeitszeit oder Nutzung eines Firmenflugzeugs statt eines Dienstwagens auf Strecken, auf denen sich dadurch keine Zeitersparnis ergibt. Diese Vorteile gehen streng genommen über ähnliche Nebenleistungen hinaus, die vertraglich vorgesehen und als Gehaltsbestandteil anzusehen sind. Es handelt sich um übermäßige, also über das normale Maß hinausgehende Vorteile, die keine direkten oder indirekten positiven Rückwirkungen auf das Unternehmen haben.

4 M. C. Jensen und W. H. Meckling (1976), S. 314.

5 Dahinter steht die Annahme, daß z.B. mehr Freizeit die Produktivität des im Unternehmen Tätigen nicht erhöht.

Abb. II.1: Unternehmenswert und Perkkonsum des geschäftsführenden Gesellschafters

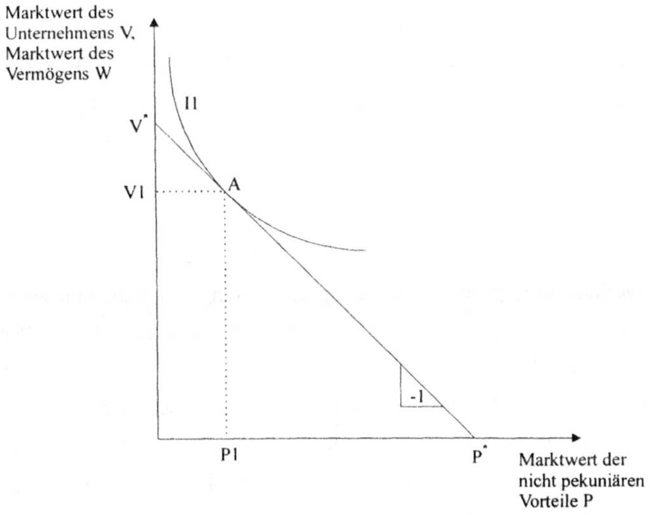

V: Marktwert des Unternehmens
W: Marktwert des Vermögens des geschäftsführenden Gesellschafter
I: Nutzenindifferenzkurve des geschäftsführenden Gesellschafters
P: Konsum an nicht pekuniären Vorteilen des geschäftsführenden Gesellschafter

Quelle: In Anlehnung an M. C. Jensen u. W. H. Meckling (1976), S. 316.

Nimmt der geschäftsführende Gesellschafter nun einen externen Eigenkapitalgeber auf, der nicht an der Geschäftsführung beteiligt ist, so resultiert daraus eine Prinzipal-Agent-Beziehung. Der Altgesellschafter selbst behält einen Anteil α am Unternehmen, der neue Eigenkapitalgeber erwirbt den verbleibenden Anteil $(1-\alpha)$. Der neue Eigenkapitalgeber (Prinzipal) beauftragt den geschäftsführenden Gesellschafter (Agent), das Unternehmen auch in seinem Interesse zu führen, d.h. den Marktwert des Unternehmens und damit den seiner Beteiligung zu maximieren. Während der neue Gesellschafter einen Teil des Unternehmensrisikos übernimmt, ist der geschäftsführende Gesellschafter weiterhin allein befugt, das Unternehmen zu führen und nach außen zu vertreten.[1]

1 Jensen und Meckling betrachten in ihrem Modell nur eine einmalige Entscheidung des geschäftsführenden Gesellschafters, einen neuen Gesellschafter aufzunehmen. M. C. Jensen

Zu klären ist, welchen Preis der neue Gesellschafter für seinen Anteil (1-α) am Unternehmen zu zahlen bereit ist. Dabei sei unterstellt, daß sich der potentielle Neugesellschafter frei entscheiden kann, ob er diesen Unternehmensanteil, einen anderen oder auch gar keinen Unternehmensanteil erwirbt. Der Wert des Unternehmens und damit die Beschaffungspreisobergrenze des neuen Gesellschafters hängen von der Höhe des Perkkonsums des geschäftsführenden Gesellschafters ab. Da der neue Gesellschafter an den Kosten des Perkkonsums des Altgesellschafters in Höhe von (1-α) P beteiligt wird, ohne einen Nutzen daraus zu ziehen, ist zu erwarten, daß der Altgesellschafter seinen Perkkonsum im Vergleich zur Ausgangssituation ausdehnt.[1] Er profitiert von einem erhöhten Perkkonsum in vollem Maße, trägt die Kosten aber nur anteilig in Höhe von α P. Seine Vermögenslinie wird deswegen nach dem Anteilsverkauf eine geringere Steigung aufweisen als zuvor, und zwar - α. Er wird sich wiederum für die Kombination von Unternehmenswert und Perkkonsum entscheiden, die ihm den höchsten Nutzen stiftet. Aufgrund der Drehung der Vermögenslinie V*P* im Punkt A kann der Altgesellschafter nun ein höheres Nutzenniveau I2 im Punkt B realisieren. Der Marktwert des Unternehmens sinkt von V1 auf V2, sein Perkkonsum dehnt sich aber von P1 auf P2 aus. Abbildung II.2 verdeutlicht diesen Zusammenhang.

---

und W. H. Meckling (1976), S. 314. Probleme, die aus einer dynamischen Betrachtung resultieren könnten, wie z. B. Reaktionen des neu aufgenommenen Gesellschafters auf ein Fehlverhalten des geschäftsführenden Gesellschafters, bleiben damit außer acht.

1 A. Barnea, R. A. Haugen und L. W. Senbet (1981), S. 11.

Abb. II.2: Unternehmenswert und Perkkonsum des geschäftsführenden Gesellschafters bei Aufnahme eines neuen Gesellschafters ohne Antizipation der Verhaltensänderung

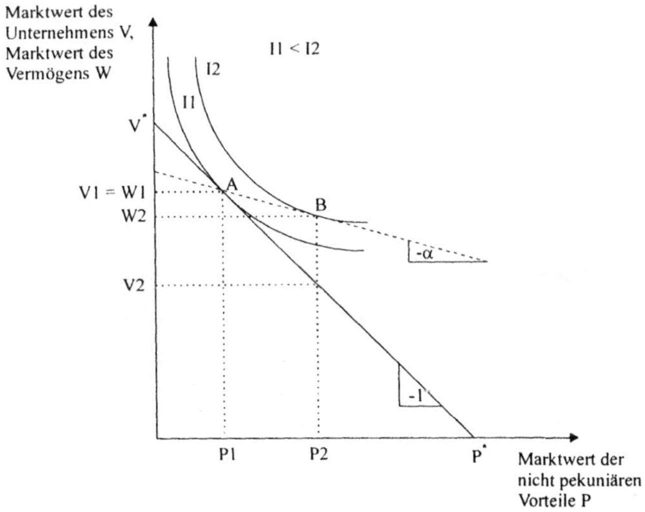

V: Marktwert des Unternehmens
W: Marktwert des Vermögens des geschäftsführenden Gesellschafters
I: Nutzenindifferenzkurve des geschäftsführenden Gesellschafters
P: Konsum an nicht pekuniären Vorteilen des geschäftsführenden Gesellschafters

Quelle: In Anlehnung an M. C. Jensen u. W. H. Meckling (1976), S. 316.

Antizipiert der neue Gesellschafter den erhöhten Perkkonsum des Altgesellschafters nicht, ist anzunehmen, daß er bereit ist, (1-α) V1 für den Unternehmensanteil zu bezahlen. Das Vermögen des Altgesellschafters W2 setzt sich damit aus dem Wert seines Unternehmensanteils und dem Verkaufserlös aus dem anderen Unternehmensanteil zusammen, d.h. W2 = α V2 + (1-α) V1. Der geschäftsführende Gesellschafter erleidet in der Situation 2 einen Vermögensverlust in Höhe von α (V1 - V2) im Vergleich zur Ausgangssituation, genießt aber einen höheren Konsum an Perks. Auch diesen Sachverhalt spiegelt Abbildung II.2 wider.

Da alle Beteiligten annahmegemäß einen maximalen eigenen Nutzen anstreben, wird der neue Gesellschafter den erhöhten Perkkonsum des Altgesellschafters jedoch berücksichtigen, wenn er seine Beschaffungspreisobergrenze bestimmt.[1] Er wird nicht bereit sein, (1-α) V1 für seinen Unternehmensanteil zu bezahlen, sondern nur (1-α) jenes Wertes, den er dem Unternehmen aufgrund des veränderten Verhaltens des geschäftsführenden Gesellschafters beimißt. Da beide Beteiligten nicht zur Transaktion gezwungen sind, wird sich das neue Gleichgewicht in dem Bereich einpendeln, in dem die Abgabepreisuntergrenze des geschäftsführenden Gesellschafters und die Beschaffungspreisobergrenze des Neugesellschafters in Einklang zu bringen sind.[2]

Nach Jensen und Meckling ist es nicht erforderlich, daß das Verhalten des Agenten perfekt antizipierbar ist. Hinreichend sind vielmehr die Annahmen, daß am Markt die Anteile sehr vieler Unternehmen umgesetzt werden, die Marktteilnehmer rational handeln, sich die Erwartungen der Marktteilnehmer in den Preisen widerspiegeln[3] und die Fehleinschätzungen des Agentenverhaltens unabhängig voneinander sind. Dann läßt sich das Risiko, das Verhalten des Agenten falsch zu antizipieren, durch Diversifikation beseitigen. Insgesamt gesehen läßt sich Unternehmensvermögen deshalb ohne Abschlag für dieses Risiko am Markt verkaufen.

Der Gleichgewichtspreis des Unternehmensanteils liegt demzufolge in dem dargestellten Modell auf der Vermögenslinie V*P*,[4] die sämtliche Kombinationen von Perkkonsum und Unternehmenswert erfaßt.[5] Der neue Gleichgewichtspunkt C ist der Tangentialpunkt einer Indifferenzkurve des Altgesellschafters an dessen Vermögenslinie V\`P\`. Der Unternehmenswert beträgt damit in dieser Situation V2 und entspricht dem Preis. Der Unternehmenswert wird nicht über V2 liegen, da der Gesellschafter für diesen Fall auf einen Teil seines Perkkonsums verzichten müßte, aber nur anteilig von diesem Verzicht profitierte. Der Unternehmenswert wird aber auch nicht unter V2 liegen, da in der Gesamtsicht von der richtigen Antizipation des Verhaltens des geschäftsführenden Gesellschafters auszugehen ist. Das Vermögen des Altgesell-

1 Hier sei rationales Verhalten des neuen Eigenkapitalgebers unterstellt. M. C. Jensen und W. H. Meckling (1976), S. 318.

2 Zum Zusammenhang zwischen Wert und Preis siehe W. Stützel (1976).

3 Zur Informationseffizienz siehe E. F. Fama (1970); ders. (1991).

4 Der Preis des Unternehmensanteils wird nicht oberhalb der Vermögenslinie V*P* liegen, weil der neue Gesellschafter dann mehr für den Unternehmensanteil bezahlen müßte, als er ihm wert ist. Unter rational handelnden Wirtschaftssubjekten kommt es dann aber zu keiner Transaktion. Der Preis wird allerdings auch nicht unterhalb der Vermögenslinie V*P* liegen, da hier der Altgesellschafter nicht abgabebereit ist.

5 M. C. Jensen und W. H. Meckling (1976), S. 319.

schafters setzt sich nunmehr aus seinem Unternehmensanteil und dem Verkaufserlös zusammen, d.h. $W2' = \alpha\, V2 + (1 - \alpha)\, V2 = V2$.

Abb. II.3: Unternehmenswert und Perkkonsum des geschäftsführenden Gesellschafters bei Aufnahme eines neuen Gesellschafters und perfekter Antizipation der Verhaltensänderung

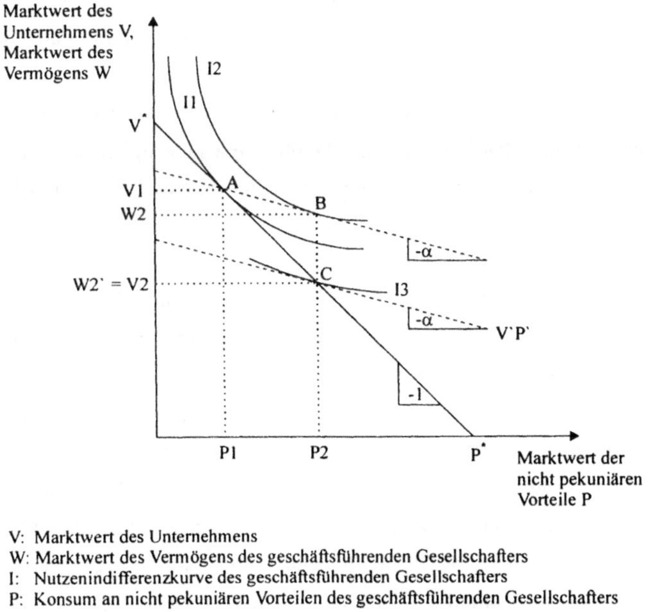

Quelle: In Anlehnung an M. C. Jensen u. W. H. Meckling (1976), S. 316.

Durch die Aufnahme eines neuen Eigenkapitalgebers sinkt der Unternehmenswert von V1 auf V2. Die Abnahme des Unternehmenswertes um (V1 - V2) beziffert die Kosten aus dem Vertragsverhältnis zwischen dem geschäftsführenden Gesellschafter und dem neuen Gesellschafter, d.h. aus der Prinzipal-Agent-Beziehung. Sie sind allein von dem geschäftsführenden Gesellschafter, d.h. dem Agenten, zu tragen, da der Wert seines Vermögens um diesen Betrag abnimmt. Seine Wohlfahrt mindert sich jedoch nicht in gleichem Ausmaß, da er seinen Perkkonsum erhöht und den Verkaufserlös anderweitig verwenden kann.[1] Der Altgesellschafter wird die Transaktion freiwillig nur dann durchführen, wenn letztlich seine Wohlfahrt im Vergleich zur Ausgangssituation zunimmt. Die Indifferenzkurven I1 und I3 sind somit nicht direkt vergleichbar, da I3 den Nutzen aus der Verwendung des Verkaufserlöses nicht erfaßt.[2]

Ergibt sich kein Nutzenzuwachs, dann sind dem geschäftsführenden Gesellschafter die Kosten der Agency-Beziehung zu hoch und er will einen höheren Preis für den Unternehmensanteil erzielen. Dann muß er den potentiellen Neugesellschafter überzeugen, daß er nachhaltig weniger Perks konsumieren wird und das Unternehmen damit einen höheren Wert hat. Er wird diese Anstrengungen aber nur auf sich nehmen, wenn er dadurch selbst ein höheres Nutzenniveau erreicht. Der Altgesellschafter könnte einen verminderten Perkkonsum glaubhaft machen, indem er dem Neugesellschafter Kontrollrechte einräumt oder sich vertraglich an einen geringeren Perkkonsum bindet.

Wie wirken sich nun Kontrollaktivitäten auf das Ausmaß der Reibungsverluste aus?[3] Es sei angenommen, daß Kontrolle des geschäftsführenden Gesellschafters seinen Perkkonsum reduziert, aber mit abnehmendem Grenzerfolg. Die Linie CDF in Abbildung II.4 stellt die Höhe des Unternehmenswertes in Abhängigkeit vom versprochenen Abbau des Perkkonsums dar. Der Abstand der Vermögenslinie V*P* zu der Linie CDF spiegelt die Aufwendungen für die Kontrolle wider. Werden K Einheiten für die Kontrolle aufgewendet, wird der geschäftsführende Gesellschafter seinen Perkkonsum von P2 auf P3 reduzieren. Potentielle Neugesellschafter werden jedoch nicht bereit sein, anteilig V3 für einen Unternehmensanteil zu zahlen, sondern antizipieren die Kosten der Kontrolle und mindern ihre Beschaffungspreisobergrenze in dieser Höhe. Damit ergibt sich als neuer Unternehmenswert V3`. Auch in diesem Fall trägt allein der geschäftsführende Gesellschafter als Prinzipal die Kosten der

---

1 M. C. Jensen und W. H. Meckling (1976), S. 319.

2 Gleiches galt auch für I1 und I2. Dort war jedoch die Wohlfahrtsverbesserung eindeutig, da I2 ein höheres Nutzenniveau als I1 repräsentierte. Andernfalls müßte man annehmen, der Nutzen aus dem Anteil (1-α) V und der entsprechende Verkaufserlös stiften für den Altgesellschafter den gleichen Nutzen. Dann ließe sich aber die Verkaufsabsicht nicht begründen.

3 Bindet sich der Agent vertraglich an einen verminderten Perkkonsum, so entsprechen die Wirkungen denen bei Einräumung von Kontrollmöglichkeiten. M. C. Jensen und W. H. Meckling (1976), S. 325.

Kontrolle, erntet aber auch deren Erträge.[1] Er wird sich jedoch nur dann der Kontrolle unterwerfen, wenn der Nutzenzuwachs durch den höheren Unternehmenswert den Nutzenverlust aus dem reduzierten Perkkonsum überkompensiert. Abbildung II.4 zeigt, daß der Altgesellschafter durch die Einräumung von Kontrollrechten seine Wohlfahrt von I3 auf I4 verbessert. Das Nutzenniveau I4 dominiert I3 und repräsentiert zudem eine Situation mit höherem Verkaufserlös. Die Kosten der Prinzipal-Agent-Beziehung (V1 - V3`) setzen sich nunmehr aus den Kosten für Kontrolle (K = V3 - V3`) sowie der Minderung des Unternehmenswertes (V1 - V3) zusammen, die trotz der ergriffenen Kontrollmaßnahmen verbleibt.

Abb. II.4: Unternehmenswert und Perkkonsum des geschäftsführenden Gesellschafters bei Aufnahme eines neuen Gesellschafters unter Berücksichtigung von Kontrollrechten

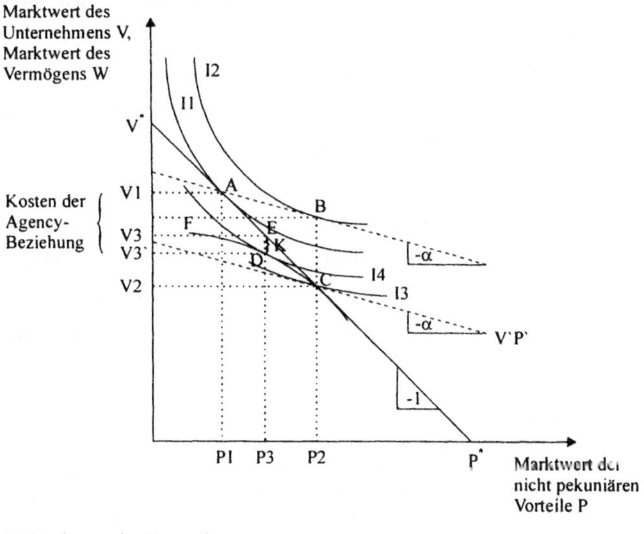

V: Marktwert des Unternehmens
W: Marktwert des Vermögens des geschäftsführenden Gesellschafters
I: Nutzenindifferenzkurve des geschäftsführenden Gesellschafters
P: Konsum an nicht pekuniären Vorteilen des geschäftsführenden Gesellschafters

Quelle: In Anlehnung an M. C. Jensen u. W. H. Meckling (1976), S. 316.

[1] Hier zeigt sich, daß es irrelevant ist, ob der Prinzipal oder der Agent die Zahlungen für Kontrolle oder Selbstbindung vornimmt. Wirtschaftlich gesehen trägt stets der Agent die Kosten, sofern der Prinzipal dessen Verhalten richtig antizipiert. M. C. Jensen und W. H. Meckling (1976), S. 325.

Die bisherigen Ausführungen bezogen sich auf den Spezialfall, daß ein geschäftsführender Gesellschafter einen Teil seines Unternehmens an einen neuen Eigenkapitalgeber verkaufen möchte. Sie lassen sich jedoch im Grundsatz auf jede Agency-Beziehung übertragen. Um weitere Aspekte einer Agency-Beziehung zu verdeutlichen, ist es nützlich, die Analysen auf die Beziehung zwischen Management und Eigentümern eines Unternehmens auszudehnen.[1] Wie Jensen und Meckling in ihrer Annahme eines großen Kapitalmarkts bereits anklingen lassen, kommt dem Wettbewerb unter den Agenten eine große Bedeutung zu.[2] In dem dargestellten Modell handelt es sich um den Wettbewerb um Eigenkapitalgeber. Je leichter ein Agent durch einen anderen substituierbar ist, d.h. je mehr ähnliche Eigenkapitaltitel am Markt für den Kapitalanleger verfügbar sind, desto eher wird der Agent im Interesse des Prinzipals handeln. Übertragen auf die Agency-Beziehung zwischen Management und Eigenkapitalgebern bedeutet das, daß Manager bei ihren Handlungen die Interessen der Eigentümer um so stärker beachten werden, je größer ihre Angst ist, ansonsten Gehaltseinbußen zu erleiden oder sogar ihren Arbeitsplatz zu verlieren.[3] Die Gefahren dürften für einen Manager um so höher sein, je geringer sein firmenspezifisches Fachwissen ist, je einfacher sich seine Leistung beurteilen läßt und je geringer die Kosten sind, einen neuen Manager einzuarbeiten.[4]

Wenngleich in dem Modell nur der Zeitpunkt der Kaufentscheidung des Eigenkapitalgebers betrachtet wird, lassen sich die Überlegungen auf einen Zeitraum ausdehnen. Der Prinzipal kann dann auch auf das Handeln des Agenten reagieren, was den Agenten zusätzlich disziplinieren dürfte. Der Markt für Unternehmenskontrolle dürfte

---

1 Zur Spezifikation der Agency-Probleme an der Schnittstelle zwischen Eigentümern und Managern siehe beispielsweise M. C. Jensen (1986). Da die Größe eines Unternehmens das Gehalt und das Ansehen eines Managers positiv beeinflussen kann, besteht die Gefahr, daß Manager Unternehmen über ihre optimale Größe hinaus expandieren. Sie werden deshalb auch dann Zahlungsmittel im Unternehmen behalten wollen, wenn sie diese im Betrachtungszeitpunkt in kein Projekt mit positivem Nettobarwert investieren können und mithin Ausschüttung geboten wäre. Sie behalten damit aber die Verfügungsgewalt über vorhandene Ressourcen und müssen sich bei erneutem Kapitalbedarf nicht der Kontrolle des Kapitalmarkts stellen. Es besteht somit die Gefahr, daß der Manager die „überschüssigen Zahlungsmittel" nicht effizient im Sinne der Eigenkapitalgeber einsetzt.

2 M. C. Jensen und W. H. Meckling (1976), S. 318 und 328f.

3 E. F. Fama (1980), S. 292; A. Barnea, R. A. Haugen und L. W. Senbet (1981), S. 12. Dabei ist der Wettbewerb zwischen den Managern eines Unternehmens, möglicherweise sogar auf unterschiedlichen Hierarchiestufen, aber auch zwischen unternehmensinternen und unternehmensexternen Managern zu beachten.

4 M. C. Jensen und W. H. Meckling (1976), S. 329.

insofern dazu beitragen, die Agency-Kosten zu reduzieren, als daß ganze Managementteams in Wettbewerb zueinander stehen.[1] Handeln Manager suboptimal, könnte es zu Unternehmensübernahmen kommen, so daß die Manager ihren Arbeitsplatz verlören.[2] Übertragen auf die Beziehung zwischen Management und Eigentümern läßt sich daraus schließen, daß Wettbewerb zwischen Managern im Zeitpunkt ihrer Einstellung, aber auch während ihrer gesamten Tätigkeit in einem Unternehmen dazu beitragen kann, die Interessendivergenzen zu reduzieren.

Die Bedeutung von Transparenz klang bereits in Zusammenhang mit der Beurteilung der Leistung eines Managers sowie der Antizipation seines Verhaltens an. Ein Manager wird seine Interessen nur dann hinter die der Eigentümer zurückstellen, wenn er dafür adäquat belohnt wird. "Gute" Manager, d.h. Manager, die ihre Informationen und ihre Arbeitskraft vollständig im Interesse der Eigentümer einsetzen, werden nach Möglichkeiten suchen, ihre Auftraggeber davon zu überzeugen. Gelingt den Managern dies, so werden sie insofern dafür belohnt, als daß die Auftraggeber geringere Reibungsverluste bei der Kalkulation ihrer Beschaffungspreisobergrenze, hier beim Gehalt des Managers, berücksichtigen. Folglich trägt die Transparenz auf dem Managermarkt dazu bei, die Agency-Kosten aus der Beziehung zwischen Management und Eigentümern zu reduzieren.[3]

III. Agency-Probleme zwischen Eigenkapitalgebern und Fremdkapitalgebern

Im vorigen Teilkapitel wurde unterstellt, daß ein Unternehmen mit homogenen Parten finanziert wird, d.h. nur mit Eigenkapital. Bei Finanzierung mit heterogenen Parten (mit Eigen- und Fremdkapital) treten zu den Reibungsverlusten zwischen geschäftsführenden Gesellschaftern und nichtgeschäftsführenden Gesellschaftern auch Interessenkonflikte zwischen Gesellschaftern und Fremdkapitalgebern hinzu. Es liegt nahe, auch diesen Aspekt der Agency-Theorie zu beleuchten, da die Probleme auf

1 Siehe zum Markt für Unternehmenskontrolle grundlegend H. G. Manne (1965).

2 J. Drukarczyk (1993), S. 637f.

3 Bezogen auf Abbildung II.4 kann Transparenz auf dem Markt des Agenten dazu beitragen, die Vermögenslinie CDF nach oben zu verschieben, da die Kontrollkosten sinken. Neben dem Aktienmarkt, dem Managermarkt und dem Markt für Unternehmenskontrolle können auch interne Kontrollmechanismen, wie z.B. unabhängige externe Boardmitglieder und Publizitätsanforderungen, fungieren. E. F. Fama und M. C. Jensen (1983a); dies. (1983b).

Direktzusagen und Pensionsrückstellungen, die Fremdkapital darstellen, übertragbar sein könnten.

In der Literatur unterscheidet man vier mögliche Ansatzpunkte für Konflikte zwischen Eigenkapital- und Fremdkapitalgebern:[1]

1. Änderung der Dividendenpolitik
2. Aufnahme gleich- oder höherrangiger Fremdkapitalgeber
3. Änderung des Unternehmensrisikos
4. Unterlassen von Investitionen.

Erhöhen die Eigenkapitalgeber ceteris paribus die Dividendenzahlungen, wird das haftende Unternehmensvermögen reduziert. Die Fremdkapitalgeber müssen mit einem höheren möglichen Ausfall rechnen. Das haftende Unternehmensvermögen reduziert sich für Alt-Fremdkapitalgeber ebenfalls, wenn ein Unternehmen neue vorrangige Verbindlichkeiten eingeht und verteilt sich auf einen größeren Gläubigerkreis bei Aufnahme gleichrangiger Verbindlichkeiten. Das Problem, daß die Eigenkapitalgeber das Unternehmensrisiko nach Aufnahme eines Fremdkapitalgebers zu dessen Lasten erhöhen, läßt sich verdeutlichen, indem man das Eigenkapital und das Fremdkapital einer Kapitalgesellschaft optionstheoretisch betrachtet. Interpretiert man den Eigenkapitalgeber als Inhaber einer Kaufoption auf das Unternehmensvermögen, so fungiert ein Fremdkapitalgeber als Stillhalter dieser Option und Inhaber des Unternehmensvermögens.[2] Bei Fälligkeit des Fremdkapitals und damit der Option wird der Eigenkapitalgeber die Option ausüben, sofern der Wert des Unternehmensvermögens den Rückzahlungsbetrag des Fremdkapitals übersteigt. Andernfalls läßt er die Option verfallen, dem Fremdkapitalgeber verbleibt das Unternehmensvermögen, d.h. die Konkursmasse. Der Fremdkapitalgeber erleidet dann einen Verlust in Höhe der Differenz aus Rückzahlungsbetrag und Unternehmenswert.

Der Wert der Option steigt mit zunehmendem Unternehmensrisiko, was im Interesse des Optionsinhabers liegt. Der Eigenkapitalgeber hat somit einen Anreiz, das Risiko

---

1 C. W. Smith, Jr., und J. B. Warner (1979), S. 118f.

2 S. A. Ross, R. W. Westerfield und J. F. Jaffe (1990), S. 576 - 589. Dabei sei unterstellt, daß der Fremdkapitalgeber Inhaber eines Zero-Bonds ist, dessen Nominalbetrag über den Rückzahlungsbetrag des Fremdkapitals lautet. Andernfalls müßten alle einzelnen Zinszahlungen analog als Optionen interpretiert werden. Darüber hinaus haften die Eigenkapitalgeber nicht persönlich, sondern nur mit dem Unternehmensvermögen.

der Investitionsprojekte nach Aufnahme eines Fremdkapitalgebers zu erhöhen, da er das Unternehmensvermögen, das den Rückzahlungsbetrag des Fremdkapitals übersteigt, in voller Höhe vereinnahmt.[1] Zudem ist er nicht nachschußpflichtig, wenn der Wert des Unternehmensvermögens den Fremdkapitalbetrag unterschreitet. Das Risikoanreizproblem ist um so größer, je mehr das Unternehmensvermögen dem Rückzahlungsbetrag des Fremdkapitals entspricht.[2] Übersteigt das Unternehmensvermögen den Fremdkapitalbetrag in der Ausgangssituation erheblich, so mindern negative Abweichungen vom Erwartungswert des Unternehmensvermögens zwar das Unternehmensvermögen, dürften die Fremdkapitaltilgung jedoch nicht gefährden. Der Verlust wäre in voller Höhe durch den Eigenkapitalgeber zu tragen.

Der vierte Aspekt kommt zum Tragen, wenn der Rückzahlungsbetrag des Fremdkapitals den Wert des Unternehmensvermögens selbst dann übersteigt, wenn man Investitionsprojekte mit positivem Nettobarwert umsetzte. Die Eigenkapitalgeber werden keinen Anreiz haben, die Projekte durchzuführen.[3] Der Ertrag aus den Projekten käme einzig den Fremdkapitalgebern zugute, da sich deren Ausfälle durch das gestiegene Unternehmensvermögen reduzierten.[4]

Die Wohlfahrt des Fremdkapitalgebers hängt somit von dem Verhalten des Eigenkapitalgebers oder des Managements ab.[5] Der Fremdkapitalgeber fungiert damit als Prinzipal und der Eigenkapitalgeber als Agent.[6] Wesentliche Voraussetzung für die

---

1 M. C. Jensen und W. H. Meckling (1976), S. 336f. Es sei unterstellt, daß sich das Unternehmen jederzeit zum Marktwert veräußern läßt.

2 Auf Aktienoptionen übertragen bedeutet das, daß der Wert der Kaufoption am Geld am stärksten auf eine Volatilitätsänderung reagiert. Kaufoptionen aus dem Geld sind bei Kapitalgesellschaften nach deutscher Konkursordnung vernachlässigbar. Sind die Verbindlichkeiten größer als das Vermögen des Unternehmens (Kaufoption aus dem Geld), muß das Unternehmen Konkurs anmelden. Wegen der Kosten des Verfahrens ist dann auch bei günstigem weiteren Verlauf nicht mehr davon auszugehen, daß es noch zu Zahlungen an die Eigenkapitalgeber kommt.

3 Rechtlich gesehen wären die Eigenkapitalgeber bereits verpflichtet, den Konkurs ihres Unternehmens anzumelden, so daß dieses Problem eher theoretischer Natur ist.

4 J. Zechner (1982), S. 189.

5 M. C. Jensen und W. H. Meckling (1976), S. 336. Dabei sei unterstellt, daß perfekte Interessenkongruenz zwischen Management und Eigentümern vorliegt oder daß der Eigentümer selbst das Unternehmen führt.

6 Zechner weist darauf hin, daß die aufgezeigten fremdfinanzierungsbedingten Agency-Kosten „keine Agency Costs im eigentlichen Sinn darstellen, da die Beziehung zwischen Auftraggeber und dem Vertreter fehlt.“ J. Zechner (1982), S. 189. Nach der allgemeineren Definition einer

Probleme an der Schnittstelle zwischen Fremdkapitalgeber und Eigenkapitalgeber ist wiederum, daß die Informationen zwischen den Beteiligten asymmetrisch verteilt sind. Der Fremdkapitalgeber wird die Anreize des Eigenkapitalgebers, die Dividenden-, Finanzierungs- und Investitionspolitik zu ändern, antizipieren. Für die Risiken wird er eine zusätzliche Risikoprämie fordern, so daß die Kapitalkosten des Unternehmens steigen. Die Kosten aus der Agency-Beziehung hat - auch in diesem Fall - der Eigenkapitalgeber als Agent zu tragen, zumindest solange der Fremdkapitalgeber seine Anlageentscheidung frei treffen kann. Wie beim Konflikt zwischen Eigenkapitalgebern können Kontrollrechte und Selbstbindungsmechanismen zu einem Abbau der Agency-Kosten beitragen.[1] Je intensiver der Wettbewerb der Unternehmen um das Fremdkapital ist, desto eher ist damit zu rechnen, daß die Eigenkapitalgeber den potentiellen Fremkapitalgebern Kontrollrechte einräumen und sich selbst binden, um den Risikoaufschlag und damit die Kapitalkosten gering zu halten.

Die Grundlagen der Agency-Theorie werden im folgenden dazu genutzt, die Durchführungsformen der privaten Alterssicherung zu analysieren. Für fremdkapitalartige Formen der Alterssicherung wird explizit auf die Verschwendungsanreize der Eigenkapitalgeber als Agenten eingegangen. Dabei liegt es nahe, zu Beginn jedes Abschnitts die Agency-Beziehungen bei der jeweiligen Durchführungsform herauszuarbeiten. In einem zweiten Schritt läßt sich dann hinterfragen, welche Reibungsverluste[2] aus den einzelnen Agency-Beziehungen entstehen können und wer sie zu tragen haben dürfte. Daran anknüpfend bietet es sich an, nach Rahmenbedingungen in der privaten Alterssicherung zu suchen, die niedrigere Reibungsverluste erwarten lassen. Besondere Bedeutung kommt hier dem Wettbewerb als Schutz vor Ineffizienzen zu.

Agency-Beziehung durch Pratt und Zeckhauser ist diese Übertragung aber unmittelbar zulässig. J. W. Pratt und R. J. Zeckhauser (1985), S. 2.

1 Als ein Beispiel sei die Negativklausel in Kreditverträgen genannt.

2 Synonym zu Reibungsverlusten werden nachfolgend die Ausdrücke Verschwendungsanreize und Agency-Kosten verwendet.

B. Altersversorgung über den Arbeitgeber im Lichte der Agency-Theorie

Zunächst sollen die Formen der Alterssicherung betrachtet werden, die ausschließlich ein Arbeitgeber für seine Arbeitnehmer vornehmen kann. Dazu zählen die Direktzusage und die Versorgungszusagen über Unterstützungs- und Pensionskassen. Direktversicherungen analysiert das nachfolgende Teilkapitel, da sie ein Arbeitnehmer in ähnlicher Form auch im Rahmen der individuellen Alterssicherung abschließen kann. Die Lebensversicherungsunternehmen, über die ein Arbeitgeber Direktversicherungen vereinbart, dienen zudem nicht ausschließlich der betrieblichen Alterssicherung, sondern stehen allen Anlegern offen.

I. Direktzusagen

Bei der Direktzusage erteilt der Arbeitgeber dem Arbeitnehmer unmittelbar eine Versorgungszusage, aus der die Höhe der Leistungen, der Beginn der Versorgungspflicht sowie die Ereignisse hervorgehen, die den Versorgungsfall auslösen können.[1] Sie lauten in aller Regel nicht auf einmalige Kapitalleistungen, deren Höhe fixiert ist,[2] sondern auf wiederkehrende Rentenleistungen, deren Umfang heute noch ungewiß ist.[3]

Will man die Prinzipal-Agent-Beziehungen aufzeigen, liegt es nahe, sich zunächst alle Personen vor Augen zu führen, die eine Direktzusage tangiert. Offensichtlich sind das der Arbeitnehmer und der Arbeitgeber. Darüber hinaus sind in bestimmten Fällen auch die Mitglieder des PSV betroffen.[4] Abbildung II.5 veranschaulicht die Rechtsbeziehungen bei Direktzusagen.

---

1 Zu Formen der Versorgungszusage siehe P. Ahrend, W. Förster und N. Rößler (1995), 1. Teil: Rdnr. 124f., sowie Seite 21 im ersten Teil der Arbeit.

2 Kapitalleistungen unterliegen nicht der Anpassungsüberprüfungspflicht des § 16 BetrAVG. P. Ahrend und W. Förster (1991), S. 97f.

3 Wenngleich wiederkehrende Rentenleistungen üblich sind, kann ein Arbeitnehmer bei geringfügiger Anwartschaft unter den Voraussetzungen des § 3 BetrAVG eine Abfindung erhalten, wenn sein Arbeitsverhältnis endet. In diesem Ausnahmefall handelt es sich um eine einmalige Kapitalleistung.

4 Zudem kann der Gesetzgeber die Wohlfahrt der aufgeführten Personen beeinflussen. Das ist z.B. für den Arbeitgeber dann der Fall, wenn der Gesetzgeber arbeitsrechtliche oder steuerrechtliche Änderungen vornimmt, an die sich der Arbeitgeber zu halten hat, auch wenn der Zeitpunkt der Erteilung einer Versorgungszusage vor der Gesetzesänderung liegt. Arbeitgeber

Abb. II.5: Rechtsbeziehungen bei Direktzusagen

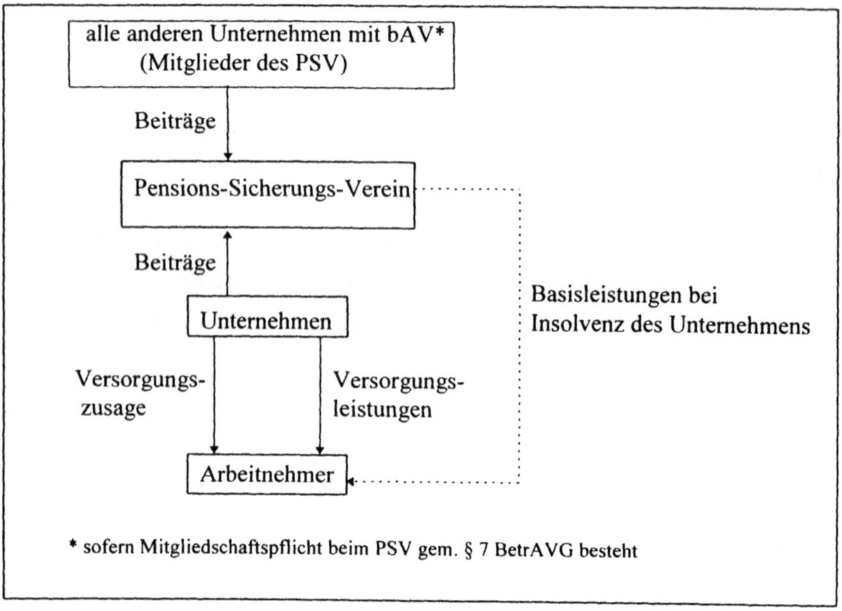

Es bietet sich an, sämtliche Rechtsbeziehungen systematisch danach zu untersuchen, welche Person in welchen Fällen die Wohlfahrt einer anderen Person beeinflussen kann. Dabei kommt es auch darauf an, ob eine Versorgungszusage noch verfallbar oder bereits unverfallbar ist.[1] Zunächst steht der Arbeitgeber als Agent im Zentrum der Analyse, da er den größten Verschwendungsanreizen unterliegen dürfte. Daran anschließend wird die Position des Arbeitnehmers als Agent betrachtet.

1. Der Arbeitgeber als Agent

Aus Abbildung II.5 über die Rechtsbeziehungen bei Direktzusagen geht hervor, daß der Arbeitgeber auf die Wohlfahrt des Arbeitnehmers Einfluß nehmen kann, aber auch

---

dürften dieses Risiko berücksichtigen, indem sie einen Abschlag bei der Höhe der Versorgungszusage vornehmen oder im Grenzfall keine Versorgungszusagen erteilen. Dem Arbeitnehmer hingegen dürften kaum Ausweichreaktionen möglich sein. Dieses Problem besteht jedoch bei allen Formen der privaten Alterssicherung; es dürfte aber um so gravierender sein, je länger die beteiligten Personen an bestimmte Verträge oder Abreden gebunden sind.

1 Zu den Unverfallbarkeitsfristen siehe Seite 28 im ersten Teil der Arbeit.

auf die Wohlfahrt aller anderen Unternehmen, die Mitglied des PSV sind.[1] Beide Beziehungen gilt es nachfolgend näher zu betrachten.

a) Der Arbeitnehmer als Prinzipal

Die Wohlfahrt eines Arbeitnehmers, dessen Versorgungszusage noch verfallbar ist, hängt von dem Fortbestand seines Arbeitsverhältnisses ab. Das Verhalten des Arbeitgebers kann die Wohlfahrt des Arbeitnehmers insofern beeinflussen, als eine betriebsbedingte Kündigung oder der Konkurs des Arbeitgebers das Arbeitsverhältnis beendet. Es ist davon auszugehen, daß Arbeitnehmer und Arbeitgeber ihren eigenen Nutzen maximieren möchten. Erteilt ein Arbeitgeber einem Arbeitnehmer eine Direktzusage, dürften wirtschafts- und personalpolitische Motive im Vordergrund stehen, auch wenn das Fürsorgemotiv nicht völlig zu vernachlässigen ist.[2] Des weiteren liegen unsichere Erwartungen bezüglich künftiger Umweltzustände vor, und es ist anzunehmen, daß die Informationen zwischen Arbeitnehmer und Arbeitgeber asymmetrisch verteilt sind. Damit sind alle Kriterien für eine Agency-Beziehung zwischen Arbeitgeber und Arbeitnehmer erfüllt.

Sobald eine Versorgungszusage unverfallbar ist, besteht für den Arbeitgeber eine unabdingbare Verbindlichkeit, die in ihrer Höhe und dem Zeitpunkt der Fälligkeit nach noch ungewiß ist. Der Arbeitgeber ist verpflichtet, diese unabdingbare Verbindlichkeit in Höhe der Anwartschaft zu antizipieren, indem er Pensionsrückstellungen bildet. Er kann über die Verwendung des Alterssicherungsvermögens frei entscheiden. Die Ertragskraft der Anlage oder allgemeiner der Unternehmenserfolg können jedoch - wenn auch nur in begrenztem Umfang - Einfluß auf die Wohlfahrt des Arbeitnehmers nehmen, d.h. auf die Höhe seiner Versorgungsleistungen.

Der Unternehmenserfolg ist für den Arbeitnehmer unbedeutend, solange der Arbeitgeber solvent ist und die Versorgungsleistungen erbringt.[3] Im Falle eines

---

1 Zur Mitgliedschaftspflicht beim PSV siehe die Seiten 41ff. im ersten Teil der Arbeit.

2 P. Ahrend und W. Förster (1991), Einführung S. 15; B. Uebelhack (1995), Rdnr. 9, S. 5.

3 Gleichwohl mag es andere Gründe dafür geben, daß ein Arbeitnehmer am Unternehmenserfolg interessiert ist. Z.B. könnte er Belegschaftsaktien halten und damit gleiche Ziele wie die anderen Eigentümer verfolgen.

Konkurses ändert sich das. Die unverfallbaren Versorgungszusagen sind zunächst aus der Konkursmasse zu bedienen. Für nicht befriedigte Ansprüche steht der PSV in der Höhe ein, in der sie im Zeitpunkt des Konkurses bestehen.[1] Diese Leistungen seien als Basisleistungen bezeichnet. Ein Arbeitnehmer erhält auch sie unabhängig von dem Erfolg des Unternehmens. Die Arbeitnehmer verlieren aber im Falle des Konkurses das Recht auf künftige Rentenerhöhungen nach § 16 BetrAVG.[2] Welche Nachteile einem Arbeitnehmer darüber hinaus entstehen, hängt von der Ausgestaltung seiner Versorgungszusage ab. Werden beispielsweise bei der Ermittlung der Rentenhöhe die letzten Gehälter vor Eintritt des Versorgungsfalls überproportional gewichtet oder die Dauer der Betriebszugehörigkeit besonders belohnt, so können "jungen" Arbeitnehmer aus einem Konkurs erhebliche finanzielle Nachteile entstehen.[3] Die Anpassungen nach § 16 BetrAVG und potentielle Erhöhungen der Anwartschaften aufgrund der Versorgungszusage seien nachfolgend als Zusatzleistungen oder -versorgung bezeichnet. Bezogen auf diese Zusatzleistungen besteht somit unmittelbar eine Prinzipal-Agent-Beziehung zwischen dem Arbeitgeber als Agent und dem Arbeitnehmer als Prinzipal.

Im folgenden stellt sich die Frage, welche Anreize für den Arbeitgeber bestehen, nicht im Sinne des Arbeitnehmers zu handeln. Ein Arbeitgeber könnte bestrebt sein, das Arbeitsverhältnis mit einem Arbeitnehmer zu lösen, bevor dessen Versorgungsansprüche unverfallbar sind. Ein Arbeitnehmer könnte sich gegen diese Gefahr schützen, indem er seinen Arbeitgeber beispielsweise danach auswählt, ob er ein langfristiges Arbeitsverhältnis erwartet und ob er die betriebliche Alterssicherungszusage mitgestalten darf. Die Verhandlungsposition des Arbeitnehmers ist dabei um so besser, je günstiger sich die Arbeitsmarktsituation im allgemeinen darstellt und je gefragter seine Qualifikation im speziellen ist. Ein funktionierender Arbeitsmarkt kann somit zum Abbau der Agency-Kosten beitragen. Daneben wahren gesetzliche Regelungen, z. B. das Kündigungsschutzgesetz, die Interessen des Arbeitnehmers.

---

1 § 7 II BetrAVG. Zu den genauen Voraussetzungen des Eintretens des PSV siehe § 7 I BetrAVG. Der Arbeitnehmer muß seine Ansprüche im Konkursverfahren nicht selbst durchsetzen. Sie gehen vielmehr auf den PSV über, der dann an den Arbeitnehmer leistet.

2 Zur Anpassungspflicht nach § 16 BetrAVG siehe die Seiten 25f. Zur Diskussion der fehlenden Anpassungspflicht des PSV siehe V. Matthießen (1996), S. 1037.

3 Bei den dargestellten Beispielen ist es für die Höhe der Versorgung des Arbeitnehmers wichtig, ob er 10 Jahre in einem Unternehmen und weitere 10 Jahre in einem anderen Unternehmen tätig ist oder ob er 20 Jahre in demselben Unternehmen arbeitet. Es ist anzunehmen, daß die zweite Konstellation für ihn vorteilhaft ist. Siehe dazu OECD (1998), S. 70f.

Weiterhin könnte ein Arbeitgeber mit Vergabe von Direktzusagen den Anreizen unterliegen, die eben auch bei der üblichen Aufnahme von Fremdkapital bestehen. Erhöht der Arbeitgeber seine Dividendenzahlungen, erhöht sich das Risiko, daß er die betrieblichen Altersrenten nicht vereinbarungsgemäß erbringen kann. Die Arbeitnehmer ihrerseits haben keinen Einfluß auf die Dividendenpolitik. In ähnlicher Weise verschlechtert sich die Situation für Arbeitnehmer mit Direktzusage, wenn ein Arbeitgeber weitere Direktzusagen erteilt oder sogar Fremdkapital von Gläubigern höherer Rangstellung aufnimmt.

Ein Arbeitgeber könnte zudem Investitionen mit besonders hohem Risiko durchführen und damit sein Insolvenzrisiko erhöhen. Dabei wird in Kauf genommen, daß die Versorgungszusagen und anderes Fremdkapital bei Fehlschlagen der Investition nicht vereinbarungsgemäß bedient werden können. An Investitionen, von denen allein die Arbeitnehmer als Bezieher von Altersrenten profitierten, dürfte ein Arbeitgeber ebenfalls wenig Interesse haben. In allen vier Fällen ist allerdings zu beachten, daß die Basisleistungen über den PSV abgesichert sind, so daß die Arbeitnehmer Verluste "nur" im Rahmen der Zusatzleistungen zu tragen hätten. Leidtragende für die Basisleistungen sind vor allem die anderen Unternehmen als Mitglieder des PSV.

Um die aufgezeigten Probleme abzubauen, sind verschiedene Lösungsansätze denkbar. Die Agency-Probleme, die aus einem Arbeitsplatzwechsel resultieren - sei es aufgrund einer Kündigung oder auf eigenen Wunsch -, dürften sich durch kürzere Unverfallbarkeitsfristen reduzieren lassen. Wurde die betriebliche Altersversorgung bislang vielfach als Bonus einer langjährigen Betriebstreue angesehen, trügen kürzere Unverfallbarkeitsfristen dazu bei, den Charakter der betrieblichen Altersversorgung an die strukturellen Änderungen des Arbeitsmarktes anzupassen. Als positiver Nebeneffekt könnte sich die Mobilität der Arbeitnehmer erhöhen, was aus gesamtwirtschaftlicher Sicht zu begrüßen wäre.[1]

---

[1] Auf die Chance, Mobilitätshemmnisse der Arbeitnehmer abzubauen, indem externe Finanzierungsformen der betrieblichen Altersversorgung gestärkt werden, weisen auch Nürk und Schrader hin. B. Nürk und A. Schrader (1995), S. 16. Schmitz gibt zu bedenken, daß einzelwirtschaftliche Interessen nicht zwangsweise mit gesamtwirtschaftlichen Interessen in Einklang stehen müssen. So binden beispielsweise einige Unternehmen bewußt bedeutende Führungskräfte durch entsprechend gestaltete Alterssicherungszusagen an ihr Unternehmen. J.-P. Schmitz (1996), S. 1552f.

Weitere Lösungsansätze lassen sich finden, wenn man dem Arbeitnehmer mehr Mitbestimmungsrechte bezüglich seiner betrieblichen Alterssicherung einräumte. Der Arbeitnehmer als Prinzipal müßte nach der Theorie frei entscheiden dürfen, ob er eine bestimmte betriebliche Alterssicherungszusage akzeptiert oder nicht.[1] Betrachtet man die betrieblichen Alterssicherungsleistungen als einen Teil der Gesamtvergütung, wird der Arbeitnehmer einen um so geringeren Anteil der Gesamtvergütung als betriebliche Alterssicherungsleistungen erhalten wollen, je höher er die Reibungsverluste aus der Agency-Beziehung einschätzt. Erbringt ein Arbeitgeber aber lieber betriebliche Alterssicherungsleistungen als andere Vergütungen, wird er dem Arbeitnehmer zu signalisieren versuchen, daß er in dessen Sinne handelt. Mit einem Ergebnis, das den Arbeitnehmer befriedigt, ist aber nur zu rechnen, wenn der Arbeitnehmer die Zusammensetzung seiner Gesamtvergütung selbst bestimmen darf. Damit ist nur dann zu rechnen, wenn die Verhandlungsposition des Arbeitnehmers stark genug ist, d.h. wenn ein funktionierender Arbeitsmarkt existiert. Je weniger die Probleme über den Markt lösbar sind, z.B. wegen eines Arbeitnehmerüberangebots, desto eher werden vertragliche oder gesetzliche Regelungen nötig, um die Position des Arbeitnehmers zu stärken. Da hier nicht der Arbeitgeber als Agent die Agency-Kosten trägt, sondern der Arbeitnehmer als Prinzipal, dürfte für den Arbeitgeber kein Anlaß bestehen, sich um eine Reduzierung der Reibungsverluste zu bemühen. Um so mehr ist der Gesetzgeber gefordert, dazu beizutragen, die Reibungsverluste in der betrieblichen Altersversorgung über Direktzusagen zu reduzieren. Die betriebliche Alterssicherung stärker in ein Gesamtvergütungssystem einzubeziehen, über dessen Zusammensetzung der Arbeitnehmer bestimmt oder mitbestimmt, scheint ein vielversprechender Weg zu sein.

b) Die anderen Mitglieder des Pensions-Sicherungs-Vereins als Prinzipal

Wie oben herausgearbeitet wurde, hat das Handeln des Arbeitgebers keine Auswirkungen auf die Basisversorgung des Arbeitnehmers, da der PSV für sie einzustehen hat. Muß der PSV leisten, werden aufgrund des Rentenwert-Umlageverfahrens alle

---

[1] Nach dem Bundesarbeitsgericht ist die Entscheidung des Arbeitgebers für einen Durchführungsweg der betrieblichen Altersversorgung mitbestimmungsfrei, weil die Wahl des Durchführungswegs von so wesentlicher Bedeutung für die Finanzierung ist. M. Schoden (1994), Teil I, Rdnr. 156, S. 126.

Mitglieder des PSV belastet.[1] Die Höhe des Mitgliedsbeitrags eines Arbeitgebers richtet sich nach dem Volumen seiner Versorgungszusagen[2] und dem Schadensvolumen des Geschäftsjahrs. Das Schadensvolumen umfaßt Versorgungsfälle aus Neuinsolvenzen, Umwandlungsfälle aus Insolvenzen früherer Geschäftsjahre[3] sowie Fälle vertraglich zugesagter Dynamisierung aus bisherigen Insolvenzen.[4] Der Beitragssatz ergibt sich als Quotient aus den erforderlichen Beiträgen des Geschäftsjahres und der Summe der Beitragsbemessungsgrundlagen aller Mitglieder. Das Handeln eines einzelnen Arbeitgebers beeinflußt damit die Wohlfahrt der Solidargemeinschaft, die sich aus allen mitgliedspflichtigen Arbeitgebern zusammensetzt.[5] Die Bonität des einzelnen versicherten Mitglieds bleibt bei der Beitragsbemessung außer acht.

Die Reibungsverluste, mit denen an der Schnittstelle zwischen dem Arbeitgeber und den Mitgliedern des PSV zu rechnen ist, lassen sich jedoch mindern. Einen Anknüpfungspunkt bietet das Beitragssystem des PSV. Grünbichler schlägt vor, die Versicherungsprämie eines Unternehmens an dessen Insolvenzrisiko zu koppeln.[6] Um möglichst niedrige Versicherungsprämien zu zahlen, könnten Mitglieder das Risiko ihrer Investitionspolitik zügeln. Grünbichler weist aber selbst auf die Probleme hin, das Insolvenzrisiko eines Unternehmens zu bestimmen. Gegen risikoadäquate Versicherungsprämien spricht auch der sonstige Erhebungsaufwand.[7] Zudem erhöht sich die

---

1 Die Mitgliedschaft der Arbeitgeber ist gesetzlich verbindlich, sofern sie bestimmte Versorgungszusagen erteilen, § 10 I BetrAVG.

2 Die Beitragsbemessungsgrundlage ist festzustellen auf den Schluß des Wirtschaftsjahres des Arbeitgebers, das im abgelaufenen Kalenderjahr endete. Sie entspricht bei Direktzusagen dem Teilwert der Pensionsverpflichtung gemäß § 6a EStG. Zu Unterstützungskassen und widerruflichen Direktversicherungen siehe § 10 III BetrAVG.

3 Die gesetzlich unverfallbaren Anwartschaften werden nicht im Jahr der Insolvenz des Arbeitgebers finanziert, sondern in dem Jahr, in dem der Versorgungsfall eintritt. Der PSV zahlt einen Einmalbeitrag an ein Konsortium der Lebensversicherungswirtschaft. Das Konsortium leistet dann die Rente an den Arbeitnehmer. Die Überschußanteile des Konsortiums fließen zu 98 % an den PSV zurück. E. Windel (1985), S. 41f.

4 E. Windel (1985), S. 45.

5 A. Grünbichler (1991), S. 61.

6 A. Grünbichler (1990); ders. (1991), S. 80 - 122.

7 Grünbichler gibt einen Überblick über das Prämienproblem aus Sicht der Literatur. Ebda., S. 80 - 82.

Insolvenzwahrscheinlichkeit insolvenzbedrohter Unternehmen, wenn sie exorbitante Beiträge zu entrichten haben.[1]

Ein anderer Weg, das Prämienvolumen zu reduzieren, könnte in der gegenseitigen Kontrolle der Unternehmen bestehen. Dem steht entgegen, daß ein Unternehmen kaum gewillt sein dürfte, ein anderes zu kontrollieren, wenn es befürchten muß, daraufhin selbst kontrolliert zu werden.[2] Die Kosten der Kontrolle liefern ein weiteres Gegenargument.[3] Außerdem wird eine Kontrolle nur dann erfolgversprechend sein, wenn der Kontrolleur über Sanktionsmöglichkeiten verfügt. Denkbar wäre der Ausschluß eines Unternehmens aus dem PSV, wenn es ein bestimmtes Insolvenzrisiko überschreitet. Gegen eine solche Maßnahme ist einzuwenden, daß sie an dem Ziel des PSV vorbeiliefe, die Versorgungsansprüche der Versorgungsanwärter und -empfänger abzusichern.

Weiterhin wäre denkbar, im Wege des Asset funding das Alterssicherungsvermögen aus dem Unternehmensvermögen auszugliedern, z.B. in Spezialfonds.[4] Diese Maßnahme allein mindert jedoch das Insolvenzrisiko des Unternehmens wenig. Sie müßte begleitet werden von Änderungen der Konkursordnung oder der rechtlichen Verselbständigung des Wirtschaftssubjekts,[5] in das das Alterssicherungsvermögen ausgegliedert wird, sowie von Diversifikationsgeboten für das Fondsvermögen. Ein ausgegliedertes Alterssicherungsvermögen bringt auch den Vorteil mit sich, daß die

---

1 Risikoadjustierte Versicherungsprämien lassen sich als Selbstbindungsmaßnahme interpretieren. Das oben angeführte Problem stellt ein generelles Problem der Kontroll- und Selbstbindungsmechanismen dar: Sie werden häufig erst ausgelöst, wenn das Unternehmen bereits schlecht dasteht, und verstärken ihrerseits den Trend noch.

2 Das setzt allerdings ähnliche Kontrollstärke und Sanktionsmechanismen voraus. Roe stellt als goldene Regel für betriebliche Pensionsfonds in den USA fest: „Do unto other companies as you would have their pension funds do unto your company." M. J. Roe (1995), S. 115. Im Ergebnis wird also nicht kontrolliert.

3 M. J. Roe (1991), S. 12. Zur Free-Rider-Problematik siehe auch J. P. Hawley und A. T. Williams (1996), S. 25.

4 Diverse Vorschläge zur Neuausrichtung der privaten Alterssicherung zielen in diese Richtung. J. M. Großmann (1992); B. Nürk und A. Schrader (1995); Bundesverband Deutscher Investment-Gesellschaften e.V. (1996); F. Wehlmann (1996). Derzeit ist bereits ein großer Teil betrieblichen Alterssicherungsvermögens in Spezialfonds investiert. Siehe dazu Deutsche Bundesbank (1994b); H. K. Kandlbinder (1997), insbesondere Tabelle 9 auf S. 762. Kritisch dazu M. Schaber und G. Staber (1995), S. 168f.

5 Versorgungsanwärter haben im Konkursverfahren keinen Anspruch auf bevorrechtigte Befriedigung, § 61 I Nr. 6 KO. P. Ahrend, W. Förster und N. Rößler (1995a), 1. Teil: Rdnr. 579 - 580.

Deckung der Versorgungsverbindlichkeiten besser zu überwachen ist. Aus Sicht der Arbeitgeber gewänne diese Form an Reiz, wenn sich die Erträge aus dem Alterssicherungsvermögen steuerfrei thesaurieren ließen.[1] Da es sich bei Direktzusagen um Festbetragszusagen handelt, könnte der Arbeitgeber dem Anreiz erliegen, eine besonders riskante Anlagestrategie zu fahren. Bei erfreulicher Fondsperformance reduziert sich seine Belastung aus der betrieblichen Altersversorgung. Die Sicherungskosten sinken aber nur, wenn das Risiko abnimmt, daß der Arbeitgeber seine Versorgungsverpflichtungen nicht erfüllen kann. Die Belastungen der Mitglieder des PSV blieben sonst unverändert.

Ein weiteres Hemmnis, die Deckungsmittel aus dem Unternehmensvermögen auszugliedern, läßt sich aus der Free-Cash-Flow-Hypothese ableiten.[2] Ihr zufolge wollen die Manager eines Unternehmens über ein möglichst hohes Vermögen verfügen. Die Bildung von Pensionsrückstellungen entspricht diesem Ziel in hohem Maße.[3] Die Gläubiger der Versorgungsverbindlichkeiten verfügen dabei kaum über wirkungsvolle Kontrollmechanismen oder setzen sie nicht ein. Gliederten die Unternehmen das Alterssicherungsvermögen aus, reduzierten sich die Mittel, über die sie frei verfügen können. Bei Kapitalbedarf müßten sie sich an den Kapitalmarkt wenden und sich der Kontrolle von Eigen- oder Fremdkapitalgebern unterwerfen. Unternehmen werden den Weg der Ausgliederung nur beschreiten, wenn sie erwarten, daß die damit verbundenen Vorteile die aufgezeigten Nachteile überkompensieren.[4]

Es lassen sich kaum Instrumente finden, die die Reibungsverluste aus der Beziehung zwischen der Solidargemeinschaft der Arbeitgeber und dem einzelnen versorgungsgewährenden Arbeitgeber reduzieren, wenn man an der derzeitigen Rechtslage festhält. Demzufolge erscheint es sachgerecht, Lösungswege zu beschreiten, bei denen sich eine

---

1 Derzeit sind Erträge aus dem Alterssicherungsvermögen steuerpflichtig, da das Alterssicherungsvermögen Bestandteil des Unternehmensvermögens ist. Eine Minderung der Steuerlast läßt sich jedoch durch Einschaltung eines Spezialfonds erreichen.

2 Zur Free-Cash-Flow-Hypothese siehe Fußnote 1 auf Seite 144.

3 F. R. Kaen und H. C. Sherman (1994).

Wenngleich Pensionsrückstellungen jährlich zu verzinsen sind, handelt es sich dabei nur um eine Zinskapitalisierung. Zahlungsmittel fließen nicht ab.

4 Wenn Unternehmen bei der Ausgliederung ihrer Versorgungsmittel ein weiteres Unternehmen einschalten, z.B. ein Kreditinstitut, eine Kapitalanlagegesellschaft oder eine Versicherung, dann entsteht eine zusätzliche Agency-Beziehung. Es ist zu erwarten, daß aus dieser Agency-Beziehung neue Reibungsverluste resultieren.

institutionelle Absicherung der betrieblichen Alterssicherungsleistungen weitgehend erübrigt.

2. Der Arbeitnehmer als Agent

Eine Prinzipal-Agent-Beziehung besteht zwischen dem Arbeitnehmer als Agent und dem Arbeitgeber als Prinzipal, wenn das Verhalten des Arbeitnehmers die Wohlfahrt des Arbeitgebers beeinflußt.

Solange eine Versorgungszusage verfallbar ist, kann das Verhalten des Arbeitnehmers die Wohlfahrt des Arbeitgebers nicht negativ beeinflussen. Kündigt der Arbeitnehmer das Arbeitsverhältnis, entfallen seine Versorgungsanwartschaften. Der Arbeitgeber wird bezüglich des Versorgungsverhältnisses besser als zuvor gestellt. Eine Prinzipal-Agent-Beziehung aus der Versorgungszusage besteht in diesem Fall nicht.

Sind Versorgungszusagen hingegen unverfallbar, so kann ein Arbeitnehmer die Wohlfahrt des Arbeitgebers beeinflussen, indem er den Versorgungsfall frühzeitig herbeiführt, beispielsweise durch Vorziehen des Ruhestands.[1] § 6 BetrAVG spricht dem Versorgungsanwärter einen gesetzlichen Anspruch auf vorgezogene betriebliche Altersversorgungsleistungen zu, wenn und solange er vorgezogene Altersrenten aus der gesetzlichen Rentenversicherung bezieht.[2] Der Arbeitnehmer wird zudem sein eigenes Interesse verfolgen und auf die Wohlfahrt des Arbeitgebers keine Rücksicht nehmen, zumal er nach Eintritt in den Ruhestand nicht mehr mit nachteiligen Reaktionen des Arbeitgebers rechnen muß. Unsichere Erwartungen bezüglich künftiger Umweltzustände sowie asymmetrische Informationsverteilung zwischen den Beteiligten liegen offensichtlich ebenfalls vor. Damit besteht zwischen dem Arbeit-

---

1 In diesem Unterabschnitt werden vornehmlich die Leistungen der reinen Altersversorgung betrachtet. Gleichwohl kann ein Arbeitnehmer auch beabsichtigen, frühzeitig Leistungen der Invaliditäts- und der Hinterbliebenenversorgung zu beziehen. Er wird die Ereignisse, die den Arbeitgeber zu diesen Versorgungsleistungen verpflichten, jedoch kaum herbeiführen wollen. Der Arbeitnehmer hat insofern kaum einen Anreiz, verschwenderisch zu handeln. Trotzdem bleibt anzumerken, daß die Feststellung des jeweiligen Tatbestands durch die zuständigen Stellen mit unterschiedlichem Eifer erfolgen kann, so daß auch hier Agency-Probleme zu erwarten sind.

2 Zur Beziehung zwischen betrieblicher Altersversorgung und gesetzlicher Rentenversicherung siehe auch B.-J. Andresen (1997), S. 16.

nehmer als Agent und dem Arbeitgeber als Prinzipal eine Prinzipal-Agent-Beziehung. Sie ist vergleichbar mit der Beziehung bei einer privaten Rentenversicherung.[1]

Abgesehen von der altersbedingten Versorgungsdauer besteht für den Arbeitnehmer der Anreiz, einen möglichst hohen Gesamtbetrag an betrieblichen Altersversorgungsleistungen zu beziehen. Damit müßte es seine Intention sein, den Versorgungsfall möglichst frühzeitig auszulösen. Kann ein Arbeitnehmer beispielsweise darüber entscheiden, vor Erreichen des gesetzlichen Rentenalters in den Ruhestand zu gehen oder weiter zu arbeiten, mag sich die Aussicht, bei vorgezogenem Ruhestand keine oder nur geringe Einbußen in der Höhe der monatlichen betrieblichen Altersversorgung zu erleiden, positiv auf die Wahl des Ruhestands auswirken. Das dürfte beispielsweise bei Arbeitnehmern in Betracht kommen, die bereits 30 Jahre bei ihrem Arbeitgeber beschäftigt sind und deren Versorgungszusage so gestaltet ist, daß sie schon nach 25 Jahren Unternehmenszugehörigkeit den Höchstanspruch auf betriebliche Altersversorgungsleistungen erwerben. Eine 25 Jahre übersteigende Unternehmenszugehörigkeit führt dann nicht mehr dazu, daß sich die jährlichen betrieblichen Altersversorgungsansprüche noch erhöhen. Der Barwert der betrieblichen Versorgungsleistungen ist bei gleichem Rentenzahlungsende aber um so höher, je früher die Rentenzahlungen beginnen.

Da der Arbeitgeber kaum in der Lage ist, das Verhalten des einzelnen Arbeitnehmers zu antizipieren, könnte er die Risiken berücksichtigen, indem er die Versorgungszusage für alle Arbeitnehmer um einen Risikoabschlag mindert oder im Extremfall keine Versorgungszusagen erteilt. Damit trägt letztlich der Arbeitnehmer als Agent die Kosten der Agency-Beziehung aus der Direktzusage, da der Arbeitgeber als Prinzipal entscheiden kann, ob er Direktzusagen erteilt und wie er die Versorgungszusagen gestaltet.

Das Problem des Arbeitgebers, den Gesamtbetrag der Rentenleistungen a priori nicht zu kennen, könnte sich durch Selbstbindung oder Kontrolle des Arbeitnehmers zumindest reduzieren lassen. Der Arbeitnehmer könnte beispielsweise - rein theoretisch - auf eine vorzeitige Inanspruchnahme der betrieblichen Altersversorgungs-

---

1 Vorwiegend besteht hier das Problem des moral hazard. Siehe dazu beispielsweise G. A. Akerlof (1970); D. Mayers und C. W. Smith, Jr. (1981), S. 409f.; O. S. Mitchell, J. M. Poterba, M. J. Warshawsky (1997).

leistungen von vornherein verzichten. Mit einem freiwilligen Verzicht ist aber eher nicht zu rechnen. Ebenso scheidet eine Kontrolle des Arbeitnehmerverhaltens aus.

Es liegt jedoch in der Hand des Arbeitgebers, den Anreiz einer vorzeitigen Inanspruchnahme der betrieblichen Altersversorgung über die inhaltliche Gestaltung der Versorgungszusage zu beeinflussen. Grundsätzlich schreibt das Betriebsrentengesetz nicht vor, wie die Betriebsrente zu berechnen ist, wenn ein Arbeitnehmer sie nach § 6 BetrAVG mit Eintritt in den vorzeitigen Ruhestand in Anspruch nimmt. Entscheidend sind die Regelungen der jeweiligen Versorgungsordnung.[1] Erführe ein Arbeitnehmer Abschläge von seiner Betriebsrente, die ihm unverhältnismäßig hoch erscheinen, könnte ihn das veranlassen, auf den vorzeitigen Ruhestand zu verzichten. Von derart harten Regelungen wäre aber auch der Arbeitnehmer betroffen, der nicht freiwillig in den Ruhestand wechselt, sondern von seinem Arbeitgeber in den Vorruhestand geschickt wird. Der Arbeitgeber profitierte dann zusätzlich von einer geringeren Belastung aus der betrieblichen Altersversorgung.

Alternativ ließe sich § 6 BetrAVG dahingehend ändern, daß man die Leistungen der betrieblichen Altersversorgung von der gesetzlichen Altersrente loslöst.[2] Naheliegend wäre, den Beginn der betrieblichen Altersrente an einen festen Termin zu koppeln, der vom Arbeitnehmer nicht zu beeinflussen ist.[3] Dieser Ansatz trüge zwar dazu bei, speziell das Problem der vorzeitigen Inanspruchnahme von betrieblichen Altersversorgungsleistungen zu mindern. Ob derart starre Regelungen die Attraktivität der betrieblichen Alterssicherung steigern, ist jedoch zweifelhaft.

Sinnvoller erscheint es, bei vorgezogenem Ruhestand Abschläge von den betrieblichen Versorgungsleistungen vorzunehmen, die auf versicherungsmathematischen Berechnungen basieren und den Arbeitgeber nicht schlechter stellen, als würde er die

---

1 Enthält die Versorgungsordnung keine Bestimmungen, so hat das Bundesarbeitsgericht allgemeine Auslegungsregeln entwickelt. BAG (1995), sowie die dort zitierte Rechtsprechung.

2 In diese Richtung zielt das Rentenreformgesetz 1992. Wenngleich mit § 42 SGB VI die gesetzliche Teilrente eingeführt wird, dehnt sich der Anspruch nicht über § 6 BetrAVG auf die betriebliche Altersrente aus. Um sie vorzeitig zu beziehen, muß der Arbeitnehmer die gesetzliche Rente in voller Höhe in Anspruch nehmen, Teilansprüche sind ausgeschlossen. P. Ahrend und W. Förster (1991), S. 62.

3 Denkbar wäre für Altersrenten beispielsweise die Vollendung des 65. Lebensjahres. Dieser Weg läßt sich jedoch nicht beschreiten bei betrieblichen Versorgungsleistungen, die aufgrund von Invalidität gewährt werden.

Versorgungsleistungen erst bei planmäßigem Versorgungsbeginn erbringen müssen. Gilt das zunächst nur für den Fall, daß der Arbeitnehmer vorzeitig die gesetzliche Altersrente in Anspruch nimmt und damit die Leistungspflicht des Arbeitgebers auslöst, könnten sie auch für weiterreichende Reformen von Interesse sein. Man könnte es beispielsweise dem Arbeitnehmer überlassen, ab wann er betriebliche Altersversorgungsleistungen beziehen möchte. Versicherungsmathematisch ermittelte Abschläge müßte er dann in Kauf nehmen.

Die aufgezeigten Reformansätze beschränken sich auf Korrekturen der rechtlichen Rahmenbedingungen von Direktzusagen. Dabei scheint nur der zuletzt aufgezeigte Weg ökonomisch sinnvoll zu sein. Geht man einen Schritt weiter, bietet sich die Vorsorgezusage als andere Art der Alterssicherungszusage an. Die betriebliche Alterssicherungsleistung bestünde allein darin, daß der Arbeitgeber seinen Beitrag an ein Alterssicherungsinstitut entrichtet und damit seine Haftung erlischt. Es wird dem Arbeitgeber dann egal sein, ab wann der Arbeitnehmer über das angesparte Alterssicherungsvermögen verfügt.[1]

Oben wurde bereits auf Parallelen zu Agency-Problemen in der privaten Rentenversicherung hingewiesen. Ein Arbeitgeber ist aber günstiger als ein Versicherungsunternehmen gestellt. Die Arbeitnehmer sind als Gruppe beim Arbeitgeber pflichtversichert. Bei einem Lebensversicherungsunternehmen werden hingegen insbesondere solche Personen eine Rentenversicherung abschließen, die ein überdurchschnittlich langes Leben erwarten.[2] Kranke Personen ohne versorgungsberechtigte Angehörige werden sich auf diese Art kaum versichern. Derartige, aus Sicht des Versicherers "gute Risiken" sind jedoch über Direktzusagen mit einbezogen. Die Risikostruktur der Arbeitnehmer, die eine Direktzusage erhalten, dürfte somit günstiger sein als die der Versicherungsnehmer eines Lebensversicherungsunternehmens. Es ist damit davon auszugehen, daß die Kosten einer Rentenversicherung für einen Arbeitgeber niedriger sind als für ein Lebensversicherungsunternehmen.

---

1 Zu weiteren Vorteilen der Vorsorgezusage gegenüber der Versorgungszusage siehe die Seiten 205 - 213.

2 Zu den Vorteilen einer Gruppen- gegenüber einer Individualversicherung siehe beispielsweise D. Mayers und C. W. Smith, Jr. (1981), S. 419f.

Das in diesem Teilabschnitt aufgezeigte Agency-Problem dürfte weiter an Bedeutung verlieren, wenn die Altersgrenzen für den Bezug der gesetzlichen Altersrente in den nächsten Jahren sukzessive angehoben werden.[1] Auch scheinen sich die Reibungsverluste aus dieser Agency-Beziehung mit vergleichsweise einfachen Mitteln reduzieren zu lassen.

Bezieht der Arbeitnehmer bereits Versorgungsleistungen von seinem Arbeitgeber, beeinflußt er ceteris paribus die Wohlfahrt des Arbeitgebers nicht mehr durch bewußtes Handeln. Gleichwohl steigt der Gesamtbetrag der Versorgungsleistungen, den der Arbeitgeber zu erbringen hat, mit zunehmender Versorgungsdauer. Dieses Problem besteht jedoch bei allen Durchführungsformen der privaten Altersversorgung mit lebenslangen Rentenleistungen. Der Arbeitnehmer unterliegt allerdings keinen Verschwendungsanreizen, so daß diese Agency-Beziehung außer acht gelassen wird.

Zusammenfassend verdeutlicht Abbildung II.6 die Agency-Beziehungen, die bei Direktzusagen bestehen.

1 Zuletzt wurde die Anhebung der Altersgrenzen durch das Wachstums- und Beschäftigungsförderungsgesetz vom 25.09.1996 forciert.

Abb. II.6: Rechtsbeziehungen und Agency-Beziehungen bei Direktzusagen

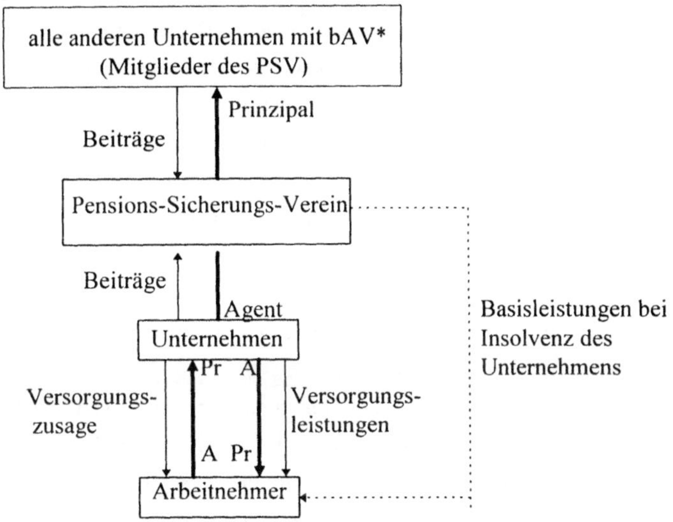

* sofern Mitgliedschaftspflicht beim PSV gem. § 7 BetrAVG besteht

II. Versorgungszusagen über Unterstützungskassen

Organisiert der Arbeitgeber die Altersversorgung über eine Unterstützungskasse, lagert er die betriebliche Altersversorgung weitgehend aus, haftet aber weiter für die Versorgungsverbindlichkeiten. Besonderes Augenmerk ist hier auf die Beziehungen zwischen Unterstützungskasse und Arbeitgeber sowie zwischen Unterstützungskasse und Arbeitnehmer zu richten.

Die Agency-Beziehungen zu den anderen Mitgliedern des PSV und zu den Arbeitnehmern, in denen der Arbeitgeber als Agent fungiert, entsprechen denen bei der Direktzusage.

Die Beziehung zwischen der Unterstützungskasse als Agent und dem Trägerunternehmen als Prinzipal könnte als weitere Agency-Beziehung hinzukommen. Da Unterstützungskassen als Einzel-, Konzern- oder Gruppenunterstützungskassen organisiert sind[1] und das bzw. die Trägerunternehmen damit maßgeblichen Einfluß auf die Unterstützungskasse ausüben können, ist nicht zu erwarten, daß die Unterstützungskasse ihren eigenen Nutzen maximiert, sondern daß sie im Interesse ihres Trägerunternehmens handelt.[2] Zudem sind Zuwendungen des Trägerunternehmens an die Unterstützungskasse nur in begrenztem Rahmen steuerlich anerkannt.[3] Die Unterstützungskasse verwaltet damit nur ein Kassenvermögen, das im Vergleich zu den anderen Durchführungsformen gering ist. Üblicherweise überlassen darüber hinaus Unterstützungskassen das Kassenvermögen ihrem Trägerunternehmen als Darlehen.[4] Diese Anlage mag eine schlechtere Verzinsung bringen als eine Anlage am Markt und damit für das Trägerunternehmen von Nachteil sein. Sie dürfte jedoch trotzdem vom Trägerunternehmen veranlaßt sein und letztlich in dessen Interesse erfolgen.

Je enger eine Unterstützungskasse mit dem Trägerunternehmen verknüpft ist, desto schwächer dürfte die Agency-Beziehung sein. Reibungsverluste sind deswegen am ehesten bei Unterstützungskassen zu erwarten, die für verschiedene Unternehmen gemeinsam agieren. Aus der bloßen Zwischenschaltung der Rechtsfigur Unterstützungskasse, deren Interessen voll in Einklang mit denen des Trägerunternehmens stehen und die selbst kein Risiko trägt, resultiert hingegen keine zusätzliche Prinzipal-Agent-Beziehung.

Betrachtet man analog zu den Direktzusagen auch hier den Arbeitnehmer als Agenten, dann könnte die Unterstützungskasse an die Stelle des Arbeitgebers als Prinzipal treten. Der Arbeitgeber hat als Träger der Unterstützungskasse aber Zuwendungen an die Unterstützungskasse zu leisten und für ihre Verbindlichkeiten einzustehen.[5] Erträge aus dem Kassenvermögen führen dazu, daß der Arbeitgeber niedrigere Zuwendungen an die Unterstützungskasse leisten muß.[6] Demzufolge wirkt sich das Handeln des

---

1 H. H. Melchiors und L. Escher (1997), S. 37f.

2 In der Satzung der Unterstützungskasse läßt sich beispielsweise regeln, daß die Geschäftsführung des Trägerunternehmens den Vorstand der Unterstützungskasse bestellt und die Verwaltung des Kassenvermögens in dessen Aufgabenbereich fällt. F. Schwarzbauer (1995), S. 14f.

3 Zu den steuerrechtlichen Rahmenbedingungen siehe die Seiten 35 - 39 im ersten Teil der Arbeit.

4 C. Spengel und F. Schmidt (1997a), S. 187.

5 M. Schoden (1994), Teil I, Rdnr. 34, S. 47; P. Ahrend, W. Förster und N. Rößler (1995a), 1. Teil: Rdnr. 579f.

6 F. Schwarzbauer (1995), S. 91f.

Arbeitnehmers als Agent nicht auf die Wohlfahrt der Unterstützungskasse, sondern mittelbar auf das Trägerunternehmen aus.

Die Verschwendungsanreize der Agenten sowie die Vorschläge, diese zu reduzieren, entsprechen denen bei Direktzusagen. Abbildung II.7 verdeutlicht zusammenfassend die Rechtsbeziehungen und die Agency-Beziehungen zwischen dem Trägerunternehmen, der Unterstützungskasse und den Arbeitnehmern. Die Agency-Beziehung zwischen dem Trägerunternehmen und der Unterstützungskasse ist mit einem unterbrochenen Pfeil gekennzeichnet, da das Ausmaß der Reibungsverluste von der Organisationsstruktur der Unterstützungskasse abhängt.

Abb. II.7: Rechtsbeziehungen und Agency-Beziehungen bei mittelbaren Versorgungszusagen über Unterstützungskassen

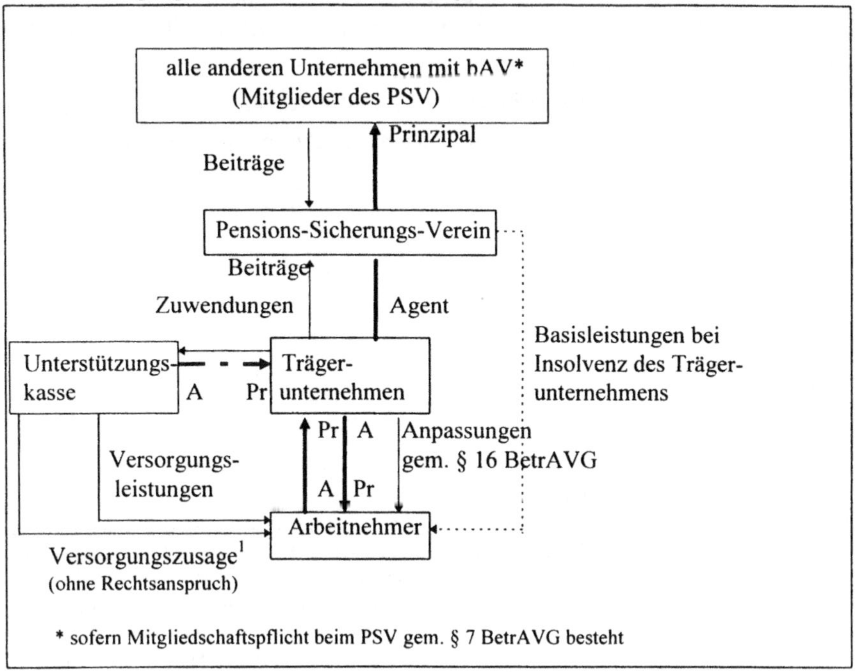

[1] Nach § 1 IV BetrAVG gewährt die Unterstützungskasse keinen Rechtsanspruch auf die Versorgungsleistungen. Dieser Tatbestand ist aber nicht weiter zu berücksichtigen, da Zusagen durch Unterstützungskassen infolge zahlreicher Urteile des Bundesarbeitsgerichts ähnlich verbindlichen Charakter wie Direktzusagen und Zusagen durch Pensionskassen erhalten haben. F. Schwarzbauer (1995), S. 10; P. Ahrend, W. Förster und N. Rößler (1995a), 3. Teil: Rdnr. 20.

III. Versorgungszusagen über Pensionskassen

Im Gegensatz zu den Versorgungszusagen über Unterstützungskassen sind die Versorgungszusagen über Pensionskassen stets voll dotiert.[1] Der Arbeitgeber erfüllt seine Verbindlichkeiten aus der betrieblichen Altersversorgung im wesentlichen damit, daß er die Beiträge an die Pensionskasse entrichtet. Er kann jedoch zu zusätzlichen Zuwendungen durch das Bundesaufsichtsamt für das Versicherungswesen gezwungen werden, wenn die Pensionskasse ihren Leistungsverpflichtungen nicht hinreichend nachkommen kann.[2] Auch zur Anpassung der laufenden Renten gemäß § 16 BetrAVG ist nicht die Pensionskasse selbst, sondern der Arbeitgeber verpflichtet.[3]

Der Arbeitnehmer erhält eine Versorgungszusage in der Form, daß ihm die Pensionskasse eine bestimmte Mindestversorgung garantiert und ihn darüber hinaus an den Vermögensüberschüssen des Deckungsvermögens beteiligt.[4] Damit hängt die Höhe seiner Altersversorgung entscheidend von der Wertentwicklung des Deckungsvermögens der Pensionskasse ab. Abbildung II.8 verdeutlicht die Rechtsbeziehungen, die zwischen der Pensionskasse, ihrem Trägerunternehmen und den Arbeitnehmern bestehen.

---

1 K.-J. Bode u.a. (1995), Rdnr. 27, S. 14.

2 P. Ahrend, W. Förster und N. Rößler (1995a), 5. Teil, Rdnr. 67. Denkbar ist beispielsweise, daß sich der Wert des Deckungsvermögens aufgrund eines Kurssturzes an den Finanzmärkten derart verringert, daß die Pensionskasse die garantierte Mindestleistung nicht erbringen kann.

3 M. Schoden (1994), zu § 16, Rdnr. 7, S. 289; o. Verf. (1997i). Mit Inkrafttreten des Rentenreformgesetzes 1999 können sich Arbeitgeber von dieser Verpflichtung befreien, wenn alle auf den Rentenbestand entfallenden Überschußanteile allein den Arbeitnehmern zufließen. P. A. Doetsch, W. Förster und J. Rühmann (1998), S. 262.

4 K.-J. Bode und E. R. Grabner (1997), S. 929. Gemäß § 38 VAG ist in der Satzung der Pensionskasse zu regeln, nach welchem Maßstab der Vermögensüberschuß an die Mitglieder zu verteilen ist. Denkbar sind eine Erhöhung der Leistungen, eine Minderung der Beiträge oder beide Maßnahmen. Wird auch der Arbeitgeber an den Überschüssen beteiligt, sind Vorschriften hinsichtlich der Körperschaftsteuerbefreiung der Pensionskasse zu beachten. K.-J. Bode u.a. (1995), Rdnr. 191f., S. 43.

Abb. II.8: Rechtsbeziehungen bei mittelbaren Versorgungszusagen über Pensionskassen

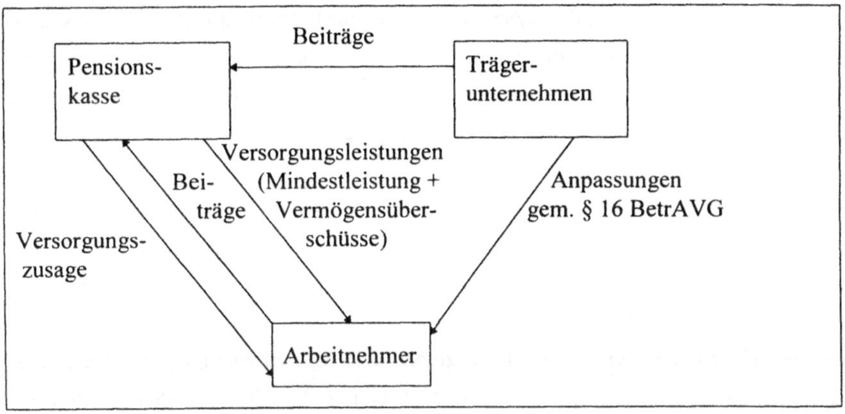

Auch bei mittelbaren Versorgungszusagen über Pensionskassen bietet es sich an, die einzelnen Agency-Beziehungen separat herauszuarbeiten, um Anknüpfungspunkte für Reformvorschläge aufzuzeigen. Dabei liegt es nahe, zunächst die Pensionskasse selbst als Agenten zu betrachten, da sie die höchsten Verschwendungsanreize erwarten läßt. Daran anschließend werden die Positionen des Arbeitgebers und des Arbeitnehmers als Agenten beleuchtet.

1. Die Pensionskasse als Agent

a) Der Arbeitgeber als Prinzipal

Da der Arbeitgeber als Trägerunternehmen der Pensionskasse zu Nachschüssen verpflichtet ist und gegebenenfalls Vermögensüberschüsse aus dem Deckungsvermögen dazu nutzen kann, seiner Anpassungspflicht der Renten gemäß § 16 BetrAVG nachzukommen, wirken die Aktivitäten der Pensionskasse unmittelbar auf die Wohlfahrt des Arbeitgebers.

Für das Bestehen einer Agency-Beziehung zwischen der Pensionskasse als Agent und dem Arbeitgeber als Prinzipal ist daneben Voraussetzung, daß beide ihre eigenen Interessen verfolgen. Pensionskassen sind klassischerweise für ein einzelnes

Unternehmen organisiert, aber auch als Konzern-Pensionskasse und als überbetriebliche oder Gruppen-Pensionskasse.[1] Eine Pensionskasse ist damit quasi ein eigenes Versicherungsunternehmen des Arbeitgebers[2] und dürfte letztlich nicht wirklich eigene Interessen verfolgen, sondern im Interesse ihres oder ihrer Trägerunternehmen handeln. Neben der Versicherungsaufsicht untersteht eine Pensionskasse demzufolge auch der Aufsicht ihres oder ihrer Trägerunternehmen.[3]

Fraglich ist jedoch, inwiefern das Trägerunternehmen von seinen Kontrollmöglichkeiten Gebrauch macht. Es wird die Pensionskasse aktiv kontrollieren, wenn es von ineffizientem Handeln der Pensionskasse Nachteile erlitte. Folglich ist zwischen der garantierten Mindestleistung, für die das Trägerunternehmen letztlich einzustehen hat, und den Überschußanteilen zu differenzieren. Die Wertentwicklung des Deckungsvermögens wird das Trägerunternehmen insbesondere dann interessieren, wenn droht, daß die Pensionskasse ihre garantierten Mindestleistungen nicht erbringen kann. Mit einer Kontrolle darüber hinaus ist zu rechnen, wenn das Trägerunternehmen selbst von den Vermögensüberschüssen profitiert. Sie könnte aber auch dann im Interesse des Trägerunternehmens liegen, wenn die Performance der Pensionskasse eine wesentliche personalpolitische Rolle spielte, um gute Arbeitnehmer für das Unternehmen zu gewinnen oder im Unternehmen zu halten.

Sollte es Reibungsverluste aus der Agency-Beziehung zwischen Pensionskasse und Trägerunternehmen geben, so ließen sich diese beseitigen, wenn man die Regelung träfe, daß das Trägerunternehmen mit Leistung der Beiträge jegliche Verpflichtungen aus den betrieblichen Versorgungszusagen erfüllt, so daß auch eine Nachschußpflicht entfällt, und an Vermögensüberschüssen nicht beteiligt ist. Welches Interesse sollte das Trägerunternehmen dann noch an einer Kontrolle der Pensionskasse haben? Es dürfte die Kontrollaktivitäten gegenüber der Pensionskasse einschränken oder völlig einstellen. Es ist jedoch fraglich, ob die Arbeitnehmer von einer Aufhebung dieser Agency-Beziehung profitierten.

---

1 K.-J. Bode u.a. (1995), Rdnr. 21 - 23, S. 13.

2 B. Uebelhack (1995), Rdnr. 196, S. 53.

3 Grünbichler geht sogar davon aus, daß die Versicherungsaufsicht allein ausreicht, damit die Pensionskasse im Interesse der Versicherten handelt. A. Grünbichler (1991), S. 62.

b) Der Arbeitnehmer als Prinzipal

Bei welcher Leistungskomponente der Pensionskasse - garantierte Mindestleistung oder Überschußbeteiligung - ist nun der Arbeitnehmer als Prinzipal anzusehen? Der vorige Abschnitt hat gezeigt, daß das Trägerunternehmen wenigstens für die Mindestleistungen als Prinzipal fungiert. Kann die Pensionskasse die Mindestleistung nicht erbringen und kann das Trägerunternehmen seiner Nachschußpflicht aus wirtschaftlichen Gründen nicht nachkommen, so ermäßigt sich die Versorgungsleistung der Pensionskasse. Das Trägerunternehmen fungiert aus Sicht des Arbeitnehmers damit gewissermaßen als Zusatzversicherer der garantierten Pensionskassenleistungen bei negativem Überschuß.

Bedeutender dürfte jedoch die Beziehung zwischen der Pensionskasse als Agent und dem Arbeitnehmer als Prinzipal sein, die sich auf die positiven Überschußanteile bezieht. Das Handeln der Pensionskasse nimmt gerade hier unmittelbar Einfluß auf die Wohlfahrt des Arbeitnehmers. Auch ist anzunehmen, daß die Pensionskasse und der Arbeitnehmer eigene Interessen verfolgen und daß die Informationen zwischen ihnen asymmetrisch verteilt sind.

Verschwendungsanreize der Pensionskasse dürften insbesondere im Bereich der Anlageentscheidungen und deren Umsetzung sowie in der Vermögensverwaltung liegen.[1] Diese Vermutung läßt sich noch untermauern, wenn ineffizientes Handeln der Pensionskasse im Interesse des Trägerunternehmens liegt. Beispielsweise könnte man daran denken, daß eine Pensionskasse, die von einem Kreditinstitut getragen wird, besonders viele Transaktionen über das Trägerunternehmen durchführt. Alternativ könnte eine Pensionskasse Aktien in ihr Portefeuille aufnehmen, wenn das Trägerunternehmen bei einer Neuemission Mitglied des Übernahmekonsortiums war und nicht alle Aktien im Publikum plazieren konnte.[2]

---

1 Denkbar sind ebenfalls ein überdimensionierter Verwaltungsapparat, geringer Arbeitseinsatz der Mitarbeiter etc.

2 Den aufgezeigten Verschwendungsanreizen dürfte entgegenstehen, daß die privaten Banken eine überbetriebliche Pensionskasse führen, den Beamtenversicherungsverein des Deutschen Bank- und Bankiergewerbes (a.G.), BVV. Der BVV wird somit kaum ein Mitgliedsunternehmen überproportional bevorteilen.

Auch wenn das Trägerunternehmen einer Pensionskasse kein Kreditinstitut ist, könnte eine Pensionskasse dem Trägerunternehmen Vorteile zukommen lassen. Denkbar wäre zum Beispiel, daß ein Trägerunternehmen günstigere Betriebsmittelkredite von einer Bank erhält, wenn die Pensionskasse ihre Transaktionen über diese Bank abwickelt. Die Pensionskasse könnte sogar bereit oder gewillt sein, überdimensionierte Transaktionskosten zu tragen, damit ihr Trägerunternehmen Leistungen zu äußerst günstigen Konditionen beziehen kann.

Es besteht darüber hinaus die Gefahr, daß die Pensionskasse in "befreundete" Unternehmen des Trägerunternehmens investiert, ohne daß diese Anlage unter Rendite-Risikoaspekten vorteilhaft ist. Mögliche Gegenleistungen der "befreundeten" Unternehmen kommen dem Trägerunternehmen zugute. Denkbar sind zum Beispiel Kredite an insolvenzbedrohte Zulieferer, auf die das Trägerunternehmen angewiesen ist. Fallen die Kredite aus, tragen die Arbeitnehmer als Mitglieder der Pensionskasse den Ausfall. Andererseits profitiert das Trägerunternehmen davon, wenn der Lieferant weiter im Geschäft bleibt. Ebenfalls ist denkbar, daß die Pensionskasse auf Weisung des Trägerunternehmens Anteile an bestimmten Unternehmen halten muß, damit das Trägerunternehmen über die Pensionskasse Anteilseignervertreter in den Aufsichtsrat des anderen Unternehmens entsenden kann. Reibungsverluste, bei denen die Interessen der Pensionskasse und die des Trägerunternehmens gleichgerichtet sind, werden durch die Arbeitnehmer nur schwer zu beseitigen sein.

Entgegen der Theorie trägt in dieser Agency-Beziehung - wie bei Direktzusagen - nicht die Pensionskasse als Agent die Kosten aus der Agency-Beziehung, sondern der Arbeitnehmer. Der Grund dafür ist wiederum, daß der Arbeitnehmer die Pensionskasse nicht frei wählen darf.[1] Dementsprechend dürfte der Arbeitgeber kaum ein Interesse daran haben, daß der Arbeitnehmer die Pensionskasse kontrolliert, um die Agency-Kosten abzubauen. Die Entscheidungsfreiheit der Arbeitnehmer herzustellen wäre ein Schritt, die Reibungsverluste aus der Agency-Beziehung zu reduzieren. Daneben könnte die Führung der Pensionskasse in die Hände der Arbeitnehmer gelegt werden.[2] Hält man sich erneut vor Augen, daß die betriebliche Alterssicherung verstärkt als

---

1 M. Schoden (1994), Teil I, Rdnr. 156, S. 126.

2 Gleichwohl können die Arbeitnehmer auf eigenen Wunsch professionelle Finanzdienstleister einschalten, um das Alterssicherungsvermögen zu verwalten.

Bestandteil der Gesamtvergütung anzusehen ist, lassen sich die Forderungen gut rechtfertigen.

Betrachtet man die Forderungen nach freier Wahl des Alterssicherungsträgers und eigenständiger Führung der Pensionskasse durch die Arbeitnehmer als zu weitgehend, sollte die Pensionskasse gegenüber den Arbeitnehmern zumindest zu besserer Information über die Leistungen und den Geschäftsbetrieb verpflichtet werden. Ob der einzelne Arbeitnehmer bereits dadurch über ähnliche Kontroll- und Sanktionsmöglichkeiten wie das Trägerunternehmen verfügt, ist zumindest in Frage zu stellen. Jedenfalls dürften die Arbeitnehmer aber - anders als die Arbeitgeber - unmittelbar an einem Abbau der Reibungsverluste interessiert sein. Um so wichtiger erscheint es, daß die Arbeitnehmer als Gruppe gemeinsam Kontrollrechte erhalten und ihnen die Bildung von Koalitionen ermöglicht wird. Dadurch ließen sich zumindest einige Reibungsverluste aufdecken und oben aufgezeigte Konfliktpotentiale mindern.

Gegen eine stärkere Position der Arbeitnehmer in den Pensionskassen wenden sich allerdings bereits die Gruppen, die derzeit eine gewisse "Macht" in den Unternehmen haben, sei es als Anteilseignervertreter im Aufsichtsrat oder als Gläubiger. Entsenden Pensionskassen als Anteilseigner Mitglieder in die Aufsichtsräte der Unternehmen, in die das Alterssicherungsvermögen investiert ist, müssen die "Machtträger" befürchten, daß die Pensionskassenvertreter nicht nur die Interessen der Anteilseigner, sondern auch die der Arbeitnehmer vertreten.[1] Kollidieren die Interessen der beiden Gruppen, kann es zur "Übermitbestimmung" der Arbeitnehmer kommen.[2] Folglich dürften die Träger der Pensionskassen eine Reform der Pensionskasse, die den Arbeitnehmern mehr Einfluß einräumt, kaum befürworten.

2. Der Arbeitgeber als Agent

Bei Versorgungszusagen über eine Pensionskasse hat der Arbeitgeber im wesentlichen die Versicherungsbeiträge, eventuell aber auch Nachschüsse zu leisten.[3] Das

---

1 Zum Verhalten der Gewerkschaften als aktive Aktionäre in den USA siehe S. J. Schwab und R. S. Thomas (1998).

2 B. Nürk und A. Schrader (1995), S. 32f.

3 K.-J. Bode und E. R. Grabner (1997), S. 929.

Deckungsvermögen ist vom Arbeitgeber nicht zu aktivieren und wird damit nicht Bestandteil des Betriebsvermögens. Eine Beleihung dieser Mittel, wie bei den Aktiva für Direktzusagen, kommt nicht in Betracht. Das Deckungsvermögen sowie dessen Verzinsung ist durch den Arbeitgeber nicht unmittelbar beeinflußbar. So ist es auch nicht zulässig, daß die Pensionskasse das gesamte Deckungsvermögen - wie bei Unterstützungskassen üblich - in Anteile des Trägerunternehmens investiert, da sie den Anlagevorschriften des Versicherungsaufsichtsgesetzes unterliegt.[1] Damit sind die Versorgungsleistungen in Höhe der aktuellen Anwartschaft der Arbeitnehmer vom Handeln des Arbeitgebers unabhängig.

Hat ein Arbeitgeber alle Beiträge ordnungsgemäß an die Pensionskasse gezahlt und erfüllt die Pensionskasse ihren Versicherungsplan, dürften die Arbeitnehmer aus einem Konkurs des Trägerunternehmens keine Nachteile erleiden. Ein Arbeitnehmer könnte jedoch - wie bei Direktzusagen - bei bestimmter Ausgestaltung der Versorgungszusage Einbußen erleiden, z.B. wenn die Versicherungsbeiträge des Arbeitgebers allein aufgrund zunehmender Betriebszugehörigkeit des Arbeitnehmers steigen. Üblich scheinen jedoch Versicherungsbeiträge zu sein, die von der Höhe des Gehalts abhängen. Ein Wechsel des Arbeitgebers dürfte allerdings für die betriebliche Altersversorgung des Arbeitnehmers bei einer Versorgung über eine Pensionskasse mit geringeren Nachteilen verbunden sein als bei einer Direktzusage, deren Höhe an die Dauer der Betriebszugehörigkeit gekoppelt ist. Insofern besteht direkt zwischen dem Arbeitnehmer und dem Arbeitgeber keine bedeutende Agency-Beziehung hinsichtlich der betrieblichen Altersversorgungsleistungen.[2]

3. Der Arbeitnehmer als Agent

Der Vollständigkeit halber gilt es abschließend noch zu prüfen, ob das Handeln des Arbeitnehmers die Wohlfahrt einer anderen Person beeinflußt, die in die Versorgungszusagen über eine Pensionskasse eingebunden ist.

---

1 Aktien derselben Gesellschaft darf eine Pensionskasse nur insoweit erwerben, als ihr Nennbetrag 10 % des Grundkapitals dieser Gesellschaft nicht übersteigt, § 54a I Nr. 5 VAG.

2 Geht man davon aus, daß eine Pensionskasse auf Anweisung des Arbeitgebers handelt, lassen sich die Interessendivergenzen zwischen Pensionskasse und Arbeitnehmern aber mittelbar auch als Interessendivergenzen zwischen Arbeitgeber und Arbeitnehmern interpretieren.

Bei verfallbaren Versorgungsansprüchen erleiden das Trägerunternehmen, aber auch die Pensionskasse und die anderen versicherten Arbeitnehmer keine Nachteile, wenn ein Arbeitnehmer sein Arbeitsverhältnis beendet. Kündigt ein Arbeitnehmer, stellt ihn die Pensionskasse grundsätzlich gemäß § 174 VVG beitragsfrei. In der Regel bietet sie dem Arbeitnehmer an, aus der Pensionskasse auszutreten oder die Beiträge selbst oder durch den neuen Arbeitgeber zu entrichten. Bei Austritt erstattet die Pensionskasse dem Arbeitnehmer die Beiträge. Er erhält aber nur die selbst geleisteten Beiträge, üblicherweise zuzüglich einer angemessenen Verzinsung.[1] Auch der Arbeitgeber erhält die von ihm geleisteten Beiträge zurück. Eine Agency-Beziehung liegt hier nicht vor.

Sind die Versorgungsansprüche unverfallbar, so kann nur die vorzeitige Inanspruchnahme der Versorgungsleistungen die Wohlfahrt der anderen Personen tangieren.[2] Die daraus resultierenden Probleme entsprechen weitgehend denen bei Direktzusagen. Es ist jedoch üblich, daß Pensionskassen die Versorgungsleistungen bei vorzeitiger Inanspruchnahme nach exakten versicherungsmathematischen Berechnungen kürzen.[3] Ein Schaden dürfte demzufolge weder der Pensionskasse noch den übrigen Versicherten entstehen, deren Überschußanteile sich andernfalls reduzieren könnten.[4] Demnach ist nicht zu erwarten, daß der Arbeitnehmer die Wohlfahrt einer anderen Person beeinflussen kann, die in die Versorgung über die Pensionskasse eingebunden ist.

Zusammenfassend finden sich in Abbildung II.9 die Rechtsbeziehungen und Agency-Beziehungen bei Versorgungszusagen über Pensionskassen. Die Agency-Beziehung zwischen Pensionskasse und Trägerunternehmen ist wie bei Unterstützungskassen nur angedeutet, da das Ausmaß der Reibungsverluste von der Organisationsstruktur der Pensionskasse abhängt.

---

1 Die Pensionskasse ist weder dazu verpflichtet, die Beiträge angemessen zu verzinsen noch den versicherungsmathematisch errechneten Rückkaufswert zu erstatten. K.-J. Bode u.a. (1995), Rdnr. 348 - 350, S. 76.

2 Die Koppelung der betrieblichen Altersversorgung an die gesetzliche Altersversorgung gemäß § 6 BetrAVG ist unabhängig vom Durchführungsweg der betrieblichen Altersversorgung. W. Blomeyer und K. Otto (1984), Rdnr. 82 - 87 zu § 6, S. 547f.

3 G. Heubeck, G. Höhne, J. Paulsdorff, H. G. Rau und W. Weinert (1982), Rdnr. 155 zu § 6. Im einzelnen ist eine Regelung im Geschäftsplan der Pensionskasse erforderlich. W. Blomeyer und K. Otto 1984, Rdnr. 150 zu § 6, S. 563.

4 W. Blomeyer und K. Otto 1984, Rdnr. 150 zu § 6, S. 563.

Abb. II.9: Rechtsbeziehungen und Agency-Beziehungen bei mittelbaren Versorgungszusagen über Pensionskassen

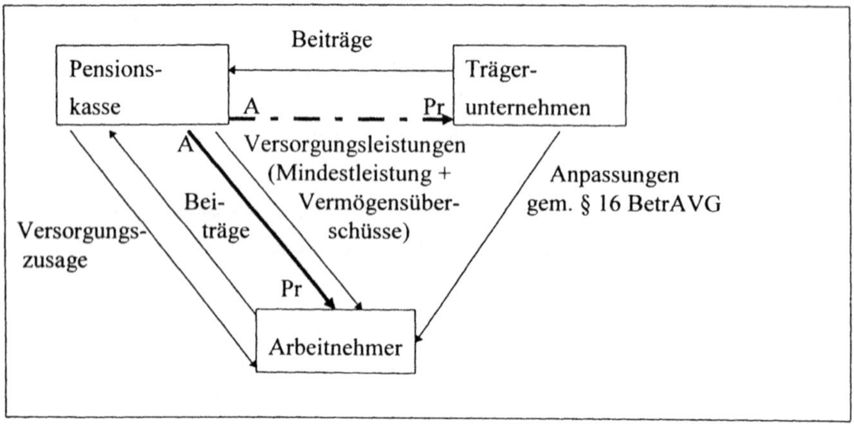

Mit Hilfe der Agency-Theorie ließen sich Ansatzpunkte für Reibungsverluste bei den Formen der Alterssicherung, die ausschließlich ein Arbeitgeber vornehmen kann, aufzeigen. Es hat sich bei allen Durchführungsformen gezeigt, daß in der jeweils dominanten Agency-Beziehung nicht der Agent die Agency-Kosten zu tragen hat, sondern der Prinzipal. Wesentliche Ursache dafür ist, daß die Prinzipale nicht frei entscheiden können, ob sie die Agency-Beziehung eingehen wollen, sondern direkt[1] oder indirekt[2] dazu gezwungen sind. Damit unterscheiden sich hier die Wirkungsmechanismen, die die Agency-Kosten reduzieren können, wesentlich von denen der Theorie. Die streng reglementierten Rahmenbedingungen der betrieblichen Alterssicherung verhindern, daß ein Markt für betriebliche Alterssicherungsinstrumente oder auch der Arbeitsmarkt zu einem Abbau der Reibungsverluste beitragen können. Der Preis für das Produkt betriebliche Alterssicherungszusage bildet sich kaum auf dem Markt, sondern der Agent diktiert ihn. Da die Unternehmen dem Arbeitnehmer betriebliche Altersversorgungsleistungen zunehmend als Gehaltsbestandteil anrechnen statt als freiwillige Zusatzleistung,[3] sollte mit diesem Wandel ein Wandel im Mitbestimmungsrecht des Arbeitnehmers über die Form und Ausgestaltung der

1 Die Mitgliedschaft beim PSV ist beispielsweise bei bestimmten Durchführungswegen der betrieblichen Altersvorsorge gesetzlich vorgeschrieben.

2 Einem Arbeitnehmer steht es allenfalls frei, auf eine Versorgungszusage ersatzlos zu verzichten.

3 Siehe dazu die Literatur in Fußnote 7 auf Seite 20.

Alterssicherung einhergehen. Anbieter von individuellen Alterssicherungsinstrumenten stünden dann der betrieblichen Alterssicherung als direkte Wettbewerber gegenüber. Es liegt nahe, deswegen in einem nächsten Schritt die Agency-Probleme bei Anbietern von individuellen Alterssicherungsinstrumenten zu beleuchten. Lassen Intermediäre, z.B. Versicherungsunternehmen und Kapitalanlagegesellschaften, niedrigere Reibungsverluste erwarten? Dieser Frage geht das folgende Kapitel nach.

C. Alterssicherung über Intermediäre im Lichte der Agency-Theorie

Alternativ oder ergänzend zu den Formen der rein betrieblichen Alterssicherung kann jede Person Alterssicherung individuell vornehmen. Der Anleger hat die Wahl, die Dienstleistungen eines Intermediärs in Anspruch zu nehmen oder das Vermögen eigenständig anzusammeln und zu verwalten. Es steht damit nicht länger der Interessenkonflikt zwischen Arbeitgeber und Arbeitnehmer im Mittelpunkt, sondern der Interessenkonflikt zwischen Anleger und Intermediär als Alterssicherungsinstitut.

Von den Alterssicherungsinstrumenten greift dieser Abschnitt zwei heraus: die Kapitallebensversicherung auf den Todes- und Erlebensfall und den Investmentfonds. Die Kapitallebensversicherung genießt in Deutschland als einziges individuelles Alterssicherungsinstrument eine besondere steuerliche Begünstigung.[1] Man sollte meinen, daß die Lebensversicherungsunternehmen deswegen gegenüber den Steuerzahlern und den Versicherungsnehmern eine besondere Verpflichtung haben, sorgsam mit den Beiträgen umzugehen. Die Lebensversicherungsunternehmen sind jedoch ständig der Kritik ausgesetzt, sie arbeiteten zu wenig rentabel.[2] Die Analyse der Agency-Beziehung zwischen Lebensversicherungsunternehmen und Versicherungsnehmer soll mögliche Interessenkonflikte und Verschwendungsanreize aufzeigen. Vor dem Hintergrund der Diskussion zwischen Lebensversicherungsunternehmen einerseits und Kapitalanlagegesellschaften sowie deren Muttergesellschaften andererseits, welche Gruppe von Intermediären zur Durchführung der Alterssicherung geeigneter und deswegen steuerlich zu begünstigen sei,[3] erscheint es sinnvoll, daneben die Agency-Probleme bei der Altersvorsorge über Investmentfonds zu beleuchten.

---

1 Zum Einfluß der steuerlichen Begünstigung auf die Rendite von Kapitallebensversicherungen siehe beispielsweise G. Stark (1997).

2 Zur Rentabilität von Versicherungsverträgen liegen hauptsächlich Untersuchungen der Verbraucherverbände vor. Sie beziehen sich in aller Regel auf ausgewählte Fälle, so daß sie nur eine allgemeine Tendenz angeben können. Als durchschnittliche Rendite von Kapitallebensversicherungen gibt die Stiftung Warentest beispielsweise 6 % p.a. an. O. Verf. (1997a). Zur wissenschaftlichen Diskussion des Problems, Renditen von Lebensversicherungen zu ermitteln, siehe H. Heveling (1975); S. Blaesius (1988).

3 Die Diskussion wurde insbesondere im Vorwege des Dritten Finanzmarktförderungsgesetzes geführt, als die Kreditinstitute die Einführung von Pensions-Sondervermögen (heute: Altersvorsorge-Sondervermögen) und eine steuerliche Gleichbehandlung mit Kapitallebensversicherungen forderten. Siehe dazu auch Kapitel C im dritten Teil der Arbeit. Lansch weist jedoch darauf hin, „daß heute nicht mehr so gebissen werde wie früher", da nahezu alle Kreditinstitute und deren Kapitalanlagegesellschaften mit Lebensversicherungsunternehmen liiert seien. R. Lansch (1996).

I. Altersversorgung über Lebensversicherungsunternehmen

Es liegt nahe, hier nur die klassische Kapitallebensversicherung auf den Todes- und Erlebensfall als ein Beispiel für Lebensversicherungen zu betrachten, da auf sie mehr als zwei Drittel des gesamten Lebensversicherungsbestandes entfallen.[1] Zudem werden nur Lebensversicherungsunternehmen in der Rechtsform der Aktiengesellschaft beleuchtet.[2] Sie verfügen in Deutschland über den weitaus größten Marktanteil.[3] Abbildung II.10 zeigt die wesentlichen Rechtsbeziehungen, die mit dem Abschluß einer Lebensversicherungspolice in Zusammenhang stehen und nachfolgend näher untersucht werden.[4]

Abb. II.10: Rechtsbeziehungen eines Lebensversicherungsunternehmens

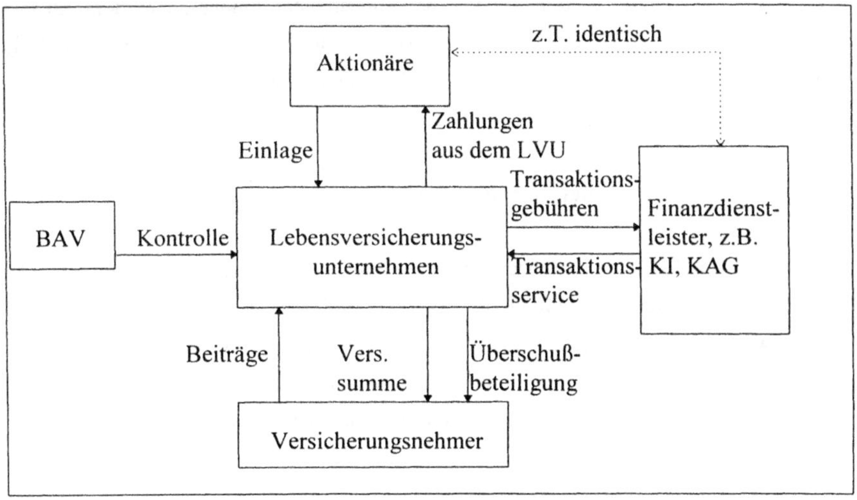

[1] P. Koch (1995), S. 203. Ebenfalls entfallen etwa zwei Drittel der Lebensversicherungsbeiträge auf Kapitallebensversicherungen. O. Verf. (1996a), S. 34.

[2] Zu den Besonderheiten der Versicherungs-Aktiengesellschaft siehe U. Hübner (1988); D. Farny (1995), S. 155 - 168.

[3] 1995 bestanden 125 Lebensversicherungsunternehmen, davon 86 in der Rechtsform der Aktiengesellschaft. Ihr Anteil an den Beitragseinnahmen betrug 1995 mit knapp 90 Mrd. DM über 70 %. Gesamtverband der Deutschen Versicherungswirtschaft (1997), S. 20.

[4] Die Literatur betrachtet vornehmlich drei Personengruppen: Eigentümer des Versicherungsunternehmens, Versicherungsunternehmen und Versicherungsnehmer. D. Mayers und C. W. Smith, Jr. (1981); D. Mayers und C. W. Smith, Jr. (1986); J. Basedow (1992); B. P. Wells, L. A. Cox und K. M. Gaver (1995); S. W. Pottier und D. W. Sommer (1997).

Aus einem Kapitallebensversicherungsvertrag resultieren für das Versicherungsunternehmen zwei Pflichten: Die Zahlung der Versicherungssumme bei Eintritt des Versicherungsfalls und die Beteiligung des Versicherungsnehmers an den Überschüssen. Rein rechtlich gesehen stellt die Risikoabsicherung die Hauptpflicht und die Vermögensverwaltung eine Nebenpflicht dar.[1] Aus ökonomischer Sicht steht die Vermögensverwaltung jedoch im Vordergrund.[2] Im Rahmen der Vermögensverwaltung nimmt ein Versicherungsunternehmen die Dienste von Finanzdienstleistern in Anspruch. Der Umfang und die Art der Finanzdienstleistungen mag dabei sehr unterschiedlich sein. Denkbar sind beispielsweise die reine Ausführung von Wertpapierkauf- und -verkaufaufträgen, Researchunterstützung bis hin zur kompletten Vermögensverwaltung. Den Aktionären gegenüber ist das Versicherungsunternehmen zu möglichst hohen Zahlungen aus dem Unternehmen (Dividende und Marktwertsteigerung) verpflichtet. Aktionäre und Finanzdienstleister können dabei identisch sein. Aufsichtsrechtlich unterliegt das Lebensversicherungsunternehmen der Kontrolle durch das Bundesaufsichtsamt für das Versicherungswesen.

1. Das Lebensversicherungsunternehmen als Agent

Im Vordergrund dieses Teilabschnitts steht die Agency-Beziehung zwischen dem Lebensversicherungsunternehmen als Agenten und den Versicherungsnehmern als Prinzipalen. Wird nachfolgend von dem Lebensversicherungsunternehmen als Agenten gesprochen, können damit das Management, aber auch die Eigentümer oder einzelne Mitarbeiter gemeint sein. Für den Versicherungsnehmer ist es letztlich irrelevant, wer sein Vermögen schmälert.

Lebensversicherungsverträge laufen über einen sehr langen Zeitraum, ohne daß das Versicherungsunternehmen die Beiträge erhöhen darf.[3] Damit ein Versicherungsunternehmen seine Leistungen jederzeit erbringen kann, stellt der Gesetzgeber mit § 11

1 E. Lorenz (1993), S. 297.

2 Deutscher Bundestag (1997c), S. 1; M. Adams (1997b), S. 1857f. Adams weist allerdings darauf hin, daß die Versicherungsbranche diese Tatsache „zu vernebeln" versuche. Ebda., S. 1858, Fußnote 5.

3 Prölss (1997), Zusatz zu § 11, Rdnr. 15, S. 341.

VAG strenge Anforderungen an die Prämienkalkulation.[1] Die Annahmen, die der Prämienkalkulation zugrunde liegen, unterstellen ungünstigere als die wahrscheinlichen Ereignisse, so daß jedes Versicherungsunternehmen Sicherheitszuschläge vornimmt.[2] Die Versicherungsnehmer zahlen Prämien, die aufgrund der aufsichtsrechtlichen oder gesetzlichen Einwirkung überhöht sind. Entwickeln sich die Kalkulationselemente, z.B. der Sterblichkeitsverlauf oder die Rendite der Kapitalanlagen, günstiger als angenommen, erzielt das Versicherungsunternehmen Überschüsse. An ihnen sind die Versicherungsnehmer zeitnah und verursachungsgerecht zu beteiligen, weil die Überschüsse ohne aufsichtsrechtliche oder gesetzliche Einwirkung niedriger ausgefallen wären.[3] Die Überschußbeteiligung erfolgt durch Direktgutschrift und durch Zuführungen zur Rückstellung für Beitragsrückerstattung.[4]

Die Überschußbeteiligung der Versicherungsnehmer bringt zahlreiche Probleme mit sich. Zum einen ist die Höhe des Überschusses zu ermitteln, der auf die Vorsichtszuschläge zurückzuführen ist. Zum anderen ist zu klären, wie sich eine zeitnahe und verursachungsgemäße Überschußbeteiligung der Versicherungsnehmer sicherstellen läßt.

Als Überschuß wird der Rohüberschuß eines Versicherungsunternehmens herangezogen. Er basiert auf den handelsrechtlichen Gewinnermittlungsprinzipien und ergibt sich als Summe aus dem Jahresüberschuß, den Aufwendungen für die Direktgutschrift und den Zuführungen zur Rückstellung für Beitragsrückerstattung.[5] Grundlage des Rohüberschusses sind damit Buchwerte, nicht Marktwerte. Eine Beteiligung an den

1 Vor Einführung des Dritten Durchführungsgesetzes 1994 war die Prämienkalkulation der Versicherungsunternehmen durch das Bundesaufsichtsamt für das Versicherungswesen genehmigungspflichtig. Die Überschußbeteiligung des Versicherungsnehmers ließ sich somit mit dem Einwirken des Bundesaufsichtsamtes für das Versicherungswesen erklären. Seitdem folgt die Pflicht des Versicherungsunternehmens zu vorsichtiger Prämienkalkulation unmittelbar aus § 11 VAG. Die Prämien sind „lediglich" unter Zugrundelegung angemessener versicherungsmathematischer Annahmen zu kalkulieren.

2 Zur Begründung der Sicherheitszuschläge durch den Gesetzgeber siehe Deutscher Bundestag (1982), S. 27f.; ders. (1994), S. 84f.

3 H. Baumann (1988); E. Lorenz (1993); Prölss (1997), § 81 c, Rdnr. 2, S. 1041f. Die amtliche Begründung findet sich in Deutscher Bundestag (1982), S. 27.

4 Als Formen der Direktgutschrift sind u.a. Barausschüttungen, Beitragsverrechnungen oder Gutschrift auf einem individuellen Konto beim Lebensversicherungsunternehmen denkbar. D. Hesberg (1997), S. 64f.

5 Ebda., S. 63.

stillen Reserven steht den Versicherungsnehmern nicht zu.[1] In welchem Umfang der Rohüberschuß rechtlich gesehen an die Versicherungsnehmer weiterzugeben ist, hängt von dem Datum des Vertragsabschlusses ab. Man unterscheidet in Altbestand (Verträge, die bis zum 30. Juni 1994 abgeschlossen wurden) und in Neubestand.[2] Versicherungsnehmern des Altbestands sind mindestens 90 % des Rohüberschusses zu erstatten.[3] Beim Neubestand sind die Versicherungsnehmer angemessen am Risikoergebnis, am Kapitalanlageergebnis, am Kostenergebnis und an sonstigen Ergebnissen zu beteiligen, sofern die einzelnen Ergebnisquellen positiv sind.[4] Ziel dieser Änderung ist es, daß die Versicherungsunternehmen negative Ergebnisquellen nicht länger mit positiven Ergebnisquellen verrechnen können.[5]

Die Gewinnzerlegung braucht ein Versicherungsunternehmen den Versicherungsnehmern jedoch nicht offenzulegen, sondern nur dem Bundesaufsichtsamt für das Versicherungswesen. Einem Versicherungsnehmer ist es somit nicht möglich, die Berechnung seiner Überschußbeteiligung nachzuvollziehen. Damit er immerhin einen Anhaltspunkt dafür gewinnen kann, ob sie angemessen ist, stellt der Gesetzgeber mit § 81c VAG bestimmte Anforderungen an die Höhe der Beteiligung der Versicherungsnehmer an den Überschüssen eines Versicherungsunternehmens. Ein Mißstand ist bei Altverträgen dann anzunehmen, wenn die Rückgewährquote eines Versicherungsunternehmens im Durchschnitt der letzten drei Geschäftsjahre nicht dem Rückgewährrichtsatz entspricht, den das Bundesaufsichtsamt für das Versicherungswesen anhand des Durchschnitts aller Lebensversicherungsunternehmen festlegt.[6] Dabei bezieht sich der Rückgewährrichtsatz auf den Risikoüberschuß und den Überschuß aus den Kapitalanlagen.[7] Beim Neubestand hingegen wird die Angemessenheit der Überschußbeteiligung nur noch an den "anzurechnenden Kapitalerträgen" gemessen, soweit sie

1 BGH (1994).

2 § 2 ZRQuotenV.

3 Deutscher Bundestag (1982), S. 27f. In der Praxis liegt der Prozentsatz allerdings höher. Bei einigen Tarifen nach 1989 bezieht sich die Überschußbeteiligung nur auf den versicherungstechnischen Überschuß. Dafür waren mindestens 95 % dieses Überschusses an die Versicherungsnehmer zurückzugewähren. D. Hesberg (1997), S. 63.

4 § 1 I ZRQuotenV. Bezugsbasis der Gewinnzerlegung sind die kalkulatorische Beitragszerlegung und die Differenzierung der Deckungsrückstellungsveränderungen durch das Versicherungsunternehmen. D. Hesberg (1997), S. 61.

5 Ebda., S. 63.

6 § 81c II VAG. Zur Begründung siehe Deutscher Bundestag (1982), S. 27.

7 Im Detail siehe §§ 4 - 6 ZRQuotenV.

sich auf Kapitalanlagen beziehen, die die versicherungstechnischen Rückstellungen decken sollen. Mindestens 90 % der anteiligen "anzurechnenden Kapitalerträge" abzüglich der Direktgutschrift aus Kapitalerträgen und abzüglich der rechnungsmäßigen Zinsen sind der Rückstellung für Beitragsrückführung zuzuweisen.[1] Diese Änderung wurde notwendig durch die Tariffreigabe im Zuge des Dritten Durchführungsgesetzes/ EWG zum VAG, das zum 01.07.1994 umgesetzt wurde. Da die Prämienkalkulation nicht mehr auf vorgegebenen Risikoparametern basiert, ist ein Vergleich zum Branchendurchschnitt nicht länger sinnvoll. Zudem soll die Möglichkeit der Querverrechnung zwischen verschiedenen Ergebnisbereichen eingeschränkt werden.[2] Erfüllt ein Versicherungsunternehmen die Anforderungen des § 81c VAG nicht, kann das Bundesaufsichtsamt für das Versicherungswesen das Versicherungsunternehmen dazu auffordern, die Versicherungsnehmer höher an den Überschüssen zu beteiligen.

Ein Aspekt der Kritik setzt seit langem bei der handelsrechtlichen Überschußermittlung an. Danach bleiben stille Reserven außer acht. Der BGH[3] rechtfertigt das damit, daß es bei der Auslegung Allgemeiner Versicherungsbedingungen auf das Verständnis eines durchschnittlichen Versicherungsnehmers ankomme. Der erwarte, daß der handelsrechtliche Jahresabschluß für den zu verteilenden Überschuß maßgeblich sei. Ab 1998 sind die Lebensversicherungsunternehmen erstmals dazu verpflichtet, ihre stillen Reserven in Wertpapieren offenzulegen, ab 1999 auch für Immobilien.[4] Mit Ausweis der stillen Reserven mag sich das Verständnis eines durchschnittlichen Versicherungsnehmers dahingehend ändern, daß er auch an den stillen Reserven beteiligt zu werden erwartet. Welche Konsequenzen das Offenlegen stiller Reserven haben wird, ist derzeit noch offen.

---

1 § 81c I VAG i.V.m. § 1 II ZRQuotenV. Zur Ermittlung der "anzurechnenden Kapitalerträge" siehe § 3 ZRQuotenV.

2 Deutscher Bundestag (1994), S. 84f. Der Risikoüberschuß bleibt unberücksichtigt, da die Versicherungsunternehmen beispielsweise hinsichtlich der Sterblichkeiten unterschiedliche Annahmen treffen dürfen und damit die Höhe des Risikogewinns beeinflussen. Eine einheitliche Mindestzuweisung aus dem Risikoüberschuß wäre nicht sachgerecht.

3 BGH (1994).

4 Adams weist allerdings darauf hin, daß Lebensversicherungsunternehmen das Offenlegen stiller Reserven umgehen können, indem sie sie in verbundene Unternehmen auslagern. M. Adams (1997b), S. 1864. Einige Versicherungen haben stille Reserven bereits im Jahresabschluß 1997 offengelegt. Siehe dazu o. Verf. (1998f).

Daß das unternehmenseigene Vermögen mit dem Vermögen der Versicherungsnehmer gemeinsam verbucht wird, erschwert eine verursachungsgemäße Zuteilung des Überschusses.[1] Die SPD hat 1997 vorgeschlagen, den Sparanteil der Versicherungsbeiträge als Sondervermögen zu führen.[2] Damit wäre zwangsweise verbunden, daß das Lebensversicherungsunternehmen dem Versicherungsnehmer die Aufsplittung seines Beitrags in Spar-, Risiko- und Kostenanteil offenlegen müßte. Dieses Vorgehen ermöglichte dann auch einen Vergleich der Rendite des Sondervermögens mit der Rendite sonstiger Sondervermögen oder Kapitalanlagen.[3] Bisher wurde der Gesetzentwurf im Bundestag jedoch nicht beraten. Er gilt mit Ablauf der Wahlperiode als erledigt.[4]

Einer zeitnahen und verursachungsgemäßen Überschußbeteiligung steht auch entgegen, daß die Lebensversicherungsunternehmen im Zeitablauf um eine möglichst gleichmäßige Überschußbeteiligung bemüht sind.[5] Einem potentiellen Versicherungsnehmer ist es damit nicht möglich, von der aktuellen Überschußbeteiligung der Versicherungsnehmer auf die Qualität des Managements im speziellen oder auf die Qualität eines Lebensversicherungsunternehmens im allgemeinen zu schließen. Das Management kann sein Verhalten zudem im Laufe der Zeit ändern oder abgelöst werden.

Die Ausführungen zeigen, daß die Überschußbeteiligung für den einzelnen Versicherungsnehmer wenig transparent ist. Die Intransparenz äußert sich vor allem darin, daß die Prämienkomponenten nicht nach außen erkennbar aufgesplittet werden. Das erweist sich besonders dann als problematisch, wenn die Überschußbeteiligung an einzelne Komponenten gekoppelt ist. Soll die Direktgutschrift beispielsweise einen bestimmten Prozentsatz des zinspflichtigen Guthabens eines Versicherungsnehmers ausmachen, kann der Versicherungsnehmer nur dann die Angemessenheit der Direktgutschrift kontrollieren, wenn er die Höhe seines zinspflichtigen Guthabens kennt. Gleichwohl kann das Bundesaufsichtsamt für das Versicherungswesen darüber

---

1 M. Adams (1997b), S. 1864.

2 Deutscher Bundestag (1997c), zu § 1 IV VVG.

3 Zum Entwurf zur Reform des Versicherungsvertragsgesetzes siehe auch M. Adams (1997a).

4 Schreiben des Rechtsausschusses des Deutschen Bundestags vom 06.08.1998.

5 In Deutschland ist eine gleichmäßige Überschußbeteiligung gängige Praxis. D. Hesberg (1997), S. 64.

Auskunft verlangen. Die mangelnde Transparenz begründen die Versicherungsunternehmen mit ihrem Geheimhaltungsinteresse. Aus wettbewerblichen Gründen sei ihnen eine offene Aufsplittung der Beiträge beispielsweise nicht möglich.[1]

Über den Bereich der Überschußbeteiligung hinaus sind weitere Interessenkonflikte denkbar.[2] Richtet sich die Angemessenheit der Überschußbeteiligung nach § 81c VAG beispielsweise nur noch nach den Kapitalerträgen, besteht die Gefahr, daß ein Lebensversicherungsunternehmen bereit ist, überhöhte Transaktionsgebühren zu bezahlen, wenn es durch Leistungen entschädigt wird, die positiv auf andere Ergebnisquellen wirken.[3] Denkbar ist beispielsweise, daß die beauftragten Kreditinstitute die Lebensversicherungsunternehmen im Gegenzug im Research unterstützen oder gar Research entgeltfrei zur Verfügung stellen. Obwohl den Lebensversicherungsunternehmen die offene Verrechnung von Erfolgsquellen erschwert wird, bleibt ihnen zumindest in einigen Bereichen die Möglichkeit einer "verdeckten Ergebnisverrechnung".

Wenngleich die Interessen der Eigentümer eines Lebensversicherungsunternehmens mit denen der Versicherungsnehmer häufig kollidieren, dürfte grundsätzlich beiden Gruppen an geringen Reibungsverlusten durch das Management gelegen sein. Insofern könnten die Versicherungsnehmer von einer Kontrolle des Managements durch die Aktionäre profitieren.

Sollten die Aktionäre ihrerseits allerdings von der Verschwendung durch das Management profitieren, ist mit einer umfassenden Kontrolle nicht zu rechnen. Die Gefahr besteht zum einen dann, wenn Finanzdienstleister zu den Aktionären zählen. Dann könnten beispielsweise Lebensversicherungsunternehmen Finanzdienstleistungen von ihren Aktionären zu überhöhten Kosten beziehen. Während die Aktionäre des Finanzdienstleisters (= indirekte Aktionäre des Lebensversicherungsunternehmens) die Schmälerung der Rendite aus dem Lebensversicherungsunter-

---

1 E. Lorenz (1993), S. 303.

2 Zu Interessenkonflikten von Versicherungsgesellschaften im allgemeinen siehe auch C. Fraune (1996), S. 66 - 69.

3 Dieses Phänomen ist als Soft-Dollar-Problematik bekannt. Siehe dazu beispielsweise M. E. Blume (1993); PWBA Advisory Council (1997c). Die Soft-Dollar-Problematik gewinnt insbesondere dann an Brisanz, wenn die Vergünstigungen nicht den gleichen Personen zugute kommen, zu deren Lasten andererseits die überhöhten Kosten gehen.

nehmen nur anteilig zu tragen haben (den anderen Teil tragen die Versicherungsnehmer und die anderen Aktionäre), kommen sie in den vollen Genuß der Renditesteigerung beim Finanzdienstleister.

Zum anderen bestehen mögliche Interessendivergenzen bei der Anlage des Alterssicherungsvermögens. Ein Lebensversicherungsunternehmen könnte beispielsweise Anteile an seinen eigenen Aktionären erwerben. Mit einer gegenseitigen Kontrolle ist dann nicht zu rechnen. Es könnte zudem die Einflußmöglichkeiten aus seinen Beteiligungen im Sinne seiner Aktionäre, nicht jedoch im Sinne der Versicherungsnehmer wahrnehmen, indem die Aktionäre direkt von einer derartigen Beteiligung profitierten. Dem einzelnen Versicherungsnehmer ist eine Kontrolle des Managements kaum möglich. Seine Position ähnelt der eines Fremdkapitalgebers.[1]

Wie kann nun ein potentieller Versicherungsnehmer die erwarteten Reibungsverluste in seine Preiskalkulation einbeziehen? Er wird für eine gegebene Versicherungssumme zuzüglich erwarteter Überschußbeteiligung einen um so niedrigeren Beitrag zu zahlen bereit sein, je höher er die Reibungsverluste einschätzt.[2] Der Preismechanismus scheint so zu wirken, wie er in der Theorie dargestellt wird. Die Aktionäre dürften insofern das Management kontrollieren, damit potentielle Versicherungsnehmer mit niedrigeren Reibungsverlusten durch das Management rechnen und höhere Versicherungsbeiträge zu zahlen bereit sind. Der Preismechanismus wirkt jedoch nur so lange, wie sich der potentielle Versicherungsnehmer frei für einen Vertragsabschluß entscheiden kann. Positiv ist in dieser Hinsicht zu werten, daß zahlreiche Versicherungsunternehmen Kapitallebensversicherungen anbieten. Auch die Tariffreigabe im Jahr 1994 mag sich günstig auf den Wettbewerb auswirken. Voraussetzung wäre aber auch, daß potentielle Versicherungsnehmer die Angebote verschiedener Versicherungsunternehmen vergleichen können. Ein Vergleich erscheint aufgrund der Intransparenz, wie vorstehend herausgearbeitet wurde, jedoch sehr schwierig, wenn nicht unmöglich.

Der Wettbewerb unter den Lebensversicherungsunternehmen ist jedoch nicht nur im Zeitpunkt des Vertragsabschlusses eingeschränkt, sondern auch oder insbesondere während der Vertragslaufzeit. Gegen einen Wechsel des Lebensversicherungsunter-

---

1 G. P. Stapledon (1996), S. 242.

2 D. Mayers und C. W. Smith, Jr. (1981), S. 425f.

nehmens sprechen hohe Verluste der Versicherungsnehmer.[1] Sie resultieren zum einen daraus, daß sich die Abschlußgebühren auf die gesamte Versicherungssumme beziehen und mit Abschluß des Vertrags in voller Höhe fällig werden.[2] Zudem muß sich der Versicherungsnehmer bei Abschluß eines neuen Vertrags in der Regel einer neuen Gesundheitsprüfung unterziehen. Das höhere Eintrittsalter wirkt sich ebenfalls beitragssteigernd aus, da der Risikobeitragsanteil zunimmt. Ein Versicherungsnehmer hat auch steuerliche Nachteile in Kauf zu nehmen. Erreicht ein Lebensversicherungsvertrag nicht die Mindestlaufzeit von 12 Jahren, werden die außerrechnungsmäßigen und die rechnungsmäßigen Zinsen aus den Sparanteilen nach § 20 I Nr. 6 EStG steuerpflichtig. Mit einem neuen Vertrag beginnt die Mindestvertragsdauer neu zu laufen. Wettbewerbsfördernde Maßnahmen durch den Gesetzgeber wären wünschenswert.

2. Der Versicherungsnehmer als Agent

Die Kapitallebensversicherung auf den Todes- und Erlebensfall deckt lediglich ein biometrisches Risiko ab, den Tod.[3] Demzufolge kann der Versicherungsnehmer auch nur über dieses Ereignis das Lebensversicherungsunternehmen schädigen. Man kann die Agency-Probleme allerdings danach unterscheiden, ob die Versicherungsnehmer als Gruppe oder einzeln handeln. Bezogen auf die Gruppe der Versicherungsnehmer ist zu erwarten, daß insbesondere die Personen eine Todesfallversicherung abschließen werden, die mit einem frühen Tod rechnen. Neben Krankheit sind beispielsweise Berufe und Hobbys mit besonderem Risiko denkbar. Personen mit geringer Todesfallwahrscheinlichkeit hingegen verzichten eher auf eine Todesfallversicherung. Damit ist die Risikostruktur der Versicherungsnehmer ungünstiger als die der Gesamtbevölkerung. Müssen Lebensversicherungsunternehmen Auszahlungen für Todesfälle leisten, die höher als erwartet sind, sinkt zudem die Überschußbeteiligung der Versicherungsnehmer. Einige potentielle Versicherungsnehmer werden aus diesem Grund davon Abstand nehmen, eine Kapitallebensversicherung auf den Todes- und Erlebensfall

---

1 Dies. (1986), S. 75; P. B. Hagelschuer (1987), S. 103.

2 Die Versicherungsunternehmen verteilen die Erfolgswirkung der Abschlußgebühr jedoch über die gesamte Vertragslaufzeit. Zur Erfolgswirkung der Abschlußgebühren siehe o. Verf. (1994b). Zur historischen Entwicklung G. Claus (1985).

3 Die nachfolgend aufgeführten Agency-Probleme lassen sich jedoch grundsätzlich auf alle Arten der Lebensversicherung übertragen.

abzuschließen. Die Lebensversicherungsunternehmen antizipieren das Verhalten jedoch und berücksichtigen es in ihrer Prämienkalkulation. Zudem führen sie Kontrollen in Form von Gesundheitsbefragungen und Gesundheitsprüfungen durch. Beantwortet ein Versicherungsnehmer die Fragen trotz besseren Wissens falsch, kann er seinen Versicherungsschutz verlieren. Je mehr "Personen mit guten Risiken" aus dem Markt ausscheiden, desto stärker werden die Beiträge zur Lebensversicherung steigen.[1]

Der einzelne Versicherungsnehmer kann das Versicherungsunternehmen dadurch schädigen, daß er das Ereignis bewußt herbeiführt, das den Leistungsfall auslöst. Bei der Kapitallebensversicherung auf den Todes- und Erlebensfall kommt insofern nur der Freitod in Betracht. Um sich vor diesem Verhalten zu schützen, schließen einige Lebensversicherungen Leistungen bei Freitod aus. Alternativ lassen sich wiederum die Beiträge erhöhen, was zu oben aufgezeigten Konsequenzen führen kann.

Aufgrund des "Risikopuffers" der Versicherungsunternehmen durch Sicherheitszuschläge bei der Prämienkalkulation schädigt das Verhalten einzelner Versicherungsnehmer nicht unmittelbar das Versicherungsunternehmen, sondern die anderen Versicherungsnehmer, deren potentielle Überschußbeteiligung abnimmt. Versicherungsnehmer, die nicht an dem Versicherungsschutz, sondern an der steuerbegünstigten Kapitalanlage interessiert sind, werden gewissermaßen gezwungen, die Reibungsverluste aus der Agency-Beziehung mitzutragen. Letztlich tragen jedoch auch die Steuerzahler einen Teil der Reibungsverluste. Ordnungspolitisch kann dieses Ergebnis sogar gewünscht sein, um den Markt für Kapitallebensversicherungen auf den Todes- und Erlebensfall aufrecht zu erhalten. Es stellt sich jedoch die Frage, ob eine gezielte steuerliche Förderung der Absicherung einzelner Risiken nicht zielgerechter ist.

---

1 Letztlich würde keine rational handelnde Person mehr bereit sein, eine Kapitallebensversicherung auf den Todes- und Erlebensfall abzuschließen. Zu Agency-Problemen bei Versicherungen im allgemeinen siehe K. J. Arrow (1963); G. A. Akerlof (1970).

II. Altersvorsorge über Kapitalanlagegesellschaften

Den bisher aufgezeigten Formen der privaten Alterssicherung ist gemeinsam, daß sie neben der reinen Kapitalansammlung auch biometrische Risiken abdecken, z.B. den Todesfall oder die Invalidität. Es erscheint sinnvoll, die genannten Risiken über eine Solidargemeinschaft abzusichern, da das schadenverursachende Ereignis für den einzelnen rein zufällig eintritt, sich für eine Gemeinschaft hingegen feste Eintrittswahrscheinlichkeiten ermitteln lassen und die Risiken dadurch kalkulierbar sind.[1] Das Altern stellt jedoch kein Ereignis dar, das zufällig eintritt. Es braucht deswegen nicht in gleichem Maße nach versicherungsmathematischen Grundsätzen abgesichert zu werden.[2] Die individuelle Kapitalansammlung - beispielsweise über Investmentfonds - stellt damit eine wesentliche Komponente der Alterssicherung dar.

In einem ersten Schritt liegt es nahe, die Rechtsverhältnisse bei einer Anlage in Investmentfonds aufzuzeigen, um darauf aufbauend die Agency-Beziehungen herauszuarbeiten. Beteiligt sind mindestens drei Parteien: die Kapitalanlagegesellschaft als Verwaltungsgesellschaft, die Depotbank und der Anleger.[3] Ferner bietet es sich an, das Institut in die Betrachtungen miteinzubeziehen, das die Investmentfondsanteile vertreibt. Da eine natürliche Person unmittelbar nur Anteile an Publikumsfonds erwerben darf, bleiben Spezialfonds[4] außer acht. Publikumsfonds sind in Deutschland[5] in Form des Vertragstyps organisiert.[6] Ein Geschäftsbesorgungsvertrag zwischen dem Anleger und der Verwaltungsgesellschaft, der Kapitalanlagegesellschaft, verpflichtet diese, die in den Fonds eingebrachten Mittel gegen ein Entgelt zu verwalten.[7] Der

---

1 H. H. Glismann und E.-J. Horn (1996), S. 397.

2 Ebda. Gleichwohl besteht für den einzelnen Unsicherheit über die individuelle Restlebenserwartung. Sammelt der Vorsorgende Kapital fürs Alter an, besteht für ihn Unsicherheit darüber, in welcher Höhe er das Kapital aufzehren darf, um seine Versorgung bis ans Lebensende sicherzustellen.

3 In der Literatur findet man deswegen auch die Bezeichnung "Investmentdreiecks-Verhältnis". Zu den einzelnen Rechtsverhältnissen siehe S. Kümpel (1995a), S. 957 - 966.

4 § 1 II KAGG schreibt vor, daß nur nicht natürliche Personen Anteile an Spezialfonds halten dürfen. Ziel dieser Vorschrift ist es, daß nicht einzelne natürliche Personen die Vorteile der Spezialfonds für ihr Privatvermögen in Anspruch nehmen. J. Baur (1997), 1. Tb, Einl. I, TZ 9, S. 7.

5 Die Ausführungen sollen sich auf die in Deutschland übliche Rechtsform der Investmentfonds beschränken.

6 T. Baums und M. König (1997), S. 5. Zu weiteren Rechtsformen der Investmentunternehmen siehe J. Baur (1997), 1. Tb, Einl. I, TZ 70 - 74, S. 37f.

7 Ebda., 1. Tb, Einl. I, TZ 72, S. 38.

Anleger und die Kapitalanlagegesellschaft werden unmittelbare Vertragspartner. Der Fonds stellt ein Sondervermögen dar, das vom Vermögen der Kapitalanlagegesellschaft unabhängig ist.[1] Eine dritte Person, die Depotbank, verwahrt das Sondervermögen.[2] Sie hat ihre Aufgaben ausschließlich im Interesse der Anteilsinhaber wahrzunehmen.[3] Da Kapitalanlagegesellschaften ihre Investmentzertifikate überwiegend über Kreditinstitute vertreiben,[4] erscheint es sinnvoll, das den Anleger beratende Kreditinstitut in das Beziehungsgeflecht miteinzubinden. Daß es im Rahmen der Fondsverwaltung in aller Regel zu Reibungsverlusten aufgrund der unterschiedlichen Interessen der beteiligten Personen kommt, legen Performancevergleiche mit hypothetischen Referenzportfolios nahe. Sie sind der Performance von Investmentfonds häufig überlegen.[5] Abbildung II.11 verdeutlicht die Beziehungen.

Abb. II.11: Rechtsbeziehungen zwischen Anleger, Kapitalanlagegesellschaft und Depotbank sowie dem Kreditinstitut, das die Fondsanteile vertreibt

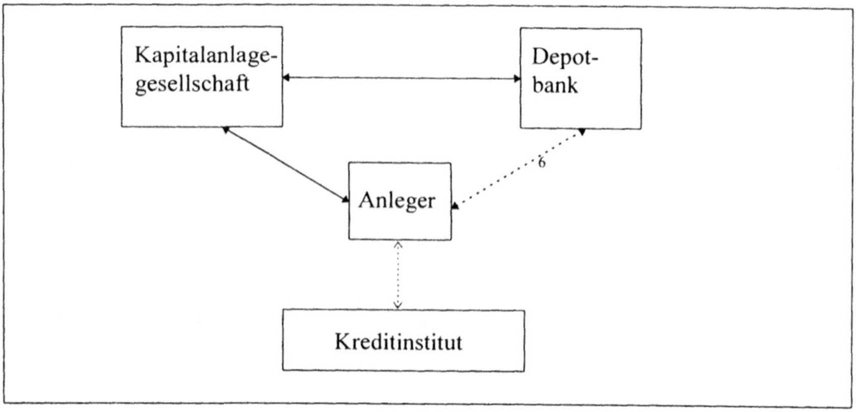

Zunächst bietet es sich an, die Beziehung zwischen der Kapitalanlagegesellschaft und dem Anleger als Anteilsinhaber zu beleuchten. Da die Kapitalanlagegesellschaft die Anlageentscheidungen trifft, sind bei ihr am ehesten Verschwendungsanreize zu

1 § 6 KAGG.

2 § 12 I S. 1 KAGG.

3 § 12 II KAGG.

4 J. Köndgen (1997a), § 113, Rdnr. 26.

5 Ebda., § 113, Rdnr. 4, sowie die dort in Fußnote 4 zitierte Literatur.

6 In der Literatur ist umstritten, ob zwischen Depotbank und Anteilsinhaber ein Rechtsverhältnis besteht. J. Baur (1997), 1. Tb, zu § 12, TZ 15, S. 635f; J. Köndgen (1997a), § 113, Rdnr. 122.

vermuten. Es ist offensichtlich, daß die Kapitalanlagegesellschaft und der Anleger ihren Nutzen maximieren möchten und daß die Informationen zwischen beiden Parteien asymmetrisch verteilt sind.

Zu befürchten ist, daß die Kapitalanlagegesellschaft Wertpapiertransaktionen allein aus dem Grund durchführt, damit das beauftragte Kreditinstitut Provisionserträge erwirtschaftet.[1] Der Anreiz dürfte besonders ausgeprägt sein, wenn das beauftragte Kreditinstitut Muttergesellschaft oder Mehrheitsbeteiligter der Kapitalanlagegesellschaft ist.[2] Daraus resultiert auch die Gefahr, daß die Kapitalanlagegesellschaft gezwungen ist, ihre Anlageentscheidungen über die Muttergesellschaft umzusetzen, auch wenn andere Marktteilnehmer einen günstigeren Transaktionsservice anbieten. Fraglich ist auch, inwieweit die Kapitalanlagegesellschaften eigenständig am Börsenhandel teilhaben "dürfen", anstatt ihre Muttergesellschaft damit zu betrauen.[3]

Ferner besteht das Risiko, daß die Kapitalanlagegesellschaft Neuemissionen von ihrer Muttergesellschaft übernimmt, die diese am Markt nicht plazieren konnte.[4] Gleichen Anreizen könnte die Kapitalanlagegesellschaft erliegen, wenn sich die Bankenmutter von unerwünschten Beteiligungen trennen möchte.[5]

Ein weiterer Interessenkonflikt zwischen Kapitalanlagegesellschaft und Anteilsinhabern könnte bei der Wahrnehmung von Kontrollrechten durch die Kapitalanlage-

---

1 M. Adams (1996), S. 18; M. Jacob (1996), S. 223. Jakob weist aber darauf hin, daß Provisionsleistungen für unnötige Transaktionen zu Schadensersatzansprüchen der Anteilsinhaber führen können.

2 Baums und König zeigen auf, daß sich bezogen auf das Fondsvolumen 87,2 % des Anteilsbesitzes an inländischen Kapitalanlagegesellschaften mehrheitlich in den Händen inländischer Kreditinstitute befinden. T. Baums und M. König (1997), S. 5.

3 Solange Kapitalanlagegesellschaften noch nicht als Kreditinstitute qualifiziert waren, waren sie zum Börsenhandel zwar zugelassen, wurden faktisch aber daran gehindert, da man ihnen als Nicht-Kreditinstituten die direkte Teilnahme an den Abwicklungsorganisationen verwehrte. E. Schwark (1994), TZ 13 zu § 7, S. 144. Offen ist, ob sich das Verhalten der Kapitalanlagegesellschaften hinsichtlich der Teilnahme am Börsenhandel geändert hat, seitdem alle Kapitalanlagegesellschaften gemäß § 1 I Nr. 6 KWG Kreditinstitute darstellen.

4 M. Adams (1996), S. 18. Adams bezeichnet derartige Transaktionen der Kapitalanlagegesellschaft als „Emissionsmüllentsorgungsmaßnahme". Baums zeigt auf, daß Kapitalanlagegesellschaften überproportional die Neuemissionen für ihre Fonds erwerben, bei denen ihre Mutterbank Konsortialführer war. T. Baums (1996), S. 134 - 140. Er weist aber auch darauf hin, daß diese Tatsache allein noch nichts über die Qualität der Anlageentscheidung aussagt.

5 M. Jacob (1996), S. 223.

gesellschaft entstehen.[1] Im Sinne der Anteilsinhaber dürfte es sein, daß die Kapitalanlagegesellschaft ihre Kontrollaktivitäten danach ausrichtet, ob das Sondervermögen Gläubiger oder Anteilseigner eines Unternehmens ist. Die Kapitalanlagegesellschaft könnte von ihrer Muttergesellschaft aber gedrängt werden, Kontrollaktivitäten nur dann im Sinne des Sondervermögens auszuüben, wenn die Interessen der Muttergesellschaft gleichgerichtet sind.[2] Das KAGG versucht diesem Konflikt zu begegnen, indem es Kapitalanlagegesellschaften im Regelfall verpflichtet, ihre Stimmrechte selbst auszuüben. Ermächtigen sie eine andere Person zur Stimmrechtsausübung, sind sie dazu angehalten, zumindest Weisungen zu erteilen.[3] Wenngleich der Gesetzgeber den Konflikt zu eliminieren versucht, dürften die gesellschaftsrechtlichen Strukturen dafür sprechen, daß die rechtlichen Anforderungen den Interessenkonflikt nicht beseitigen können.[4]

Weiterhin können die Interessen eines Kreditinstituts als Muttergesellschaft einer Kapitalanlagegesellschaft denen der Anteilsinhaber entgegenstehen, wenn das Kreditinstitut Gläubiger einer Aktiengesellschaft ist und seine Gläubigerposition durch eine Kapitalerhöhung der Aktiengesellschaft verbessern möchte. Sind die Aktien am Markt nicht zu plazieren, könnte sie die bankeigene Kapitalanlagegesellschaft für ein Sondervermögen erwerben, auch wenn die Aktien nicht in das Anlageprogramm der Kapitalanlagegesellschaft passen.[5]

Ein weiterer Ansatzpunkt der Kritik besteht beim Gebührenausweis der Kapitalanlagegesellschaften. Grundsätzlich haben sie Gebühren und Entgelte gemäß § 15 III e) KAGG in den Vertragsbedingungen auszuweisen. Aufsichtsrechtlich wurde bisher nicht beanstandet, daß einige Kapitalanlagegesellschaften lediglich prozentuale

---

1 Zur Stimmrechtsausübung durch Kapitalanlagegesellschaften siehe C. Fraune (1996), S. 76 - 96.

2 Zum Problem der Beteiligungspaketbildung siehe M. Adams (1996), S. 18.

3 § 10 I KAGG.

4 Baums und Fraune haben empirisch festgestellt, daß im Jahr 1992 98 % der von Investmentfonds ausgeübten Stimmrechte auf inländische Kapitalanlagegesellschaften entfielen, die sich im Mehrheitsbesitz von Banken oder Versicherungen befanden. Daß Kapitalanlagegesellschaften als unabhängige Unternehmenskontrolleure kaum in Betracht kommen, wird darüber hinaus dadurch deutlich, daß 58 % der Stimmen von Kapitalanlagegesellschaften ein Stimmrechtsvertreter ausübte, der zugleich auch Stimmrechte von Banken vertrat. Bei den Stimmrechtsvertretern handelte es sich zudem fast ausschließlich um Bankenvertreter und unter diesen wiederum häufig um Vertreter der Depotbanken. T. Baums und C. Fraune (1995), S. 108.

5 M. Adams (1994), S. 157.

Obergrenzen in Abhängigkeit vom durchschnittlichen Wert des Sondervermögens innerhalb eines Geschäftsjahres angeben. Der durchschnittliche Wert des Sondervermögens ist dem Anleger a priori jedoch unbekannt. Eine derartige Formulierung ist somit intransparent[1] und bietet der Kapitalanlagegesellschaft enormen Ermessensspielraum.

Die Handlungen der Depotbank könnten ebenfalls Einfluß nehmen auf den Wert des Sondervermögens und damit auf die Wohlfahrt des Anlegers. Die Gefahr besteht auch hier vor allem deshalb, weil viele Depotbanken gesellschaftsrechtlich mit einer Kapitalanlagegesellschaft verbunden sind.[2] Ist die Depotbank Muttergesellschaft oder Mehrheitsbeteiligte einer Kapitalanlagegesellschaft, wird die Kapitalanlagegesellschaft einen großen Teil ihrer Wertpapiertransaktionen über die Depotbank ausführen. Die Depotbank könnte die Transaktionen zu einem schlechteren als dem marktüblichen Kurs ausführen und daraus zusätzliche Erträge generieren.[3] Der Gesetzgeber beugt diesem Verschwendungsanreiz insoweit vor, als daß er vorgibt, daß Wertpapiere höchstens zum Tageskurs gekauft werden dürfen und mindestens zum Tageskurs verkauft werden müssen.[4] Eine nähere Spezifikation des Tageskurses findet sich jedoch im Gesetz nicht. Der Anteilsinhaber wird nicht kontrollieren können, zu welchem Zeitpunkt die Kapitalanlagegesellschaft beispielsweise eine Order erteilt hat und zu welchem Kurs sie abgerechnet wird. Die Kapitalanlagegesellschaft selbst dürfte diese Kontrolle um so weniger intensiv vornehmen, je enger sie mit der Depotbank verflochten ist. Somit können die Handlungen der Depotbank durchaus die Wohlfahrt der Anteilsinhaber beeinflussen.

Die Ausführung von Wertpapierkaufaufträgen zu überhöhten und von Wertpapierverkaufaufträgen zu zu niedrigen Kursen durch die Depotbank oder auch ein anderes Kreditinstitut mag insbesondere dann im Interesse der Kapitalanlagegesellschaft liegen, wenn sie selbst dafür Gegenleistungen erhält, z.B. Researchunterstützung. Während die überhöhten Transaktionskosten das Sondervermögen belasten, reduzieren die Gegenleistungen den Verwaltungsaufwand der Kapitalanlagegesellschaft.[5] Damit

---

1 J. Köndgen (1997a), § 113, Rdnr. 84 und 110.

2 J. Köndgen (1997a), § 113, Rdnr. 56.

3 Zu Realisationsrisiken siehe H. Schmidt (1988), S. 19 - 21.

4 § 12a V S. 1 KAGG.

5 Das Problem wurde bereits in Zusammenhang mit Lebensversicherungsunternehmen angesprochen. Siehe dazu die in Fußnote 3 auf Seite 183 zitierte Literatur.

kann es zu Vermögensverschiebungen zwischen den Sondervermögen und dem Vermögen der Kapitalanlagegesellschaft kommen.

Die Kapitalanlagegesellschaft und die Depotbank unterliegen mithin zahlreichen Interessenkonflikten und Verschwendungsanreizen. Die aufgezeigten Probleme dürften den Anteilsinhabern jedoch bekannt sein. Nach der Theorie wäre zu erwarten, daß die Anteilsinhaber als Prinzipale den Preis, den sie für einen Anteil am Sondervermögen zu zahlen bereit sind, entsprechend reduzieren. Die Ermittlung des Preises eines Anteils am Sondervermögen ist aber gesetzlich festgelegt. Er entspricht stets dem Inventarwert.[1] Der Ausgabepreis für einen Anteilschein setzt sich zusammen aus dem Inventarwert zuzüglich eines Aufschlags, der in den Vertragsbedingungen auszuweisen ist.[2] Folglich spiegelt der Preis eines Fondsanteils nicht unmittelbar die Leistung einer Kapitalanlagegesellschaft wider. Sie läßt sich erst in einem Vergleich mit ähnlichen Fonds erahnen. Der Preis würde nur dann die Leistungen einer Kapitalanlagegesellschaft widerspiegeln, wenn er vom Inventarwert abwiche. Der Preismechanismus existiert somit bei der derzeitigen Rechtslage nicht. Ein potentieller Anleger hat jedoch die Wahl, ob und in welchen Fonds er investiert. Hat er sich für eine Fondsanlage entschieden, so ist er als Prinzipal gezwungen, die Agency-Kosten seinem Fondsanteil entsprechend zu tragen.

Alternativ zum Preismechanismus könnte ein Mengenmechanismus wirken. Erwarten die Anleger bei einem Fonds höhere Agency-Kosten als bei einem anderen - ceteris paribus -, werden sie in den Fonds nicht investieren oder, wenn sie bereits Anteilsinhaber sind, den Fondsanteil zurückgeben. Dem Mengenmechanismus dürfte jedoch entgegenwirken, daß die Kreditinstitute als Muttergesellschaft oder Mehrheitsbeteiligte einer Kapitalanlagegesellschaft ihren Kunden in aller Regel nur institutseigene Fonds empfehlen[3] und für fremde Fonds höhere Gebühren erheben.[4] Gleichwohl kann ein Anleger Angebote über verschiedene Kreditinstitute einholen. Ein Vergleich der Fonds

---

1 Zur Ermittlung des Inventarwerts siehe § 21 II KAGG.

2 § 21 II S. 1 KAGG.

3 Wesentliche Ursache dafür dürfte sein, daß hauseigene Kapitalanlagegesellschaften ihren Bankfilialen einen Teil des Ausgabeaufschlags vergüten, wohingegen Bankfilialen, die institutsfremde Investmentfonds vertreiben, diese Provisionserträge nicht generieren. H. Sieper (1994), S. 367.

4 J. Köndgen (1997a), § 113, Rdnr. 26. Köndgen gibt auch zu bedenken, daß ein derartiges Verhalten der Kreditinstitute gegen § 31 I Nr. 2 WpHG und gegen die auftragsrechtliche Interessewahrungspflicht verstößt. Ebda., § 113, Rdnr. 90.

unter Berücksichtigung der Performance, des Risikoprofils und der Gebühren dürfte jedoch - wenn überhaupt - nur mit hohem Aufwand möglich sein.[1]

Um die Reibungsverluste aus dem Interessenkonflikt zwischen Kapitalanlagegesellschaft und Anteilsinhaber abzubauen, sind Kapitalanlagegesellschaften unabhängig von ihrer Rechtsform dazu verpflichtet, einen Aufsichtsrat zu bilden.[2] Seine Mitglieder sollen die Wahrung der Interessen der Anteilsinhaber gewährleisten.[3] Die Anteilsinhaber haben allerdings keinen Einfluß auf die Zusammensetzung des Aufsichtsrats. Vielmehr wählen ihn die Gesellschafter der Kapitalanlagegesellschaft.[4] Alternativ wird vorgeschlagen, obligatorische Anlegerbeiräte einzurichten.[5] Dabei wäre zu beachten, daß dem Anlegerbeirat nicht nur beratende Funktion zukommt. Es wäre sinnvoll, ihn auch mit Kontrollrechten und Sanktionsmöglichkeiten auszustatten. Man sollte jedoch davon absehen, daß ein Anlegerbeirat gleichzeitig die Funktion eines Anlageausschusses übernimmt und damit die Grundzüge der Anlagepolitik eines Fonds mitbestimmt. Der Anlegerbeirat unterläge dann seiner eigenen Kontrolle, so daß mit einem Kontrollfortschritt wiederum nicht zu rechnen wäre.[6]

Im Rahmen der Altersvorsorge liegt es zudem nahe, daß Kapitalanlagegesellschaften Anlegern reine Indexfonds anbieten.[7] Als Index bietet sich beispielsweise der DAX an,

---

1 Baums beispielsweise beklagt die unterentwickelten Performancemaße für Publikumsfonds. T. Baums (1996), S. 129, sowie die dort zitierte Literatur; T. Baums und M. König (1997), S. 23.

2 Während Aktiengesellschaften gemäß § 30 AktG zwangsweise einen Aufsichtsrat einzurichten haben, ist es Gesellschaften mit beschränkter Haftung freigestellt, § 52 GmbHG. § 3 KAGG verpflichtet jedoch auch Gesellschaften mit beschränkter Haftung, einen Aufsichtsrat zu bilden.

3 § 4 I KAGG.

4 Sofern das Mitbestimmungsgesetz oder das Betriebsverfassungsgesetz greift, stellen darüber hinaus die Arbeitnehmer der Kapitalanlagegesellschaft einen Teil der Aufsichtsratsmitglieder, § 96 AktG.

5 J. Köndgen (1997a), § 113, Rdnr. 48.

6 Hartmann weist darauf hin, daß der Anlageausschuß als Kontrolleur "der wirtschaftlichen Zweckmäßigkeit der Maßnahmen der Kapitalanlagegesellschaft" insofern ungeeignet sei. A. Hartmann (1990), S. 117.

7 Zu diesem Vorschlag siehe beispielsweise D. Machan (1993); K. C. Smyth (1994). Zahlreiche Studien in den USA haben ergeben, daß die Wertentwicklung professionell verwalteter Investmentfonds im Durchschnitt in der Vergangenheit hinter der des S&P 500 Index zurückgeblieben ist. R. A. Ippolito und J. A. Turner (1987), S. 21. Weitere Studien über die Performance von Pensionsfonds führen an D. E. Logue und J. S. Rader (1998), S. 191 - 193. Zu Investmentfonds siehe beispielsweise M. C. Jensen (1968); R. A. Ippolito und J. A. Turner (1987), S. 24, Endnote 1. Einen Überblick über die Entwicklung von Indexfonds in den USA und in Deutschland bieten T. Groffmann und G. Weber (1998). Während den Anlegern 1997 nur 15 deutsche und Luxemburger Publikumsfonds deutscher Provenienz als Indexfonds zur

über deren Stand sich die Anleger jederzeit leicht informieren können. Abweichungen des Preises der Fondsanteile vom DAX dürften vergleichsweise einfach zu kontrollieren sein. Zudem lassen diese Fonds niedrige Transaktionskosten erwarten, da Indexanpassungen nur relativ selten vorgenommen werden müssen. Da diese Fonds eine hohe Transparenz aufweisen, dürften sie den Kapitalanlagegesellschaften und den Depotbanken nur wenig Ansatzpunkte für Verschwendung bieten. Eine kostenintensive Kontrolle des Fondsmanagements erübrigte sich. Sollte ein Fonds allein den Risikopräferenzen eines Anlegers nicht gerecht werden, kann der Anleger daneben Fonds mit anderem Risikoprofil oder andere Wertpapiere erwerben.

Abschließend bietet es sich an, noch zu hinterfragen, ob zwischen der Depotbank in ihrer Funktion als Verwahrer und Kontrolleur des Sondervermögens und der Kapitalanlagegesellschaft eine Agency-Beziehung besteht. Dafür müßten die Handlungen der Depotbank die Wohlfahrt der Kapitalanlagegesellschaft beeinflussen. Da sich die Handlungen der Depotbank auf das Sondervermögen und nicht oder kaum auf das Vermögen der Kapitalanlagegesellschaft beziehen, dürfte zwischen diesen beiden Personen direkt keine Agency-Beziehung bestehen.

Soweit die Kapitalanlagegesellschaft ihre Transaktionen allerdings über die Depotbank abwickelt, können beide Institute durchaus in einer Agency-Beziehung stehen. Die Interessenkonflikte entsprechen denen zwischen Depotbank und Anteilsinhaber. Wenngleich das Verhalten der Depotbank unmittelbar auf das Sondervermögen wirkt, sind über den Mengenmechanismus Rückwirkungen auf das Geschäftsvolumen und damit auf das Vermögen der Kapitalanlagegesellschaft zu erwarten. Sind Depotbank und Kapitalanlagegesellschaft gesellschaftsrechtlich verbunden, mag die Kapitalanlagegesellschaft potentielle Einbußen hinnehmen, sofern der Mehrertrag der Depotbank das rechtfertigt. Sind die Depotbank und die Kapitalanlagegesellschaft hingegen voneinander unabhängig, ist mit einer intensiveren Kontrolle durch die Kapitalanlagegesellschaft zu rechnen. Zudem dürfte die Kapitalanlagegesellschaft frei in ihrer Entscheidung sein, von welchem Finanzdienstleister sie bestimmte Dienstleistungen bezieht. Letztlich werden insbesondere die Anteilsinhaber von der Unabhängigkeit

Auswahl standen, betrug die Anzahl in den USA 376. Der stärkere Wettbewerb in den USA dürfte wesentliche Ursache für die deutlich niedrigere Gebührenbelastung amerikanischer Indexfonds sein.

profitieren. Zusammenfassend veranschaulicht Abbildung II.12 die Agency-Beziehungen, die aus einer Anlage in Investmentfonds resultieren.

Abb. II.12: Rechtsbeziehungen und Agency-Beziehungen zwischen Anleger, Kapitalanlagegesellschaft und Depotbank sowie dem Kreditinstitut, das die Fondsanteile vertreibt

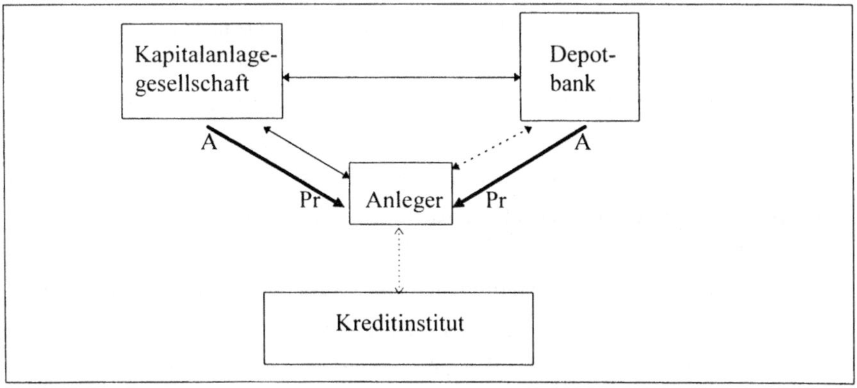

Mit der Altersversorgung über Kapitallebensversicherungen und der Altersvorsorge über Investmentfonds wurden neben den Durchführungswegen der betrieblichen Altersversorgung zwei weitere Formen der privaten Alterssicherung im Lichte der Agency-Theorie betrachtet. Bei beiden Formen ließen sich zahlreiche Potentiale für Reibungsverluste aufzeigen. Ursache ist in der Regel die Intransparenz der Geschäftstätigkeit. Hinzu kommt, daß Lebensversicherungsunternehmen und Kapitalanlagegesellschaften gesellschaftsrechtlich mit Instituten verflochten sind, deren Dienste sie in Anspruch nehmen. Es ist jedoch nicht möglich, die Reibungsverluste zu quantifizieren und daraus ein Urteil abzuleiten, welche Form der Alterssicherung für einen Anleger profitabler ist. Diese Entscheidung wird sich nur in jedem Einzelfall treffen lassen, je nach den Bedürfnissen des Anlegers. Zumindest die Reibungsverluste aus gesellschaftsrechtlichen Verflechtungen könnte ein Anleger vermeiden, wenn er seine Alterssicherung selbständig vornähme.

D. Individuelle Altersvorsorge des Anlegers am Beispiel der Aktiendirektanlage im Lichte der Agency-Theorie

Bei den bisher analysierten Formen der privaten Alterssicherung nimmt der Anleger stets ein Alterssicherungsinstitut in Anspruch: den Arbeitgeber, ein von ihm betriebenes Versorgungswerk oder einen Intermediär. Mit jeder Person, die in den Prozeß der Alterssicherung einbezogen wird, wachsen die Agency-Kette und damit die potentiellen Reibungsverluste. Es ist also zu erwarten, daß ein Anleger Reibungsverluste vermeiden kann, indem er seine Altersvorsorge selbst in die Hand nimmt. Ziel dieses Kapitels ist es zu beleuchten, welchen Interessenkonflikten ein Anleger bei der Direktanlage ausgesetzt ist. Als Anlageinstrument sei die Aktie herausgegriffen, da sie aufgrund ihres Ertragspotentials für die Alterssicherung besonders geeignet erscheint.[1]

Um die potentiellen Interessenkonflikte bei einer Aktienanlage aufzuzeigen, bietet es sich an, verschiedene Zeitabschnitte zu unterscheiden: Interessenkonflikte im Vorwege einer Transaktion, im Zuge der Transaktionsumsetzung[2] und während der Halteperiode. Im Vorwege einer Transaktion ist mit möglichen Interessenkonflikten insbesondere im Informationsbereich zu rechnen.[3] Dabei kann man unterscheiden nach Informationsasymmetrien zwischen dem Management eines Unternehmens und den potentiellen Aktionären sowie zwischen professionellen Informationsdienstleistern und potentiellen Aktionären.

Zur ersten Kategorie zählt, daß das Management eines Unternehmens daran interessiert sein mag, gute Informationen zu verbreiten und schlechte Informationen zu verdecken. Die Aktionäre werden dieses Verhalten jedoch antizipieren und ihre Kaufpreisobergrenze entsprechend reduzieren. Ein derartiges Informationsverhalten wird sich für das Management nur so lange lohnen, wie die Kurseinbußen bei den Aktien niedriger sind als der Vorteil aus den zu verschleiernden Ereignissen. Das Management eines anderen Unternehmens hingegen mag gewillt sein, sämtliche wesentlichen Ereignisse zu publizieren, um Kursabschläge durch die Anleger zu vermeiden. Selbst

---

1 Zur Überlegenheit der Rendite von Aktien gegenüber festverzinslichen Wertpapieren siehe beispielsweise R. Stehle und A. Hartmond (1991). Die Aktie als geeignetes Instrument der Alterssicherung stellen heraus Deutsches Aktieninstitut e.V. (1995); D. Bräuninger und B. Nürk (1996), S. 17.

2 Dazu zählt auch ein späterer Verkauf zu Konsumzwecken.

3 Zu Informationsrisiken siehe H. Schmidt (1988), S. 19.

wenn das Management allerdings zu umfangreicher Information bereit ist, dürfte es für den einzelnen Anleger problematisch sein, sämtliche Informationen aufzunehmen, zu werten und das Verhalten verschiedener Unternehmen zu vergleichen.[1]

Bedient sich ein Anleger professioneller Hilfe, z.B. durch Auskunfteien oder Ratgeber, stößt er unmittelbar auf die Probleme der zweiten Kategorie. Der Anleger läuft Gefahr, nicht objektiv informiert zu werden. Das kann darauf zurückzuführen sein, daß es selbst dem professionellen Ratgeber an umfangreicher Information mangelt oder darauf daß der den Anleger absichtlich falsch oder einseitig informiert. Sprechen sich weit verbreitete Aktienratgeber beispielsweise für den Kauf einer Aktie aus, kann dadurch die Nachfrage und damit der Kurs der Aktie steigen. Der Informationsgeber seinerseits mag dieses Verhalten im Vorwege antizipieren und die Aktie kaufen, um sie nach der "Kaufwelle" zu einem höheren Kurs wieder zu verkaufen.

In den letzten Jahren hat der Gesetzgeber zahlreiche Maßnahmen ergriffen, um im Informationsbereich den Anlegerschutz zu verbessern. Beispielsweise zählen dazu die Regelungen des Wertpapierhandelsgesetzes[2] zur Ad-hoc-Publizität[3], zur Vermeidung von Insidergeschäften,[4] zur Veröffentlichung von Beteiligungsstrukturen[5] und die Verhaltensregeln für Wertpapierdienstleistungsunternehmen.[6] Gegen eine umfassende Informationsbeschaffung und -aufbereitung durch einen einzelnen Anleger dürften allerdings letztlich die Kosten und vielfach mangelnde Fachkenntnis sprechen. Diese Einwände sind um so gewichtiger, als daß sich die Analyse dieser Arbeit insbesondere auf potentielle Kleinaktionäre bezieht, die ihr Alterssicherungsvermögen sukzessive

1 Zum Problem des Signaling siehe K. Spremann (1990), S. 645 - 647; J. C. van Horne (1992), S. 295f., 335f. und 357f.
Gleichwohl ist darauf hinzuweisen, daß diesem Problem auch die institutionellen Anleger, wie z.B. die Lebensversicherungsunternehmen und die Kapitalanlagegesellschaften, ausgesetzt sind. Sie verfügen aber möglicherweise über bessere Researchmöglichkeiten und direkten Unternehmenskontakt.

2 Gleichwohl weist von Rosen darauf hin, daß der Privatanleger nur indirekt Adressat des WpHG sei. Die Aufsicht erfolge nur im öffentlichen Interesse. Die Zielsetzung der deutschen Aufsicht stehe damit im Gegensatz zur US-amerikanischen Wertpapieraufsicht. R. von Rosen (1995a), S. 9.

3 § 15 WpHG.

4 §§ 12 - 20 WpHG.

5 §§ 21 - 30 WpHG.

6 §§ 31 und 32 WpHG.

während ihres Erwerbslebens aufbauen und sich nicht hauptberuflich mit der Vermögensverwaltung befassen.[1]

Entscheidet sich ein Anleger trotz der Hindernisse im Vorwege einer Aktientransaktion für den Kauf von Aktien, geht er Risiken im Realisationsbereich ein. Insbesondere Kleinaktionäre sind faktisch zur börslichen Orderausführung gezwungen und müssen dafür die Dienste eines Kreditinstituts in Anspruch nehmen.[2] Sie sind dabei u.a. den Risiken des Kursschnitts, des Mitlaufens und der Gegendisposition ausgesetzt.[3] Ein Anleger wird dieses Verhalten berücksichtigen, indem er kalkulatorische Kosten ansetzt und Abschläge von seiner Beschaffungspreisobergrenze für eine Aktie vornimmt.[4] Einem Kleinaktionär dürfte eine Kontrolle in diesem Bereich nur schwer möglich sein.

Als dritter Bereich seien die Interessenkonflikte während des Haltens der Aktien angesprochen. Ist ein Aktionär mit der Marktwertentwicklung seiner Aktie unzufrieden, verfügt er grundsätzlich über zwei Handlungsalternativen: Verkauf der Aktie oder Geltendmachung seiner Aktionärsrechte.[5] Beim Verkauf einer Aktie und der Neuanlage entstehen ihm Transaktionsverluste. Die Gebührenpolitik der Banken, insbesondere die transaktionsgrößenunabhängigen Minimumgebühren, bilden dabei Transaktionsbarrieren.[6] So wird ein Anleger bereit sein, eine vergleichsweise schlechte Wertentwicklung einer Aktie solange hinzunehmen, bis der erwartete Mehrertrag aus der Alternativanlage die Transaktionskosten zumindest deckt.

Alternativ könnte ein Aktionär geneigt sein, die Rechte aus seiner Aktie geltend zu machen. Als Kleinaktionär kann er jedoch keinen Einfluß auf die Unternehmensführung nehmen und müßte sich deswegen mit anderen Aktionären zusammenschließen. Dieses Vorgehen verursacht ebenfalls Kosten, ohne daß eine Erfolgsgarantie dafür besteht, daß das Einwirken zu einer Marktwertsteigerung der Aktie führt. Zudem

---

1 Gleichwohl soll dabei nicht übersehen werden, daß es sich in der Summe aller individuellen Alterssicherungsvermögen um erhebliche Beträge handelt.

2 Außerbörslicher Handel dürfte für diesen Personenkreis derzeit nicht in Frage kommen.

3 Ausführliche Erläuterungen dazu finden sich bei H. Schmidt (1970), S. 45 - 54; ders. (1977), S. 23 - 25; ders. (1988), S. 19f.

4 H. Schmidt (1970), S. 68.

5 A. O. Hirschman (1974).

6 Deutsche Bundesbank (1994b), S. 58; dies. (1997), S. 37.

profitierten nicht nur die aktiven Aktionäre, sondern alle Aktionäre, ohne sich an den Kosten beteiligen zu müssen.[1] Es ist zu erwarten, daß der einzelne Aktionär von seinen Kontrollmöglichkeiten nur dann Gebrauch macht, wenn sein anteiliger Mehrertrag seine Kosten zumindest deckt.[2]

Neben den Agency-Kosten aus möglichen Interessenkonflikten sind beim Vergleich der Direktanlage mit der kollektiven Vermögensanlage durch Dritte aber auch weitere Aspekte zu beachten, z.B. die Portfoliodiversifikation und die Vorteile einer Spezialisierung der Vermögensverwalter.[3] Insofern gilt für dieses Kapitel ebenfalls, daß Aussagen über die Vorteilhaftigkeit der Direktanlage gegenüber anderen Formen der privaten Alterssicherung nur im konkreten Einzelfall zu treffen sind. Über die reine Vermögenssicherung für das Alter hinaus müßte man die gesamte Vermögens- und Einkommenslage des Anlegers in die Überlegungen mit einbeziehen.

---

[1] J. Drukarczyk (1993), S. 629f.

[2] M. Olson (1992), S. 21. Insofern ist bei einem kleinen Kreis an Gesellschaftern eher mit einer Kontrolle durch die Gesellschafter zu rechnen als bei weit gestreutem Gesellschafterkreis.

[3] Deutsche Bundesbank (1994b), S. 58.

E. Zusammenfassung des zweiten Teils

Alterssicherung läßt sich nicht ohne Reibungsverluste betreiben. Ein Anleger ist gezwungen, in mehr oder minder großem Umfang die Dienste Dritter in Anspruch zu nehmen. Reibungsverluste sind zwangsläufig die Folge. Ziel des Gesetzgebers kann es insofern nur sein, die Rahmenbedingungen für private Alterssicherung so zu gestalten, daß mit möglichst niedrigen Reibungsverlusten zu rechnen ist. Zudem sollte dem Gesetzgeber aufgrund seiner Verpflichtung gegenüber dem Steuerzahler daran gelegen sein, daß die steuerliche Förderung der privaten Alterssicherung auch wirklich den Arbeitnehmern oder Anlegern zugute kommt statt bei Dritten zu versickern, nicht zuletzt um die staatliche Alterssicherung zu entlasten.

Alle Formen der betrieblichen Alterssicherung erfassen die Arbeitnehmer obligatorisch.[1] Damit unterliegt keines der betrieblichen Alterssicherungsinstitute einer marktlichen Kontrolle. Der Preis als Regelungsmechanismus für den Abbau von Interessenkonflikten greift nicht. Es drängt sich die Frage auf, welches Interesse ein Arbeitgeber in der Position des Agenten daran haben könnte, die Agency-Kosten zu reduzieren, wenn sie die Arbeitnehmer oder die Mitglieder des PSV tragen. Mit einer Selbstbindung des Arbeitgebers ist nicht zu rechnen. In diesem Punkt besteht dringender Korrekturbedarf.

Direktzusagen und Versorgungszusagen über Unterstützungskassen lassen dem Arbeitgeber freie Hand bei der Verwendung des Alterssicherungsvermögens. Leidtragende sind im Falle des Konkurses des Arbeitgebers vornehmlich die Mitglieder des PSV, d.h. alle Unternehmen, die derartige Zusagen gewähren. Die Arbeitnehmer selbst müssen allerdings auch mit Versorgungseinbußen rechnen. Von einer positiven Wertentwicklung des Alterssicherungsvermögens profitiert allein der Arbeitgeber. Pensionskassen sind ebenfalls von ihrem Trägerunternehmen abhängig. Das Ausmaß der Reibungsverluste dürfte entscheidend von der Organisationsstruktur einer Pensionskasse abhängen. Überbetriebliche Pensionskassen lassen niedrigere Reibungsverluste erwarten. Pensionskassen unterliegen darüber hinaus der staatlichen Aufsicht. Vordringliches Ziel dieser Aufsicht dürfte es jedoch sein, die Solvenz der

---

1 Gleichwohl kann ein Arbeitnehmer auf eine betriebliche Alterssicherung verzichten. Er verschenkt damit aber einen Teil seiner Gesamtvergütung, da er in aller Regel keine alternative Form der Vergütung erhält.

Pensionskasse sicherzustellen, weniger hingegen eine hohe Wertsteigerung des Alterssicherungsvermögens. Die staatliche Aufsicht kann insofern eine Kontrolle durch die unmittelbar betroffenen Arbeitnehmer nicht ersetzen. Damit unterliegen alle Formen der betrieblichen Alterssicherung mehr oder minder dem unmittelbaren Einfluß des Arbeitgebers. Die Kosten einer betrieblichen Alterssicherung sind für den Arbeitnehmer nicht transparent. Vermögensverschiebungen von den Arbeitnehmern und den Mitgliedern des PSV hin zu den Arbeitgebern sind zu befürchten.[1]

Die Institute, die Produkte zur individuellen Alterssicherung anbieten, weisen ebenfalls Konfliktpotential auf. Hier stehen die Interessen der Eigentümer vielfach denen der Versicherungsnehmer und Anleger entgegen. Mangelnde Transparenz und hohe Kosten für den einzelnen behindern eine Kontrolle durch Versicherungsnehmer und Anleger. Die gesellschaftsrechtliche Verflechtung der Lebensversicherungsunternehmen und der Kapitalanlagegesellschaften mit Kreditinstituten dürfte die Kontrolle noch erschweren. Es ist fraglich, ob eine staatliche Aufsicht die Kontrolle durch den einzelnen oder besser durch Gruppen ersetzen kann.

Lebensversicherungsunternehmen scheinen nicht weniger Konfliktpotentiale aufzuweisen als andere Alterssicherungsinstitute. Eine steuerliche Förderung der Vermögensbildung allein über Lebensversicherungsunternehmen erscheint mehr als fragwürdig. Verfolgt der Staat einzig das Ziel, die Absicherung biometrischer Risiken zu fördern, sollte die Vermögensbildung von dem Risikogeschäft losgelöst und nur die Risikoabsicherung steuerlich begünstigt werden. Setzt er sich jedoch auch zum Ziel, die Vermögensbildung für das Alter zu unterstützen, sollten alle Institute, die bereit sind, Marktrisiken zu übernehmen, in den Wettbewerb um das Alterssicherungsvermögen einbezogen werden.

Die agencytheoretische Analyse in diesem Kapitel hat potentielle Reibungsverluste in der privaten Alterssicherung offengelegt und erste Ansätze aufgezeigt, wie sie zu reduzieren sein könnten. Gemeinsam mit der Bestandsaufnahme der Alterssicherung in den USA und Großbritannien bildet sie die Grundlage für Reformvorschläge der privaten Alterssicherung in Deutschland, die im dritten Kapitel herausgearbeitet werden sollen.

---

1 Diese Argumentation setzt voraus, daß man dem Grundtenor der Arbeit folgt und betriebliche Alterssicherungsleistungen als Bestandteil des Gehalts des Arbeitnehmers betrachtet.

DRITTER TEIL

Förderungswürdige Formen der privaten Alterssicherung: Merkmale und Besteuerung

Welche Merkmale sollte eine Form der privaten Alterssicherung aufweisen, von der zu erwarten ist, daß sie möglichst geringe Reibungsverluste aufweist und damit im Interesse der Arbeitnehmer und Anleger ein hohes Alterssicherungsvermögen verspricht? Und wie ließe sich eine solche Form der privaten Alterssicherung steuerlich fördern? Antworten auf beide Fragen soll der dritte Teil der Arbeit liefern. Wenngleich das geltende Recht die Grundlage bildet, reichen die Reformüberlegungen über diesen Rahmen hinaus und zielen auf grundlegende Änderungen des privaten Alterssicherungssystems. Ziel des Kapitels A ist es, einen Katalog an Merkmalen herauszuarbeiten, der die wesentlichen Anforderungen an eine förderungswürdige private Alterssicherung enthält. Kapitel B geht dann der Frage nach, in welcher Form der Staat die private Alterssicherung steuerlich unterstützen könnte und welche Änderungen im deutschen Steuerrecht dazu nötig sind. Die Ergebnisse der ersten zwei Kapitel dienen in einem nächsten Schritt als Beurteilungsmaßstab für ausgewählte Reformvorschläge, die in jüngerer Zeit vorgelegt wurden. Dabei liegt es nahe, Reformvorschläge verschiedener Interessengruppen zu beleuchten: das Altersvorsorge-Sondervermögen gemeinsam mit dem Altervorsorge-Sparplan des Bundesverbandes Deutscher Investment-Gesellschaften,[1] den privaten Aktiensparplan des Deutschen Aktieninstituts,[2] den Betriebsrentenfonds, welchen Bode und Grabner - Mitglieder der Arbeitsgemeinschaft für betriebliche Altersversorgung e.V. - konzipiert haben,[3] den Betriebs-Pensions-Fonds des Bundesverbandes deutscher Banken[4] und die betrieb-

---

1 Altersvorsorge-Sondervermögen wurde im April 1998 im Zuge des Dritten Finanzmarktförderungsgesetzes ins KAGG aufgenommen, §§ 37h - m.

2 Deutsches Aktieninstitut e.V. (1995).

3 K.-J. Bode und E. R. Grabner (1997). Beim Betriebsrentenfonds handelt es sich nicht um einen offiziellen Vorschlag der Arbeitsgemeinschaft betriebliche Altersversorgung. In ähnliche Richtung zielt der Vorschlag Kolvenbachs, die Unterstützungskasse zur Pensionsfonds-Unterstützungskasse fortzuentwickeln. Die Ideen resultieren aus Diskussionen des Fachausschusses Volks- und Betriebswirtschaft der Arbeitsgemeinschaft für betriebliche Altersversorgung e.V. P. Kolvenbach (1997a); ders. (1997b).

4 Bundesverband deutscher Banken (1997a).

lichen Pensionsfonds des Arbeitskreises "Betriebliche Pensionsfonds",[1] die im Auftrag des "Forum Finanzplatz" beim Bundesministerium der Finanzen erarbeitet wurden.

[1] Gerke u.a. (1998).

A. Merkmale förderungswürdiger Formen der privaten Alterssicherung

Werden nachfolgend Merkmale von Formen der privaten Alterssicherung herausgearbeitet, die erfüllt sein müssen, damit eine Form steuerlich begünstigt wird, steht die betriebliche Alterssicherung wiederum im Vordergrund. Einige Aspekte gelten allerdings gleichwohl für die Instrumente der individuellen Alterssicherung. Wie der Blick ins Ausland im ersten Teil der Arbeit bereits zeigte, verschwimmen die Instrumente der betrieblichen und individuellen Alterssicherung zunehmend, so daß ein übergreifender Anforderungskatalog sinnvoll erscheint, auch wenn nicht alle Merkmale auf beide Formen anwendbar sind.

Den Ausgangspunkt der Reformvorschläge zur privaten Alterssicherung bildet die Frage nach der Form der Alterssicherungszusage. Fundamental für weitere Überlegungen sind ferner die Unverfallbarkeitsregelungen. Daran knüpfen die Fragen an, welcher Träger für ein Alterssicherungsinstitut geeignet erscheint, ferner wer ihn auswählen und kontrollieren sollte. Die Anlage des Alterssicherungsvermögens stellt einen weiteren Aspekt dar. In diesem Zusammenhang liegt es nahe, auch Anlagerestriktionen zu hinterfragen. Daneben empfiehlt es sich miteinzubeziehen, ob und unter welchen Voraussetzungen Verfügungen vor Eintritt des Sicherungsfalls zulässig sein sollten. Weitere wichtige Merkmale stellen der Schutz der Alterssicherungsansprüche und die Information des Arbeitnehmers dar. Deswegen ist zu beleuchten, wer den Informationsbedarf der Arbeitnehmer in welchem Umfang befriedigen könnte. Ein Katalog von Merkmalen faßt die einzelnen Ergebnisse zusammen.[1]

I. Form der Alterssicherungszusage

Grundsätzlich ist heute anerkannt, daß die betriebliche Alterssicherung eine Komponente der Gesamtvergütung des Arbeitnehmers darstellt. Der Entgeltcharakter dominiert den Fürsorgecharakter.[2] Wie aus dem ersten Teil der Arbeit bekannt ist, lassen sich Alterssicherungszusagen in Form von Versorgungs- und in Form von

---

[1] Weitere Merkmale eines privaten Alterssicherungssystems sind denkbar, im Rahmen dieser Arbeit aber von geringerer Bedeutung.

[2] Siehe dazu die in Fußnote 7 auf Seite 20 angeführte Literatur.

Vorsorgezusagen erteilen.[1] Die Form der Alterssicherungszusage entscheidet darüber, in welchem Umfang eine Kapitaldeckung erfolgt, wer bestimmte Risiken trägt, wie flexibel die Alterssicherung für den Arbeitgeber und den Arbeitnehmer durchführbar ist, welche Konsequenzen sich für die Mobilität der Arbeitnehmer und die Möglichkeit der Frühpensionierung ergeben, welche personalpolitischen Effekte eine betriebliche Alterssicherungszusage erwarten läßt und wie der Arbeitnehmer in die Finanzierung eingebunden werden kann.

Kapitaldeckung

Vorsorgezusagen und Versorgungszusagen unterscheiden sich darin, in welchem Ausmaß sie mit Kapital gedeckt sind.[2] Vorsorgezusagen sind stets in voller Höhe dotiert. Dem Arbeitnehmer steht das angesammelte Vorsorgevermögen mit seinem jeweiligen Marktwert zu. Bei Versorgungszusagen hingegen kann der Marktwert des angesammelten Versorgungsvermögens von der Höhe der Verbindlichkeiten, die aus den Versorgungszusagen resultieren, abweichen. Das läßt sich zum einen auf rechtliche Rahmenbedingungen zurückführen, wenn beispielsweise das Steuerrecht nur eine anteilige Kapitaldeckung fördert. Zum anderen kann die Marktwertentwicklung des Versorgungsvermögens dafür verantwortlich sein. Eine kontinuierliche Kontrolle und gegebenenfalls Anpassung der Höhe des Versorgungsvermögens ist nötig. Die Kosten hierfür mindern die Leistungen aus der betrieblichen Alterssicherung.

Risikoverteilung

Die unterschiedliche Kapitaldeckung beeinflußt maßgeblich, welche Risiken der Arbeitnehmer und der Arbeitgeber für welchen Zeitraum bei der betrieblichen Alterssicherung zu tragen haben. Bei der Vorsorgezusage übernimmt der Arbeitgeber keine Risiken aus der betrieblichen Alterssicherung, da seine Schuld unmittelbar erlischt, wenn er die Vorsorgebeträge zahlt. Auf Änderungen im Betriebsrenten-, Steuer- und Arbeitsrecht kann der Arbeitgeber vergleichsweise flexibel reagieren, da sie sich nicht auf „Altverbindlichkeiten" auswirken.

---

1 Siehe dazu die Seiten 7 und 8 sowie die Seiten 21 bis 22.

2 Z. Bodie (1992), S. 131.

Der Arbeitnehmer trägt das Risiko, daß der Arbeitgeber die Vorsorgebeträge überhaupt leistet. Dabei handelt es sich nicht um ein besonderes Risiko, das aus der betrieblichen Alterssicherung resultiert, sondern um das übliche Ausfallrisiko bei Gehaltszahlungen. Zusätzlich übernimmt der Arbeitnehmer das Marktrisiko für die Vorsorgebeträge.[1] Verluste wirken sich zu Lasten und Gewinne zugunsten seines Alterssicherungsvermögens aus. Daneben hat der Arbeitnehmer bei einer reinen Vorsorgezusage auch die biometrischen Risiken, z.B. vorzeitige Erwerbsunfähigkeit, zu tragen. Es liegt an ihm, inwieweit er die Risiken selbst übernehmen will oder über Dritte absichert.

Anders sind die Risiken bei Versorgungszusagen verteilt. Hier trägt der Arbeitgeber oder ein von ihm beauftragter Dritter das Marktrisiko des Alterssicherungsvermögens.[2] Da Versorgungszusagen typischerweise die Leistung einer Rente statt eines Einmalbetrags beinhalten, trägt der Arbeitgeber das Marktrisiko in der Regel bis zum Tod des Arbeitnehmers oder seiner Hinterbliebenen. Der Arbeitgeber hat hier zu entscheiden, ob er die biometrischen Risiken übernimmt oder über Dritte absichert. Sollte der Dritte die vereinbarten Versorgungsverbindlichkeiten nicht erfüllen können, hat der Arbeitgeber selbst dafür einzustehen. Der Arbeitgeber trägt darüber hinaus - zumindest teilweise - das Inflationsrisiko, da er gemäß § 16 BetrAVG die Renten anzupassen hat.[3] Das durch diese Anpassungspflicht nicht abgegoltene Inflationsrisiko verbleibt beim Arbeitnehmer. Da sich ein Arbeitgeber mit einer Versorgungszusage über einen sehr langen Zeitraum verpflichtet, lastet auf ihm auch das Risiko, daß sich die gesetzlichen Rahmenbedingungen und damit die Höhe der Versorgungsverbindlichkeit ändert.[4]

Versorgungszusagen bergen auch für den Arbeitnehmer Risiken. Grundsätzlich trägt er das Risiko, daß der Arbeitgeber als Versorgungsträger zahlungsunfähig wird. Für den Arbeitnehmer resultiert daraus eine Kumulation der Risiken: Das laufende Gehalt und

---

1 B. Nürk (1997).

2 Z. Bodie (1992), S. 131.

3 Mit Inkrafttreten des Rentenreformgesetzes 1999 kann sich ein Arbeitgeber von dem Inflationsrisiko befreien, indem er sich vorab verpflichtet, die laufenden Leistungen jährlich um wenigstens ein Prozent zu erhöhen. Bei Direktversicherungen und Pensionskassen entfällt seine Anpassungsverpflichtung, wenn alle auf den Rentenbestand entfallenden Überschußanteile zur Erhöhung der laufenden Leistungen verwendet werden, § 16 II - IV BetrAVG n.F.

4 Als Beispiele seien die Erhöhung des Rechnungszinsfußes für Pensionsrückstellungen von 3,5 % über 5,5 % auf heute 6 % sowie die durch das BAG ständig verschärfte Rechtsprechung zu § 16 BetrAVG genannt. Weitere Beispiele finden sich bei U. Langohr-Plato (1996), S. 230.

künftige Versorgungsleistungen können ausfallen. Im Rahmen der agencytheoretischen Analyse der Direktzusagen und der Zusagen über Unterstützungskassen wurde jedoch bereits deutlich, daß dem Arbeitnehmer die Basisleistungen über den PSV garantiert sind. Der Arbeitnehmer trägt nur das Risiko für die Zusatzleistungen.[1] Für ihn ist insofern nur von geringer Bedeutung, in welcher Form und in welchem Ausmaß der Arbeitgeber die künftigen Versorgungsverbindlichkeiten mit Kapital unterlegt.

Flexibilität

Eine flexible Form der betrieblichen Alterssicherung zeichnet sich für Arbeitnehmer dadurch aus, daß sie auf deren individuellen Bedürfnisse zugeschnitten werden kann. Vorsorgezusagen schaffen die Voraussetzung dafür, daß der Arbeitnehmer die Vorsorgebeträge entsprechend seiner Risikoeinstellung anlegen und über den Umfang der Risikoabsicherung selbst entscheiden kann. Bei Versorgungszusagen liegen diese Entscheidungen beim Arbeitgeber, da er die biometrischen Risiken und die Marktrisiken trägt. Der Arbeitnehmer erhält unter Umständen eine Zusage für eine Leistung, die er gar nicht wünscht. Für einen Arbeitnehmer, der keine versorgungsbedürftigen Angehörigen zurückläßt, zählt dazu beispielsweise die Absicherung der Hinterbliebenen.

Arbeitgeber fordern ebenfalls Flexibilität in der betrieblichen Alterssicherung.[2] Sie möchten die Höhe der Alterssicherungsleistungen flexibel an den Unternehmenserfolg anpassen können. Daneben soll es ihnen möglich sein, die Höhe der Vorsorgebeträge an die Leistung des einzelnen Arbeitnehmers anzupassen. Vorsorgezusagen bieten diese Flexibilität, da sie einmalig, befristet oder unbefristet und in ihrer Höhe variabel zu vereinbaren sind.

Übertragbarkeit der Alterssicherungsansprüche

Die Finanzierung einer Alterssicherungszusage nimmt unmittelbar Einfluß auf die Übertragbarkeit der Alterssicherungsansprüche und damit auf die Mobilität der

---

[1] Siehe dazu Seite 152.

[2] Arbeitsgemeinschaft für betriebliche Altersversorgung e.V. (1995), P. Ahrend und H.-J. Heger (1995); Bundesvereinigung der Deutschen Arbeitgeberverbände (1998), S. 21f.

Arbeitnehmer.[1] Die Deckungsmittel aus Vorsorgezusagen lassen sich für jeden einzelnen Arbeitnehmer individuell verbuchen. Das angesammelte Vorsorgevermögen ist damit problemlos umschichtbar. Streitigkeiten über die Höhe eines Alterssicherungsanspruchs können vermieden werden.

Vorsorgezusagen bieten dem Arbeitgeber ferner den Vorteil, daß er nach Beendigung eines Arbeitsverhältnisses - aus anderen als Altersgründen - nicht mit weiterem Verwaltungsaufwand für die Zusage an diesen Arbeitnehmer belastet ist, wie er es beispielsweise bei geringfügigen Anwartschaften aus Versorgungszusagen wäre. Für den Arbeitgeber entfällt jedoch ein Instrument, qualifizierte Arbeitnehmer an das eigene Unternehmen zu binden. Betriebstreue läßt sich aber auch bei Vorsorgezusagen honorieren. Dabei ist zu beachten, daß die Höhe der Vorsorgebeträge aufgrund des Zinseszinseffekts in jungen Jahren des Arbeitnehmers bedeutender ist, während bei den typischen Versorgungszusagen das Gehalt des Arbeitnehmers in den Jahren vor dem Ruhestand besonderes Gewicht einnimmt.

Die Nachteile, die einem Arbeitnehmer mit einer Versorgungszusage entstehen, wenn er seinen Arbeitsplatz wechselt, wurden bereits im zweiten Teil der Arbeit in Kapitel B herausgearbeitet. Ein mehrfacher Arbeitsplatzwechsel schmälert die Versorgungsansprüche, sofern sich Betriebstreue überproportional auf die Versorgungshöhe auswirkt. Allerdings ist der Nachteil wesentlich auf die inhaltliche Ausgestaltung der Versorgungszusage zurückzuführen, speziell auf die Determinanten, die in die Berechnungsformel der Versorgungsansprüche einfließen. Ein ähnlicher Nachteil aus einem Arbeitsplatzwechsel ist somit auch bei Vorsorgezusagen denkbar.

Vorzeitiges Verfügen über das Alterssicherungsvermögen

Vorsorgezusagen schaffen die Voraussetzung dafür, daß der Arbeitnehmer die Höhe seines Vorsorgevermögens jederzeit kennt und auf dieser Basis darüber entscheiden kann, in den Ruhestand zu treten - auch vor Erreichen des gesetzlichen Renteneintrittsalters. Dem Arbeitgeber entstehen aus dem vorgezogenen Ruhestand des Arbeitnehmers keine zusätzlichen Kosten.[2] Die unterschiedlichen Bedürfnisse jedes

---

1 R. Self (1996), S. 3.

2 Die aus § 6 BetrAVG resultierende Kalkulationsunsicherheit entfiele.

Arbeitnehmers lassen sich so berücksichtigen.[1] Vorsorgezusagen lassen niedrigere Reibungsverluste aus der Prinzipal-Agent-Beziehung zwischen Arbeitgeber und Arbeitnehmer erwarten, da der Arbeitgeber auf kalkulatorische Abschläge wegen der Gefahr, Renten vorzeitig zahlen zu müssen, verzichten kann. Vorsorgezusagen mindern damit die Probleme, mit denen die betriebliche Alterssicherung aufgrund der zunehmenden Zahl an Frühpensionierungen konfrontiert ist.

Transparenz der Gesamtvergütung

Da die betriebliche Alterssicherung ein Instrument der Personalpolitik eines Unternehmens darstellt, sollten die Alterssicherungszusagen und deren Kosten für den Arbeitnehmer nachvollziehbar und seinen individuellen Bedürfnissen angepaßt sein.[2] Nur wenn die Arbeitnehmer der betrieblichen Alterssicherung einen besonderen Wert beimessen, sind die Kosten für ein Unternehmen zu rechtfertigen.

Bei einer Vorsorgezusage legt der Arbeitgeber dem Arbeitnehmer die Höhe seiner Gesamtvergütung offen.[3] Künftige Rentenleistungen sind nominal und real in ihrer Höhe ungewiß.[4] Es liegt in der Verantwortung des Arbeitnehmers, sich gegen diese Ungewißheit abzusichern. Zum einen könnte er mit den Vorsorgebeträgen eine private Rentenversicherung bedienen.[5] Alternativ könnte einem weniger risikoaversen Arbeitnehmer schon die Information genügen, mit welcher Rentenhöhe er aufgrund des angesparten Vorsorgevermögens für einen bestimmten Zeitraum bei gegebener Rendite rechnen kann. Zum anderen könnte er Anlageformen wählen, die das Inflationsrisiko eingrenzen. Umfragen haben ergeben, daß Arbeitnehmer Barzuwendungen in der Regel höher schätzen als die betriebliche Alterssicherung.[6] Vorsorgezusagen dürften den Stellenwert der betrieblichen Alterssicherung für den Arbeitnehmer erhöhen, da er den aktuellen Vergütungsumfang besser einschätzen kann. Der

---

1 Beispielsweise bietet das chilenische Rentensystem allen Versicherten die freie Wahl des Renteneintrittsalters. Die Altersvorsorge erfolgt dort über individuelle Rentensparkonten. J. Pinera (1997), S. 27f.

2 G. Richter (1996).

3 W. Blomeyer (1996), S. 311.

4 Z. Bodie, A. J. Marcus und R. C. Merton (1988), S. 158.

5 Bodie u.a. geben zu bedenken, daß die Renditen bei privaten Rentenversicherungen in der Regel weit unter den Renditen liegen, die am Kapitalmarkt zu erzielen sind. Ebda., S. 148.

6 K. Esser und G. Sieben (1997), S. 37.

Arbeitgeber seinerseits kann die Verpflichtungen aus der betrieblichen Alterssicherung besser kalkulieren.

Bei einer Versorgungszusage, deren Höhe von der Dauer der Betriebszugehörigkeit und der Vergütungshöhe innerhalb eines bestimmten Zeitraums abhängt, kann der Arbeitnehmer den Nominalbetrag seiner künftigen Rentenleistungen in etwa kalkulieren. Wenngleich ihm die Entwicklung seines Gehalts noch unbekannt ist, hat er doch die Gewißheit, einen bestimmten Prozentsatz seines Gehalts als Rente zu beziehen.[1] Der reale Wert der Rente ist dem Arbeitnehmer hingegen unbekannt. Ebenfalls dürfte für ihn nicht nachzuvollziehen sein, in welcher Höhe der Arbeitgeber Alterssicherungsvermögen ansammeln muß. Der Arbeitnehmer weiß somit nicht, wie hoch die Gesamtvergütung während seines aktiven Erwerbslebens ist.

Beteiligung des Arbeitnehmers an der Finanzierung

Es blieb bisher unberücksichtigt, ob der Arbeitgeber, der Arbeitnehmer oder beide gemeinsam die Beiträge für die betriebliche Alterssicherung erbringen. Betrachtet man die betriebliche Alterssicherung als Bestandteil der Gesamtvergütung des Arbeitnehmers, dürfte eine Zuordnung überflüssig sein. Das Steuer- und das Arbeitsrecht zwingen jedoch zu einer strikten Trennung.[2] Während bei der Versorgungszusage üblicherweise allein der Arbeitgeber das Alterssicherungsvermögen aufbaut, beteiligt sich der Arbeitnehmer an Vorsorgeplänen häufig mit Teilen seiner Barvergütung.[3] Damit übernimmt der Arbeitnehmer bei Vorsorgeprogrammen bewußt einen Teil der Verantwortung für seine Altersvorsorge. Auch dürfte ihm die Leistung des Arbeitgebers deutlicher werden. Aus Sicht des Arbeitgebers müßten Vorsorgezusagen unter diesem Aspekt Versorgungszusagen vorzuziehen sein.

Tabelle III.1 faßt die Charakteristika der Vorsorgezusagen und der Versorgungszusagen zusammen.

---

1 Z. Bodie, A. J. Marcus und R. C. Merton (1988), S. 147. Sie bezeichnen diese Sicherheit als "income maintenance insurance".

2 Auch die Differenzierung der Gesamtvergütung in u.a. betriebliche Alterssicherung und Barvergütung ist durch das Steuer- und Arbeitsrecht verursacht. Zur Abgrenzung siehe auch Seite 20.

3 Z. Bodie (1992), S. 131.

Tab. III.1: Charakteristika von Vorsorge- und Versorgungszusagen

Form der Zusage / Unterscheidungskriterium	Vorsorgezusage	Versorgungszusage
Kapitaldeckung	voll gedeckt	Über-/ und Unterdeckung möglich => Sicherungskosten
Risken • des Arbeitnehmers	• Ausfall des Gehalts • Marktrisiko • Inflationsrisiko • biometrische Risiken	• z.T. Inflationsrisiko • Ausfall der Zusatzleistungen
• des Arbeitgebers	• keine	• Marktrisiko • Übernahme mindestens eines biometrischen Risikos • z.T. Inflationsrisiko
Flexibilität • für den Arbeitnehmer	Vermögensanlage auf Bedürfnisse des Arbeitnehmers zuschneidbar	starr
• für den Arbeitgeber	Höhe der Vorsorgebeträge anpaßbar	starr
Übertragbarkeit	problemlos	aufwendig
Vorzeitiges Verfügen	problemlos	aufwendig
Transparenz der Gesamtvergütung	höhere Wertschätzung durch Arbeitnehmer	geringere Wertschätzung durch Arbeitnehmer
Beteiligung des Arbeitnehmers an der Finanzierung	möglich und üblich	problematisch und unüblich

Es hat sich gezeigt, daß Vorsorgezusagen für den Arbeitnehmer und für den Arbeitgeber viele Vorteile gegenüber Versorgungszusagen bieten, aber auch einige Nachteile. Eine allgemeine Beurteilung ist jedoch nicht möglich, da einzelne Arbeitnehmer und Arbeitgeber einige der angesprochenen Aspekte als vorteilhaft erachten mögen, andere hingegen als nachteilig. Sie hängt von der Einschätzung des einzelnen ab. In den USA verstärkt sich deswegen der Trend, Alterssicherungszusagen mit Charakteristika von Vorsorgezusagen und von Versorgungszusagen zu erteilen.[1] Diese Pläne haben die Arbeitgeber selbst entwickelt, um die eigenen Bedürfnisse und die ihrer Arbeitnehmer besser zu befriedigen und die betriebliche Alterssicherung an die veränderten ökonomischen Rahmenbedingungen anzupassen. Das Employee Benefit Research Institute (EBRI) betont ausdrücklich, daß die Impulse nicht vom Staat ausgingen.[2] Veränderungen in den Durchführungsformen der betrieblichen Alterssicherung, die aus den Marktkräften resultieren, wird es jedoch nur dann geben, wenn starre gesetzliche Rahmenbedingungen ihnen nicht entgegenstehen. Für Deutschland läßt sich daraus der Schluß ziehen, daß den Arbeitgebern nicht eine Form der Alterssicherungszusage als die optimale Lösung per Gesetz auferlegt werden sollte, sondern neben den Versorgungszusagen auch Vorsorgezusagen und eine Kombination beider Formen rechtlich zulässig sein sollten.

II. Unverfallbarkeitsregelungen

Sind Alterssicherungsansprüche von einem Alterssicherungsinstitut auf ein anderes übertragbar, erhöht sich die Mobilität der Arbeitnehmer und - bei freier Wahl des Alterssicherungsinstituts - vor allem der Wettbewerb unter den Instituten. Voraussetzung dafür ist allerdings, daß die Alterssicherungsansprüche des Arbeitnehmers unverfallbar sind.[3]

Die Unverfallbarkeit ist derzeit an ein bestimmtes Mindestalter und an eine Mindestzusagedauer - verbunden mit einer Mindestdauer der Betriebszugehörigkeit - gekoppelt. Nach geltendem Betriebsrentenrecht verlieren Arbeitnehmer, die jünger als 35 Jahre sind, beim Wechsel des Arbeitsplatzes die Anwartschaft auf ihre betriebliche Alterssicherung. Frauen trifft diese Regelung besonders. Sie können selbst keine betriebliche Alterssicherung aufbauen, wenn sie vor Vollendung des 35. Lebensjahres aus dem Berufsleben ausscheiden, auch wenn sie davor möglicherweise bereits 15 Jahre gearbeitet haben. Eine Umfrage des Ifo-Instituts belegt, daß 58% der Arbeit-

---

1 Schon Bodie u.a. schlagen vor, die Vorteile der beiden Zusageformen zu kombinieren. Z. Bodie, A. J. Marcus und R. C. Merton (1988), S. 159; einen Überblick über solche Zusageformen in den USA bietet S. Campbell (1996).

2 Ebda., S. 30.

3 Zu den derzeit geltenden Unverfallbarkeitsregelungen siehe Seite 28.

nehmer mit betrieblicher Altersversorgung aus Handel und Industrie, die 1992 aus ihrem Unternehmen vor Eintritt des Versorgungsfalls ausschieden, ihre Versorgungsanwartschaft verloren haben. Davon hatten über 40% der Arbeitnehmer das 35. Lebensjahr noch nicht vollendet.[1]

Niedrige oder besser gar keine Verfallsfristen wären erstrebenswert. Die Forderung läßt sich wiederum damit rechtfertigen, daß betriebliche Alterssicherung einen Gehaltsbestandteil bereits geleisteter Arbeit darstellt. Will man die Funktion als Treueprämie betonen, lassen sich die Vorsorgebeträge nach der Betriebszugehörigkeit staffeln. Der Aufbau eines Alterssicherungsvermögens ist zudem aufgrund des Zinseszinseffekts in jungen Jahren besonders wichtig. Die Unverfallbarkeit der Alterssicherungszusagen an das Alter des Arbeitnehmers zu knüpfen, erscheint schon deswegen nicht sachgerecht. Eine - wenn auch kurze - Mindestbetriebszugehörigkeit mag akzeptabel sein.

III. Träger des Alterssicherungsinstituts

Träger der betrieblichen Alterssicherung sind in Deutschland aufgrund der vorgeschriebenen Form der Versorgungszusagen letztlich stets die Unternehmen selbst, die Versorgungszusagen erteilen.[2] Sie können aber einzelne Komponenten der betrieblichen Altersversorgung, z.B. die kaufmännische Abwicklung, die Vermögensverwaltung oder die Übernahme biometrischer Risiken, ausgliedern und anderen Unternehmen übertragen. Diese Unternehmen lassen sich dann danach unterscheiden, ob sie ausschließlich für die Durchführung der betrieblichen Alterssicherung von einem oder mehreren Unternehmen unterhalten werden, z.B. Unterstützungskassen und Pensionskassen (Hilfsbetriebe bzw. Verbandbetriebe), oder ob sie sich selbst in den Markt und damit dem Wettbewerb stellen, wie z.B. Lebensversicherungsunternehmen. Daß der Arbeitnehmer seine betriebliche Alterssicherung selbst in die Hand nimmt, ist nach dem Betriebsrentengesetz nicht zulässig. Derartige Aktivitäten des Arbeitnehmers fallen stets in den Bereich der individuellen Alterssicherung.

1 J. Beyer (1994a), S. 657. Beyer weist jedoch darauf hin, daß die Fragen zur Unverfallbarkeit nur von einem kleineren Teil der Unternehmen beantwortet wurden und damit eine Hochrechnung der Ergebnisse statistisch unzulässig ist, wohl aber einen gewissen Trend aufzeigen.

2 Das resultiert daraus, daß das deutsche Betriebsrentenrecht nach § 1 BetrAVG ausschließlich Versorgungszusagen umfaßt.

Aus der Stellung des Arbeitgebers als Träger der betrieblichen Alterssicherung resultieren - wie Kapitel B des zweiten Teils der Arbeit zeigte - zahlreiche Interessenkonflikte. Sie kommen insbesondere in der Anlagepolitik zum Tragen. Wenn der Arbeitgeber Versorgungszusagen erteilt, stehen seinen Interessen neben den Arbeitnehmerinteressen insbesondere die Interessen der Mitglieder des PSV entgegen. Der Interessenkonflikt verschärft sich, wenn der Arbeitgeber insolvenzbedroht ist und deswegen besonders risikobehaftete Anlageentscheidungen trifft.

Bei Vorsorgezusagen stehen den Arbeitgeberinteressen unmittelbar die Interessen der Arbeitnehmer gegenüber. Es ist fraglich, ob der Arbeitgeber die Vermögensverwaltung in ihrem Interesse vornimmt, zumal er selbst kein Marktrisiko trägt. Entscheidungskriterium für eine Investition könnten statt der Rendite des Investitionsobjekts - und damit der Marktwertsteigerung des Vorsorgevermögens des Arbeitnehmers - die finanziellen Konsequenzen für den Arbeitgeber sein. Es besteht die Gefahr, daß der Arbeitgeber in „befreundete“ Unternehmen anlegt, nur um die Geschäftsbeziehung zu diesen zu pflegen. Denkbar ist ebenso, daß der Arbeitgeber in Projekte investiert, ausschließlich um sein Image am Markt zu verbessern, ohne daß sich dadurch das Vorsorgevermögen erhöhen läßt.

Selbst wenn der Arbeitgeber in seinen Anlageentscheidungen die Interessen der Arbeitnehmer nicht bewußt vernachlässigt, stellt sich das Problem der “Portfoliopflege“. Neben Umschichtungen von Anlagen sei darunter auch die Kontrolle der Unternehmen verstanden, in die das Vorsorgevermögen investiert ist. Der Arbeitgeber selbst zieht keine unmittelbaren Vorteile[1] aus einer höheren Performance des Vorsorgevermögens seiner Arbeitnehmer.[2] Was sollte ihn somit zu einer intensiven “Portfoliopflege“ bewegen? Einer aktiven Unternehmenskontrolle durch den Arbeitgeber steht die Furcht vor gegenseitiger Kontrolle entgegen.[3] Die Kosten liefern ein weiteres Gegenargument.[4] Neben den eigenen Arbeitnehmern

---

1 Mittelbar ist denkbar, daß die Arbeitnehmer ihrer betrieblichen Altersvorsorge einen höheren Wert beimessen und ihre Motivation steigt.

2 Empirische Untersuchungen zum Zusammenhang zwischen aktiver Unternehmenskontrolle durch öffentliche und private Pensionsfonds in den USA und der Performance liefern kein einheitliches Ergebnis. Die ermittelten Zusammenhänge lassen sich nur auf den untersuchten Einzelfall beziehen. Einen Überblick über solche Studien bieten J. P. Hawley und A.T. Williams (1996), Abschnitt 3.

3 A.W. Sametz (1994), S. 7.

4 M. J. Roe (1991), S. 12; R. A. Monks und N. Minow (1995), S. 144.

profitierten zudem alle anderen Anteilseigner des kontrollierten Unternehmens, auch wenn sie sich an den Kosten der Kontrolle nicht beteiligen.[1] Andererseits besteht die Chance, daß ein Arbeitgeber die Interessen seiner Arbeitnehmer vertritt, wenn sie mit seinen einhergehen, d.h. wenn beispielsweise beide Gläubiger oder Anteilseigner eines anderen Unternehmens sind. In diesem Fall wäre die Verwaltung des Vorsorgevermögens durch den Arbeitgeber vorteilhaft, da der Arbeitnehmer kostenfrei von der Kontrolle durch den Arbeitgeber profitierte.

Abgesehen von der Vermögensverwaltung spricht gegen den Arbeitgeber als Träger der betrieblichen Alterssicherung, daß der Arbeitnehmer von dessen Wohlwollen und Fähigkeit, derartige Leistungen anzubieten, abhängig ist. Gerade Arbeitnehmer in kleineren Unternehmen dürften benachteiligt sein, wenn ihre Arbeitgeber den bürokratischen Aufwand scheuen und nur über geringe Kenntnisse im Bereich der betrieblichen Alterssicherung verfügen. Aus Angst vor unüberschaubaren Risiken könnten die Arbeitgeber ihren Arbeitnehmern eine betriebliche Alterssicherung - und damit eine steuerbegünstigte Form der privaten Alterssicherung - versagen.[2]

Ist der Träger eines Alterssicherungsinstituts unabhängig von einem Arbeitgeber oder von einer bestimmten Gruppe von Arbeitgebern möglich, kann ein Arbeitnehmer seinen Arbeitgeber wechseln, ohne im gleichen Zug ein neues Alterssicherungsinstitut wählen zu müssen. Mit einer erhöhten Mobilität der Arbeitnehmer wäre zu rechnen, was aus gesamtwirtschaftlicher Sicht zu begrüßen ist.[3]

Allerdings sprechen auch einige Überlegungen für den Arbeitgeber als Träger der betrieblichen Alterssicherung. Möglicherweise kann er intern einzelne Leistungen kostengünstiger erbringen als externe Dienstleister. Bei der Absicherung des Todesfallrisikos beispielsweise ist denkbar, daß die Risikostruktur der Arbeitnehmer als Gruppe von Versicherungsnehmern vorteilhafter ist als bei anderen Lebensversicherungsunternehmen und damit eine Selbstversicherung über den Arbeitgeber günstiger. Der Arbeitgeber mag darüber hinaus aufgrund seiner Marktstellung

---

1 Zur Free-Rider-Problematik siehe auch J. P. Hawley und A. T. Williams (1996), S. 25.

2 Erhebungen des Ifo-Instituts belegen, daß Unternehmen mit geringer Beschäftigtenzahl ihren Arbeitnehmern seltener eine betriebliche Altersversorgung gewähren als Unternehmen mit mehr Beschäftigten. J. Beyer (1994a), S. 654.

3 D. Blake (1995), S. 160.

günstigere Konditionen bei der Vermögensverwaltung gegenüber externen Dienstleistern durchsetzen können als der Arbeitnehmer selbst.

Die Interessendivergenzen zwischen dem Arbeitgeber und dem Arbeitnehmer lassen sich beseitigen, wenn der Träger der betrieblichen Alterssicherung von dem Arbeitgeber unabhängig ist.[1] Ferner wäre eine Unabhängigkeit von anderen Unternehmen und Interessengruppen ebenfalls wünschenswert. Auf den ersten Blick mag deswegen ein öffentlicher Träger geeignet erscheinen.[2] Analysen öffentlicher Pensionsfonds in den USA zeigen jedoch auf, daß politische Interessen die öffentlichen Pensionsfonds beherrschen.[3] Es besteht auch bei ihnen die Gefahr, daß sie das Alterssicherungsvermögen ineffizient verwenden. Zum einen könnten sie in Projekte investieren, die in der Öffentlichkeit ein hohes Ansehen genießen, nur um die Gunst der Wähler auf sich zu ziehen. Zum anderen könnten die Investitionen dazu dienen, öffentliche Unternehmen unabhängig von Renditeaspekten finanziell zu unterstützen.[4] Öffentliche Pensionsfonds erfüllen somit auch nicht die Erwartungen an einen unabhängigen Träger.

Eine weitere Möglichkeit besteht darin, daß sich der Arbeitnehmer selbst um die Anlage der Gehaltsbestandteile mit dem Verwendungszweck Alterssicherung kümmert und auch selbst darüber entscheidet, ob und welche Dienstleister er in Anspruch nimmt.[5] In Frage kommen sämtliche Finanzdienstleister, die im Markt stehen. Grundsätzlich könnte auch der Arbeitgeber die Wahl der Finanzdienstleister treffen. Die Ausführungen im zweiten Teil der Arbeit haben aber gezeigt, daß die Interessenkonflikte dann ähnlich sind, wie wenn der Arbeitgeber selbst Träger der betrieblichen Alterssicherung ist. Es ist zu befürchten, daß der Finanzdienstleister eher im Interesse des Arbeitgebers als in dem der Arbeitnehmer handelt.[6]

Schon der zweite Teil der Arbeit hat gezeigt, daß es bei jedem Träger der Alterssicherung Reibungsverluste gibt, aber auch Gründe, die für jeden einzelnen Träger

---

1 B. Steil (1996), S. 197.

2 Für öffentliche Pensionsfonds spricht sich beispielsweise Hawley aus. J. P. Hawley (1995).

3 Politiker sind häufig Mitglieder der Geschäftsführung öffentlicher Pensionsfonds.

4 R. Romano (1993b), S. 801 - 811.

5 Diese Grundhaltung findet man im britischen Alterssicherungssystem.

6 O. Verf. (1995).

sprechen. Da es weder möglich ist, die Reibungsverluste zu quantifizieren, noch einen für alle Arbeitgeber und Arbeitnehmer optimalen Alterssicherungsträger zu identifizieren, bleibt als Fazit wiederum festzuhalten, daß eine Vielfalt an Alterssicherungsträgern zu begrüßen ist.[1] Neben den Arbeitgebern und den bekannten Finanzdienstleistern sollte der Marktzutritt auch neuen Finanzdienstleistern ermöglicht werden, die von den Arbeitgebern unabhängig sind[2] und von denen zu vermuten ist, daß sie unter den Zwängen des Wettbewerbs die Interessen der Arbeitnehmer bestmöglich vertreten.[3]

IV. Wahl des Alterssicherungsinstituts

An die Diskussion des „optimalen" Trägers eines Alterssicherungsinstituts schließt sich unmittelbar die Frage an, wer das Institut auswählen sollte. Mitbestimmungs- und Mitwirkungsrechte der Arbeitnehmer im Bereich der betrieblichen Alterssicherung beinhalten derzeit das Betriebsverfassungsgesetz bzw. das Steuerrecht. Das Mitbestimmungsrecht übt der Betriebsrat gegenüber dem Arbeitgeber aus.[4] Es erstreckt sich auf die Form, die Verwaltung und die Ausgestaltung einer Unterstützungs- oder Pensionskasse.[5] Entscheidende Gremien der Kassen sind paritätisch zu besetzen. Bei Pensionskassen gehören die Arbeitnehmer als Mitglieder der Pensionskasse automatisch der Mitgliederversammlung an. Bei Unterstützungs- und bei Pensionskassen darf der Betriebsrat über die Verwaltung des Vermögens mitbestimmen.[6] Bei Direktzusagen und Direktversicherungen resultiert das Mitbestimmungsrecht des Betriebsrats

---

1 Beispielsweise könnte die Vielfalt an Krankenkassen Anregungen für die Organisation der privaten Alterssicherungsträger geben. Neben Betriebs- und Innungskrankenkassen und der See-Krankenkasse gibt es Ortskrankenkassen und Ersatzkassen, §§ 143-171 SGB V. Es existieren also unmittelbar vom Arbeitgeber eingerichtete Krankenkassen, aber auch vom Arbeitgeber unabhängige Krankenkassen.

2 D. Blake (1995), S. 522.

3 Empirisch ist dieser Zusammenhang bisher nicht eindeutig erwiesen. Für öffentliche Pensionsfonds in den USA hat Romano jedoch ermittelt, daß die Performance der Pensionsfonds positiv mit der Unabhängigkeit der Geschäftsführung des Fonds korreliert ist. R. Romano (1993b), S. 825.

4 R. Reichenbach (1998), S. 162. Dabei gilt es zu beachten, daß der Betriebsrat primär für die Interessen der aktiven Arbeitnehmer eintritt. Um die Belange der Rentner und der ausgeschiedenen Arbeitnehmer kümmert er sich eher nicht. Gleichwohl sind auch deren Interessen hinsichtlich ihrer betrieblichen Alterssicherung schützenswert.

5 § 87 I Nr. 8 BetrVG.

6 P. Ahrend, W. Förster und N. Rößler (1995a), 1. Teil: Rdnr. 162.

daraus, daß er bei Fragen der Lohngestaltung mitspracheberechtigt ist.[1] Er hat jedoch kein Mitspracherecht bei der Vermögensverwaltung oder der Auswahl des Versicherungsunternehmens.[2]

Das Steuerrecht stellt an steuerbefreite Unterstützungskassen die Anforderung, daß die Arbeitnehmer ein Recht auf Mitwirkung haben.[3] Das umfaßt jedoch kein Entscheidungsrecht, sondern lediglich ein Recht auf Information und Stellungnahme.[4]

Allein der Arbeitgeber entscheidet darüber, ob und in welchem Umfang er Leistungen der betrieblichen Alterssicherung gewähren möchte.[5] Es ist kaum zu erwarten, daß sich der Betriebsrat gegen eine bestimmte Form des Alterssicherungsträgers ausspricht und so eine betriebliche Alterssicherung gefährdet. Letztlich bestimmt damit der Arbeitgeber, ob er ein externes Alterssicherungsinstitut einschalten möchte, und wenn ja, auch welches.[6]

Im Rahmen der agencytheoretischen Betrachtung der Durchführungsformen der privaten Alterssicherung wurde deutlich, daß die Marktkräfte die Reibungsverluste aus den jeweiligen Agency-Beziehungen nur reduzieren können, wenn der Arbeitnehmer als Prinzipal den Agenten wählen darf. Gerade weil der Arbeitnehmer die Reibungsverluste zu tragen hat, unterliegt der Arbeitgeber als Agent keinem Anreiz, sie abzubauen. Eine Vielfalt an Alterssicherungsinstituten wird nur dann dazu beitragen, die Reibungsverluste zu mindern, wenn sie im Wettbewerb zueinander stehen. Das setzt die Wahl des Alterssicherungsinstituts durch den Arbeitnehmer voraus.[7]

---

1 § 87 I Nr. 10 BetrVG.

2 P. Ahrend, W. Förster und N. Rößler (1995a), 1. Teil: Rdnr. 164.

3 Abschnitt. 6 VII KStR.

4 P. Ahrend, W. Förster und N. Rößler (1995a), 3. Teil: Rdnr. 290.

5 R. Reichenbach (1998), S. 162.

6 Alternativ könnte man argumentieren, der Staat lenke die Wahl des Alterssicherungsinstituts, indem die Steuergesetzgebung einzelne Träger begünstigt.

7 Es ist anzumerken, daß - analog gesehen - auch die Vielfalt der Krankenkassen allein noch keinen wesentlichen Wettbewerbsfaktor darstellte. Der Wettbewerb zwischen den Kassen wurde erst infolge des Gesundheitsstrukturgesetzes 1992 entfacht. Nach § 173 II SGB V kann jeder Versicherungsnehmer zwischen den oben genannten Kassenarten wählen. Betriebskrankenkassen dürfen sich nach § 173 II S. 2 SGB V zudem den Arbeitnehmern anderer Betriebe unter bestimmten Voraussetzungen öffnen. B. Schulin (1994), S. 38. Der Risikostrukturausgleich zwischen den Krankenkassen schränkt den Wettbewerb andererseits wieder ein.

Wie bei den Betriebskrankenkassen erscheint der Wettbewerb unter den Alterssicherungsinstituten nicht schon deswegen eingeschränkt, weil betriebseigene Alterssicherungsinstitute nur den Arbeitnehmern des eigenen Unternehmens offenstehen. Es ist verständlich, wenn Unternehmen im Rahmen ihrer Personalpolitik beispielsweise Vorzugskonditionen nur der eigenen Belegschaft einräumen wollen. Für den Wettbewerb unter den Alterssicherungsträgern ist allerdings wichtig, daß sich auch diese Arbeitnehmer freiwillig für das betriebseigene Alterssicherungsinstitut entscheiden dürfen.[1]

Gegen die Wahlfreiheit läßt sich einwenden, daß sich die Einrichtung eines eigenen Alterssicherungsinstituts erst ab einer bestimmten Zahl von Arbeitnehmern rechnet und deshalb alle Arbeitnehmer teilnehmen müssen. Dieses Argument kann jedoch entkräftet werden. Bietet der betriebseigene Alterssicherungsträger dem Arbeitnehmer Vorteile gegenüber konkurrierenden Anbietern, werden die Arbeitnehmer das Alterssicherungsinstitut freiwillig wählen. Befriedigen andere Alterssicherungsinstitute die Bedürfnisse der Arbeitnehmer besser, besteht im Interesse der Arbeitnehmer kein Grund, ein betriebseigenes Alterssicherungsinstitut zu errichten oder aufrechtzuerhalten.

Wahlfreiheit ist auch Voraussetzung dafür, daß sich neue, unabhängige Alterssicherungsinstitute am Markt etablieren können. Ohne Wahlfreiheit wäre diesen Unternehmen der Marktzugang von vornherein versagt.

Der mangelnde Wettbewerb im Rahmen der betrieblichen Alterssicherung mag auch dazu beitragen, daß Innovationen nur schleppend entwickelt werden.[2] Auch ist die

---

Betriebe unter bestimmten Voraussetzungen öffnen. B. Schulin (1994), S. 38. Der Risikostrukturausgleich zwischen den Krankenkassen schränkt den Wettbewerb andererseits wieder ein.

1 Vorbild könnten in diesem Punkt die britischen Rahmenbedingungen sein. Dort darf ein Arbeitgeber keinen Arbeitnehmer zur Teilnahme an einer betrieblichen Alterssicherung zwingen, um aus SERPS auszusteigen. Dem Arbeitnehmer stehen darüber hinaus die personal pensions als Alternative zur Verfügung. Siehe dazu detailliert Kapitel D des ersten Teils der Arbeit.

2 Nach von Hayek erhöht Wettbewerb den Druck, Rationalisierungsspielräume auszuschöpfen, und liefert Antrieb für Innovationen. A. F. von Hayek (1968).

Mangelt es an Wettbewerb zwischen den Trägern der betrieblichen Alterssicherung, könnte intensiver Wettbewerb der Arbeitgeber um die Arbeitnehmer Reformen in der betrieblichen Alterssicherung fördern. Die gegenwärtige Arbeitsmarktsituation steht dem jedoch entgegen. Alterssicherungszusagen für gefragte, hochqualifizierte Führungskräfte hingegen werden in

Innovationsfreude der Arbeitgeber eingeschränkt, da es sich bei der betrieblichen Alterssicherung um eine freiwillige Sozialleistung handelt, die sie bei zu hoher Belastung einschränken oder sogar ganz einstellen können.[1]

Die Diskussion um die Wahl des Alterssicherungsinstituts verdeutlicht noch einmal, wie wichtig es ist, daß das Betriebsrentenrecht auch Vorsorgezusagen und die Anlage der Vorsorgebeträge außerhalb des Unternehmens zuläßt. Damit wäre der Grundstein für Wettbewerb in der betrieblichen Alterssicherung gelegt. Solange ausschließlich der Arbeitgeber das Marktrisiko des Alterssicherungsvermögens trägt, wird er auch allein über dessen Verwendung entscheiden wollen.

V. Kontrolle des Alterssicherungsinstituts

Darf ein Arbeitnehmer das Alterssicherungsinstitut wählen und kann er es auch ohne nennenswerte Verluste wechseln, ist mit einer marktlichen Kontrolle des Alterssicherungsinstituts zu rechnen. Ein Arbeitnehmer dürfte - allein aufgrund der Kosten - wenig Interesse daran haben, darüber hinaus selbst an der Kontrolle des Alterssicherungsinstituts mitzuwirken.[2]

Sofern die marktliche Kontrolle jedoch versagt - wie derzeit in Deutschland -, ist im Interesse der Arbeitnehmer eine institutionell abgesicherte Kontrolle des Alterssicherungsinstituts nötig. Voraussetzung dafür ist, daß die Geschäftstätigkeit des Alterssicherungsinstituts den Arbeitnehmern transparent ist und daß sie umfassend informiert werden. Zudem sollten sie unmittelbar an einer Kontrolle des Alterssicherungsträgers

---

aller Regel einzelvertraglich geregelt und auf die individuellen Bedürfnisse des Arbeitnehmers abgestimmt.

1 Anders stellte sich die Ausgangssituation bei der Krankenversicherung dar. Der Arbeitgeber war verpflichtet, anteilig die Beiträge zur gesetzlichen Krankenversicherung zu leisten. Einsparungen konnte er nur erreichen, wenn er selbst die Krankenversicherung seiner Arbeitnehmer günstiger organisierte.

2 Zur Diskussion, ob sich Widerspruch als Ergänzung oder als Ersatz für Abwanderung empfiehlt, siehe A. O. Hirschman (1974). Hirschman weist darauf hin, wie problematisch es ist, Umfang und Art des Widerspruchs zu bestimmen. „Während die Abwanderung nur eine klare Entweder-Oder-Entscheidung erfordert, ist also der Widerspruch seinem Wesen nach eine Kunst, die sich ständig in neue Richtungen entwickelt." Ebda., S. 36.

mitwirken dürfen und Sanktionsmöglichkeiten eingeräumt bekommen.[1] Dazu zählt beispielsweise, daß sie die Verantwortlichen für die Vermögensverwaltung wählen und erforderlichenfalls auch von ihrem Amt entlassen dürfen. Ein unabhängiges Alterssicherungsinstitut wäre wiederum von Vorteil, da es weniger Interessenkonflikten ausgesetzt ist und damit einer geringeren Kontrolle bedarf. Vergleichsweise niedrige Kontrollkosten sind zu erwarten.

VI. Anlage des Alterssicherungsvermögens

Die Anlage des Alterssicherungsvermögens hängt wesentlich von der Form der Alterssicherungszusage ab. Da der Arbeitgeber bei Versorgungszusagen das Marktrisiko trägt, wird er die Anlageentscheidungen selbst treffen wollen.[2] Vorsorgezusagen hingegen sollten automatisch dem Arbeitnehmer das Recht einräumen, das Vermögen selbständig anzulegen, da auf ihm das Marktrisiko lastet.[3] Der Arbeitnehmer sollte das Vorsorgevermögen entsprechend seiner Präferenzen aufbauen dürfen. Er sollte auch bestimmen, in welchem Umfang er die biometrischen Risiken absichert. Wichtige Kriterien dürften dabei der Familienstand des Arbeitnehmers, die Höhe seines sonstigen Vermögens oder sonstiger Versicherungen sowie sein Alter sein.[4] Beispielsweise wird ein lediger Arbeitnehmer ohne Verpflichtungen gegenüber Dritten kaum Interesse an einer Risikolebensversicherung haben. Den Umfang des Versicherungsschutzes sollte der Arbeitnehmer eigenverantwortlich festlegen können, sofern eine Grundabsicherung über die gesetzliche Rentenversicherung gewährleistet ist.[5]

---

1 Zu Mitbestimmungs- und Mitwirkungsrechten des Betriebsrats in der betrieblichen Alterssicherung siehe Seite 218.

2 Dem stünden höchstens Einwände der Mitglieder des PSV gegenüber, die im Fall der Insolvenz des Arbeitgebers leisten müssen.

3 Steil gibt zu bedenken, daß Arbeitnehmer risikoaverser sind als Pensionsfonds. Als Beispiel führt er an, daß nur 25 % des Vorsorgekapitals aus 401(k)-Plänen in Aktien investiert sind, und damit der Aktienanteil den der Pensionsfonds bei weitem unterschreitet. B. Steil (1996), S. 203f. Zudem mangele es bei individuellen Vorsorgekonten am Risikoausgleich zwischen jungen und alten "Sparern". Ebda., S. 203.

4 Weber fordert im Rahmen der Eigenvorsorge ein vielfältiges Angebot an Vorsorgeprodukten, die den gleichen steuerrechtlichen Rahmenbedingungen unterliegen. M. Weber (1997), S. 308f.

5 Damit läßt sich der Gegenposition begegnen, verantwortungsloses Handeln des Arbeitnehmers könnte die Allgemeinheit belasten, wenn der Arbeitnehmer auf staatliche Transferleistungen angewiesen ist.

Voraussetzung für die Berücksichtigung individueller Bedürfnisse der Arbeitnehmer ist, daß die Einzahlungen individuell verbucht werden. Das bringt darüber hinaus die Vorteile mit sich, daß das Alterssicherungsvermögen leichter zu übertragen ist und Erträge einfacher zuzuordnen sind.[1] Es entfällt für das Alterssicherungsinstitut die Möglichkeit, die Auszahlungen zu glätten, indem es Rücklagen auflöst oder erhöht. Das erleichtert dem Anleger die Kontrolle des Anlageerfolgs. Gegen die individuelle Verbuchung könnte beispielsweise ein höherer Verwaltungsaufwand sprechen.

Das Alterssicherungsvermögen läßt sich innerhalb oder außerhalb des Unternehmens investieren. Verbleibt das Alterssicherungsvermögen im Unternehmen, besteht die Gefahr, daß das Kapital in ineffiziente Projekte fließt.[2] Kann sich das Unternehmen über die eigenen Arbeitnehmer Kapital beschaffen,[3] wird die Kontrollfunktion externer Kapitalgeber eingeschränkt.[4] Das Unternehmen muß sich der marktlichen Kontrolle durch Gläubiger oder Anteilseigner erst unterwerfen, wenn es den Kapitalbedarf intern nicht mehr decken kann. Als Kontrolleure agieren dann jedoch nur die externen Kapitalgeber. Es ist kaum zu erwarten, daß ein Arbeitnehmer seinen Arbeitgeber kontrolliert, um seine Rechte als Gläubiger oder Anteilseigner durchzusetzen. Schließlich würde er dadurch sein Arbeitsverhältnis gefährden. Die Kontrollkosten - gemeinschaftliche Kontrolle der externen Kapitalgeber vorausgesetzt - verteilen sich auf eine vergleichsweise kleinere Personenzahl. Möglicherweise sehen die externen Kapitalgeber dann aufgrund der zu hohen Kosten von einer aktiven Unternehmenskontrolle ab.

Bei Vorsorgezusagen resultiert für den Arbeitnehmer aus der internen Kapitalanlage zudem das Problem, daß einzig der Erfolg des einen Unternehmens die Höhe des Vorsorgevermögens determiniert. Das Arbeitsplatzrisiko und das Marktrisiko des Alterssicherungsvermögens basieren auf demselben Unternehmen. Eine Häufung dieser Risiken dürfte kaum im Interesse eines Arbeitnehmers liegen.

---

1 Bei Lebensversicherungsverträgen besteht beispielsweise das Problem der Zuordnung stiller Reserven.

2 R. Schwinger (1997), S. 175.

3 Direktzusagen entziehen dem Unternehmen gar nicht erst Kapital; bei anderen Durchführungswegen kann entzogenes Kapital in Form von Eigen- oder Fremdkapital in das Unternehmen zurückfließen.

4 B. Nürk und A. Schrader (1995), S. 11.

Versorgungszusagen bergen für den Arbeitnehmer jedoch nur dann das Erfolgsrisiko des Unternehmens, wenn es insolvenzbedroht ist. Das Risiko tragen überwiegend die Mitglieder des PSV.[1] Insofern ließe sich behaupten, den Arbeitnehmern selbst entstünden keine Nachteile.[2] Die Kosten für die Absicherung über den PSV haben aber letztlich die Arbeitnehmer zu tragen, indem ihr Arbeitgeber ihnen niedrigere oder keine Alterssicherung zusagt.

Die interne Anlage der Vorsorgemittel kann für den Arbeitnehmer aber auch von Vorteil sein. Senkt der Arbeitgeber dadurch seine Kapitalkosten, könnte er die Ersparnis gegenüber externer Kapitalaufnahme an seine Arbeitnehmer in Form von höheren Alterssicherungszusagen weiterleiten. Ein solches Verhalten ist jedoch sehr fraglich, da es den Interessen der Eigentümer entgegensteht.

Auch die externe Anlage des Alterssicherungsvermögens birgt Interessenkonflikte, wie das vorige Teilkapitel zeigte. Hier steht jedoch nicht das Alterssicherungsinstitut, sondern die Anlageform im Mittelpunkt des Interesses. Der Arbeitnehmer wird nur solche Anlagen wählen, die er in kleiner Stückelung erwerben kann, da es sich bei der betrieblichen Alterssicherung in aller Regel um einen kontinuierlichen Aufbau von Vermögen handelt.[3] Aktien und festverzinsliche Wertpapiere dürften insofern entweder als Direktanlage oder als Investmentfondsanteile das größte Volumen beim Vorsorgesparen einnehmen. Ein Indiz für die Vorteilhaftigkeit einer Anlageform ist deren Rendite in der Vergangenheit.[4] Empirische Untersuchungen zur Rendite von deutschen Renten und deutschen Aktien haben ergeben, daß Aktien vor allem bei langem Anlagehorizont eine höhere Rendite aufweisen als Renten.[5] Die Aktienanlage

---

1 Kontrollaktivitäten des Pensions-Sicherungs-Vereins sind nicht bekannt. In den USA hingegen tritt die PBGC aktiv als Unternehmenskontrolleur auf. Sie prüft die Deckung der Pensionsverbindlichkeiten und veröffentlicht die Namen der Unternehmen, die eine besonders hohe Unterdeckung aufweisen. PBGC (1997a). Unternehmen werden das zu vermeiden versuchen, um einer Ratingherabstufung vorzubeugen.

2 Zur Abgrenzung von Basis- und Zusatzleistungen siehe Seite 152 in Kapitel B des zweiten Teils der Arbeit.

3 Untypisch dürfte die Einmalanlage höherer Beträge sein, die beispielsweise den Erwerb von Immobilien zuließe.

4 Die historischen Daten geben keine Informationen über die künftigen Renditen und sind deswegen mit Vorsicht als Entscheidungsgrundlage zu verwenden.

5 Eine Überlegenheit der Aktienrendite ermitteln beispielsweise Stehle und Hartmond sowie Davis. R. Stehle und A. Hartmond (1991); E. P. Davis (1995a), S. 133. Gleichwohl mag diese Aussage sehr pauschal wirken, zumal die empirischen Studien zu unterschiedlichen Ergebnissen führen. Ein gegenteiliges Ergebnis erzielen K. Häuser u.a. (1985). Häufige Ursache für

wird darüber hinaus empfohlen, da Beteiligungstitel im Vergleich zu festverzinslichen Wertpapieren einen besseren Inflationsschutz bieten sollen.[1] Wegen des langen Anlagehorizonts eignet sich besonders die Aktie zur Altersvorsorge, da das Risiko der Aktienrendite mit zunehmendem Anlagehorizont abnimmt.[2] Der hohe Anteil von Aktien in den Portfolios angloamerikanischer Pensionsfonds mag zudem die Eignung der Aktie als Vorsorgeinstrument unterstreichen.

VII. Anlagerestriktionen

Pensionskassen und Lebensversicherungsunternehmen unterliegen den Anlagerestriktionen der §§ 54 und 54a VAG. Kapitalanlagegesellschaften haben die Anlagevorschriften der §§ 8 und 8a - m KAGG zu befolgen. Derartige Restriktionen sind in den USA und Großbritannien fremd. Oberste Maxime ist dort die „prudent man rule“.[3] Dazu zählt, das Fondsvermögen diversifiziert anzulegen. Das Volumen einzelner Anlageformen ist nicht explizit begrenzt.[4]

Es läßt sich die Hypothese aufstellen, daß ein hohes Restriktionsniveau nicht erlaubt, sämtliche Anlagemöglichkeiten auszuschöpfen, und deswegen zu niedrigeren Anlagerenditen führt. Diese Hypothese könnte durch eine Untersuchung zu Anlagerenditen von Pensionsfonds in unterschiedlichen Ländern empirisch überprüft werden, wenn man den Ländern jeweils ein bestimmtes Restriktionsniveau zuordnet. Eine entsprechende Untersuchung liefert Davis[5] für den Zeitraum 1967 - 1990. Er berechnet

---

Abweichungen der Ergebnisse liegt darin, daß die Körperschaftsteuergutschrift auf Dividenden außer acht gelassen wird oder andere Beobachtungszeiträume und andere Titel analysiert werden.

1 Ob Aktienrenditen und Inflationsraten signifikant positiv korreliert sind, ist in der finanzwirtschaftlichen Literatur jedoch umstritten. C. Spengel und F. Schmidt (1997a), S. 199f., sowie die dort zitierte Literatur.

2 Auch diese Aussage wird in der finanzwirtschaftlichen Literatur kontrovers diskutiert. H. Bierman (1997), sowie die dort zitierte Literatur.

3 Für die USA explizit geregelt in Sec. 404 ERISA. Für Großbritannien abgeleitet aus der “duty of prudence“, der die Trustees nach dem Trustee Act 1925 und dem Trustee Investment Act 1961 unterliegen; R. Self (1996), S. 107; B. Steil (1996), S. 196; C. Spengel und F. Schmidt (1997b), S. 86.

4 Begrenzt sind jedoch Anlagen in das eigene Unternehmen auf 5 % des Fondsvolumens in Großbritannien und 10 % in den USA. E. P. Davis (1995a), S. 93 - 105; ders. (1995b), S. 171.

5 E. P. Davis (1995a), S. 146.

die Fondsperformance eines Landes, indem er die durchschnittliche Zusammensetzung der Pensionsfondsportfolios und die Performance der einzelnen Anlagen ermittelt und ihrem Volumen entsprechend gewichtet. Danach erzielen britische Pensionsfonds die höchste Performance, bergen aber auch die höchste Volatilität. Deutsche Pensionsfonds sind britischen Pensionsfonds in der Performance unterlegen, beinhalten dafür aber eine geringere Volatilität. Gegenüber amerikanischen Pensionsfonds weisen deutsche Pensionsfonds eine höhere Performance und eine niedrigere Volatilität auf. Aufgrund der Ergebnisse läßt sich allerdings kein Urteil über Anlagerestriktionen fällen.[1]

Gegen starre Anlagerestriktionen bei Versorgungszusagen spricht, daß neben dem Fondsvermögen noch das Unternehmensvermögen für die Versorgungsverbindlichkeiten haftet und damit eine zusätzliche Sicherheit für die Begünstigten besteht. Der Reiz, einen Pensionsfonds zu betreiben, ist für die Unternehmen größer, wenn sie das Ertrags- und Risikoprofil selbst bestimmen können.[2] Anlagerestriktionen bergen auch die Gefahr, daß Pensionsfonds einen bestimmten Anteil von Schuldverschreibungen der öffentlichen Hand mit niedriger Verzinsung halten müssen.[3] Befürworter von Anlagerestriktionen verweisen jedoch auf die höhere Sicherheit für die Begünstigten.

Aufgrund der empirischen Befunde und der anderen Argumente läßt sich nicht auf die Vorteilhaftigkeit von Anlagerestriktionen schließen. Andererseits hindern beispielsweise die Anlagerestriktionen des VAG nur wenige deutsche Lebensversicherungsunternehmen und Pensionskassen, stärker als bisher in Beteiligungstitel zu investie-

---

1 Zum einen ist die Studie auf sehr abstraktem Niveau gehalten. Davis unterstellt, daß Pensionsfonds nur in die jeweiligen "klassischen" Titel investieren. Beispielsweise läßt er besonders ertragreiche Venture-Capital-Anlagen der britischen und amerikanischen Pensionsfonds außer acht. Zum anderen ist unklar, welche deutschen Versorgungsträger er als Pensionsfonds anerkennt. Es läßt sich lediglich vermuten, daß er die Pensionskassen erfaßt hat. Davis selbst weist auf die vergleichsweise erstaunlich hohe Rendite deutscher Pensionsfonds hin und erklärt sie mit der hohen Rendite der deutschen festverzinslichen Wertpapiere in dem betrachteten Zeitraum. Er stellt aber auch heraus, daß deutsche Pensionsfonds bei einer umfangreicheren Anlage in Aktien bedeutend höhere Renditen hätten erzielen können. E. P. Davis (1995a), S. 145f.

2 B. Steil (1996), S. 195.

3 Ebda., S. 193.

ren.[1] Der Anteil an Beteiligungstiteln unterschreitet im Durchschnitt die Anlagegrenze des VAG von 30% für Risikokapital bei weitem.[2]

VIII. Verfügungen über das Alterssicherungsvermögen

Bei der Verfügung der Arbeitnehmer über das Alterssicherungsvermögen sind mehrere Situationen gegeneinander abzugrenzen. Zum einen läßt sich nach dem Zeitpunkt der Verfügung unterscheiden in Verfügungen vor und nach Eintritt des Alterssicherungsfalls. Zum anderen sind Umschichtungen des Alterssicherungsvermögens innerhalb eines Alterssicherungsinstituts vom Wechsel des Alterssicherungsinstituts zu trennen.

Bei Versorgungszusagen regelt die Versorgungsordnung den Zeitpunkt des Leistungsbeginns. Vorgezogener Leistungsbeginn führt in der Regel zu Abschlägen in der Rentenhöhe. Da der Arbeitgeber das Marktrisiko trägt, entscheidet auch er über Umschichtungen. Ein Wechsel des Versorgungsträgers durch den Arbeitnehmer ist nicht möglich.

Bei Vorsorgezusagen steht einer vorzeitigen Verfügung des Arbeitnehmers über das Vorsorgevermögen grundsätzlich kein Argument entgegen,[3] da die Vorsorgebeträge Teil der Gesamtvergütung des Arbeitnehmers sind. Der Arbeitnehmer kennt jederzeit den Marktwert seines Vorsorgevermögens und kann auf Basis dieser Information seine Entscheidungen treffen.

Die Frage, ob Umschichtungen des Alterssicherungsvermögens möglich sein sollten, läßt sich genauso beantworten wie die Frage nach der Wahl der Anlagen. Da sich der

---

1 Zu Anlagerestriktionen und deren Bedeutung für Pensionskassen siehe B. Nürk und A. Schrader (1995), S. 23 - 27.

2 Ende 1995 betrug der Bestand an Aktien 15,7 % der Geldanlagen von Versicherungsunternehmen. Als wesentliche Ursache für das geringe Aktienengagement der Versicherungsunternehmen sieht die Deutsche Bundesbank die geringe Tiefe des deutschen Aktienmarktes. Deutsche Bundesbank (1997), S. 38.

3 Man könnte jedoch argumentieren, eine vorzeitige Verfügung sei zu verbieten, da der Arbeitnehmer vor sich selbst zu schützen ist. Darüber hinaus soll er der Allgemeinheit im Alter nicht zur Last fallen, nur weil er vorzeitig sein Vorsorgevermögen aufgebraucht hat. Diese Argumente lassen sich aber dadurch entkräften, daß der Arbeitnehmer die private Altersvorsorge auf freiwilliger Basis betreibt. Verzichtet er auf eine private Altersvorsorge, besteht gleichermaßen die Gefahr der Altersarmut.

Vermögensaufbau für das Alter über einen sehr langen Zeitraum erstreckt, können sich die Bedürfnisse der Arbeitnehmer und deren Risikoeinstellung verändern.[1] Es ist nur konsequent, dem Arbeitnehmer zu erlauben, das Alterssicherungsvermögen an seine Präferenzen anzupassen. Zudem fördert die Möglichkeit der Vermögensumschichtung den Wettbewerb unter den Anlageformen.[2]

Dasselbe Argument spricht dafür, daß es möglich sein sollte, das Alterssicherungsinstitut zu wechseln. Die Möglichkeit eines Wechsels ist Voraussetzung dafür, daß die Alterssicherungsinstitute nicht nur in einem Zeitpunkt, dem Zeitpunkt des Vertragsabschlusses, im Wettbewerb zueinander stehen, sondern über den gesamten Zeitraum der Alterssicherung bis zur Verwendung des Vermögens. Um so kritischer sind Rentenversicherungen zu betrachten, bei denen der Arbeitnehmer während der Ansparphase und während der Entsparphase an ein Unternehmen gebunden ist.[3] Aufgabe des Gesetzgebers sollte es sein, den Arbeitnehmer davor zu schützen, daß die Alterssicherungsinstitute den Wettbewerb durch hohe Gebühren bei Umschichtungen ausschalten. Jedes Alterssicherungsinstitut sollte verpflichtet sein, den Arbeitnehmer vor der Wahl der Anlageformen und des Alterssicherungsinstituts über die Kosten einer Umschichtung aufzuklären. Die steuerlichen Rahmenbedingungen sollten so gestaltet werden, daß sie den Wettbewerb unter den Alterssicherungsinstituten nicht behindern.

IX. Insolvenzschutz

Die Absicherung der Versorgungszusagen über den PSV stellt aus agencytheoretischer Sicht ein wesentliches Problem dar. Die Beiträge zum PSV sind in den letzten Jahren

---

1 Analysen der Portfoliozusammensetzung von Anlegern unterschiedlicher Altersgruppen zeigen, daß jüngere Leute im Durchschnitt Anlagen mit höherem Risiko halten als ältere Leute. Spätere Vermögenszuwächse können mögliche Vermögensverluste in der Gegenwart im Zeitablauf wieder ausgleichen oder sogar überkompensieren. Z. Bodie und D. B. Crane (1997).

2 Wiederum sei auf die Rahmenbedingungen in den USA und Großbritannien verwiesen, nach denen Umschichtungen in aller Regel jederzeit zulässig sind.

3 Beispielsweise bieten personal pensions in Großbritannien den Vorteil, daß ein Arbeitnehmer die Vermögensansammlung über andere Unternehmen vornehmen kann als die Rentenleistung. Damit erweitert der Gesetzgeber bewußt den Kreis der Unternehmen, die um Alterssicherungsvermögen im Wettbewerb stehen.

kontinuierlich gestiegen, und die Beitragsentwicklung ist ungewiß.[1] Ziel muß es sein, die Sicherungskosten zu reduzieren oder ganz auszuschalten. Die Arbeitgeber sind dann in der Lage, die Kosten der betrieblichen Alterssicherung besser zu kalkulieren.

Vorsorgezusagen bedürfen keiner Absicherung gegen das Insolvenzrisiko des gewährenden Arbeitgebers. Der Alterssicherungsanspruch entspricht dem Marktwert des angesparten individuellen Vorsorgevermögens. Gleichwohl unterliegt das Vorsorgevermögen Ausfall- und Marktrisiken, die der Arbeitnehmer entsprechend seiner Risikopräferenzen mit Hilfe von Finanzinstrumenten eingrenzen kann.

Wenn Versorgungszusagen nicht über den PSV abgesichert würden, hinge ihre Erfüllung allein von der Solvenz des Arbeitgebers ab. Die Anlage und die rechtliche Zuordnung des Alterssicherungsvermögens determinieren das Ausfallrisiko der Alterssicherungsleistungen. Verbleibt das Alterssicherungsvermögen im Unternehmen, ist das unternehmensspezifische Risiko maximal. Das Schadenspotential läßt sich jedoch reduzieren, indem der Arbeitgeber das Alterssicherungsvermögen rechtlich und faktisch gesehen außerhalb des Unternehmens ansammelt und breit gestreut investiert.[2] Die Höhe des Alterssicherungsvermögens ist von der Solvenz des Unternehmens dann unabhängig. Die Deckung der Versorgungsverbindlichkeiten, die dann nicht mehr Fremdkapital des Unternehmens sind, gilt es kontinuierlich zu überwachen.

Zu einer Reduzierung des Schadenvolumens trägt ebenfalls bei, wenn der Verwalter des Alterssicherungsvermögens unabhängig und damit in seiner Anlagepolitik frei von Interessenkonflikten ist.[3] Die Gefahr ineffizienter Investitionen würde reduziert.

Derzeit ist die Mitgliedschaft im PSV nur an die Form der Alterssicherungszusage gebunden, nicht an die Art der Kapitalunterlegung.[4] Der Arbeitgeber unterliegt

---

1 Der Beitragssatz betrug 1994 0,23 %, 1995 0,26 %, 1996 0,28 % und 1997 0,27 %. Pensions-Sicherungs-Verein VVaG (1998a), S. 31. Der Anstieg mag moderat erscheinen, doch gilt es zu bedenken, daß 1996 erstmals dem Ausgleichsfonds 270 Mio. DM entnommen wurden, um einen Beitragssatz von 0,4 % zu vermeiden. Eine Verbesserung der Schadenssituation wird nicht erwartet, mit einem nennenswerten Rückgang des Beitragssatzes ist nicht zu rechnen. G. Schanz (1996); o. Verf. (1997f).

2 Grenzen für die Anlage im eigenen Unternehmen sind damit ebenfalls erforderlich. B. Steil (1996), S. 197.

3 B. Steil (1996), S. 197.

4 Beispielsweise unterliegen auch rückgedeckte Unterstützungskassen der Mitgliedschaftspflicht beim PSV (§ 10 III Nr. 3 BetrAVG).

insofern keinem Anreiz, das Vermögen auszugliedern und breit gestreut zu investieren. Ziel sollte es sein, solche Durchführungsformen der betrieblichen Alterssicherung zu fördern, die keines zusätzlichen Schutzes durch eine Versicherung bedürfen, sondern die kostengünstigeren Sicherungsmöglichkeiten des Kapitalmarktes nutzen. Vorsorgezusagen erfüllen diesen Anspruch.

X. Information der Arbeitnehmer

In welchem Umfang Arbeitnehmer über ihre betriebliche Alterssicherung zu informieren sind, hängt wesentlich von ihren Entscheidungsfreiheiten und den von ihnen zu tragenden Risiken ab. Wird dem Arbeitnehmer zugestanden, das Alterssicherungsinstitut und die Anlageformen frei wählen zu dürfen, muß die Gehaltsabrechnung den Betrag offen ausweisen, den der Arbeitnehmer zum Zwecke der betrieblichen Alterssicherung erhält. Bei Vorsorgezusagen ist der Betrag zwangsweise auszuweisen, bei Versorgungszusagen bedürfte es einschneidender Änderungen. Das Offenlegen des Betrags ist aber Voraussetzung dafür, daß der Arbeitnehmer Angebote verschiedener Alterssicherungsinstitute vergleichen kann. Nur dann vermag er zu entscheiden, ob die Versorgungszusage seines Arbeitgebers vorteilhafter ist als eine Rentenversicherung über eine Lebensversicherungsgesellschaft.

Solange die freie Wahlmöglichkeit des Alterssicherungsinstituts nicht gegeben ist, richtet sich der Informationsbedarf der Arbeitnehmer nach der Form der Alterssicherungszusage und damit nach der Verteilung der Risiken. Da Arbeitnehmer bei Versorgungszusagen selbst keine Entscheidungen zu treffen und kaum Risiken zu tragen haben, bedürfen sie nur weniger Informationen. Die Alterssicherungsordnung enthält in allgemeiner Form Angaben über die Berechnung der verschiedenen Renten. Für Arbeitnehmer wäre darüber hinaus von Interesse zu wissen, in welcher Höhe sie bereits einen Rentenanspruch erworben haben und wie sich der Anspruch unter gegebenen Rahmenbedingungen zukünftig verändern wird. Diese Auskunft erhalten die Arbeitnehmer derzeit nur auf Nachfrage.

Bei Zusagen über Pensionskassen und über Direktversicherungen erweitert sich der Informationsbedarf der begünstigten Arbeitnehmer auf die Anlagepolitik und den Anlageerfolg, sofern die Arbeitnehmer zumindest anteilig am Anlageerfolg beteiligt werden. Je weniger mit einer marktlichen Kontrolle der Pensionskassen und Direktversicherer zu rechnen ist, desto umfangreicher müssen die Informationen sein, um den Arbeitnehmern eine eigenständige Kontrolle zu ermöglichen. Dabei sollte es irrelevant sein, ob ihr Arbeitgeber der Versicherungsnehmer ist und sie nur die Begünstigten sind oder ob sie selbst als Versicherungsnehmer auftreten.[1] Niedriges Geschäftsvolumen sollte kein Grund sein, Pensionskassen von detaillierten Informationspflichten zu befreien.

Darf der Arbeitnehmer bei der Direktversicherung die Versicherungsgesellschaft selbst wählen,[2] muß er sich eigenständig über die Gesellschaften und die Gestaltungsmöglichkeiten des Versicherungsvertrags informieren. Bei dieser Variante der betrieblichen Alterssicherung hat der Arbeitnehmer derzeit den größten Einfluß auf ihre Gestaltung.[3]

Einige Pensionskassen und Lebensversicherer teilen den begünstigten Arbeitnehmern einmal im Jahr die Höhe der erreichten Rentenanwartschaften mit. Die Informationen haben überwiegend nachrichtlichen Charakter und dienen in der Regel nicht als Grundlage für Entscheidungen des Arbeitnehmers bezüglich seiner Alterssicherung. Die Eigenverantwortung des Arbeitnehmers ist gering.

Informationsrechte der Arbeitnehmer sind im Betriebsrentengesetz nicht festgeschrieben. Für Pensionskassen und Direktversicherungen gelten die Regelungen des Versicherungsaufsichtsgesetzes. In den USA und in Großbritannien hingegen ist gesetzlich verankert, in welchem Umfang ein Alterssicherungsträger die Arbeitnehmer zu informieren hat.[4] Dabei wird unterschieden in Informationen, die dem Arbeitnehmer automatisch zugehen, und Informationen, die ihm auf schriftliche Anfrage zustehen.

---

1 Zu den Informationspflichten von Pensionskassen und Direktversicherern siehe die Seiten 44 und 44.

2 Ein Arbeitgeber kann einem Arbeitnehmer das Wahlrecht einräumen, ist dazu aber nicht verpflichtet. Größere Arbeitgeber dürften in der Regel Gruppenversicherungen abschließen, so daß der einzelne Arbeitnehmer keine Wahlmöglichkeiten hat.

3 Entscheidet sich der Arbeitnehmer beispielsweise für eine fondsgebundene Lebensversicherung, kann er die Fonds seinen Risikopräferenzen entsprechend wählen.

4 In den USA geregelt im ERISA für Betriebsrenten und im Federal Law für private Rentenprogramme. Explizit enthält ERISA den Passus, daß die Informationen für den durchschnittlichen Arbeitnehmer verständlich aufbereitet sein müssen. In Großbritannien enthalten im Social Security Act 1985 und im Pension Act 1995.

Zu den erstgenannten Informationen zählen allgemeine Auskünfte über die Alterssicherungszusage sowie der Geschäftsbericht des Pensionsfonds. Auf Anfrage kann der Arbeitnehmer alle 12 Monate Auskunft über seine individuelle Rentenanwartschaft verlangen.[1]

Auskünfte über betriebliche Alterssicherungsordnungen sind nicht nur von dem Pensionsfonds selbst erhältlich, sondern beispielsweise in den USA auch von der Pension and Welfare Benefit Administration (PWBA),[2] dem Internal Revenue Service (IRS) und der Pensions Benefit Guaranty Corporation (PBGC). Zudem existieren in den USA und in Großbritannien zahlreiche Organisationen, die sich mit der betrieblichen Alterssicherung auseinandersetzen und Arbeitgebern und Arbeitnehmern mit Informationen zur Seite stehen.[3]

Erhält ein Arbeitnehmer eine Vorsorgezusage, liegt es in der Regel an ihm, das Vorsorgevermögen seinen Ertrags- und Risikopräferenzen entsprechend anzulegen. Wie bei Versorgungszusagen ist der Arbeitnehmer über die Vorsorgeordnung zu unterrichten. Darüber hinaus benötigt er Informationen zur Anlage des Vermögens. Darf der Arbeitnehmer das Vorsorgevermögen frei investieren, gelten die rechtlichen Rahmenbedingungen, denen die jeweiligen Finanzdienstleister unterliegen, beispielsweise für Deutschland das KAGG und das WpHG. Bietet der Arbeitgeber selbst Anlagen an, in die das Vorsorgevermögen zu investieren ist, sollten die Arbeitgeber wie Finanzdienstleister dem WpHG unterliegen und damit schon bei der Anlageberatung die Verhaltensregeln nach §§ 31, 32 WpHG befolgen müssen.[4] Damit ließe sich sicherstellen, daß der Arbeitnehmer seinem Kenntnisstand entsprechend beraten und seine Risikoeinstellung berücksichtigt wird. Legt der Arbeitgeber eigene Sondervermögen auf, unterliegt er den Vorschriften des KAGG. Nach § 24a WpHG hat er für jedes Sondervermögen jährlich einen Geschäftsbericht vorzulegen, der den

---

1 Im Detail siehe für die USA o. Verf. (1994a), sowie die Seiten 74 - 76 dieser Arbeit; für Großbritannien T. Tollerton u.a. (1996), S. 43f., sowie die Seiten 112 und 122 dieser Arbeit.

2 Die PWBA ist dem Department of Labor unterstellt; sie hält die Geschäftsberichte der Fonds (Form 5500), Beschreibungen der Pensionspläne sowie Rechtsauskünfte zum Rentenrecht bereit.

3 In den USA beispielsweise das Pensions Rights Center und das Employee Benefit Research Institute, in Großbritannien das Pensions Management Institute, die National Association of Pension Funds und der Trades Union Congress.

4 Zu den Verhaltensregeln siehe beispielsweise H.-D. Assmann und U. H. Schneider (1995), S. 400 - 483; S. Kümpel (1995a), S. 788 - 807; ders. (1995b).

Arbeitnehmern dann auszuhändigen wäre. In regelmäßigen Zeitabständen sollte der Arbeitnehmer über den Marktwert seines Vorsorgevermögens unterrichtet werden. Denkbar ist auch, den aktuellen Marktwert in eine Rente unter alternativen Marktzinsszenarien umzurechnen, um dem Arbeitnehmer Anhaltspunkte für die Höhe seiner künftigen Rente zu geben.

Der Informationsbedarf des Arbeitnehmers ist bei Vorsorgezusagen bedeutend höher als bei Versorgungszusagen. Nur wenige große Arbeitgeber werden ihn selbständig decken können. Um so mehr wird die Nachfrage nach externen Dienstleistern steigen, wenn Vorsorgezusagen auch nach deutschem Betriebsrentenrecht zulässig sind.

XI. Gleiche Rahmenbedingungen für betriebliche und individuelle Alterssicherung

Die strikte Trennung von betrieblicher und individueller Alterssicherung ist unter ökonomischen Gesichtspunkten nicht nachvollziehbar. Zu hinterfragen ist beispielsweise, warum eine Direktversicherung, die ein Arbeitgeber auf Wunsch seines Arbeitnehmers zu dessen Gunsten abschließt, steuerlich günstiger behandelt wird, als wenn der Arbeitnehmer die Police direkt bei dem Versicherungsunternehmen hält. Die Lenkungswirkung des Steuerrechts führt zu überflüssigem bürokratischen Aufwand und zur Wettbewerbsverzerrung.

Ebenso wurde deutlich, daß unabhängige Alterssicherungsträger dem Arbeitgeber als Träger überlegen sein können und daß mit einer Reduzierung der Reibungsverluste zu rechnen ist, wenn man die Alterssicherung des Arbeitnehmers von dem Arbeitgeber abkoppelte. Eine Unterscheidung unabhängiger Alterssicherungsinstitute in Institute, die Vermögen mit der Zweckbestimmung betriebliche Alterssicherung verwalten, und in solche, die individuelles Alterssicherungsvermögen verwalten, erscheint grotesk.

Der Entgeltcharakter der betrieblichen Alterssicherung betont zudem die Nähe betrieblicher und individueller Alterssicherung. Verfolgt der Gesetzgeber das Ziel, die private Alterssicherung zu stärken, müßte das gleichermaßen für die betriebliche und die individuelle Alterssicherung gelten. Ein Ausweis des Gehaltsanteils, den ein Arbeitnehmer zur Alterssicherung einsetzen darf, erübrigte sich. Die Anforderungen, die der Gesetzgeber an eine Form der Alterssicherung stellt, damit sie steuerlich gefördert wird, sollten dann für alle Formen der privaten Alterssicherung - betriebliche und individuelle - gleichermaßen gelten.

XII. Zusammenfassender Katalog der Merkmale: Vielfalt und Wahlfreiheit als zentrale Anforderungen

Umfangreiche Regulierungen, insbesondere im Steuer- und Arbeitsrecht prägen derzeit die betriebliche Alterssicherung. Deregulierungen sind nötig, um den Wettbewerb um das Alterssicherungsvermögen zu intensivieren und damit den Grundstein für effizientere Formen der Alterssicherung zu legen. Eine Vielfalt an Formen der Alterssicherung allein reicht nicht aus. Sie müssen auch in Konkurrenz zueinander stehen. Um Wettbewerb zwischen den Formen und den Instituten der Alterssicherung aufzubauen, sind folgende Rahmenbedingungen wünschenswert:

- Betriebliche und individuelle Formen der Alterssicherung werden steuerlich gleich behandelt. Damit ist es auch irrelevant, ob ein Arbeitgeber oder ein Arbeitnehmer in ein Alterssicherungsvermögen einzahlt.
- Erhält ein Arbeitnehmer eine betriebliche Alterssicherungszusage, kann er das Institut selbst auswählen, das er mit seiner Alterssicherung betrauen möchte.

Die Diskrepanz zwischen den derzeitigen und den wünschenswerten Rahmenbedingungen scheint allerdings nicht in einem Schritt überbrückbar zu sein. Es ist geboten, nach einer Übergangslösung insbesondere bei der betrieblichen Alterssicherung zu suchen.[1] Wie die Merkmale der betrieblichen Alterssicherung optimal zu gestalten sind, läßt sich aus theoretischer Sicht nicht abschließend klären. Man kann jedoch Anforderungen formulieren, die als Mindeststandard einer förderungswürdigen betrieblichen Alterssicherung zu verstehen sind:[2]

---

1 Im Bereich der individuellen Alterssicherung dürfte es nicht an Instrumenten mangeln. Anlaß zu Reformbedarf geben aber die steuerlichen Rahmenbedingungen.

2 Einige der Anforderungen finden sich bereits bei H. Schmidt und A. Steenbock (1996); H. Schmidt, J. Drukarczyk, D. Honold, S. Prigge, A. Schüler und G. Tetens (1997), S. 162.

1. Im Rahmen der betrieblichen Alterssicherung sollten Arbeitgeber ihren Arbeitnehmern neben Versorgungszusagen auch Vorsorgezusagen anbieten. Der Arbeitnehmer darf die Art der Zusage wählen. [1]

2. Der Entgeltbestandteil, den der Arbeitnehmer zum Zwecke der Alterssicherung erhält, ist in der Gehaltsabrechnung offen auszuweisen.

3. Alterssicherungsinstitute können einen betrieblichen Bezug haben. Zusätzlich ist unabhängigen Alterssicherungsinstituten der Marktzugang zu ermöglichen. Betriebliche Alterssicherungsinstitute dürfen neben der eigenen Belegschaft auch Arbeitnehmer anderer Unternehmen aufnehmen.

4. Der Arbeitnehmer bestimmt das oder die Institute, die er mit seiner Alterssicherung betrauen möchte. Er ist nicht an das Institut seines Arbeitgebers gebunden.

5. Alterssicherungsinstitute können einige ausgewählte Instrumente anbieten, aber auch sämtliche Anlageformen und Versicherungsverträge.

6. Dem Arbeitnehmer sind verschiedene Instrumente der Alterssicherung zugänglich zu machen.[2] Er entscheidet über den Aufbau des Alterssicherungsvermögens selbst, indem er den Umfang des Versicherungsschutzes und die Form der Anlagen bestimmt.

7. Zahlungen aufgrund von Vorsorgezusagen werden auf individuellen Konten der Arbeitnehmer verbucht.

8. Alterssicherungsinstitute sind verpflichtet, die Arbeitnehmer umfassend und regelmäßig zu informieren: über das Alterssicherungsinstitut und die Alterssicherungsordnung sowie über die Anlagemöglichkeiten, den Marktwert und die

---

[1] Arbeitgeber, die Vorsorgezusagen erteilen, brauchen keine Versorgungszusagen zu offerieren, wenn dem Arbeitnehmer die Möglichkeit geboten wird, die Vorsorgebeträge auch zur Absicherung biometrischer Risiken zu verwenden. Dabei darf der Arbeitgeber weiterhin anbieten, selbst biometrische Risiken und Marktrisiken zu übernehmen. Er steht damit in unmittelbarer Konkurrenz zu anderen Intermediären.

[2] Ein Arbeitnehmer sollte nicht ausschließlich zwischen verschiedenen Aktiengattungen wählen, sondern beispielsweise auch festverzinsliche Wertpapiere und Versicherungen in sein Alterssicherungsportfolio einbeziehen dürfen.

Zusammensetzung des individuellen Alterssicherungsvermögens. Einige Auskünfte sind periodisch, andere auf Nachfrage zu erteilen.

9. Der Arbeitnehmer darf das Alterssicherungsinstitut und die Anlageformen wechseln. Das gilt für bereits angesammeltes Alterssicherungsvermögen wie auch für künftige Einzahlungen. Angemessene Transaktionskosten und Kündigungsfristen sind vertretbar. Sie sind dem Arbeitnehmer jedoch vor dessen Entscheidung für ein Alterssicherungsinstitut oder eine Anlageform mitzuteilen.

10. Der Arbeitnehmer darf Anlagen bei mehreren Alterssicherungsinstituten unterhalten.

11. Der Arbeitnehmer hat das Recht, selbst an der Führung und Kontrolle seines oder seiner Alterssicherungsinstitute mitzuwirken.[1]

12. Entnahmen aus dem Alterssicherungsvermögen sind nicht an den Eintritt bestimmter Ereignisse[2] gekoppelt, sofern eine Grundabsicherung des Arbeitnehmers gewährleistet ist. Das Steuerrecht kann jedoch bestimmte Altersgrenzen vorsehen.

Auch dieser Mindeststandard erfordert ein erhebliches Umdenken im System der betrieblichen Alterssicherung. Am weitreichendsten dürften dabei die Forderungen nach dem Ausweis des Entgeltanteils für die Alterssicherung und nach der freien Wahl des Alterssicherungsinstituts durch den Arbeitnehmer sein. Wird diesen Forderungen in einem ersten Schritt nicht nachgekommen, ist um so mehr darauf zu achten, daß die Arbeitnehmer das ihnen vorgegebene Alterssicherungsinstitut selbst führen, vor allem aber kontrollieren dürfen.

---

1 In diesem Punkt sei explizit darauf hingewiesen, daß nicht nur aktive Arbeitnehmer an der Führung und Kontrolle des Alterssicherungsinstituts teilhaben sollten, sondern alle Personen, deren Alterssicherungsvermögen das Institut verwaltet, d.h. auch die Rentner.

2 Hierunter sind insbesondere der Zahlungsbeginn der gesetzlichen Rentenversicherung oder das Erreichen der Regelaltersgrenze zu verstehen. Hält man sich den Sinn einer steuerlichen Förderung vor Augen, muß gleichwohl sichergestellt sein, daß die Vermögensanlage der Alterssicherung dient und nicht einer allgemeinen steuersubventionierten Vermögensbildung.

Abschließend bleibt die Frage zu klären, ob die gegenwärtigen Durchführungswege der betrieblichen Altersversorgung unverändert fortbestehen sollten. Konsequenterweise ist diese Frage zu verneinen, da Formen der privaten Alterssicherung mit den hier vorgestellten Merkmalen den traditionellen Formen zumindest aus Sicht der Arbeitnehmer überlegen sein dürften. Sofern die Arbeitnehmer sich allerdings freiwillig für die traditionellen Formen entscheiden, dürfte gegen das Fortbestehen nichts einzuwenden sein. Ansonsten gilt es, einen angemessenen Zeitraum zu vereinbaren, in dem bereits angespartes Alterssicherungsvermögen auf neue Formen zu übertragen ist.

B. Ansatzpunkte für eine steuerliche Förderung

Nachdem die Merkmale formuliert sind, die förderungswürdige Formen der privaten Alterssicherung auszeichnen, stellt sich die Frage, wie man die steuerlichen Rahmenbedingungen gestalten sollte, um die Steuerpflichtigen zu umfangreicherer privater Alterssicherung zu motivieren und den Wettbewerb unter den Alterssicherungsinstituten zu fördern. Dabei liegt es nahe, zunächst den zu fördernden Personenkreis zu bestimmen. Daran anschließend gilt es zu klären, welche Faktoren den Anreiz beeinflussen, sich auf privater Basis für das Alter finanziell abzusichern, und wie sie sich gestalten lassen. Im Mittelpunkt der Überlegungen stehen der Umfang und der Zeitpunkt der Besteuerung der Maßnahmen zur Alterssicherung. Die Neutralität der Besteuerung ist ein weiterer Aspekt, der grundlegend ist, um den Reformvorschlag des vorigen Kapitels umzusetzen. Sie ist Voraussetzung für den angestrebten Wettbewerb unter den Alterssicherungsinstrumenten und den Alterssicherungsinstituten. Die Eckpunkte einer steuerlichen Förderung der privaten Alterssicherung schließen das Kapitel ab.

I. Personenkreis

Bisher steht die Alterssicherung der Arbeitnehmer im Mittelpunkt der Diskussion. In eine grundlegende Reform der privaten Alterssicherung sollte man allerdings alle steuerpflichtigen Personen[1] einbeziehen, also beispielsweise auch Selbständige und Bezieher anderer Einkunftsarten. Es bietet sich deswegen an, die steuerliche Förderung nicht an die Arbeitnehmer-Eigenschaft zu koppeln, sondern Obergrenzen für Zuführungen zum Alterssicherungsvermögen zu formulieren, die jedes Jahr steuerwirksam möglich sind. Gleichwohl werden auch die nachfolgenden Ausführungen auf die Person des Arbeitnehmers abgestellt. Abschließend werden jedoch sämtliche steuerpflichtigen Personen in den Reformvorschlag einbezogen.

---

[1] Unter steuerpflichtigen Personen seien alle Personen verstanden, die im Inland unbeschränkt steuerpflichtig nach § 1 I - III EStG sind.

II. Zeitpunkt und Umfang der Besteuerung

Das Leistungsfähigkeitsprinzip bildet die Leitlinie des deutschen Einkommensteuerrechts.[1] Es besagt, daß jeder nach seiner Leistungsfähigkeit am Steueraufkommen beteiligt werden soll.[2] Als Maßstab für die Leistungsfähigkeit gilt das Markteinkommen.[3] Es umfaßt alle Einkünfte, die durch eine Erwerbstätigkeit mit der Absicht, einen Überschuß zu erzielen, erwirtschaftet worden sind.[4] Das Markteinkommen drückt die objektive Leistungsfähigkeit eines Steuerpflichtigen aus. Es ist nur um die Einkommensbestandteile zu kürzen, über die der Steuerpflichtige nicht frei verfügen darf. Bezüglich der Einkünfte aus nichtselbständiger Arbeit handelt es sich um die Aufwendungen, die der Erzielung der Einnahmen dienen (Werbungskosten). Ferner mindern die existentiell notwendigen Aufwendungen, denen sich ein Steuerpflichtiger nicht entziehen kann, die Steuerbemessungsgrundlage, wobei auf die persönlichen Verhältnisse des Steuerpflichtigen abzustellen ist. Ein Beispiel hierfür stellen die als Vorsorgeaufwendungen anerkannten Beiträge zur Alterssicherung dar.[5] Im Ergebnis erhält man die Steuerbemessungsgrundlage, die die subjektive Leistungsfähigkeit einer steuerpflichtigen Person widerspiegeln soll.[6]

Werden Beiträge zur Alterssicherung als Vorsorgeaufwendungen anerkannt, mindern sie im Zeitpunkt der Beitragszahlung das zu versteuernde Einkommen. Die Rückzahlung des Vermögens zählt zu keiner Einkunftsart, sie erfolgt steuerfrei. Lediglich die Erträge aus dem Vermögen können der Steuer unterliegen, sofern das Steuerrecht sie nicht ebenfalls explizit ausgrenzt, wie z.B. Zinsen auf die Sparanteile aus bestimmten Lebensversicherungen. Im Ergebnis werden Teile des Einkommens von der Einkommensteuer freigestellt.

---

1 H. Zimmermann und K.-D. Henke (1994), S. 106 - 117.

2 D. Brümmerhoff (1996), S. 240 - 246.

3 Bundesministerium der Finanzen (1997), S. 9.

4 K. Tipke und J. Lang (1996), § 9 Rz. 52, S. 228.

5 D. Knospe (1995), S. 27.

6 Bis zum Gesamtbetrag der Einkünfte findet die objektive Leistungsfähigkeit Berücksichtigung, ab dem Gesamtbetrag die subjektive Leistungsfähigkeit. K. Tipke und J. Lang (1991), S. 209.

Während sich das Leistungsfähigkeitsprinzip pauschal auf den Umfang der Besteuerung bezieht, konkretisiert das Korrespondenzprinzip den Zeitpunkt der Besteuerung.[1] Nach dem Korrespondenzprinzip soll jedes Einkommen einmal, aber auch nur ein einziges mal besteuert werden.[2] Dabei sind drei Verfahren denkbar: die nachgelagerte und die vorgelagerte Besteuerung sowie ein gemischtes Verfahren.[3] Bezogen auf die Alterssicherung bewirkt das Korrespondenzprinzip, daß Aufwendungen zur Alterssicherung untrennbar mit den späteren Entnahmen aus dem Alterssicherungsvermögen verknüpft sind.

Das Verfahren der nachgelagerten Besteuerung führt dazu, daß Beiträge zur Alterssicherung unversteuert angespart und steuerfrei thesauriert werden. Erst im Zeitpunkt der Auszahlung an den Arbeitnehmer unterliegen sie der Steuerpflicht. Werden Beiträge zur Alterssicherung nur bis zu einem Höchstbetrag nachgelagert besteuert und die Beträge darüber hinaus vorgelagert, spricht man von einem gemischten Verfahren.

Das gemischte Verfahren greift - wie der erste Teil der Arbeit aufzeigte - sowohl in den USA als auch in Großbritannien für eine große Anzahl von Instrumenten zur privaten Alterssicherung. In Deutschland unterliegen nur Direktzusagen und Versorgungszusagen über Unterstützungskassen der nachgelagerten Besteuerung. Die Analyse der Instrumente der privaten Alterssicherung vor dem Hintergrund der Agency-Theorie lieferte allerdings keine Argumente dafür, die beiden genannten Zusageformen vorteilhafter als andere Instrumente zu besteuern.

Eine weitere Ausprägung des Korrespondenzprinzips bildet die vorgelagerte Besteuerung. Hier hat ein Steuerpflichtiger Aufwendungen für die Alterssicherung aus seinem bereits versteuerten Einkommen vorzunehmen. Das angesammelte Vermögen erhält er im Alter steuerfrei zurück. Die Erträge sind in dem Zeitpunkt steuerpflichtig, in dem sie dem Steuerpflichtigen zufließen. In Deutschland werden Aufwendungen für Direktversicherungen und Beiträge an Pensionskassen sowie sämtliche Instrumente der

---

1 Das Korrespondenzprinzip kann sich neben dem Zeitpunkt der Besteuerung (intertemporales Korrespondensprinzip) auch auf verschiedene Personen beziehen (interpersonelles Korrespondenzprinzip). In diesem Kapitel ist das intertemporale Korrespondenzprinzip von Bedeutung.

2 W. Leibfritz, W. Nierhaus und R. Parsche (1990), S. 133.

3 K.-D. Henke (1988), S. 268f.

individuellen Alterssicherung nach diesem Prinzip besteuert. Andere Besteuerungsprinzipien bewirken allerdings, daß auch diese Instrumente zum Teil auf andere Weise steuerlich begünstigt werden.

Die steuerliche Behandlung von Lebensversicherungsverträgen - individuell oder in Form einer Direktversicherung abgeschlossen - verstößt gegen das intertemporale Korrespondenzprinzip und damit gegen das Leistungsfähigkeitsprinzip, sofern die Beiträge als Vorsorgeaufwendungen das zu versteuernde Einkommen mindern und die Auszahlung steuerfrei erfolgt.[1] Die Beiträge sind damit völlig von der Steuer befreit. Gegen das Korrespondenzprinzip verstößt ebenfalls die Besteuerung der Renten der gesetzlichen Rentenversicherung. Nur der Ertragsanteil ist steuerpflichtig, unabhängig davon, ob die Beiträge aus versteuertem oder unversteuertem Einkommen resultieren.[2] Es ist fraglich, ob eine völlige Freistellung bestimmter Einkommensteile für die Alterssicherung insbesondere angesichts der haushaltspolitischen Lage noch zu vertreten ist.[3]

In der Literatur herrscht im Rahmen der Reformdiskussion weitgehender Konsens darüber, private Alterssicherung nachgelagert zu besteuern.[4] Das Verfahren weist aus ökonomischer Sicht mehrere Vorteile gegenüber der vorgelagerten Besteuerung auf. Ein einfaches Zahlenbeispiel verdeutlicht den Vermögensmehraufbau, wenn unversteuerte Einnahmen zum Aufbau eines Alterssicherungsvermögens eingesetzt werden. Verwendet ein Arbeitnehmer mit einem Grenzsteuersatz von 30 % bisher 1.200 DM seines unversteuerten Einkommens pro Jahr für die private Alterssicherung, kann er seinem Alterssicherungsvermögen 840 DM zuführen. Nach 35 Jahren verfügt er bei einer Verzinsung von 6 % p.a. über 93.605 DM.[5] Spart der Arbeitnehmer auch nach Einführung der nachgelagerten Besteuerung weiterhin 1.200 DM pro Jahr, beträgt

---

1 Wissenschaftlicher Beirat beim Bundesministerium der Finanzen (1986), S. 25 und 31.

2 BVerfG (1980). Nach Angaben des Bundesfinanzministerium waren 70 % der Beiträge zur Sozialversicherung bei Durchschnittsverdienern im Zeitraum 1980 - 1996 steuerfrei. O. Verf. (1996f).

3 Zur Forderung, die gesetzlichen Renten in voller Höhe der Steuerpflicht zu unterwerfen, wenn sie auf unversteuerten Beiträgen basieren, siehe W. Leibfritz, W. Nierhaus und R. Parsche (1990), S. 137. Esser bezeichnet ein derartiges Vorgehen als "Konsumbesteuerung par excellence". C. Esser (1997), S. 247, sowie die dort in Fußnote 19 zitierte Literatur.

4 B. Nürk und A. Schrader (1995); M. Beise (1996); Aktionskreis Finanzplatz e.V. (1998), S. 29; W. Gerke u.a. (1998). Einen umfassenden Vorschlag zur Reform des deutschen Steuersystems mit Zielrichtung auf eine konsumorientierte Besteuerung bietet M. Rose (1994).

5 $[(1+0,06)^{35} - 1] * 840 / 0,06 = 93.605$.

sein Alterssicherungsvermögen nach 35 Jahren bei der gleichen Verzinsung 133.722 DM.[1] Es weitet sich damit um über 40 % aus.

Die nachgelagerte Besteuerung dürfte die Höhe des steuerpflichtigen Einkommens der Arbeitnehmer im Zeitablauf gesehen glätten. Hohes Einkommen während des aktiven Arbeitslebens wird nur anteilig, niedrigeres Einkommen während des Ruhestands hingegen in voller Höhe besteuert. Zu den Steuervorteilen bei einem konstanten Steuersatz - wie in obigem Beispiel - kommen die Vorteile der Progressionsminderung hinzu.

Die nachgelagerte Besteuerung könnte die Steuerpflichtigen zudem allein aus psychologischen Aspekten verstärkt zu privater Alterssicherung motivieren. Haben die Vermögensumschichtungen infolge der Ankündigung einer Quellensteuer auf Zinseinkünfte in den Jahren 1989 und 1993 doch gezeigt, wie sensibel die Anleger auf Änderungen im Steuerrecht reagieren.[2] Ähnlich könnten die Steuerpflichtigen bemüht sein, Steuerstundungseffekte mitzunehmen und damit ein Vermögenspolster für das Alter aufzubauen.

Wonach richtet sich nun im geltenden Einkommensteuerrecht, welche Instrumente der privaten Alterssicherung vor- oder nachgelagert besteuert werden? In einem ersten Schritt ist zu klären, ob die Aufwendungen zur Alterssicherung überhaupt als Arbeitslohn nach § 2 II Nr. 3 LStDV einzuordnen sind. Voraussetzung dafür ist, daß

- eine Ausgabe des Arbeitgebers vorliegt,
- der Arbeitnehmer der Alterssicherungsmaßnahme zustimmt,
- der Arbeitnehmer einen Rechtsanspruch gegen das Alterssicherungsinstitut erwirbt.[3]

Sind alle drei Voraussetzungen erfüllt, stellen die Aufwendungen zur Alterssicherung Arbeitslohn dar und sind für den Arbeitnehmer steuerpflichtig.

Bei Direktzusagen mangelt es im Zeitpunkt der Versorgungszusage an einer Ausgabe des Arbeitgebers.[4] Die Pensionsrückstellungen sind lediglich als Aufwendungen zu

---

1 $[(1+0{,}06)^{35} - 1] * 1.200 / 0{,}06 = 133.722$.

2 Deutsche Bundesbank (1994a).

3 C. Herrmann, G. Heuer und A. Raupach (1998), § 19 Anm. 360.

qualifizieren. Arbeitslohn liegt insofern noch nicht vor. Bei Versorgungszusagen über Unterstützungskassen erhält der Arbeitnehmer keinen Rechtsanspruch gegenüber dem Alterssicherungsinstitut. Die Zuführungen des Arbeitgebers an die Unterstützungskasse verschaffen dem Arbeitnehmer noch keinen geldwerten Vorteil. Damit sind sie auch nicht als Arbeitslohn zu qualifizieren.[1]

Es ist offensichtlich, daß Leistungen der betrieblichen Alterssicherung in der in Kapitel A vorgeschlagenen Form Arbeitslohn darstellen. Eine Zahlung des Arbeitgebers liegt vor, da das Alterssicherungsvermögen außerhalb des Trägerunternehmens verwaltet wird. Von einer Zustimmung des Arbeitnehmers zur betrieblichen Alterssicherung ist auszugehen. Der Rechtsanspruch des Arbeitnehmers gegenüber dem Alterssicherungsinstitut ist wesentliche Voraussetzung dafür, daß der Arbeitnehmer über die Anlage frei entscheiden und vor allem auch das Alterssicherungsinstitut wählen und wechseln darf.

In einem zweiten Schritt ist zu klären, wann die Steuerpflicht eintritt. Maßgebend ist dafür das Zuflußprinzip gemäß § 11 EStG. Danach wird Arbeitslohn in dem Jahr steuerpflichtig, in dem er dem Arbeitnehmer zufließt. Für den Zufluß sind folgende drei Tatbestandsmerkmale zu erfüllen:[2]

- Der Steuerpflichtige wird objektiv bereichert,
- er erlangt die wirtschaftliche Verfügungsmacht, und
- es erfolgt eine Vermögensverschiebung von außen in seine Einflußsphäre.

Der Reformvorschlag zur betrieblichen Alterssicherung im vorigen Kapitel der Arbeit ist offenkundig im Rahmen des geltenden Steuerrechts mit einer nachgelagerten Besteuerung nicht vereinbar. Leistungen für die betriebliche Alterssicherung bereichern den Arbeitnehmer wirtschaftlich, auch wenn er sie noch nicht konsumieren darf. Zudem erhält er die wirtschaftliche Verfügungsmacht über das Vermögen. Die Tatsache, daß der Arbeitgeber die Mittel direkt an Finanzdienstleister überweist, steht dem nicht entgegen. Das dritte Merkmal ist ebenfalls erfüllt, da der Arbeitgeber Teile seines Vermögens auf den Arbeitnehmer verlagert.

---

4 Ebda., § 19 Anm. 387.

1 C. Herrmann, G. Heuer und A. Raupach (1998), § 19 Anm. 471.

2 Ebda., § 11 Anm. 18 und § 19 Anm. 120.

Änderungen bei der Auslegung des Begriffs Arbeitslohn oder bei der Interpretation des Zuflußprinzips sind nötig, damit die nachgelagerte Besteuerung bei der vorgeschlagenen Form der Alterssicherung greifen kann. Würde der Aspekt der objektiven Bereicherung beispielsweise dahingehend konkretisiert, daß die Mittel frei konsumierbar sein müssen, damit sie als zugeflossen gelten, wäre dieser Punkt für die Gehaltsbestandteile, die dem Zweck der privaten Alterssicherung dienen, nicht erfüllt. Andere Ansätze sind denkbar, um den Zufluß des Arbeitslohns erst bei Rentenbeginn eintreten zu lassen. Einfacher und für alle Beteiligten besser nachvollziehbar wäre aber wohl die Lösung, Leistungen mit dem Ziel der Alterssicherung in der Ansparphase explizit als noch nicht zugeflossen zu qualifizieren.

Um zu vermeiden, daß die Steuerpflichtigen den Steuerstundungseffekt über die notwendigen Maßnahmen zur Alterssicherung hinaus mißbrauchen, sind Höchstbeträge unumgänglich, bis zu denen Aufwendungen zum Zwecke der Alterssicherung steuerlich anerkannt werden können. Steuersystematisch gesehen handelt es sich dabei um ein gemischtes Verfahren. Dabei stellt sich die Frage, ob man die Höchstbeträge über Strom- oder über Bestandsgrößen definieren sollte. Im ersten Fall wird die steuerliche Förderung über die Zuführungen zum, im zweiten Fall über die absolute Höhe des Alterssicherungsvermögens begrenzt.[1] Für Stromgrößen spricht, daß alle Steuerpflichtigen unabhängig von ihrer Risikoeinstellung und dem Anlageerfolg steuerrechtlich gesehen die gleiche Ausgangsposition innehaben. Das Steuerrecht beeinflußt die Anlageentscheidungen mithin nicht. Erfolgt die steuerliche Förderung nur, bis das Alterssicherungsvermögen einen bestimmten Betrag erreicht hat, könnte der Anreiz geschmälert werden, in risikobehaftete Titel zu investieren. Erzielt ein Investor ein überdurchschnittliches Anlageergebnis, würde er bestraft, indem ein Teil des Ertrags der Steuer zum Opfer fiele. Andererseits ließe sich argumentieren, daß Anleger einer steuerlichen Förderung der Alterssicherung nur solange bedürfen, wie ihr Einkommen und ihr Vermögen einen bestimmten Betrag nicht überschreiten. Darüber hinaus könnte eine steuerliche Förderung unter sozialen Aspekten ungerechtfertigt erscheinen. Allerdings dürfte eine Orientierung an der Vermögenshöhe kaum praktikabel sein. Zum einen unterliegt das Alterssicherungsvermögen Marktwertschwankungen, zum anderen wäre der bürokratische Aufwand für die Überwachung

---

1 Bei den neuen individual savings accounts in Großbritannien sind beispielsweise die Höhe der Zuführungen und die Höhe des Bestands begrenzt. Siehe dazu Seite 122 im ersten Teil der Arbeit.

ungerechtfertigt hoch. Auch in den USA und in Großbritannien bezieht sich die steuerliche Begünstigung von Altersvorsorgeprogrammen stets auf die Zuführungen zum Alterssicherungsvermögen. Diesem Beispiel sollte für Deutschland gefolgt werden.

In einem nächsten Schritt stellt sich die Frage nach der Höhe der Förderbeträge. Denkbar ist, einen Höchstbetrag zu beziffern, der für alle Steuerpflichtigen gleichermaßen gilt. Statt dessen oder ergänzend dazu läßt sich ein bestimmter Prozentsatz des individuellen zu versteuernden Einkommens (vor Abzug der Aufwendungen zur Alterssicherung) festlegen. Die erste Variante führt dazu, daß alle Steuerpflichtigen absolut gesehen die gleichen steuerlichen Möglichkeiten zur privaten Alterssicherung haben. Die dritte Variante berücksichtigt hingegen, daß Personen mit höherem Einkommen auch einer umfangreicheren Alterssicherung bedürfen, um ihren Lebensstandard im Alter aufrechterhalten zu können. Gleichwohl ist der jährlich förderungswürdige Betrag nach oben begrenzt. Überträgt man das Prinzip der relativen Leistungsfähigkeit auch auf diesen Bereich, dürfte gegen die zuletzt genannte Vorgehensweise nichts einzuwenden sein, zumal eine absolute Obergrenze besteht.[1] Das amerikanische und das britische Steuersystem enthalten eine derartige Regelung. Wie in Großbritannien ließe sich zudem die Höhe der Förderbeträge nach dem Alter des Anlegers oder Arbeitnehmers staffeln: Um im Zeitpunkt des geplanten Renteneintritts ein bestimmtes Vermögen zur Verfügung zu haben, müssen junge Leute c.p. aufgrund des Zinseszinseffekts jährlich weniger aufwenden als ältere Leute. Beispielsweise könnte man einen Endwert des jährlich anzusparenden Alterssicherungsvermögens für diesen Zeitpunkt festlegen, der auf das Jahr der Sparleistung diskontiert wird.[2] So ließe sich für jedes Alter ein Höchstbetrag errechnen, der jährlich als Zuführung zum Alterssicherungsvermögen steuerlich anzuerkennen wäre. Um den Steuerpflichtigen Planungssicherheit zu geben, besteht die Möglichkeit, von

---

1 Der wissenschaftliche Beirat beim Bundesministerium der Finanzen weist allerdings darauf hin, daß an dieser Stelle verfassungsrechtliche Probleme auftreten können. Wissenschaftlicher Beirat beim Bundesministerium der Finanzen (1986), S. 42.

2 Beispiel:

Angenommener Diskontierungssatz:	6 % p.a.
Angestrebter Endwert im Alter von 65 Jahren:	30.000 DM
Notwendige Einzahlung im Alter von 45 Jahren:	30.000 DM / $1{,}06^{20}$ = 9.354 DM

vornherein einen Faktor[1] festzulegen, um den die errechneten Höchstbeträge jährlich steigen.

Neben der Höhe der zum Zweck der Alterssicherung anzuerkennenden Aufwendungen gilt es, den Zeitpunkt der Verwendung des Alterssicherungsvermögens näher zu bestimmen. Es ist eine Altersgrenze festzulegen, ab der ein Steuerpflichtiger spätestens mit dem Konsum seines Alterssicherungsvermögens beginnen muß, damit er das Vermögen nicht unversteuert bis zu seinem Tod hortet. Denkbar ist beispielsweise, die Altersgrenze an das gesetzliche Renteneintrittsalter zu koppeln. Gleichwohl reicht es aus, den jährlichen Verbrauch des Alterssicherungsvermögens zu fingieren, um die Steuerbelastung errechnen zu können. Dem Steuerpflichtigen sollte es aber möglich sein, sein Vermögen in einem bestimmten Alterssicherungsprogramm gebunden zu lassen, wenn er über sonstige Vermögensquellen verfügt. Die Steuer könnte er zu Lasten seines Alterssicherungsvermögens begleichen oder aus sonstigem Vermögen.

In einem zweiten Schritt ist festzulegen, in welcher Höhe ein Steuerpflichtiger mindestens jedes Jahr über sein Alterssicherungsvermögen verfügen muß. Als Lösung bietet sich an, seine Lebenserwartung in Abhängigkeit vom Alter zu ermitteln und das Alterssicherungsvermögen als Annuität auf diesen Zeitraum aufzuteilen. Als Diskontierungsfaktor ließe sich beispielsweise die Rendite von Bundestiteln mit entsprechender Laufzeit ansetzen. Alternativ könnte man das Alterssicherungsvermögen auch so aufteilen, daß der jährliche Auszahlungsbetrag in etwa nach Maßgabe des Preisindex für die Lebenshaltung steigt. Denkbar wäre auch ein Vergleich mit der marktgängigen Verrentung eines Einmalbetrags durch ein Versicherungsunternehmen im Zeitpunkt des Auszahlungsbeginns. Aus Praktikabilitätsgründen und zum Zweck einer größeren Planungssicherheit sollten die jährlichen Mindestauszahlungsbeträge dem Steuerpflichtigen spätestens zu Beginn der Entsparphase mitgeteilt werden.

Um sicherzustellen, daß das Ziel der Vermögensbildung auch wirklich die Alterssicherung ist, muß eine Altersgrenze festgelegt werden, ab der der Steuerpflichtige frühestens über das Alterssicherungsvermögen verfügen darf. Die Altersgrenze sollte den Eintritt in den Ruhestand auch vor Erreichen des gesetzlichen Eintrittsalters jedoch

---

[1] Denkbar ist ein fester Prozentsatz, aber auch eine Koppelung an die Inflationsrate.

nicht behindern. Möglicherweise dient einem Arbeitnehmer seine private Alterssicherung gerade dazu, sich diesen Wunsch zu erfüllen. Der Fiskus erlitte daraus auch keine Nachteile, da frühzeitige Verfügungen über das Alterssicherungsvermögen die Steuereinnahmen vorverlagern.[1]

Eine vorzeitige Verfügung sollte ausnahmsweise auch in anderen besonderen Lebenssituationen, z.B. bei Erwerbsunfähigkeit und bei besonders langer Krankheit, möglich sein. Insbesondere Bezieher niedriger Einkommen könnten von privater Alterssicherung absehen, wenn ihnen das Alterssicherungsvermögen nicht gleichermaßen als Vorsichtsbestand zur Verfügung stünde. Wenn ein Steuerpflichtiger vorzeitig über sein Alterssicherungsvermögen verfügt, ist er nachträglich so zu stellen, als hätte er das angesparte Vermögen im Zeitpunkt des ursprünglichen Zuflusses versteuern müssen. Zudem könnte man - wie in den USA - eine "Strafe" in Erwägung ziehen, die vor einer vorzeitigen Verfügung abschreckt. Aus Praktikabilitätsgründen ist wiederum eine standardisierte Lösung anzustreben. Die verfügten Beträge sollten in dem Kalenderjahr des Abflusses regulär der Einkommensteuer unterliegen. Darüber hinaus könnte man eine Strafsteuer auf den verfügten Betrag erheben, z.B. in Höhe von 10 %.

Der Vorschlag, alle Formen der Alterssicherung gleichermaßen nachgelagert zu besteuern, widerspricht nicht der Tendenz der Steuergesetzgebung,[2] die steuerliche Bemessungsgrundlage zu verbreitern. Vielmehr erhöht sich die Steuerbemessungsgrundlage insofern, als daß auch der Zuwachs des Alterssicherungsvermögens (Kursgewinne, Zinsen) in voller Höhe in der Entsparphase als Alterseinkommen steuerpflichtig wird. Im Gegensatz dazu bleiben beispielsweise Kursgewinne aus Aktien, die der Vermögensebene des Steuerpflichtigen zugerechnet werden, steuerfrei. Die nachgelagerte Besteuerung von Leistungen der Alterssicherung ist damit nicht gleichzusetzen mit einer Steuerbefreiung. Zudem sollten Teile des Einkommens, die bisher steuerfrei waren, künftig besteuert werden. Dazu zählt beispielsweise, die

---

1 Gleichwohl gilt es zu berücksichtigen, daß dem Fiskus Steuereinnahmen aus aktivem Erwerbseinkommen entgingen und der Progressionseffekt zu Steuermindereinnahmen führen kann.

2 In welche Richtung die derzeitige Bundesregierung das Einkommensteuerrecht reformieren möchte, geht insbesondere aus den Vorschlägen zur Steuerreform 1999 hervor. Eine breitere Bemessungsgrundlage soll Raum für niedrigere Steuersätze schaffen. Bundesministerium der Finanzen (1997).

Ertragsanteilsbesteuerung der Renten aus der gesetzlichen Rentenversicherung aufzuheben und die Rente in voller Höhe zu besteuern - allerdings nachgelagert.[1] Die Regelungen zum Sonderausgabenabzug wären ebenfalls zu überdenken und die steuerwirksamen Beträge zumindest zu reduzieren. An die Stelle der Steuerbefreiung für einzelne Maßnahmen der Alterssicherung sollte die Möglichkeit der Steuerstundung für zahlreiche Formen der Alterssicherung rücken, damit der Steuerpflichtige unter gleichen steuerlichen Rahmenbedingungen verschiedene Maßnahmen zur Alterssicherung ergreifen kann.[2]

Folgt man dem Verfahren der nachgelagerten Besteuerung zumindest für einen bestimmten Betrag, besteht die steuerliche Förderung in der Reduzierung des zu versteuernden Einkommens. Das Verfahren der Besteuerung stünde damit in Einklang mit den grundlegenden Besteuerungsprinzipien des deutschen Einkommensteuerrechts, insbesondere dem Leistungsfähigkeitsprinzip. Alternativ könnte man dafür plädieren, den Steuersatz auf Einnahmen, die zur Alterssicherung verwendet werden, zu reduzieren. Praktikabel wäre die Einführung eines pauschalen Steuersatzes. Personen mit hohem steuerpflichtigen Einkommen profitierten von einer solchen Regelung allerdings stärker als Personen mit niedrigem Einkommen, da ihre Steuerersparnis vergleichsweise höher ausfiele. Eine Förderung dieser Art erscheint indiskutabel, zumal sie gegen jegliche Steuersystematik verstößt.

Ferner ist ein Abzug der Beiträge zur privaten Alterssicherung direkt von der Einkommensteuerschuld denkbar. Nominal erhielten alle Steuerpflichtigen die gleiche Entlastung. Relativ gesehen, d.h. im Verhältnis zum Gesamteinkommen, wäre die Entlastung für Bezieher niedriger Einkommen höher. Dieses Vorgehen verstößt aber gegen das Leistungsfähigkeitsprinzip. Auch widerspräche eine solche Regelung dem Ziel einer Vereinfachung des Einkommensteuerrechts.

---

1 Dafür spricht sich beispielsweise bereits 1986 der wissenschaftliche Beirat beim Bundesministerium der Finanzen aus. Wissenschaftlicher Beirat beim Bundesministerium der Finanzen (1986), S. 42f.

2 Eine kleine Minderheit im Beirat beim Bundesministerium der Finanzen sprach sich 1986 schon für eine Ausweitung des förderungswürdigen Anlagenkatalogs aus. Wissenschaftlicher Beirat beim Bundesministerium der Finanzen (1986), S. 46.

III. Neutralität der Besteuerung

Die Anforderungen an Merkmale einer förderungswürdigen Form der privaten Alterssicherung zielen darauf hin, den Wettbewerb unter den einzelnen Instrumenten, aber auch unter den Alterssicherungsinstituten zu fördern. Im Ergebnis soll jeder Arbeitnehmer und Anleger die für ihn profitabelste Form der Alterssicherung wählen können, ohne steuerliche Einflüsse berücksichtigen zu müssen.[1] Gesamtwirtschaftlich gesehen soll eine neutrale Besteuerung Allokationsverzerrungen vermeiden. Sie führt genau dann zu einer optimalen Allokation, wenn man unterstellt, daß der Markt die Ressourcen optimal lenkt.[2]

Des öfteren klang in der Arbeit an, daß die Entscheidungsneutralität im Zeitpunkt des Vertragsabschlusses mit einem Alterssicherungsinstitut, aber auch über die gesamte An- und Entsparphase gegeben sein muß. Der reine Vermögensübertrag von einer Anlageform in eine andere oder von einem Alterssicherungsinstitut auf ein anderes darf keine Steuerpflicht auslösen oder sich negativ auf steuerliche Vergünstigungen auswirken. Eine Vertrags- oder Institutsbindung allein aus steuerlichen Gründen ist zu vermeiden.

Höchstbeträge, bis zu denen ein Steuerpflichtiger unversteuertes Einkommen zur privaten Alterssicherung einsetzen kann, sind mit der Forderung nach einer neutralen Besteuerung vereinbar. Solange zwischen betrieblicher und individueller Alterssicherung getrennt wird, sollten grundsätzlich beide Formen dem Arbeitnehmer oder Anleger gleichermaßen offenstehen.

---

1 Für Neutralität der Besteuerung im Rahmen der privaten Alterssicherung sprechen sich beispielsweise ebenfalls aus B. Nürk und A. Schrader (1995); H. M. Bury (1997); M. Weber (1997).

2 F. W. Wagner und H. Wissel (1995), S. 67.

IV. Reformvorschlag

Formen der privaten Alterssicherung, die die in Kapitel A herausgearbeiteten Merkmale aufweisen, sollten folgende steuerliche Behandlung erfahren:

- Zahlungen mit dem Zweck der Alterssicherung mindern das zu versteuernde Einkommen des Arbeitnehmers oder Anlegers in dem Jahr der Zahlung.

- Die steuerwirksamen Zahlungen sind jährlich auf einen bestimmten Prozentsatz des zu versteuernden Einkommens (vor Abzug der Zahlungen zur Alterssicherung) begrenzt. Ferner gilt ein bestimmter Nominalbetrag als Obergrenze. Für verschiedene Altersklassen gelten unterschiedliche Prozentsätze und Höchstbeträge; sie steigen mit zunehmendem Alter. Über die steuerwirksamen Zahlungen hinaus sind weitere Beiträge zur Alterssicherung zulässig; sie sind auf nachfolgende Jahre vortragbar und erst dann steuerwirksam. Ab einer bestimmten Altersgrenze ist eine Einzahlung zur privaten Alterssicherung nicht mehr möglich.

- Es ist unerheblich, ob der Arbeitgeber oder der Arbeitnehmer die Einzahlungen vornimmt.

- Erträge aus dem Alterssicherungsvermögen dürfen in unbegrenzter Höhe steuerfrei thesauriert werden. Dabei ist darauf hinzuwirken, daß sämtliche Alterssicherungsvermögen in das körperschaftsteuerliche Anrechnungsverfahren einbezogen werden.

- Entnahmen aus dem Alterssicherungsvermögen sind in voller Höhe steuerpflichtig. Sie dürfen allerdings erst ab einem bestimmten Mindestalter erfolgen. In besonderen Lebenslagen sind vorzeitige Verfügungen steuerschädlich möglich. Bei Überschreiten einer Altersobergrenze wird ein bestimmter Konsum des Alterssicherungsvermögens steuerlich fingiert.

- Überträge des Alterssicherungsvermögens auf ein anderes Alterssicherungsinstitut sind steuerunschädlich möglich. Wird das Alterssicherungsvermögen für diesen Zweck liquidiert, ist es innerhalb eines vorzugebenden Zeitraums wieder anzulegen.

- Umschichtungen innerhalb eines Alterssicherungsvermögens sind jederzeit steuerunschädlich zulässig.

Die steuerlichen Rahmenbedingungen lassen den Arbeitnehmern und Anlegern breiten Spielraum in der Strukturierung ihrer Alterssicherung und fördern damit den Wettbewerb unter den Instrumenten und Instituten. Mit den Eckpunkten der Besteuerung der Maßnahmen zur privaten Alterssicherung sind neben den qualitativen auch die quantitativen Anforderungen an die förderungswürdigen Formen der privaten Alterssicherung formuliert.

C. Öffentlich diskutierte Reformvorschläge im Spiegel der Merkmale förderungswürdiger Formen der privaten Alterssicherung

Mit der Studie der Deutschen Bank Research „Von der Pensionsrückstellung zum Pensionsfonds: Eine Chance für den deutschen Finanzmarkt“[1] wurde 1995 die Diskussion über eine grundlegende Reform der privaten Alterssicherung neu aufgenommen. Seitdem haben unterschiedliche Interessengruppen zahlreiche Reformvorschläge unterbreitet, von denen dieses Kapitel einige vorstellt und würdigt.

Der Bundesverband Deutscher Investmentgesellschaften e.V. (BVI) möchte die private Alterssicherung mittels Altersvorsorge-Sondervermögen, einem substanzwertorientierten Sondervermögen, voranbringen. Für die regelmäßige Anlage in Altersvorsorge-Sondervermögen empfiehlt er einen Altersvorsorge-Sparplan. Ebenfalls als Instrument regelmäßigen Sparens ist der private Aktiensparplan nach britischem Vorbild konzipiert, für den das Deutsche Aktieninstitut e.V. (DAI) wirbt. Drei weitere Ansätze zielen explizit auf Reformen in der betrieblichen Alterssicherung. Während sich der Vorschlag eines Betriebs-Renten-Fonds von Bode und Grabner, Mitglieder der Arbeitsgemeinschaft betriebliche Altersversorgung, eng am heutigen Rechtsrahmen orientiert, geht der Bundesverband deutscher Banken mit dem Betriebs-Pensions-Fonds neue Wege. Die Lösungen des Arbeitskreises “Betriebliche Pensionsfonds“, die im Auftrag des „Forum Finanzplatz“ beim Bundesministerium der Finanzen erarbeitet wurden, reflektieren einen Konsens mehrerer Interessengruppen. Der Vorschlag sieht drei unterschiedliche Pensionsfondstypen vor: betriebsunmittelbare, betriebsmittelbare und anlageorientierte Pensionsfonds.

Es liegt nahe, die genannten Reformvorschläge vor dem Hintergrund der in Kapitel A formulierten Anforderungen an eine förderungswürdige private Alterssicherung zu beurteilen. Da die Reformvorschläge in unterschiedlichem Ausmaß konkretisiert sind und verschiedene Schwerpunkte beinhalten, ist ein Abweichen von dem “Prüfungsschema“ teilweise unumgänglich. Abschließend werden deshalb alle Reformvorschläge bezüglich der einzelnen Merkmale gegenübergestellt.

---

1 B. Nürk und A. Schrader (1995).

Wichtiger Bestandteil der Reformvorschläge ist die Besteuerung. Dieser Aspekt wird jeweils erst am Ende eines Teilkapitels angesprochen, da zunächst geprüft werden soll, ob die Instrumente einer steuerlichen Förderung würdig erscheinen.

I. Altersvorsorge-Sondervermögen und Altersvorsorge-Sparplan

1. Darstellung

Der BVI hat Altersvorsorge-Sondervermögen[1] als Zielfonds für die Alterssicherung konzipiert.[2] Die Bundesregierung hat den Vorschlag aufgegriffen und das Gesetz über Kapitalanlagegesellschaften im Zuge des Dritten Finanzmarktförderungsgesetzes um Vorschriften für Altersvorsorge-Sondervermögen ergänzt.[3] Altersvorsorge-Sondervermögen können als Publikumsfonds, aber auch als Spezialfonds aufgelegt werden.[4] Sie zeichnen sich dadurch aus, daß das Kapital überwiegend in Substanzwerten angelegt ist. Grundsätzlich unterliegt die Kapitalanlagegesellschaft in Bezug auf diese Sondervermögen den Anlagevorschriften der §§ 8 und 8a - m KAGG für Wertpapier-Sondervermögen.[5] Darüber hinaus gelten folgende Restriktionen:[6]

- Mind. 51 % des Wertes eines Altersvorsorge-Sondervermögens sind in Aktien, Grundstücken, Beteiligungen an Grundstücksgesellschaften und Anteilen an Grundstücks-Sondervermögen investiert.

---

1 Die Bezeichnung Altersvorsorge-Sondervermögen war in der Finanzwirtschaft lange Zeit umstritten. Der BVI plädierte für die Bezeichnung Pensions-Sondervermögen. Insbesondere die Versicherungswirtschaft wandte dagegen ein, der Name wecke bei den Anlegern falsche Erwartungen hinsichtlich der Sicherheit der Anlage. O. Verf. (1996g). Der BVI seinerseits bemühte sich, das Vertrauen der Anleger in das Sondervermögen zu fördern. Das äußerte sich beispielsweise in der vom BVI verwendeten Abkürzung PSV für Pensions-Sondervermögen. Diese Abkürzung ist üblich für den Pensions-Sicherungs-Verein und dürfte deswegen bewußt vom BVI gewählt worden sein, um Sicherheit zu suggerieren. Die Bundesregierung akzeptierte zunächst die Bezeichnung Pensions-Sondervermögen, der Bundesrat hingegen lehnte sie ab und plädierte aus Gründen des Verbraucherschutzes für die Bezeichnung Altersvorsorge-Sondervermögen, der sich letztlich durchgesetzt hat. Bundesrat (1997), Nr. 22; Bundesrat (1998); Deutscher Bundestag (1998).

2 Siehe dazu Bundesverband Deutscher Investment-Gesellschaften e.V. (1996), S. 18f.; M. Laux (1996); Bundesverband Deutscher Investment-Gesellschaften e.V. (1997), S. 29 - 38; M. Laux (1998).

3 §§ 37h - m KAGG.

4 R. Passow (1996); M. Laux (1997b), S. 165f.

5 § 37h KAGG.

6 § 37i KAGG.

- Max. 30% des Wertes eines Altersvorsorge-Sondervermögens sind in Anteilen an Grundstücks-Sondervermögen, Grundstücken und Beteiligungen an Grundstücksgesellschaften angelegt.[1]
- Max. 10% des Wertes eines Altersvorsorge-Sondervermögens befinden sich in stillen Beteiligungen.[2]
- Max. 75% des Wertes eines Altersvorsorge-Sondervermögens bestehen aus Aktien und stillen Beteiligungen.[3]
- Max. 30% des Wertes eines Altersvorsorge-Sondervermögens unterliegen dem Währungsrisiko.[4]
- Derivate sind nur zu Absicherungszwecken zulässig.

Die genannten Restriktionen geben nur den Rahmen vor. Für jedes Altersvorsorge-Sondervermögen müssen die Vertragsbedingungen Angaben über die gewählte Obergrenze für Grundstücke, Beteiligungen an Grundstücksgesellschaften und stille Beteiligungen enthalten.[5] Altersvorsorge-Sondervermögen sind stets als thesaurierende Fonds aufzulegen.[6]

Kapitalanlagegesellschaften, die Altersvorsorge-Sondervermögen auflegen, sind darüber hinaus verpflichtet, Altersvorsorge-Sparpläne anzubieten. Dabei handelt es sich um Einzahlpläne mit einer Laufzeit von mindestens 18 Jahren oder mit einer Laufzeit mindestens bis zur Vollendung des 60. Lebensjahres des Anlegers.[7] Einzahlungen sind mindestens einmal jährlich zu leisten. Ein Altersvorsorge-Sparplan unterliegt einer Kündigungsfrist von drei Monaten zum Ende eines Kalenderviertel-

---

1 Der BVI hat als Obergrenze 20 % vorgeschlagen. Bundesverband Deutscher Investment-Gesellschaften e.V. (1997), S. 30.

2 Die Beurteilung erfolgt im Zeitpunkt des Erwerbs der letzten stillen Beteiligung.

3 Der BVI hat als Obergrenze 80 % vorgeschlagen. Bundesverband Deutscher Investment-Gesellschaften e.V. (1997), S. 30. Da die genaue Höhe der Anlagegrenzen willkürlich gewählt sein dürfte, ist der Grund für die Abweichung fraglich. In der Gesetzesbegründung heißt es, die Anlageobergrenze orientiere sich an der Anlagepolitik ausländischer Pensionsfonds.

4 Der Bundesrat plädiert für eine Grenze von 20 %, da ein Teil der gegenwärtigen Währungsrisiken mit Einführung des Euro entfällt. Bundesrat (1997), Nr. 26.

5 § 37i II KAGG.

6 § 37h II KAGG.

7 § 37m I S. 1 KAGG. Die Fristen entsprechen denen, die das Steuerreformgesetz 1999 für die Begünstigung von Kapitallebensversicherungen vorsah. Unter der Bezeichnung Altersvorsorge-Sparplan dürfen die Kapitalanlagegesellschaften keine Sparpläne kürzerer Laufzeit anbieten.

jahres.[1] Der Sparplaninhaber darf die Anteile jederzeit in Anteile an anderen Sondervermögen derselben Kapitalanlagegesellschaft umtauschen, nach drei Vierteln der vereinbarten Vertragslaufzeit sogar kostenlos.[2] Die Kapitalanlagegesellschaft muß dem Anleger nach Ablauf des Vertrags den Abschluß eines Auszahlplans anbieten.[3]

Nach den Vorstellungen des BVI sollten Kapitalanlagegesellschaften dazu verpflichtet werden, zusammen mit Altersvorsorge-Sparplänen Versicherungsverträge zu vermitteln, wobei die Entscheidung über einen Vertragsabschluß dem Anleger überlassen bleiben sollte.[4] Diese Idee findet im Dritten Finanzmarktförderungsgesetz allerdings keinen Niederschlag.

Im Zuge des Dritten Finanzmarktförderungsgesetzes wurden Altersvorsorge-Sondervermögen und der Altersvorsorge-Sparplan zwar zugelassen, eine steuerliche Förderung erfolgt jedoch nicht. Gleichwohl hatte der BVI für eine steuerliche Förderung plädiert, ohne konkrete Vorschläge zu unterbreiten. Der Bundesrat verweist in seiner Stellungnahme zu dem Gesetzentwurf vielmehr darauf, daß in einem weiteren Schritt über die Einführung betrieblicher Pensionsfonds und damit verbunden über eine steuerliche Förderung nachzudenken sei.[5]

2. Würdigung

Altersvorsorge-Sondervermögen sind im Rahmen der individuellen und der betrieblichen Alterssicherung einsetzbar, da sie als Publikumsfonds, aber auch als Spezialfonds aufgelegt werden können.[6] Die Anlage in diesen Sondervermögen steht grundsätzlich allen Personen offen. Der Altersvorsorge-Sparplan erweitert die Produktpalette im Bereich der individuellen Altersvorsorge.

---

1 Bei Arbeitslosigkeit und völliger Erwerbsunfähigkeit verkürzt sich die Kündigungsfrist auf vier Wochen zum Ende eines Kalendermonats, § 37m KAGG.

2 § 37m II KAGG.

3 § 37m V KAGG.

4 M. Laux (1997a), S. 19; Bundesverband Deutscher Investment-Gesellschaften e.V. (1997), S. 31.

5 Bundesrat (1997), Nr. 30.

6 M. Laux (1997b), S. 165f. Nach Köndgen ist jedoch allein der Arbeitnehmer als Anteilsinhaber von Altersvorsorge-Sondervermögen im Gesetz vorgesehen. J. Köndgen (1997b), S. 287. Anderer Meinung ist W. Blomeyer (1997b); ders. (1997c).

Altersvorsorge-Sondervermögen eignen sich zur betrieblichen Alterssicherung besonders dann, wenn sie zum Abbau der Interessenkonflikte zwischen Arbeitnehmern und Arbeitgebern beitragen. Nach geltendem Betriebsrentenrecht ist jedoch stets der Arbeitgeber der Träger der betrieblichen Alterssicherung. Lediglich die Vermögensverwaltung kann er auf eine Kapitalanlagegesellschaft auslagern. Der Arbeitgeber oder ein von ihm beauftragter Betrieb (Unterstützungskasse, Pensionskasse) wird demnach Inhaber der Anteile an einem Altersvorsorge-Sondervermögen. Geht man davon aus, daß die Kapitalanlagegesellschaft ausschließlich im Interesse der Anteilsinhaber zu handeln hat,[1] hieße das, daß sie die Interessen der Arbeitgeber verfolgen muß. Damit verbliebe das Potential für Interessenkonflikte zwischen den Arbeitnehmern und den Arbeitgebern.

Die Wahl der Kapitalanlagegesellschaft liegt ebenfalls vornehmlich beim Arbeitgeber. Bei Direktzusagen ist den Arbeitnehmern das Mitbestimmungsrecht über die Vermögensanlage und damit auch über die Wahl der Kapitalanalgegesellschaft völlig versagt. Schaltet der Arbeitgeber Unterstützungskassen oder Pensionskassen zwischen, können die Arbeitnehmer entsprechend ihrer Mitbestimmungsrechte über den Betriebsrat Einfluß nehmen.[2]

Altersvorsorge-Sondervermögen kombinieren die Anlageformen Aktien, Grundstücke[3] und stille Beteiligungen in einem Sondervermögen, was nach dem KAGG vor Inkrafttreten des Dritten Finanzmarktförderungsgesetzes nicht zulässig war. Seitdem dürfen jedoch auch gemischte Wertpapier- und Grundstücks-Sondervermögen aufgelegt werden.[4] Ein Vorteil der Altersvorsorge-Sondervermögen gegenüber anderen Sondervermögen ist nicht offensichtlich. Altersvorsorge-Sondervermögen erlauben zwar eine größere Anlagevielfalt in einem Sondervermögen. Es ist jedoch fraglich, ob sich diese Änderung in einem qualitativ verbesserten Angebot niederschlägt. Arbeitgebern bietet sich bisher die Möglichkeit, verschiedene Spezialfonds aufzulegen, um die Anlageformen zu mischen. Anleger in Publikumsfonds können ebenfalls

---

1 § 10 I KAGG.

2 § 87 Nr. 8 BetrVG. Siehe dazu im Detail die Seiten 218f.

3 Hierunter ist neben dem Direkterwerb die Anlage in Anteilen an Grundstücks-Sondervermögen und in Beteiligungen an Grundstücksgesellschaften zu verstehen.

4 Besondere Vorschriften für gemischte Wertpapier- und Grundstücks-Sondervermögen enthält Abschnitt 7 KAGG.

Anteile an verschiedenen Sondervermögen erwerben[1] und das Vorsorgevermögen diversifiziert anlegen.[2] Per Saldo dürfte sich das Angebot an Investmentfonds zwar zahlenmäßig erhöhen, faktisch ist aber keine Verbesserung gegenüber der derzeitigen Situation zu erwarten.

Es bleibt zu bezweifeln, daß Altersvorsorge-Sondervermögen die Altersvorsorge fördern, wenn sie nicht in das Betriebsrentenrecht integriert werden oder eine steuerliche Begünstigung erfahren.[3] Eine neue Form von Sondervermögen mit zusätzlichen Anlagerestriktionen dürfte kaum nötig sein, um die Anleger zu verstärkter privater Alterssicherung zu motivieren.

Die Lebensversicherungsbranche wendet gegen Altersvorsorge-Sondervermögen als Instrument der betrieblichen Alterssicherung ein, daß sie sich nur als Anlagemedium eignen, nicht jedoch den erforderlichen Versicherungsschutz bieten.[4] Dieser Einwand ist geprägt von dem Gedanken, ein Produkt müsse quasi als Paketlösung sämtliche Bedürfnisse der Anleger befriedigen. Betrachtet man hingegen die Alterssicherung über Altersvorsorge-Sondervermögen als eine Komponente der Alterssicherung, die die Anleger ihren individuellen Bedürfnissen entsprechend ergänzen können, ist die Kritik der Lebensversicherungsbranche nicht aufrechtzuerhalten.

Ebenso ist die Forderung des Bundesrates befremdlich, Kapitalanlagegesellschaften müßten garantieren, den Inhabern von Altersvorsorge-Sparplänen mindestens den eingezahlten Betrag am Ende der vereinbarten Vertragslaufzeit auszuzahlen.[5] Eine solche Forderung widerspricht dem Wesen einer risikobehafteten, substanzwertorientierten Anlage. Sie bringt den Wunsch zum Ausdruck, eine vergleichsweise höhere Rendite erzielen zu wollen, ohne auf die herkömmliche Absicherung verzichten zu müssen. Die Bundesregierung weist die Forderung unter Hinweis auf die geringe

---

1 Die Diversifikation wird dadurch erleichtert, daß die Anleger nicht nur ganzzahlige Anteile an den Sondervermögen, sondern auch Bruchteile erwerben können.

2 Kreditinstitute bieten seit langem Sparpläne an, bei denen der eingezahlte Betrag anteilig in Wertpapierfonds und in Immobilienfonds investiert wird.

3 „Die aus den langen Laufzeiten und den Anlagegrenzen resultierende Unflexibilität der Pensions-Sondervermögen im Vergleich zu anderen Investmentfondsprodukten ... stößt inzwischen vereinzelt in der Branche selbst auf Kritik." C. Hermann (1997).

4 O. Verf. (1996h); o. Verf. (1997d).

5 Bundesrat (1997), Nr. 27.

Eigenkapitalausstattung von Kapitalanlagegesellschaften und die Kosten einer derartigen Garantie zurück.[1]

Neu im Zusammenhang mit Altersvorsorge-Sondervermögen ist, daß die Kapitalanlagegesellschaften dazu verpflichtet sind, Ein- und Auszahlpläne anzubieten. Diese Verpflichtung stellt jedoch keine Last dar, sondern ermöglicht sogar, die Kunden zu binden. Seit langem bieten zahlreiche Kapitalanlagegesellschaften und auch ihre Muttergesellschaften solche Sparpläne an.[2] Durch das Angebot von Auszahlplänen wird die Kundenbindung über die Ansparphase hinaus auf die Entsparphase ausgeweitet.

In dieselbe Richtung zielt der Vorschlag des BVI, den Kapitalanlagegesellschaften aufzuerlegen, im Zusammenhang mit Altersvorsorge-Sparplänen Versicherungsverträge anbieten zu müssen. Die Kapitalanlagegesellschaften könnten dadurch ein Fundament für Folgegeschäfte legen, das sich mit dem Hinweis auf die gesetzliche Verpflichtung begründen ließe.[3] Es sollte den Kapitalanlagegesellschaften überlassen bleiben, Sparpläne und Versicherungsverträge anzubieten. Das Bedürfnis der Anleger wird für die Anbieter von Altersvorsorge-Sondervermögen Antrieb genug sein, Folgegeschäfte zu akquirieren. Einer gesetzlichen Rechtfertigung bedarf es nicht.

Besondere Möglichkeiten, Anteile an Altersvorsorge-Sondervermögen zu übertragen oder zu tauschen, werden nur in Verbindung mit Altersvorsorge-Sparplänen angesprochen. Die Kapitalanlagegesellschaften sind verpflichtet, Anteile an Altersvorsorge-Sondervermögen nach drei Vierteln der vereinbarten Laufzeit des Altersvorsorge-Sparplans kostenlos in andere Fondsanteile derselben Kapitalanlagegesellschaft zu tauschen.[4] Es erscheint hinreichend und dem Anlegerschutz dienlicher, dem

---

1 Bundesregierung (1997b), zu Nr. 27.

2 Beispielsweise bietet die Deutsche Bank Gruppe über die DWS das Produkt „DWS Investmentrente" an. Die Anlage des Vorsorgevermögens erfolgt in Aktienfonds; die Anteile werden wenige Jahre vor Vertragsende in Rentenfonds getauscht. Die Dresdner Bank Gruppe bietet über den DIT einen Rentensparplan an, bei dem die Vorsorgebeträge anteilig in Aktien- und Immobilienfonds fließen.

3 Dieser Aspekt ist besonders interessant vor dem Hintergrund, daß sich die einzelnen Finanzdienstleistungsunternehmen zunehmend zu Allfinanzkonzernen entwickeln.

4 Ziel dieser Maßnahme ist es, dem Bedürfnis vieler Anleger nachzukommen, das Risiko der Anlage kurz vor Auszahlung oder Eintritt in den Ruhestand reduzieren zu können. Ein derartiges Anlageverhalten haben beispielsweise Z. Bodie und D. B. Crane (1997) für Amerika nachgewiesen.

Anleger die Kosten der Fondsanlage und der Umschichtung vor Vertragsabschluß transparent zu machen und die Gebührenhöhe dem Wettbewerb zu überlassen. Voraussetzung für einen intensiven Wettbewerb ist aber, daß der Anleger nicht nur zwischen verschiedenen Sondervermögen derselben Kapitalanlagegesellschaft, sondern zwischen den Sondervermögen mehrerer Kapitalanlagegesellschaften wählen darf und zwar für bereits angespartes Kapital ebenso wie für Neuanlagen.

Der Anleger kann Anteile an Altersvorsorge-Sondervermögen kontinuierlich über Altersvorsorge-Sparpläne erwerben, aber auch einmalig wie alle anderen Investmentfonds. Im zweiten Fall darf er die Anteile jederzeit an die Kapitalanlagegesellschaft zurückgeben.[1] Gebührenobergrenzen und Kündigungsfristen sind hierfür gesetzlich nicht geregelt. Weisen Altersvorsorge-Sondervermögen keine günstigere oder transparentere Gebührenstruktur oder sonstige Vorteile gegenüber anderen Sondervermögen auf,[2] erscheint eine Kündigungsfrist von drei Monaten und eine Mindestlaufzeit von 18 Jahren für den Altersvorsorge-Sparplan unangemessen.[3] Der Anleger würde mit Abschluß eines Altersvorsorge-Sparplans in seiner Wahlfreiheit eingeschränkt. Er wäre besser gestellt, ohne vertragliche Bindung regelmäßig Altersvorsorge-Sondervermögen zu erwerben, da er bei jeder Neuanlage frei über die Kapitalanlagegesellschaft und das Sondervermögen entscheiden könnte. Eine Mindestvertragsdauer ist erst zu rechtfertigen, wenn der Gesetzgeber Altersvorsorge-Sparpläne steuerlich fördert.

Im Lichte der Mindestanforderungen an eine steuerlich förderungswürdige Form der privaten Alterssicherung ist positiv anzumerken, daß ein Anleger einen Altersvorsorge-Sparplan überhaupt kündigen und die bis dahin erworbenen Anteile an Altersvorsorge-Sondervermögen an die Kapitalanlagegesellschaft zurückgeben darf. Er kann dann bei einem anderen Finanzdienstleister einen neuen Altersvorsorge-Sparplan abschließen. Auch ist es möglich, daß der Anleger bei mehreren Instituten gleichzeitig einen derartigen Sparplan unterhält.

---

1 § 11 II KAGG. Einzelheiten und Ausnahmen sind in den Vertragsbedingungen zu regeln.

2 Der Vorteil sollte nicht allein in einer steuerlichen Förderung liegen. Das Steuerrecht trüge dann zu einer Verzerrung des Wettbewerbs bei.

3 Der Diskussionsentwurf zum Dritten Finanzmarktförderungsgesetz sah sogar vor, daß Altersvorsorge-Sparpläne über die gesamte Laufzeit praktisch unkündbar sein sollten. Der Anleger wäre an die einmal gewählte Kapitalanlagegesellschaft über die gesamte Vertragslaufzeit gebunden. J. Köndgen (1997b), S. 287.

Kapitalanlagegesellschaften unterliegen im Zusammenhang mit Altersvorsorge-Sondervermögen keinen Informationspflichten, die über die im KAGG verankerten hinausgehen. Da das KAGG nur den Rahmen für die Anlage der Fondsmittel vorgibt, muß sich der Anleger über die genaue Zusammensetzung eines Sondervermögens weiterhin gesondert informieren.[1] Die Kennzeichnung des neuen Produkts mit dem Namen Altersvorsorge-Sondervermögen allein wird den Informationsbedarf kaum senken und die Informationsbeschaffung nicht erleichtern.

Der Anteilsinhaber erfährt über seinen Depotauszug mindestens einmal jährlich den Marktwert seines Alterssicherungsvermögens. Nutzt ein Arbeitgeber oder ein von ihm beauftragter Betrieb Altersvorsorge-Sondervermögen im Rahmen der betrieblichen Alterssicherung, wäre zusätzlich zu regeln, in welchem Umfang Informationen an die Arbeitnehmer und andere Interessenten, z.B. die Mitglieder des PSV, weiterzugeben sind.[2]

Im wesentlichen ist an Altersvorsorge-Sondervermögen zu kritisieren, daß die Probleme der privaten Alterssicherung nicht an der Wurzel angegangen werden: Reformen im Betriebsrentenrecht sind Voraussetzung für eine effizientere Form der betrieblichen Alterssicherung. Neuerungen denkt der BVI in dem Bereich zwar an, konkretisiert sie aber nicht. An den bestehenden Durchführungswegen der betrieblichen Altersversorgung hält der BVI fest und bietet mit Altersvorsorge-Sondervermögen lediglich ein weiteres Instrument der Vermögensanlage. Damit erhöht sich zwar zahlenmäßig das Angebot an Vorsorgeprodukten. Jedoch stellen Altersvorsorge-Sondervermögen kein inhaltlich neues Produkt dar. Mit bereits am Markt verfügbaren Finanzprodukten kann der Anleger jederzeit dieselbe Position aufbauen.[3] Es scheint,

1 Die Vertragsbedingungen enthalten Angaben dazu, in welcher Weise und zu welchen Stichtagen der Rechenschaftsbericht und der Halbjahresbericht über Zusammensetzung und Entwicklung des Sondervermögens informieren, § 15 III h) KAGG. Mindestanforderungen an die Berichte sind in § 24a I und II KAGG formuliert.

2 Eine Informationsweitergabe ist insbesondere bei Pensionskassen und Direktversicherungen relevant, da der Marktwert des Alterssicherungsvermögens die Höhe der Auszahlungen an den Arbeitnehmer beeinflußt.

3 Auch Vertreter der Investmentbranche räumen indirekt ein, daß Altersvorsorge-Sondervermögen und Altersvorsorge-Sparpläne derzeit bereits unter anderem Namen angeboten werden und somit keine bahnbrechende Neuerung darstellen. So antwortet Strenger auf die Frage, ob die DWS Investmentrente durch die Einführung von Altersvorsorge-Sondervermögen nicht obsolet würde, daß die Frage nach der privaten Altersvorsorge ein so drängendes Problem sei, daß mit einem bedarfsgerechten neuen Produkt nicht auf den Gesetzgeber gewartet werden

als seien Altersvorsorge-Sondervermögen nach heutigem Recht lediglich ein Marketinginstrument der Investmentbranche. Auch Altersvorsorge-Sparpläne unterscheiden sich inhaltlich nicht von den bekannten Produkten. Erst eine steuerliche Förderung würde aus Sicht der Anleger den Altersvorsorge-Sparplänen zu erhöhter Attraktivität verhelfen.

II. Privater Aktiensparplan

1. Darstellung

Seit Mitte 1995 plädiert das Deutsche Aktieninstitut e.V. (DAI) dafür, den privaten Aktiensparplan (PAS) einzuführen.[1] Inhaber kann jede einkommensteuerpflichtige natürliche Person sein. Die Verwaltung obliegt einem Kreditinstitut oder einer anderen Wertpapiersammelstelle. Als Anlageinstrumente kommen Aktien und Anteile an Aktienfonds in Betracht, die der Anleger selbst auswählt. Der Anleger darf nach 12 Jahren über die erworbenen Titel verfügen.[2] Umschichtungen innerhalb des Depots sind jederzeit zulässig. In besonderen Situationen, z.B. bei Erwerbsunfähigkeit, sind darüber hinaus vorzeitige Verfügungen möglich. Ein fester Anteil der Einzahlungen (z.B. 20% von bis zu 2.400 DM) soll direkt die Einkommensteuerschuld des Anlegers mindern. Erträge aus dem Vermögen werden steuerfrei thesauriert.[3]

---

sollte. C. Strenger (1996). Diese Kritik äußern auch die Lebensversicherungsunternehmen. O. Verf. (1997d).

1 Deutsches Aktieninstitut e.V. (1995). Eine Sammlung von Artikeln zum privaten Aktiensparplan hat das DAI herausgegeben in Deutsches Aktieninstitut e.V. (1996). Für einen steuerbegünstigten Aktiensparplan setzt sich das DAI allerdings schon seit längerer Zeit ein, so z.B. U. Fritsch (1991), S. 18f.

2 R. von Rosen (1996a), S. 2. Die Vertragslaufzeit soll der Mindestlaufzeit von steuerlich geförderten Lebensversicherungsverträgen entsprechen, um in dieser Hinsicht gleiche Voraussetzungen für eine steuerliche Förderung zu erfüllen. Wenn sich die Mindestlaufzeit für Lebensversicherungsverträge ändert, dürfte entsprechend die Vertragslaufzeit des Aktiensparplans anzupassen sein. Nach dem Vorschlag für das Steuerreformgesetz 1999 müßte sich die Vertragslaufzeit auf 18 Jahre erhöhen.

3 R. von Rosen (1995b); ders. (1996b).

2. Würdigung

Der private Aktiensparplan ist als Instrument der individuellen Altersvorsorge konzipiert. Der Anleger ist vom Wohlwollen seines Arbeitgebers unabhängig, da er den privaten Aktiensparplan selbst abschließt. Die Einzahlungen werden seinem individuellen Konto gutgeschrieben. Ebenso ist zu begrüßen, daß der private Aktiensparplan allen einkommensteuerpflichtigen Personen offensteht und sich nicht nur an Arbeitnehmer wendet. Die Attraktivität einer privaten Altersvorsorge wird damit in breiten Schichten der Bevölkerung gefördert. Über den Vorschlag des DAI hinaus ist grundsätzlich auch denkbar, daß ein Arbeitgeber die Einzahlungen für einen Arbeitnehmer vornimmt.

Der private Aktiensparplan bietet dem Anleger eine große Vielfalt von Anlagemöglichkeiten: Der Anleger kann seinen Risikopräferenzen entsprechend direkt in Aktien oder in Aktienfonds investieren. Die Eingrenzung auf diese zwei Anlageformen dürfte unbedenklich sein, da der private Aktiensparplan nur eine Komponente der privaten Alterssicherung bildet. Weitere Anlageformen oder Versicherungsschutz kann der Anleger über andere Institute oder Verträge erwerben.

Besondere Bedeutung kommt wiederum möglichen Interessenkonflikten zwischen den Vertragsparteien zu. Der Anleger wählt den Dienstleister selbst aus, bei dem er den privaten Aktiensparplan abschließt. Interessenkollisionen zwischen Arbeitgeber und Arbeitnehmer sind somit ausgeschlossen. Die Interessen der Anleger und der Anbieter von Aktiensparplänen können aber voneinander abweichen. Deswegen ist es wichtig, daß der Anleger den Dienstleister wechseln darf, d.h. seinen Depotbestand übertragen und künftige Anlageentscheidungen über einen anderen Dienstleister ausführen lassen kann. Der Vorschlag des DAI sieht diese Möglichkeit zumindest während der Sperrfrist des Depots nicht ausdrücklich vor. Es ist dem Anleger lediglich erlaubt, die Anlagen innerhalb eines privaten Aktiensparplans umzuschichten. Das kann jedoch gerade bei der Anlage in Aktienfonds Probleme mit sich bringen, da viele Kreditinstitute aktiv nur die Fonds eigener oder ihnen nahestehender Tochtergesellschaften anbieten. Der Anleger wäre über die gesamte Sperrfrist an das Management dieser Tochtergesellschaften gebunden. Um so wichtiger ist es, daß ein Anleger bei verschiedenen Anbietern einen privaten Aktiensparplan unterhalten darf. Wünschenswert wären auch unabhängige Anbieter von Aktiensparplänen, die den Anleger über die Fonds sämtlicher oder zumindest mehrerer Kapitalanlagegesellschaften informieren. Da das KAGG dem Anleger in Publikumsfonds[1] keine Möglichkeiten zur Kontrolle der Kapitalanlagegesellschaft zugesteht, ist es unbedingt notwendig, daß der Anleger seine Fondsanteile veräußern[2] und den Liquidationserlös anders investieren darf.

Besondere Anlegerschutzvorschriften gibt es in Zusammenhang mit dem privaten Aktiensparplan nicht. Da alle Anbieter von Aktiensparplänen dem WpHG unterliegen dürften, ist jedoch eine gewisse Schutzfunktion in der Beratung zu sehen.[3] Der jährliche Depotauszug informiert den Anleger regelmäßig über die Zusammensetzung und den Marktwert seines Portfolios.

Der private Aktiensparplan bietet somit große Flexibilität in der Wahl des Finanzdienstleisters und der Anlage, erfordert aber auch Eigeninitiative des Anlegers bei seiner Alterssicherung. Ohne steuerliche Förderung bietet jedoch auch der private Aktiensparplan keinen Anreiz zu einer umfangreicheren privaten Alterssicherung.

---

1 Im Rahmen des privaten Aktiensparplans können die Anleger keine Anteile an Spezialfonds erwerben, da das nach § 1 II KAGG nicht natürlichen Personen vorbehalten ist.

2 Köndgen weist darauf hin, daß das Recht auf jederzeitige Anteilsrückgabe einen funktionierenden Sekundärmarkt nicht wirklich ersetzt. J. Köndgen (1997b), S. 287.

3 Zu den allgemeinen und den besonderen Verhaltensregeln siehe §§ 31 bzw. 32 WpHG.

III. Betriebsrentenfonds und Pensionsfonds-Unterstützungskasse

1. Darstellung

Der Vorschlag eines Betriebsrentenfonds durch Bode und Grabner[1] zielt in die gleiche Richtung wie Kolvenbachs[2] Vorschlag einer Pensionsfonds-Unterstützungskasse.[3] Die Initiatoren wollen an den bestehenden rechtlichen Rahmenbedingungen weitgehend festhalten[4] und die Unterstützungskasse fortentwickeln.

Ein Arbeitgeber kann einen Betriebsrentenfonds wie eine Unterstützungskasse allein oder mit mehreren Arbeitgebern gemeinsam betreiben. Anders als die bisherige Unterstützungskasse stellt der Betriebsrentenfonds ein rechtlich selbständiges Sondervermögen dar, dessen Verwaltung ein unabhängiger Treuhänder übernimmt.[5] Die Anlage des Sondervermögens unterliegt den Vorschriften des KAGG. Grundsätzlich entrichtet der Arbeitgeber die Beiträge an den Betriebsrentenfonds, Beiträge der Arbeitnehmer sind möglich. Die Verpflichtung des Arbeitgebers erlischt in dem Moment, in dem er die Beiträge an den Betriebsrentenfonds abführt. Anders als bei der herkömmlichen Unterstützungskasse unterliegt er keiner Nachschußpflicht, profitiert aber auch nicht von Vermögenszuwächsen. Der Betriebsrentenfonds sagt dem Arbeitnehmer eine „Mindestleistung" in Form einer Rente zu, die sich aus den

---

1 K.-J. Bode und E. R. Grabner (1997).

2 P. Kolvenbach (1997a); ders. (1997b). Der Vorschlag resultiert aus Diskussionen des Fachausschusses Volks- und Betriebswirtschaft der Arbeitsgemeinschaft für betriebliche Altersversorgung e.V.

3 Nachfolgend wird die Konstruktion des Betriebsrentenfonds dargestellt. Auf bedeutende Abweichungen der Pensionsfonds-Unterstützungskasse wird im Einzelfall hingewiesen.

4 Bode und Grabner sprechen sich dafür aus, die arbeits- und steuerrechtlichen Rahmenbedingungen „nur im absolut notwendigen Mindestumfang" zu modifizieren, um „den Fortbestand der jahrzehntelang bewährten Durchführungswege der betrieblichen Altersversorgung" nicht zu gefährden. K.-J. Bode und E. R. Grabner (1997), S. 932.

5 Bode und Grabner ziehen auch in Betracht, daß die Kassenorgane die Vermögensverwaltung übernehmen und durch einen Treuhänder überwacht werden. Sie äußern sich aber nicht dazu, wer als Treuhänder geeignet erscheint und wer den Treuhänder bestimmt.

Kolvenbach geht auf diesen Aspekt ein. Für ihn ist denkbar, daß sich die Treuhänder paritätisch aus Arbeitnehmer- und Arbeitgebervertretern zusammensetzen. P. Kolvenbach (1997b), S. 212. An anderer Stelle schließt er Arbeitnehmervertreter als Treuhänder jedoch aus. Er begründet das damit, daß es Arbeitnehmervertretern in der Regel an Vermögen fehlen dürfte, um sie bei Verstoß gegen ihre Treuhandobliegenheiten persönlich haftbar zu machen. Unter dem Aspekt der Mitbestimmung gibt er ferner zu bedenken, daß die Arbeitnehmer im Fall von Vorsorgezusagen fordern könnten, bei der Kapitalanlage mitzubestimmen.

Beiträgen und den Erträgen errechnet. Vermögensüberschüsse werden an die Arbeitnehmer weitergeleitet, Vermögensverluste führen zu Leistungskürzungen.[1] Der Betriebsrentenfonds sichert zwangsweise auch die biometrischen Risiken ab. Der Arbeitgeber erteilt eine Vorsorgezusage, die der Betriebsrentenfonds in eine Versorgungszusage - mit eingeschränkter Garantie - umwandelt.[2] Der Betriebsrentenfonds stellt jedoch selbst kein Transformationspotential zur Verfügung, dazu dienen die Beiträge aller Mitglieder.

Neben dem Treuhänder ist ein Aktuar zu bestellen, der prüft, ob das Kassenvermögen die nach versicherungsmathematischen Grundsätzen ermittelten Leistungsverpflichtungen des Betriebsrentenfonds deckt.

Bode und Grabner sprechen sich dafür aus, daß die Versorgungsansprüche des Arbeitnehmers gegen den Betriebsrentenfonds von Anfang an unverfallbar sein sollen.[3] Unklar bleibt die genaue Höhe der Ansprüche bei Wechsel des Arbeitgebers,[4] wenn die Einzahlungen kollektiv verbucht werden.[5]

---

1 Sind Leistungskürzungen möglich, ist der Begriff "Mindestleistungen" für die vertraglich zugesagten Leistungen des Betriebsrentenfonds irreführend. Mindestleistungen definieren lediglich das Niveau, ab wann Zuführungen zu oder Entnahmen aus den Rücklagen vorzunehmen sind. Reichen die Rücklagen nicht aus, um Unterdeckungen der Versorgungszusagen zu decken, kommt es zu Leistungskürzungen.

2 Nach Bode und Grabner soll der Arbeitnehmer nur einen bedingten Leistungsanspruch erhalten, der aber aufgrund der Fachaufsicht durch einen Aktuar und den Treuhänder als Rechtsanspruch sui generis zu werten sei. Diese Umwege werden erforderlich, da Bode und Grabner sich im geltenden Rechtsrahmen bewegen wollen. Erhalten die Arbeitnehmer einen Rechtsanspruch, wäre der Betriebsrentenfonds als Pensionskasse mit den daraus resultierenden aufsichts- und steuerrechtlichen Konsequenzen zu qualifizieren.

3 Kolvenbach ist hier anderer Meinung. Er sieht keinen zwingenden Grund dafür, die Unverfallbarkeitsfristen zu verkürzen, wenn der Arbeitgeber eine Vorsorgezusage statt einer Versorgungszusage erteilt. P. Kolvenbach (1997b), S. 212.

4 Bode und Grabner fordern, daß der Arbeitnehmer die Rentenanwartschaft behält, die er bis zu dem Zeitpunkt, in dem sein Arbeitsverhältnis endet, mit Rechtsanspruch erworben hat. Künftige Vermögensüberschüsse sind dem Arbeitnehmer anteilig zuzurechnen. Alternativ kann der Arbeitnehmer das angesparte Vorsorgevermögen inklusive der Erträge an ein neues Alterssicherungsinstitut transferieren. Dabei bleibt aber außer acht, daß der Arbeitnehmer den erreichten Versicherungsschutz, beispielsweise bei Berufsunfähigkeit, verlieren und damit gewissermaßen verschenken würde.

5 Kolvenbach spricht sich dafür aus, die Vorsorgebeträge individuell zu verbuchen. P. Kolvenbach (1997b), S. 212. Er geht jedoch nicht darauf ein, wie die eingezahlten Beträge beispielsweise auf Risikoabsicherung, Sparanteil und Verwaltungskosten aufzuteilen sind und wie eine Mindestverzinsung auf individuell verbuchte Einlagen garantiert werden kann, ohne daß ein Dritter dafür einsteht.

Eine Absicherung der Versorgungsansprüche der Arbeitnehmer gegen die Insolvenz des Arbeitgebers ist nicht erforderlich, da sie sich direkt gegen den Betriebsrentenfonds richten. Während Bode und Grabner die Versorgungsansprüche durch die versicherungsmathematisch fundierte Kapitaldeckung als hinreichend abgesichert ansehen, fordert Kolvenbach die insolvenzrechtlichen Rahmenbedingungen neu zu überdenken.

Der Betriebsrentenfonds ist in vielen Aspekten näher an die Pensionskasse als an die Unterstützungskasse angelehnt. Er weist aus Sicht der Arbeitgeber weder den Nachteil der Unterstützungskasse - vor allem die niedrige Dotation - noch den Nachteil der Pensionskasse - die Einschränkungen durch das VAG - auf. Steuerrechtlich gilt für Bode und Grabner demzufolge die Pensionskasse als Leitbild.[1] Kolvenbach hingegen fordert für seine Pensionsfonds-Unterstützungskasse das Prinzip der nachgelagerten Besteuerung, wie sie für Unterstützungskassen gilt.[2]

2. Würdigung

Der Betriebsrentenfonds ist ein Instrument der betrieblichen Alterssicherung. Er läßt sich aber ebenso als Instrument der individuellen Alterssicherung ansehen, da die Arbeitnehmer auch selbst Beiträge leisten dürfen. Zugangsvoraussetzung ist ein Arbeitsverhältnis mit dem Arbeitgeber, der den Betriebsrentenfonds betreibt.

Aus den Vorschlägen ist nicht zu entnehmen, ob der Arbeitnehmer wählen darf, seine betriebliche Alterssicherung über den Betriebsrentenfonds seines Arbeitgebers oder über ein anderes Alterssicherungsinstitut vorzunehmen. Da dem Arbeitnehmer bei Versorgungszusagen über Unterstützungs- und Pensionskassen diese Möglichkeit versagt ist, kann man davon ausgehen, daß der Arbeitnehmer auch hier zur Mitgliedschaft im Betriebsrentenfonds gezwungen ist. Der Betriebsrentenfonds stünde somit nicht im Wettbewerb mit anderen Anbietern von Alterssicherungsinstrumenten.

---

1 K.-J. Bode und E. R. Grabner (1997), S. 934. Zur steuerlichen Behandlung der Pensionskasse siehe die Seiten 35 - 39 im ersten Teil der Arbeit. Sollte sich für Pensionskassen und Direktversicherungen die nachgelagerte Besteuerung durchsetzen, fordern die Autoren, sie gleichermaßen für den Betriebsrentenfonds anzuwenden.

2 P. Kolvenbach (1997b), S. 211.

Der Betriebsrentenfonds übernimmt zwingend die biometrischen Risiken und die Verwaltung des Alterssicherungsvermögens. Dem einzelnen Arbeitnehmer steht es somit nicht zu, über die Anlage seines Alterssicherungsvermögens zu entscheiden. Im Ergebnis finden seine individuellen Bedürfnisse keine Berücksichtigung, seine Risikopräferenzen bleiben außer acht. Es wird unterstellt, daß eine von vornherein in Aussicht gestellte, regelmäßig zu zahlende „Mindestleistung" im Interesse der Arbeitnehmer liegt. Ungeklärt ist, inwieweit die Arbeitnehmer im Kollektiv bei der Vermögensanlage des Betriebsrentenfonds mitbestimmen dürfen.

Kolvenbach hingegen berücksichtigt in seinem Vorschlag der Pensionsfonds-Unterstützungskasse die Möglichkeit, individuelle Vorsorgekonten zu führen. Der Arbeitnehmer könnte in diesem Fall die Anlage des Vorsorgevermögens selbst bestimmen. Kolvenbach warnt in dem Zusammenhang jedoch vor dem erheblichen administrativen Aufwand und vor haftungsrechtlichen Gefahren.[1] Seine Ausführungen erwecken den Eindruck, als hielte er den Arbeitnehmer für unmündig, über die Form seiner Alterssicherung selbst zu entscheiden.[2]

Der Betriebsrentenfonds sagt dem Arbeitnehmer eine Mindestleistung zu, die steigt, wenn das Anlageergebnis höher ausfällt, als in der Zusage angenommen. Dem Anleger wird suggeriert, er brauche sich um nichts zu kümmern. Gleichwohl kann die in Aussicht gestellte Mindestleistung auch niedriger ausfallen. Somit ist eine Kontrolle der Pensionsfonds-Unterstützungskasse durch die Anleger geboten, da sie letztlich das Marktrisiko tragen.[3] Dazu benötigen die Anleger oder deren Interessenvertreter regelmäßig Informationen, beispielsweise über die Anlage des Alterssicherungs-

---

1 P. Kolvenbach (1997b), S. 214.

2 „Über einen Versorgungsbeitrag des Arbeitgebers wird sich der begünstigte Arbeitnehmer hoffentlich freuen, aber kaufen - um es einmal flapsig auszudrücken - kann er sich dafür (zunächst) nicht viel. Er weiß ja gar nicht, welche Leistung aus diesem Beitrag möglicherweise einmal herauskommen kann." Ebda. Zum einen klingt in den Sätzen an, es handele sich bei Alterssicherungsleistungen des Arbeitgebers um Almosen statt um eine Entgeltkomponente für die Arbeit des Arbeitnehmers. Zum anderen scheint Kolvenbach die Meinung zu vertreten, den Arbeitnehmer interessiere die Höhe künftiger Leistungen mehr als die Höhe aktueller Leistungen. Dabei vernachlässigt er, daß der Nominalbetrag künftiger Leistungen wenig aussagekräftig ist.

3 Eine intensive Kontrolle durch den Arbeitgeber ist kaum zu erwarten, da er an dem Anlageerfolg nicht direkt beteiligt ist, ihm andererseits jedoch Kosten entstünden. Indirekt könnte der Arbeitgeber jedoch bei guter Wertentwicklung des Alterssicherungsvermögens von einer größeren Zufriedenheit und damit verbunden von der höheren Motivation der Mitarbeiter profitieren.

vermögens, seinen Marktwert, das Anlageergebnis und die Verbindlichkeiten des Betriebsrentenfonds.[1] Angaben hierzu enthalten die Vorschläge nicht.

Ein Arbeitnehmer darf einen Betriebsrentenfonds weder in der Ansparphase noch in der Entsparphase wechseln. Der Betriebsrentenfonds steht damit nie im Wettbewerb zu anderen Finanzdienstleistern. Er muß nicht befürchten, daß die Anleger ihr Vermögen abziehen, weil sie mit dem Anlageerfolg unzufrieden sind. Angedacht ist lediglich bei der Pensionsfonds-Unterstützungskasse, daß dem Arbeitnehmer mehrere Fonds zur Auswahl stehen sollen. Der Übertrag angesparten Vermögens und künftiger Einzahlungen auf einen anderen Fonds ist dann möglich, indem der Arbeitnehmer Fondsanteile an die Pensionsfonds-Unterstützungskasse zurückgibt und das Vermögen neu anlegt. Dadurch würde zumindest ein innerbetrieblicher Wettbewerb zwischen den Fonds einer Pensionsfonds-Unterstützungskasse geschaffen, sofern die Transaktionskosten dem nicht entgegenstehen.

Da eine marktliche Kontrolle des Betriebsrentenfonds fehlt, muß seine Kontrolle institutionell abgesichert sein. Allein die Tatsache, daß der Betriebsrentenfonds rechtlich selbständig ist, dürfte seine Unabhängigkeit vom Arbeitgeber noch nicht gewährleisten. Auch wenn die Vermögensverwaltung durch einen Treuhänder erfolgt, gilt es zu überwachen, ob er im Interesse der Arbeitnehmer handelt. Inwieweit sich Interessenkonflikte beseitigen lassen, dürfte wesentlich davon abhängen, wer den Treuhänder bestimmt und kontrolliert,[2] welche Aufgaben und Befugnisse der Treuhänder und der Kontrolleur erhalten und welche Konsequenzen dem Treuhänder drohen, wenn er seinen Pflichten nicht nachkommt. Keiner der beiden Vorschläge enthält hierzu Angaben, so daß das Instrumentarium der Kontrolle derzeit noch unzureichend geklärt ist.

Kern der Vorschläge ist, daß der Arbeitgeber seine Verbindlichkeiten erfüllt, indem er Beiträge an den Betriebsrentenfonds leistet, ein Dienstleister in Form einer Unterstützungskasse die Marktrisiken und die biometrischen Risiken steuert und dem Arbeitnehmer eine bestimmte Rente in Aussicht stellt. Die Risiken werden im

---

1 Sofern die Einzahlungen individuell verbucht werden, entfällt der Informationsbedarf bei den Verbindlichkeiten.

2 Auf dieses Problem weist auch die amerikanische Literatur hin. J. P. Hawley (1995), S. 428; R. A. Monks und N. Minow (1995), S. 133; J. P. Hawley und A.T. Williams (1996), S. 93f.

Endeffekt auf den Arbeitnehmer übertragen, ohne daß ihm dies vollständig bewußt sein dürfte.

IV. Betriebs-Pensions-Fonds

1. Darstellung

Der Bundesverband deutscher Banken schlägt vor, zusätzlich zu Altersvorsorge-Sondervermögen Betriebs-Pensions-Fonds ins KAGG aufzunehmen.[1] Ein Betriebs-Pensions-Fonds stellt ein Sondervermögen dar, das Kapitalanlagegesellschaften aufgrund eines Vertrags mit einem oder mehreren Arbeitgebern (Grundvertrag) mit dem Ziel der betrieblichen Alterssicherung nach § 1 BetrAVG verwalten. Der Grundvertrag ist Teil der Alterssicherungszusage an den Arbeitnehmer.[2] Sie spiegelt die Betriebsvereinbarung zwischen Arbeitnehmern und Arbeitgeber wider. Einen Betriebs-Pensions-Fonds kann ein Arbeitgeber im Rahmen von Versorgungszusagen, aber auch im Rahmen von Vorsorgezusagen errichten.

Das Fondsvermögen darf in sämtliche Investmentfondsanteile investiert werden. Die Anlagemöglichkeiten gehen also über die für Altersvorsorge-Sondervermögen hinaus. Das Fondsvermögen unterliegt jedoch auch zwei Anlageobergrenzen:[3]

- Max. 30% des Wertes eines Betriebs-Pensions-Fonds dürfen in Grundstücke und Anteile an Grundstücks-Sondervermögen investiert sein.[4]
- Max. 10% des Wertes eines Betriebs-Pensions-Fonds dürfen in stillen Beteiligungen gebunden sein.[5]

Ein Anlageschwerpunkt ist für Betriebs-Pensions-Fonds nicht vorgegeben. Die Erträge des Sondervermögens werden stets thesauriert.

Der Grundvertrag enthält u.a. Angaben[6] über

---

1 Bundesverband deutscher Banken (1997a); M. Weber (1998).

2 § 37p I Nr. 2 KAGG v.F.

3 Daneben gelten die Anlagevorschriften der §§ 8 und 8a - m KAGG.

4 § 37n IV KAGG v.F.

5 § 37n V KAGG v.F.

- die Anlageziele des Betriebs-Pensions-Fonds sowie die Voraussetzungen für deren Änderung,
- die Zahl der aufzulegenden Betriebs-Pensions-Fonds, die Wahlrechte der Arbeitnehmer und die Bedingungen für einen Wechsel zwischen Betriebs-Pensions-Fonds,
- die Behandlung der Anteile eines Arbeitnehmers bei Wechsel des Arbeitgebers, Invalidität und Tod,
- die Höhe der Einzahlungen des Arbeitgebers bei Vorsorgezusagen,
- das Verfahren zur Berechnung der Höhe der Einlagen bei Versorgungszusagen,
- an Dritte zu zahlende Vergütungen oder die Maßstäbe für deren Berechnung,
- abzuschließende Versicherungen bei Versorgungszusagen,
- das Recht eines Arbeitgebers, das Sondervermögen auf eine andere Kapitalanlagegesellschaft zu übertragen oder eine andere Depotbank zu wählen,
- die Bedingungen für die Auswahl des Treuhänders und des Aktuars.

Im Rahmen von Versorgungszusagen stellt der Betriebs-Pensions-Fonds eine besondere Form des Asset funding dar. Das Alterssicherungsvermögen wird aus dem Vermögen des Arbeitgebers in ein Sondervermögen ausgegliedert.[1] Im Falle eines Konkurses des Arbeitgebers zählt das Sondervermögen nicht zu der Konkursmasse. Die Kosten für die Sicherung der Versorgungsansprüche durch den PSV sinken somit, da der PSV nur für Unterdeckungen einzustehen hat.[2] Die Rechte der Arbeitnehmer als Gläubiger nimmt ein Treuhänder im eigenen Namen wahr; auf seinen Namen lautet auch das Depot. Als Treuhänder kommen Kreditinstitute, Versicherungen oder Finanzdienstleister in Betracht.

Tritt für einen Arbeitnehmer der Versorgungsfall ein, sind alle ihm zuzurechnenden Fondsanteile an die Kapitalanlagegesellschaft zurückzugeben und über eine Versicherungsgesellschaft in eine Rente umzuwandeln.[3] Reicht das angesammelte Vermögen für die zugesagte Rente nicht aus, haftet der Arbeitgeber. Die Absicherung der biometrischen Risiken hat über eine Versicherungsgesellschaft zu erfolgen, die die

---

6 § 37p II KAGG v.F.

1 Unterdeckungen der Versorgungsverbindlichkeiten hat der Arbeitgeber auszugleichen, § 37v II KAGG v.F. Andererseits profitiert er auch von einer Überdeckung. Im Detail siehe hierzu Bundesverband deutscher Banken (1997b), S. 20f.

2 Ebda., S. 20.

3 Bundesverband deutscher Banken (1997b), S. 19.

Kapitalanlagegesellschaft vermittelt. Sie selbst darf keine Versicherungsleistungen anbieten.

Im Rahmen von Vorsorgezusagen stellt ein Betriebs-Pensions-Fonds das Anlagemedium dar, in das der Arbeitgeber seine zugesagten Beträge einbringt. Auch hier verwahrt ein Treuhänder die den Arbeitnehmern zustehenden Anteile. Das Depot lautet aber auf den Namen des Arbeitnehmers; die Einlagen werden individuell verbucht. Im Alterssicherungsfall sind wiederum alle Anteile zurückzugeben. Die Form der Auszahlung regelt der Grundvertrag. Denkbar sind neben der Verrentung über eine Versicherungsgesellschaft die Auszahlung in einer Summe oder in Raten.[1] Neben den Änderungen des KAGG enthält der Vorschlag des Bundesverbandes deutscher Banken auch Änderungen des BetrAVG, insbesondere die Möglichkeit, Vorsorgezusagen nach § 1 BetrAVG zu erteilen.[2]

2. Würdigung

Es ist zu begrüßen, daß das BetrAVG um die Möglichkeit der Erteilung von Vorsorgezusagen ergänzt werden soll. Daneben bleiben die bekannten Formen der Versorgungszusagen bestehen. Über die Form der Alterssicherungszusage entscheidet weiterhin der Arbeitgeber unter Berücksichtigung des Mitbestimmungsrechts des Betriebsrats.[3] Betriebs-Pensions-Fonds lassen sich im Rahmen der bestehenden Durchführungswege der betrieblichen Altersversorgung einsetzen, insbesondere bei der Direktzusage, bieten zugleich aber auch einen neuen Durchführungsweg an. Die Vielfalt von Durchführungswegen, zwischen denen ein Arbeitgeber wählen kann, nimmt damit zu.

---

1 § 37r KAGG v.F.

2 Der Bundesverband deutscher Banken macht darauf aufmerksam, daß der Gesetzentwurf davon ausgeht, daß § 1 BetrAVG Versorgungszusagen, aber auch Vorsorgezusagen umfaßt, so daß eine Änderung des BetrAVG eigentlich überflüssig ist. Die überwiegende Literatur - wie auch diese Arbeit - geht jedoch davon aus, daß die Erteilung von Vorsorgezusagen nicht durch das BetrAVG gedeckt ist. Für diesen Fall sind Vorsorgezusagen neu aufzunehmen.

3 Es gilt zu klären, ob der Betriebs-Pensions-Fonds als soziale Einrichtung einzustufen ist und damit Form, Ausgestaltung und Verwaltung der Mitbestimmung des Betriebsrats nach § 87 Nr. 8 BetrVG unterliegen. Das wirkt sich auch darauf aus, ob sich das Mitbestimmungsrecht auf die Verwaltung des Vermögens erstreckt. Allein der Arbeitgeber entscheidet allerdings darüber, ob eine Einrichtung geschaffen und wie sie dotiert werden soll. K. Fitting u.a. (1992), TZ. 97 zu § 87, S. 1151.

In welcher Höhe der Arbeitgeber Arbeitsentgelt zum Zwecke der Alterssicherung gewährt, wird den Arbeitnehmern nur bei Vorsorgezusagen deutlich. Die Angabe enthält der Grundvertrag. Werden Betriebs-Pensions-Fonds im Rahmen von Versorgungszusagen eingesetzt, legt der Arbeitgeber den Betrag nicht offen. Die Arbeitnehmer können ihre betriebliche Versorgungszusage mit Rentenvereinbarungen anderer Anbieter am Markt nicht vergleichen.

Betriebs-Pensions-Fonds haben stets einen unmittelbaren betrieblichen Bezug. Sie stehen nur den Arbeitnehmern offen, deren Arbeitgeber mit der Kapitalanlagegesellschaft einen Grundvertrag abgeschlossen haben. Einzahlungen erfolgen ausschließlich durch den Arbeitgeber. Im Rahmen der Eigenvorsorge kann ein Arbeitnehmer keine Anteile an einem Betriebs-Pensions-Fonds erwerben.[1]

Die betriebliche Alterssicherung eines Arbeitnehmers hat über die Kapitalanlagegesellschaft zu erfolgen, für die sich sein Arbeitgeber entscheidet. Grundsätzlich wäre denkbar, daß ein Arbeitgeber bei verschiedenen Kapitalanlagegesellschaften Betriebs-Pensions-Fonds unterhält und dem Arbeitnehmer die Entscheidung für eine Gesellschaft überläßt.[2] Diese Möglichkeit sieht der Vorschlag allerdings nicht explizit vor. Bei der Absicherung der biometrischen Risiken liegt es ebenfalls allein in der Hand des Arbeitgebers, die Versicherungsgesellschaft auszuwählen.

Der Betriebs-Pensions-Fonds dient ausschließlich der Ansammlung von Vermögen. Versicherungsschutz dürfen die Kapitalanlagegesellschaften nur vermitteln. Der einzelne Arbeitnehmer darf nicht über den Umfang seines gewünschten Versicherungsschutzes entscheiden, da dieser bereits im Grundvertrag kollektiv festzulegen ist. Dagegen lassen sich die unterschiedlichen Risikopräferenzen der Arbeitnehmer beim Vermögensaufbau berücksichtigen: Ein Arbeitgeber kann eine beliebige Zahl an Betriebs-Pensions-Fonds bei einer Kapitalanlagegesellschaft auflegen, aus der die Arbeitnehmer wählen dürfen. Das Anlagespektrum läßt sich dabei weit fächern, wobei

---

1 Der Bundesverband deutscher Banken sieht hierfür keine Notwendigkeit, da andere Sondervermögen den Bedarf bereits decken. Bundesverband deutscher Banken (1997b), S. 8.

2 In den USA besteht für einige Arbeitnehmer die Möglichkeit, zwischen verschiedenen Pensionsfonds zu wählen. Mitarbeitern der North Carolina State University stehen beispielsweise das State Employees' Retirement System of North Carolina, TIAA-CREF, Lincoln National Life und die Variable Annuity Life Insurance Company offen. Ein Wechsel des Pensionsfonds ist ebenfalls möglich. TIAA-CREF (1997).

die Anlagerestriktionen des KAGG zu beachten sind. Im Gegensatz zu Altersvorsorge-Sondervermögen ist keine Substanzwertorientierung vorgegeben, reine Rentenfonds sind denkbar. Die Wahlmöglichkeiten sind jedoch nicht gesetzlich verankert, sondern bedürfen der vertraglichen Abrede zwischen Arbeitgeber, Arbeitnehmern und Kapitalanlagegesellschaft. Bei Versorgungszusagen bestimmt der Arbeitgeber die Zusammensetzung des Sondervermögens.

Besondere Informationspflichten der Kapitalanlagegesellschaft oder des Arbeitgebers gegenüber dem Arbeitnehmer beinhaltet der Vorschlag des Bundesverbandes deutscher Banken nicht. Umfang und Adressat der Informationen hängen beim Betriebs-Pensions-Fonds entscheidend davon ab, ob er im Rahmen einer Versorgungszusage oder einer Vorsorgezusage eingesetzt wird. Bei Versorgungszusagen dürften insbesondere die Mitglieder des PSV daran interessiert sein zu erfahren, in welchem Umfang die Versorgungsverbindlichkeiten des Arbeitgebers durch das Fondsvermögen gedeckt sind, da sie bei Insolvenz des Arbeitgebers für Fehlbeträge einzustehen haben. Ihre Informationsrechte und die Publizitätspflichten des Betriebs-Pensions-Fonds sind bisher jedoch nicht geklärt. Der Arbeitnehmer selbst benötigt Informationen über seine Anlage, sofern ihm der Arbeitgeber eine Vorsorgezusage erteilt hat.

Statt der börsentäglichen Wertermittlung läßt der Gesetzesvorschlag sogar die monatliche Wertermittlung für Anteile an Betriebs-Pensions-Fonds genügen.[1] Grundsätzlich erschwert diese Regelung den Wechsel von Betriebs-Pensions-Fonds, da er nur einmal monatlich erfolgen könnte. Im Rahmen von Versorgungszusagen dürfte die monatliche Wertermittlung allerdings ausreichen und zu Kostenersparnissen beitragen.

Die Anteilsinhaber erfahren über einen Depotauszug mindestens einmal jährlich den Marktwert ihres Alterssicherungsvermögens, unterjährige Auskünfte sollten unproblematisch sein. Bei Vorsorgezusagen dürften die Arbeitnehmer selbst ihren Depotauszug erhalten, bei Versorgungszusagen der Betriebs-Pensions-Fonds. Bei letzteren ist zu klären, inwieweit die Informationen an interessierte Dritte, die Arbeitnehmer und den PSV weitergeleitet werden sollen.

---

[1] § 37p III KAGG v.F.

Dürfen die Arbeitnehmer zwischen verschiedenen Betriebs-Pensions-Fonds wählen, ist für jeden Fonds ein Prospekt zu erstellen und den Arbeitnehmern vor Erwerb auszuhändigen. Offen bleibt, ob, in welchem Umfang und durch wen ein Arbeitnehmer über die Anlage seines Vorsorgevermögens zu beraten ist und wer bei mangelhafter oder unzureichender Beratung haftet.

Erfreulich ist, daß Vergütungen an Dritte im Grundvertrag auszuweisen sind. Damit sind jedoch nur die expliziten Kosten erfaßt. Implizite Kosten, z.B. bei Wertpapiertransaktionen, bleiben verborgen, mindern jedoch ebenfalls den Wert des Sondervermögens.[1] Offen bleibt auch, ob dem Arbeitnehmer die Zusammensetzung des Vorsorgebetrags, den sein Arbeitgeber leistet, transparent gemacht werden muß, ob er also in Spar-, Verwaltungs- und Risikoanteil aufzuteilen ist.

Der Arbeitgeber darf die Kapitalanlagegesellschaft und die Depotbank wechseln. Details sind im Grundvertrag zu regeln. Das birgt die Gefahr, daß die Kapitalanlagegesellschaft zwar im Sinne des Arbeitgebers handelt, die Interessen der Arbeitnehmer aber vernachlässigt. Von besonderer Bedeutung sind hier auch Kündigungsfristen und Transaktionskosten. Um dem Arbeitnehmer den Wechsel einer Kapitalanlagegesellschaft zu ermöglichen - was aus wettbewerblicher Sicht wünschenswert wäre -, müßte ein Arbeitgeber Betriebs-Pensions-Fonds bei mehreren Kapitalanlagegesellschaften unterhalten. Das sieht der Gesetzesvorschlag allerdings nicht vor. Ein Wechsel der Versicherungsgesellschaft sollte ebenfalls möglich sein, wird im Vorschlag des Bundesverbandes deutscher Banken jedoch nicht angesprochen.

Die Interessen der Arbeitnehmer vertritt ein Treuhänder. Es stellt sich die Frage, warum die Arbeitnehmer ihre Rechte nicht selbst wahren dürfen. Der Bundesverband deutscher Banken rechtfertigt dies mit der großen Gläubigerzahl.[2] Es bleibt aber zumindest fraglich, warum der Personenkreis potentieller Treuhänder auf Kreditinstitute, Versicherungsgesellschaften und sonstige Finanzdienstleistungsunternehmen

---

1 Zur Differenzierung von impliziten und expliziten Transaktionskosten siehe R. A. Schwartz (1991), S. 132f. und 277 - 279. Komponenten der impliziten Transaktionskosten sind z.B. market impact costs und Opportunitätskosten. Es dürfte schwierig sein, die impliziten Transaktionskosten zu messen, doch finden sich in der Literatur bereits verschiedene Ansätze. Siehe hierzu z.B. A. F. Perold (1988); B. C. Collins und F. J. Fabozzi (1991); W. H. Wagner und M. Edwards (1993), S. 65 - 71; M. E. Blume (1993); R. D. Huang und H. R. Stoll (1994).

2 Bundesverband deutscher Banken (1997b), S. 5.

eingeschränkt ist. Da dieser Personenkreis in Deutschland eng mit den Kapitalanlagegesellschaften und deren Depotbanken verbunden ist, birgt die Regelung ein Potential für Interessenkonflikte und damit die Gefahr von Reibungsverlusten. Als Anregung könnte das britische System dienen, in dem beispielsweise Notare und Wirtschaftsprüfer, aber auch Arbeitnehmervertreter die Aufgabe des Treuhänders übernehmen dürfen.[1]

Ungeklärt bleibt auch in diesem Vorschlag, welche Aufgaben der Treuhänder genau hat, welche Instrumente ihm zur Verfügung stehen, um seine Aufgaben zu erfüllen, und welche Konsequenzen ein Verstoß gegen die Treuhandobliegenheiten mit sich bringt. Besondere Bedeutung kommt darüber hinaus dem Verfahren zu, nach dem der Treuhänder ausgewählt wird. Eine gesetzliche Regelung sieht der Vorschlag des Bundesverbandes deutscher Banken nicht vor, sondern überläßt den Auswahlmechanismus der vertraglichen Vereinbarung zwischen Arbeitgeber und Kapitalanlagegesellschaft. Da die Regelung Inhalt des Grundvertrages ist, unterliegt sie zumindest der Mitbestimmung durch die Betriebsräte. Gleichwohl stehen neben dem Treuhänder noch die Depotbank und der Aktuar als Kontrolleure.[2]

Verfügungen über das Vorsorgevermögen vor Eintritt des Alterssicherungsfalls sieht der Bundesverband deutscher Banken nicht vor. Demzufolge ist es besonders wichtig, welche Bedingungen der Arbeitgeber in der Vorsorgezusage an den Eintritt des Alterssicherungsfalls knüpft. Es ist zu bezweifeln, daß Betriebs-Pensions-Fonds zu einer Flexibilisierung in der Verfügung über angesammeltes Vorsorgevermögen führen.

Der Vorschlag des Bundesverbandes deutscher Banken zu Betriebs-Pensions-Fonds wird vielen der in Kapitel A herausgearbeiteten Anforderungen gerecht. Betriebs-Pensions-Fonds und die damit verbundenen Änderungen der rechtlichen Rahmenbedingungen erhöhen die Vielfalt an Instrumenten der privaten Alterssicherung. In vielen Bereichen mangelt es jedoch noch an einer gesetzlich verankerten Wahlfreiheit für den Arbeitnehmer. Sie ist Voraussetzung für einen zeitpunkt- und zeitraumbezogenen Wettbewerb zwischen den Kapitalanlagegesellschaften, aber auch zwischen

---

1 J. Cunliffe (1994), S. 6.

2 Zu möglichen Konflikten zwischen Depotbank und Kapitalanlagegesellschaft siehe Unterkapitel C.II im zweiten Teil der Arbeit ab Seite 187.

den Versicherungsgesellschaften, und damit für die bestmögliche Wahrung der Arbeitnehmerinteressen.

V. Betriebliche Pensionsfonds

1. Darstellung

Der Arbeitskreis "Betriebliche Pensionsfonds"[1] schlägt drei neue Gestaltungsformen der betrieblichen Alterssicherung vor, die die bestehenden Durchführungswege ergänzen sollen: betriebsunmittelbare, betriebsmittelbare und anlageorientierte Pensionsfonds.[2] Zwei der drei neuen Gestaltungsformen basieren auf bestehenden Durchführungswegen. Der betriebsunmittelbare Pensionsfonds soll die Direktzusage und der betriebsmittelbare Pensionsfonds die Unterstützungskasse fortentwickeln. Anlageorientierte Pensionsfonds ergänzen das Betriebsrentengesetz als völlig neuen Durchführungsweg. Bei allen drei Pensionsfonds gilt das Betriebsrentengesetz ergänzend zu den nachfolgend vorgestellten Rahmenbedingungen. Einheitlich sollen die Unverfallbarkeitsfristen auf drei Jahre verkürzt werden. Alle Pensionsfonds sind so konstruiert, daß die nachgelagerte Besteuerung greift. Zuführungen zu den Pensionsfonds sind damit auch sozialversicherungsfrei.

Die Vorschläge orientieren sich insbesondere im Bereich des Steuerrechts am gegebenen Gesetzesrahmen. Der Arbeitskreis regt darüber hinaus weitreichendere Reformen an, z.B. das Zuflußprinzip gemäß § 11 EStG für den Bereich der betrieblichen Alterssicherung zu ändern und die nachgelagerte Besteuerung auf alle Formen der privaten Alterssicherung auszudehnen.[3] Die drei Pensionsfondstypen sollen nachfolgend getrennt betrachtet werden.

---

[1] Der Arbeitskreis setzt sich aus Vertretern unterschiedlicher Interessengruppen zusammen, wie z.B. Vertretern der Arbeitgeber, der Banken und Kapitalanlagegesellschaften, der Versicherungsunternehmen, der Deutsche Börse AG, des Deutschen Aktieninstituts und des Bundesverbandes deutscher Banken. Arbeitnehmervertreter sind nicht einbezogen worden.

[2] W. Gerke u.a (1998), S. 23.

[3] W. Gerke u.a. (1998), S. 6 und 10.

Betriebsunmittelbare Pensionsfonds[1]

Betriebsunmittelbare Pensionsfonds stellen Vermögen dar, das ein Arbeitgeber zur Erfüllung von Direktzusagen aus seinem Unternehmen ausgliedert, ohne jedoch eine selbständige Sozialeinrichtung zu schaffen.[2] Die Pensionsrückstellungen werden gleichermaßen aus der Bilanz ausgegliedert. Schwankende Wertansätze des Alterssicherungsvermögens schlagen somit nicht auf die Bilanz des Arbeitgebers durch.[3]

Beiträge des Arbeitnehmers zur Finanzierung seiner betrieblichen Altersversorgung sind nicht vorgesehen. Der Arbeitgeber haftet für die Verbindlichkeiten des betriebsunmittelbaren Pensionsfonds. Alterssicherungsvermögen darf nur dann an den Arbeitgeber rückübertragen werden, wenn der Marktwert den Anwartschaftsbarwert der Versorgungszusagen um mehr als 25% übersteigt. Anlagerestriktionen bestehen nur hinsichtlich der Höhe der Darlehen, die der betriebsunmittelbare Pensionsfonds an das Trägerunternehmen rückgewähren darf. Die Versorgungszusagen sind weiterhin über den PSV abzusichern, wobei sich die Versicherungsprämien nach dem Deckungsgrad der Verbindlichkeiten des betriebsunmittelbaren Pensionsfonds richten.

Betriebsunmittelbare Pensionsfonds sollen grundsätzlich steuerbefreit sein, gleichwohl aber in den Genuß der Körperschaftsteuergutschrift bei Dividenden kommen, damit die Attraktivität der Aktie als Anlageinstrument nicht leidet. Als Vorbild für die steuerlichen Rahmenbedingungen gilt die Unterstützungskasse, so daß der Arbeitnehmer auch keinen Rechtsanspruch gegenüber dem betriebsunmittelbaren Pensionsfonds erhält.[4] Gleichwohl plädiert der Arbeitskreis für einen erweiterten Dotationsrahmen. Als Dotationsobergrenze schlägt er den nach versicherungsmathematischen Grundsätzen ermittelten Barwert der unverfallbaren Anwartschaften vor.

---

1 Ebda., S. 26 - 28.

2 Damit unterliegen betriebsunmittelbare Pensionsfonds nicht der Mitbestimmung gemäß § 87 I Nr. 8 BetrVG.

3 Dieser Wunsch der Arbeitgeber gewinnt noch an Bedeutung, wenn sie ihre Bilanzierung nach den International Accounting Standards vornehmen. Marktwerte der Vermögenspositionen ersetzen dann die überwiegend "starren" Buchwerte. Unerwünschte Schwankungen der Bilanzsumme wären die Folge.

4 Erhielte der Arbeitnehmer einen Rechtsanspruch gegen den betriebsunmittelbaren Pensionsfonds, käme der betriebsunmittelbare Pensionsfonds einer Pensionskasse sehr nahe. Eine nachgelagerte Besteuerung wäre unter gegebenem Steuerrecht nicht zu rechtfertigen.

Betriebsmittelbare Pensionsfonds[1]

Vorbild betriebsmittelbarer Pensionsfonds ist die Unterstützungskasse. Träger der Einrichtung ist der Arbeitgeber. Er erteilt dem Arbeitnehmer eine Versorgungszusage und haftet, wenn der betriebsmittelbare Pensionsfonds nicht zahlen kann. Die wesentliche Änderung gegenüber der Unterstützungskasse liegt in der Ausweitung des Dotationsrahmens. Die steuerlichen Rahmenbedingungen entsprechen denen betriebsunmittelbarer Pensionsfonds. Auch hier soll sichergestellt werden, daß betriebsmittelbare Pensionsfonds in das körperschaftsteuerliche Anrechnungsverfahren einbezogen werden, um die Anlage in Aktien nicht zu diskriminieren.

Anlageorientierte Pensionsfonds[2]

Anlageorientierte Pensionsfonds bilden die Grundlage für Vorsorgezusagen des Arbeitgebers. Der Arbeitgeber erfüllt seine Verbindlichkeiten aus der Vorsorgezusage weitgehend mit Zahlung der Beiträge an den Pensionsfonds. Er haftet darüber hinaus für die Absicherung biometrischer Risiken, sofern sie nicht über eine Versicherung abgedeckt sind. Ferner muß er garantieren, daß die Auszahlungen im vertraglich vereinbarten Leistungsfall mindestens dem Nominalbetrag der Einzahlungen abzüglich eines Anteils zur Deckung der biometrischen Risiken entsprechen. Bei Insolvenz des Arbeitgebers soll der PSV für diesen Betrag einstehen, so daß auch die Vorsorgezusagen beim PSV versicherungspflichtig sind.

Der anlageorientierte Pensionsfonds ist in der Rechtsform eines eingetragenen Vereins oder einer GmbH zu führen. Er übernimmt lediglich die technische Verwaltung des Alterssicherungsvermögens, wozu beispielsweise die Festlegung der Grundzüge der Anlagepolitik und die Auswahl der Vermögensverwalter sowie der Versicherer zählen. Das Anlagemanagement ist an professionelle Vermögensverwalter zu delegieren. Sämtliche Finanzdienstleister, die eingeschaltet werden, müssen Aufsichtsgesetzen, z.B. dem KAGG, dem KWG oder dem VAG unterliegen. „Prinzipiell sollen anlageorientierte Pensionsfonds als Interessenvertreter für die Arbeitnehmer und die Arbeitgeber agieren."[3]

---

1 W. Gerke u.a. (1998), S. 29 - 32.

2 W. Gerke u.a. (1998), S. 32 - 37.

3 W. Gerke u.a. (1998), S. 33.

Arbeitgeber und Arbeitnehmer entscheiden gemeinsam über die Aufteilung der Beiträge in einen Risiko- und einen Sparanteil.[1] Der Sparanteil ist breit gestreut anzulegen. Die Absicherung biometrischer Risiken ist zwingend vorgegeben, wobei eine "Mindestabsicherung"[2] ausreicht.

Arbeitgeber und Arbeitnehmer beaufsichtigen den Pensionsfonds gemeinsam. Jedes Jahr hat der Pensionsfonds den Arbeitnehmern einen Rechenschaftsbericht zugänglich zu machen, aus dem die Performance und die Verwaltungskosten sämtlicher beauftragter Dienstleister hervorgehen.

Der Arbeitnehmer erwirbt keinen Rechtsanspruch gegenüber dem anlageorientierten Pensionsfonds, um eine nachgelagerte Besteuerung nicht zu gefährden.

2. Würdigung

Betriebsunmittelbare Pensionsfonds

Die bei den Direktzusagen aufgezeigten Konfliktpotentiale bleiben bei betriebsunmittelbaren Pensionsfonds weitgehend bestehen. Es verbessern sich allerdings die Rahmenbedingungen für die Arbeitgeber, Direktzusagen bilanzunwirksam erteilen zu können. Zudem lassen sich Erträge aus dem ausgelagerten Alterssicherungsvermögen steuerfrei thesaurieren.

Ein Vorteil des betriebsunmittelbaren Pensionsfonds gegenüber der Direktzusage könnte für die Mitglieder des PSV allerdings darin bestehen, daß das Versorgungsvermögen außerhalb des Trägerunternehmens angesammelt wird. Bei Konkurs des Arbeitgebers dient es dazu, die Versorgungsverpflichtungen zu erfüllen.[3] Damit erhöht

---

[1] Dabei wird die Entscheidung kollektiv für alle Arbeitnehmer getroffen, die an dem Pensionsfonds beteiligt sind.

[2] Der Umfang wird in dem Vorschlag nicht weiter konkretisiert.

[3] Bei idealtypischer Umsetzung des Kommissionsvorschlags fließt das Vermögen betriebsunmittelbarer Pensionsfonds bei Konkurs des Trägerunternehmens nicht in dessen Konkursmasse ein. Rechtliche Restriktionen, beispielsweise aus dem Betriebsrentengesetz, könnten dieser Umsetzung allerdings entgegenstehen. Erhält der Konkursverwalter Zugriff auf das Fondsvermögen, stellen betriebsunmittelbare Pensionsfonds auch in diesem Aspekt keinen Fortschritt gegenüber den Rahmenbedingungen von Direktzusagen dar. Die Absicherung der

sich auch die Transparenz hinsichtlich der Deckung der Versorgungsverbindlichkeiten eines Arbeitgebers. Allerdings ist nicht nur der Umfang, sondern auch die Qualität der Deckung von Interesse. Beispielsweise sollte ersichtlich sein, in welchem Umfang Vermögen in das Trägerunternehmen investiert ist. Ergänzend müßten Maßnahmen formuliert werden, die im Falle einer Unterdeckung greifen.

Den Anforderungen an eine förderungswürdige private Alterssicherung wird der betriebsunmittelbare Pensionsfonds kaum gerecht. Der Arbeitnehmer selbst kann keinen Einfluß auf seine betriebliche Alterssicherung nehmen. Im Vergleich zur Direktzusage stellt der betriebsunmittelbare Pensionsfonds allerdings auch keine Verschlechterung für die Arbeitnehmer dar, für die Mitglieder des PSV sogar gegebenenfalls eine Verbesserung. Sollte der Gesetzgeber unverändert an der Förderung der Direktzusage festhalten, dürfte er auch dem betriebsunmittelbaren Pensionsfonds die Förderung nicht versagen. Es ist jedoch äußerst fraglich, ob ein Ausbau der betrieblichen Alterssicherung in diese Richtung anzustreben ist.

Betriebsmittelbare Pensionsfonds

Beim betriebsmittelbaren Pensionsfonds bleiben die Konfliktpotentiale des Vorbilds, der Unterstützungskasse, ebenfalls bestehen. Die steuerlichen Rahmenbedingungen verbessern sich lediglich für die Arbeitgeber dahingehend, daß sie die Versorgungsverbindlichkeiten früher in größerem Umfang steuerwirksam mit Kapital unterlegen können. Insofern sind betriebsmittelbare Pensionsfonds in gleicher Weise zu würdigen wie betriebsunmittelbare Pensionsfonds. Der betriebsmittelbare Pensionsfonds stellt für die Arbeitnehmer keine Verschlechterung gegenüber der traditionellen Unterstützungskasse dar. Trotzdem sollten die steuerlichen Anreize nicht so gesetzt werden, daß betriebliche Alterssicherung in diese Richtung ausgebaut wird.

Anlageorientierte Pensionsfonds

Der anlageorientierte Pensionsfonds würde ein Novum im deutschen Betriebsrentenrecht darstellen. Er basiert auf Vorsorgezusagen des Arbeitgebers, was im Lichte der hier erarbeiteten Merkmale wünschenswert ist. Aus ökonomischer Sicht ist jedoch

Versorgungsansprüche erfolgte in gleicher Form wie bisher über den PSV, so daß Sicherungskosten in unveränderter Höhe anfielen.

nicht unmittelbar nachvollziehbar, warum der Arbeitgeber eine Mindestleistung garantieren soll.[1] Die Verpflichtung birgt neues Konfliktpotential zwischen Arbeitgeber und Arbeitnehmer sowie zwischen Arbeitgeber und PSV. Sinkt der Marktwert des Alterssicherungsvermögens auf den Garantiebetrag oder darunter, wird der Arbeitnehmer an einer risikoreichen Anlagestrategie interessiert sein, da sein Verlust begrenzt, seine Gewinnchance hingegen unbegrenzt ist. Der Arbeitgeber wird stets eine risikoarme Strategie bevorzugen, um für den Garantiebetrag nicht einstehen zu müssen. Solange wenigstens der Nominalbetrag der Einzahlungen erhalten bleibt, resultieren dem Arbeitgeber aus einer wenig ertragreichen Anlage keine Nachteile.

Ein zusätzlicher Nachteil des Garantiebetrags besteht darin, daß die Arbeitgeber wiederum beim PSV pflichtversichert sind. Ist ein Arbeitgeber insolvenzbedroht, wird ihm die Anlage des Alterssicherungsvermögens egal sein: Von Gewinnen profitieren die Arbeitnehmer, Verluste[2] tragen die übrigen Mitglieder des PSV. Den Arbeitgebern entstehen durch die Versicherungsbeiträge Sicherungskosten, die überflüssig erscheinen.

Gegen biometrische Risiken kann sich der Arbeitgeber rückversichern oder die Arbeitnehmer direkt versichern. Der Arbeitgeber selbst trägt nur dann biometrische Risiken, wenn er es möchte. Es ändert sich damit nichts im Vergleich zum geltenden Recht.

Eindeutig positiv zu werten ist, daß dem Arbeitnehmer mit der Vorsorgezusage der Entgeltanteil für seine betriebliche Alterssicherung offengelegt wird.

Anlageorientierte Pensionsfonds haben einen unmittelbaren Bezug zum Arbeitgeber: Sie stehen nur den Arbeitnehmern offen, die bei dem oder den Trägern des Pensionsfonds beschäftigt sind. Aufgrund der Garantieleistungen und der unmittelbaren Absicherung biometrischer Risiken dürfte eine Öffnung für andere Personengruppen

---

1 Die Forderung mag gerechtfertigt sein, wenn der Gesetzgeber mit der Förderung der betrieblichen Alterssicherung eine Entlastung der gesetzlichen Rentenversicherung anstrebt. Andererseits kann die Garantie nur einen Schutz vor Veruntreuung des Alterssicherungsvermögens leisten. Sollten sich die ökonomischen Rahmenbedingungen so verschlechtern, daß bei zahlreichen Pensionsfonds der Marktwert des Alterssicherungsvermögens unter den Nominalbetrag der Einzahlungen zu sinken droht, dürften auch viele der Trägerunternehmen und letztlich der PSV nicht in der Lage sein, die Mindestleistung zu erbringen.

2 Sofern sie dazu führen, daß das Alterssicherungsvermögen den Garantiebetrag unterschreitet.

problematisch sein. Auch ist ein Arbeitnehmer an den Pensionsfonds seines Arbeitgebers gebunden. Damit unterliegt der Pensionsfonds keiner marktlichen Kontrolle. Um so mehr Bedeutung kommt den institutionellen Kontrollmöglichkeiten der Arbeitnehmer zu.

Die Arbeitgeberbeiträge werden nicht auf individuellen Konten der Arbeitnehmer verbucht. Statt dessen wird das Alterssicherungsvermögen in Anlehnung an Unterstützungskassen kollektiv verwaltet. Der Arbeitnehmer darf demzufolge auch nicht allein über die Anlage „seiner“ Beiträge entscheiden. Weder kann er den Sparanteil entsprechend seiner Risikopräferenzen anlegen noch die biometrischen Risiken seiner persönlichen Lebenssituation angepaßt absichern. Die Bedürfnisse des einzelnen Arbeitnehmers werden insofern unzureichend berücksichtigt.

Wenn schon die Bedürfnisse des einzelnen Arbeitnehmers keine Berücksichtigung finden, könnte man hoffen, es stünden wenigstens die Interessen der Arbeitnehmer als Gruppe im Vordergrund.[1] Sowohl die Aufteilung des Beitrags in Spar- und Risikoanteil als auch die Anlage des Sparanteils unterliegen einer gemeinsamen Vereinbarung zwischen Arbeitnehmern und Arbeitgeber. Dabei bleibt das Ausmaß der Mitbestimmung der Arbeitnehmer in dem Vorschlag unklar. Sie dürfte sich allerdings an den Rahmenbedingungen für Unterstützungskassen orientieren. Nähme man dem Arbeitgeber die Last, mit der Garantie des Nominalbetrags der Beiträge selbst Marktrisiken tragen zu müssen, erschiene eine Mitbestimmung des Arbeitgebers bei der Anlage der Vorsorgebeiträge nicht gerechtfertigt. Die Garantieleistung steht der Verbuchung der Beiträge auf individuellen Konten und der individuellen Anlage des Alterssicherungsvermögens entgegen.

Der Vorschlag enthält noch sehr grobe Ausführungen zu den Informationspflichten des anlageorientierten Pensionsfonds. Wenngleich der Arbeitskreis umfangreiche Transparenz fordert, bleibt offen, in welcher Form der Pensionsfonds selbst Rechenschaft ablegen soll. Da sich der anlageorientierte Pensionsfonds an die Konstruktion der Unterstützungskasse anlehnt, unterliegt er nicht den Informationspflichten gemäß § 10a VAG. Auch das Betriebsrentengesetz regelt die Informationspflichten der Unterstützungskasse nicht. Es gilt zu klären, wie ein Arbeitnehmer über seine

---

[1] Dem Arbeitskreis gehörte kein Vertreter der Arbeitnehmer an.

individuelle Vermögenslage in Kenntnis gesetzt werden soll. Es ist zu bezweifeln, daß es ausreicht, den Arbeitnehmern Rechenschaftsberichte der beauftragten Finanzdienstleister zugänglich zu machen. Eine aktive Informationspolitik wäre anzustreben.

Ein Arbeitnehmer kann einen anlageorientierten Pensionsfonds nicht wechseln, da er an das Institut gebunden ist. Immerhin darf die Geschäftsführung des Pensionsfonds die beauftragten Finanzdienstleister austauschen, wobei das Potential für Interessenkonflikte bestehen bleibt. Wechselt ein Arbeitnehmer zu einem anderen Arbeitgeber, verbleibt „sein" Alterssicherungsvermögen im Pensionsfonds des alten Arbeitgebers. Wegen des fehlenden Rechtsanspruchs ist es dem Arbeitnehmer nicht möglich, seinen Anteil am Alterssicherungsvermögen zu liquidieren und den Betrag in ein anderes Alterssicherungsprogramm einzubringen. Die Mobilität der Arbeitnehmer bleibt damit gehemmt.

Eng mit dem vorigen Aspekt hängt zusammen, ob ein Arbeitnehmer Anlagen bei mehreren Alterssicherungsinstituten gleichzeitig unterhalten darf. Es dürfte unproblematisch sein, wenn ein Arbeitnehmer während seiner Erwerbstätigkeit bei mehreren Arbeitgebern beschäftigt war, dort jeweils eine Vorsorgezusage erhalten hat und Alterssicherungsvermögen über verschiedene anlageorientierte Pensionsfonds aufbaut. Wünschenswert wäre darüber hinaus, daß ein Arbeitgeber für einen Arbeitnehmer gleichzeitig in mehrere Pensionsfonds einzahlen darf. Solange ein Arbeitgeber nur einen Pensionsfonds führt und der Arbeitnehmer an den Pensionsfonds gebunden ist, ist dieser Wunsch jedoch nicht umzusetzen.

Wenig konkret sind auch die Ausführungen zu den Mitwirkungsrechten der Arbeitnehmer bei der Kontrolle des anlageorientierten Pensionsfonds. Es ist wiederum naheliegend, daß auch hier die Regelungen für die Unterstützungskasse greifen. Aus dem Vorschlag geht allerdings klar hervor, daß nicht allein die Arbeitnehmer den Pensionsfonds führen und kontrollieren sollen. Er soll vielmehr der gemeinsamen Aufsicht von Arbeitnehmern und Arbeitgebern unterliegen.

Regelungen, die sich auf Verfügungen über das Alterssicherungsvermögen beziehen, enthält der Vorschlag nicht. Es ist jedoch zu vermuten, daß der Leistungsfall beim anlageorientierten Pensionsfonds mit dem Leistungsfall in der gesetzlichen Rentenversicherung einhergehen soll.[1] Vorzeitige Verfügungen dürften ausgeschlossen sein.

Die Garantieleistung des Arbeitgebers für den Wert des Alterssicherungsvermögens bei Eintritt des Alterssicherungsfalls scheint sein Mitbestimmungsrecht zu rechtfertigen. Fraglich ist jedoch der Wert der Garantieleistung für den Arbeitnehmer. Es ist zu vermuten, daß eine betriebliche Alterssicherung, die auf die individuellen Bedürfnisse der Arbeitnehmer zugeschnitten und ausschließlich in ihrem Interesse organisiert ist, für die Arbeitnehmer werthaltiger ist - auch ohne Garantieleistung.

Die Vorschläge des Arbeitskreises lassen den Wunsch erkennen, an bestehenden Durchführungsformen festzuhalten und gleichzeitig die Rahmenbedingungen für die Arbeitgeber zu verbessern. Die Vorschläge sind dadurch gekennzeichnet, daß eine institutionelle Absicherung der Alterssicherungsleistungen den Vorzug gegenüber wettbewerblichen Lösungen erhält. Einerseits möchte der Arbeitskreis die Ertragschancen des Kapitalmarktes nutzen, andererseits auf eine institutionelle Absicherung des Alterssicherungsvermögens nicht verzichten. Der Einfluß der Arbeitgeber auf die betriebliche Alterssicherung soll aufrechterhalten und ihre Risiken reduziert werden. Daß betriebliche Alterssicherungsleistungen Bestandteil der Gesamtvergütung des Arbeitnehmers sind, kommt in den Vorschlägen kaum zum Ausdruck. Die Grundhaltung des Arbeitskreises zur betrieblichen Alterssicherung veranschaulicht die Aussage, daß die Arbeitnehmer als Gruppe von Reformen nur gewinnen könnten, da die betriebliche Altersversorgung letztlich eine freiwillige Maßnahme der Unternehmen sei.[2]

---

1 Der Arbeitskreis sieht in der betrieblichen Alterssicherung eine direkte Ergänzung der Leistungen der gesetzlichen Rentenversicherung. W. Gerke u.a. (1998), S. 18.

2 W. Gerke u.a. (1998), S. 40.

D. Gegenüberstellung der öffentlich diskutierten Reformvorschläge

Während der Altersvorsorge-Sparplan und der private Aktiensparplan im Rahmen der individuellen Alterssicherung und bei entsprechender Änderung des Betriebsrentenrechts auch im Rahmen der betrieblichen Alterssicherung einsetzbar sind, zielen der Betriebsrentenfonds, der Betriebs-Pensions-Fonds und die Vorschläge des Arbeitskreises „Betriebliche Pensionsfonds" vornehmlich auf eine Reform der betrieblichen Alterssicherung. Altersvorsorge-Sondervermögen sind als Anlageinstrument im gesamten Bereich der privaten Alterssicherung einsetzbar.[1]

Der Altersvorsorge-Sparplan und der private Aktiensparplan weisen wesentliche Gemeinsamkeiten auf. Regelmäßige Einzahlungen werden in Anteile an Altersvorsorge-Sondervermögen bzw. in Aktien oder Aktienfonds[2] investiert. Der Anstoß zu diesen Vorsorgeformen kommt demzufolge auch von denselben Interessengruppen, den Kapitalanlagegesellschaften und den Kreditinstituten. Ziel der Initiatoren ist es, daß die Sparpläne den Kapitallebensversicherungsverträgen steuerlich gleichgestellt werden.[3] Das Geschäftsfeld "private Altersvorsorge" soll auf diese Weise bei den Initiatoren neue Impulse erhalten. Damit würde ein erster Schritt in Richtung auf eine größere Angebotsvielfalt in der privaten Alterssicherung getan, aus der der Anleger unter ähnlichen steuerlichen Rahmenbedingungen wählen kann. Von Bankenseite kommt auch der Vorschlag des Betriebs-Pensions-Fonds, um das Engagement im Bereich der betrieblichen Alterssicherung auszubauen, verbunden mit der Hoffnung auf Folgegeschäfte im Finanzierungs- und Anlagebereich. Hinter dem Plädoyer für den Ausbau der Unterstützungskasse zum Betriebsrentenfonds steht dagegen insbesondere das Interesse der Arbeitgeber, die Kosten einer betrieblichen Altersversorgung zu reduzieren. Die Vorschläge des Arbeitskreises „Betriebliche Pensionsfonds" stellen eine Konsenslösung dar. So spiegeln die verschiedenen Gestaltungsformen schwerpunktmäßig die Interessen einzelner Gruppen wider: der betriebsunmittelbare und der betriebsmittelbare Pensionsfonds die Interessen der Arbeitgeber und der Finanzdienst-

---

1 Da das Altersvorsorge-Sondervermögen ein einzelnes Anlageinstrument und kein Alterssicherungsprogramm darstellt, bleibt es bei der Gegenüberstellung der Reformvorschläge außer acht.

2 Anteile an Altersvorsorge-Sondervermögen sollten ebenfalls über einen Aktiensparplan zu erwerben sein.

3 Darauf läßt sich aus der vorgeschlagenen Mindestlaufzeit der Pläne schließen, die der Mindestlaufzeit steuerlich geförderter Kapitallebensversicherungsverträge entspricht.

leister, der anlageorientierte Pensionsfonds vornehmlich die Interessen der Finanzdienstleister und nachrangig die Arbeitgeberinteressen.

Die Sparpläne dienen ausschließlich der Altersvorsorge. Mit Ausnahme von Vorsorgezusagen durch Betriebs-Pensions-Fonds zielen alle anderen Vorschläge auf eine Versorgung des Arbeitnehmers.[1] Die Haftung des Arbeitgebers erlischt bei Betriebsrentenfonds und bei Vorsorgezusagen über Betriebs-Pensions-Fonds mit Zahlung der Beiträge. Während beim Betriebsrentenfonds unter Umständen eine gewisse Umverteilung unter den Arbeitnehmern erfolgt, übernimmt bei Vorsorgezusagen über Betriebs-Pensions-Fonds jeder Arbeitnehmer selbst die Marktrisiken. Bei Versorgungszusagen über Betriebs-Pensions-Fonds trägt der Arbeitgeber Marktrisiken und biometrische Risiken. Gleiches gilt für anlageorientierte Pensionsfonds, wobei die Marktrisiken nur für den Garantiebetrag auf dem Arbeitgeber lasten. Der einzelne Arbeitnehmer hat auf die Art der Zusage in keinem Vorschlag Einfluß.

Für die Sparpläne ist das Kriterium Ausweis des Entgeltbestandteils zur betrieblichen Alterssicherung irrelevant, da die Arbeitnehmer die Zuführungen unabhängig von ihrem Arbeitgeber aus dem Barlohn vornehmen müßten. Die Höhe des Entgeltbestandteils für die betriebliche Alterssicherung wird den Arbeitnehmern nur bei den Betriebs-Pensions-Fonds in Verbindung mit Vorsorgezusagen in vollem Umfang offengelegt. Inwieweit auch Versorgungszusagen über anlageorientierte Pensionsfonds den gesamten Betrag ausweisen, geht aus dem Vorschlag nicht eindeutig hervor. Es ist zu erwarten, daß die Arbeitgeber den Betrag, den sie für die Absicherung der biometrischen Risiken kalkulieren, wenn sie die Risiken selbst übernehmen, nicht ausweisen. Mit mehr Transparenz ist zu rechnen, wenn sie die biometrischen Risiken über Versicherungsunternehmen abdecken. Bei den übrigen Versorgungszusagen steht der offene Ausweis des Gehaltsbestandteils gar nicht zur Diskussion, zumal die Arbeitnehmer keine Alternative zu den vorgegebenen Alterssicherungszusagen haben.

Die Sparpläne bieten Institute ohne betrieblichen Bezug an. Insofern ist das Konfliktpotential gemindert. Dennoch ist nicht sichergestellt, daß die Institute vollständig unabhängig sind und ausschließlich die Interessen des Anlegers bei der Alterssicherung verfolgen. Es besteht die Gefahr von Interessenkollisionen zwischen den

---

1 Biometrische Risiken lassen sich über Versicherungsunternehmen allerdings auch bei Vorsorgezusagen durch Betriebs-Pensions-Fonds absichern.

Anlegern und den Muttergesellschaften oder Eigentümern der Institute. Die anderen Vorschläge beziehen alle Alterssicherungsinstitute ein, die einen unmittelbaren betrieblichen Bezug haben und somit von dem Trägerunternehmen abhängig sind. Die Gefahr von Interessenkonflikten zwischen Arbeitgeber und Arbeitnehmern bleibt selbst dann bestehen, wenn ein Treuhänder als Kontrolleur bestellt wird oder der Vermögensverwalter der treuhänderischen Bindung unterliegt.

Der betriebliche Bezug des Alterssicherungsinstituts muß sich aber nicht zwangsläufig in einem niedrigeren Anlageergebnis und damit negativ für die Arbeitnehmer niederschlagen.[1] Der Gesetzgeber sollte Betriebsrentenfonds, Betriebs-Pensions-Fonds und anlageorientierten Pensionsfonds zugestehen, sich im Wettbewerb um Alterssicherungsvermögen zu positionieren, indem er den Arbeitnehmern erlaubt, ihr Alterssicherungsinstitut frei zu wählen. Unabhängige Alterssicherungsinstitute wären wünschenswert, die ausschließlich die Interessen ihrer Mitglieder verfolgen.

Ein weiteres wichtiges Unterscheidungskriterium liegt in der Verbuchung der Einzahlungen. Altersvorsorge-Sparplan und privater Aktiensparplan basieren auf individuellen Konten der Anleger. Das Vorsorgevermögen läßt sich problemlos zuordnen und der Marktwert des Vorsorgevermögens ist für den Anleger offensichtlich. Nur unter dieser Voraussetzung kann der Anleger gemäß seiner Präferenzen über die Verwendung des Alterssicherungsvermögens entscheiden. Ob der Betriebsrentenfonds die Beiträge individuell oder kollektiv verbucht, ist in den Vorschlägen von Grabner/Bode und von Kolvenbach unterschiedlich geregelt. Eine individuelle Verbuchung läßt sich jedoch nicht verbinden mit einer Mindestversorgung, die der Arbeitnehmer erhalten soll, ohne daß dahinter ein Garant steht. Insofern ist der Vorschlag von Kolvenbach noch ergänzungsbedürftig. Bei Betriebs-Pensions-Fonds hängt die Verbuchung von der Form der Alterssicherungszusage ab: Leistungen aus Versorgungszusagen werden kollektiv, Leistungen aus Vorsorgezusagen individuell verbucht. Unter allen Gestaltungsformen des Arbeitskreises „Betriebliche Pensionsfonds“ werden die Einzahlungen im Kollektiv verbucht.

---

1 Betriebskrankenkassen beispielsweise haben im Durchschnitt niedrigere Beitragssätze als Ersatzkassen (Beitragssätze per 01.07.1997 in den alten Bundesländern: 12,77 % bzw. 13,90 %). O. Verf. (1997j). Da es sich bei der Krankenversicherung um eine Pflichtversicherung handelt, besteht für den Arbeitgeber ein hoher Anreiz, sie effizient zu gestalten. Vergleichsweise niedrigere Krankenkassenbeiträge reduzieren die Personalkosten. Ebenso profitiert der Arbeitnehmer von niedrigen Beitragssätzen.

Die vorgestellten Alterssicherungsprogramme unterscheiden sich auch in der Verwendung des Alterssicherungsvermögens. Beim Altersvorsorge-Sparplan und beim privaten Aktiensparplan ist die Anlage in Anteile an Altersvorsorge-Sondervermögen mit den entsprechenden Anlagerestriktionen bzw. in Aktien und Aktienfonds vorgegeben. Der Aktiensparplan bietet gegenüber dem Altersvorsorge-Sparplan den Vorteil, daß der Anleger sein Vorsorgevermögen investieren kann, ohne die Leistungen einer Kapitalanlagegesellschaft in Anspruch nehmen zu müssen. Damit steht es ihm frei, in der Alterssicherung ein Glied aus der Agenten-Kette auszuklammern, um mögliche Reibungsverluste zu reduzieren.[1] Ein regelmäßiger „Aktiensparer" dürfte aufgrund seines Depotvolumens selbständig Diversifikation betreiben können[2] und sollte nicht zwangsweise diese Dienstleistung von einer Kapitalanlagegesellschaft kaufen müssen. Der private Aktiensparplan bietet dem Anleger somit eine größere Anlagevielfalt. Sie ist insbesondere für den Fall zu begrüßen, daß der Anleger zwar angesammeltes Vorsorgevermögen bei dem gleichen Vorsorgeinstitut umschichten, nicht jedoch innerhalb einer bestimmten Sperrfrist auf ein anderes Institut übertragen darf.

Die Sparpläne umfassen nur eine Komponente der Alterssicherung, die der Anleger beliebig ergänzen kann. Dieses Baukastenprinzip ermöglicht es ihm, eine präferenzadäquate Alterssicherung zu betreiben. Andererseits erfordert diese Form mehr Eigeninitiative. Wünscht ein Anleger eine Paketlösung, wird er sie bei vielen Finanzdienstleistern beziehen können.

Der Betriebsrentenfonds bietet dem Arbeitnehmer eine Paketlösung für seine Altersversorgung: Vermögensansammlung und Absicherung der biometrischen Risiken. Die gleiche Intention steht hinter dem Betriebs-Pensions-Fonds, wobei die biometrischen Risiken über einen Versicherer abzudecken sind, den Arbeitgeber und Kapitalanlagegesellschaft vereinbaren. Eine Paketlösung stellen auch die Gestaltungsformen des Arbeitskreises „Betriebliche Pensionsfonds" dar. Beim anlageorientierten Pensionsfonds dürfen die Arbeitnehmer den Umfang des Versicherungsschutzes

---

1 Damit ist nicht gemeint, daß der Anlageerfolg per Saldo bei der Direktanlage immer höher ist als bei der Fondsanlage. Vorteile der Fondsanlage können die Reibungsverluste durchaus überkompensieren.

2 Zu Möglichkeiten der Nachbildung eines Benchmarkindex mit vergleichsweise wenigen Aktien und den damit verbundenen Vorteilen siehe beispielsweise M. Steiner und C. Bruns (1996), S. 70 - 73, sowie die dort zitierte Literatur.

allerdings mitbestimmen. Die Entscheidung gilt dann für alle Arbeitnehmer gleichermaßen.

Während der Betriebsrentenfonds weitgehend frei ist in der Anlageentscheidung, unterliegt der Betriebs-Pensions-Fonds den Anlagerestriktionen des KAGG. Betriebsrentenfonds und Betriebs-Pensions-Fonds ist es beispielsweise gestattet, ausschließlich in festverzinsliche Wertpapiere zu investieren. Gleichwohl unterliegen sie der Verpflichtung, im Interesse der Arbeitnehmer und Arbeitgeber einen hohen Anlageerfolg unter Abwägung der Risiken zu erzielen. Dieser Balanceakt dürfte in den Aufgabenbereich des Treuhänders fallen.

Ungeklärt ist, ob der Betriebsrentenfonds das gesamte Vorsorgevermögen in ein Sondervermögen investieren muß oder verschiedene Anlageformen wählen darf. Auch ist offen, ob und in welchem Umfang die Arbeitnehmer über die Anlage des Vorsorgevermögens mitentscheiden dürfen. Wünschenswert sind verschiedene Anlageformen mit unterschiedlicher Risikostruktur, aus der jeder Arbeitnehmer sein Vorsorgeportefeuille zusammenstellen kann. Betriebs-Pensions-Fonds bieten grundsätzlich die Voraussetzungen dafür. Die Anlage erfolgt jedoch stets über eine Kapitalanlagegesellschaft. Die betrieblichen Pensionsfonds des Arbeitskreises sind in ihren Anlageentscheidungen frei von gesetzlichen Restriktionen; lediglich die Darlehensrückgewähr an das Trägerunternehmen ist begrenzt. Bei anlageorientierten Pensionsfonds dürfen die Arbeitnehmer über ihre Vertreter nur die Grundzüge der Anlagepolitik mitbestimmen. Die einzelnen Anlageentscheidungen sind professionellen Vermögensverwaltern vorbehalten. Individuelle Präferenzen der Arbeitnehmer bleiben außer acht.

Für den Wettbewerb unter den Alterssicherungsinstituten ist von entscheidender Bedeutung, ob der Arbeitnehmer das Alterssicherungsinstitut bestimmen darf. Bei den Sparplänen kann der Anleger zwischen verschiedenen Dienstleistern wählen, so daß mit geringeren Reibungsverlusten zu rechnen ist. Sämtliche Pensionsfondsvarianten hingegen binden die Arbeitnehmer an sich. Es liegt dann in der Hand der Pensionsfonds, einzelne Aufgaben an Dritte zu delegieren. Der Betriebsrentenfonds kann eine Kapitalanlagegesellschaft oder sonstige Finanzdienstleister beauftragen. Ein Betriebs-Pensions-Fonds bindet die Arbeitnehmer an die Kapitalanlagegesellschaft, mit der der Arbeitgeber den Grundvertrag geschlossen hat. Es ist allerdings denkbar, daß ein

Arbeitgeber bei verschiedenen Kapitalanlagegesellschaften Betriebs-Pensions-Fonds unterhält[1] und dem Arbeitnehmer die Wahl überläßt. Ob ein Arbeitnehmer bei verschiedenen Kapitalanlagegesellschaften Anteile an einem oder mehreren Betriebs-Pensions-Fonds halten darf, ist nicht geregelt. Der anlageorientierte Pensionsfonds hat zumindest die Vermögensverwaltung an Dritte zu delegieren. Dabei weist der Arbeitskreis extra darauf hin, daß verschiedene Vermögensverwalter einsetzbar sind und daß die Verwaltungsaufträge in angemessener Frist kündbar sein sollen. Alle Pensionsfonds stellen insofern mehrstufige Konstruktionen dar, wobei die erste Stufe - die Beziehung zwischen Arbeitnehmer und Pensionsfonds - keinem Wettbewerb unterliegt und nur die zweite Stufe - die Beziehung zwischen Pensionsfonds und beauftragten Finanzdienstleistern - wettbewerblich organisiert ist.

Die Reformvorschläge unterscheiden sich ebenfalls darin, wie die Alterssicherungsinstitute die Arbeitnehmer zu informieren haben, aber auch darin, welche Informationen die Arbeitnehmer benötigen. Inhaber eines Aktien- oder Altersvorsorge-Sparplans genießen den Schutz des WpHG; der Finanzdienstleister ist zur Beratung verpflichtet. Einmalige und periodische Informationen sind gesetzlich verankert. Bei allen Pensionsfonds hingegen sind die Informationspflichten noch unzureichend konkretisiert, zumindest zwischen Pensionsfonds und Arbeitnehmern. Insbesondere die Formen, die sich an der Unterstützungskasse orientieren, bedürfen diesbezüglich einer gesetzlichen Regelung.

Zu den Informationspflichten zählt auch die Beratung des Anlegers vor Abschluß eines Alterssicherungsvertrags. Sie sollte um so detaillierter und umfangreicher erfolgen, je größer die Entscheidungsbefugnis des Anlegers ist. Die Anbieter von Altersvorsorge-Sparplänen und Aktiensparplänen unterliegen den Beratungspflichten des WpHG. Ergänzungsbedürftig erscheint dieser Aspekt allerdings bei Betriebsrentenfonds und Betriebs-Pensions-Fonds, wenn der Anleger zwischen verschiedenen Fonds oder gar Instituten wählen darf. Klarzustellen ist auch, wer bei mangelhafter oder unzureichender Beratung haftet, der Arbeitgeber oder das Alterssicherungsinstitut. Da der anlageorientierte Pensionsfonds dem Arbeitnehmer keine Entscheidungsbefugnis einräumt, erübrigt es sich, über Fragen der Beraterhaftung nachzudenken.

---

1 Diese Forderung findet sich jedoch nicht explizit im Vorschlag des Bundesverbandes deutscher Banken.

Von besonderer Bedeutung dürfte bei allen Alterssicherungsformen die Transparenz der Gebühren- und Kostenstruktur sein. Gerade diese Aspekte sind insbesondere bei dem Betriebsrentenfonds, aber auch bei Altersvorsorge-Sondervermögen ungeklärt. Je geringer die Wahlmöglichkeiten des Anlegers sind und je geringer damit der Wettbewerb um das Alterssicherungsvermögen ist, desto umfangreicher ist der Anleger gesetzlich zu schützen. So sollten die Pensionsfonds dazu verpflichtet werden, zumindest gegenüber den Kontrollorganen und gegenüber den Anlegern die Kosten für Verwaltung, Transaktionen etc. offenzulegen.

Grundsätzlich sind beide Sparpläne kündbar und das Alterssicherungsvermögen auf einen anderen Finanzdienstleister übertragbar. Der Altersvorsorge-Sparplan, vor allem aber der private Aktiensparplan bedürfen hier allerdings noch detaillierterer Regelungen. Da die Arbeitnehmer ihren betrieblichen Pensionsfonds nicht wählen dürfen, ist ihnen auch der Wechsel nicht gestattet. Die Pensionsfonds-Unterstützungskasse und der Betriebs-Pensions-Fonds in Verbindung mit Vorsorgezusagen gestehen dem Arbeitnehmer zumindest zu, die Art der Anlage zu wechseln.

Da für Anleger die Auswahl der und der Wechsel zwischen Alterssicherungsinstituten nur eingeschränkt möglich ist, kommt der Kontrolle besondere Bedeutung zu. Gerade dieser Aspekt ist jedoch in allen Vorschlägen unzureichend geklärt. Die Arbeitnehmer sollen keines der vorgeschlagenen Alterssicherungsinstitute allein führen oder kontrollieren. Keines der Alterssicherungsinstitute dürfte somit unabhängig sein und das Alterssicherungsvermögen ausschließlich im Interesse der Arbeitnehmer verwalten. Die Finanzdienstleister, die Sparpläne anbieten, unterliegen zumindest einer marktlichen Kontrolle, sofern die steuerrechtlichen Rahmenbedingungen entsprechend gestaltet werden. Betriebsrentenfonds und Betriebs-Pensions-Fonds versuchen den Kontrollanforderungen zu genügen, indem ein Treuhänder und zum Teil zusätzlich ein Aktuar bestellt werden. Wahl des Treuhänders, Aufgaben, Instrumente, Folgen bei Pflichtverletzung etc. werden nicht konkretisiert. Der Bundesverband deutscher Banken schränkt lediglich den Kreis potentieller Treuhänder für Betriebs-Pensions-Fonds ein, wobei der Katalog auch nicht gerade eine konfliktfreie Vertretung der Anlegerinteressen vermuten läßt. Der Arbeitnehmer selbst verfügt über keine Kontrollrechte. Hier besteht umfangreicher Nachbesserungsbedarf. In diesem Zusammenhang ist auch zu klären, in welchem Umfang die Alterssicherungsinstitute die Anleger auf mögliche Kontroll- und Mitbestimmungsrechte hinzuweisen haben.

Dabei ist zu unterscheiden zwischen Mitbestimmungsrechten bezüglich des Alterssicherungsinstituts und Rechten, die aus den Vermögenswerten resultieren.

Vorteil des privaten Aktiensparplans ist, daß der Anleger Aktien direkt erwerben und halten kann, ohne einen Dienstleister zwischenschalten zu müssen.[1] Der Anleger kann zudem selbst die Rechte aus Aktien geltend machen, z.B. das Stimmrecht, oder Dritte mit der Wahrnehmung beauftragen. Hält er Anteile an Investmentfonds, steht das Stimmrecht der Kapitalanlagegesellschaft zu. Dagegen ist so lange nichts einzuwenden, wie die Kapitalanlagegesellschaft keine eigenen Interessen verfolgt, die denen der Anteilsinhaber entgegenstehen. Es lassen sich allerdings auch mehrere Vorteile anführen, die für die Einschaltung beispielsweise einer Kapitalanlagegesellschaft sprechen, wie professionelles Fondsmanagement und Kostenreduktion. Bei allen anderen Vorschlägen zur privaten Alterssicherung sind zwangsweise Institute verschiedener Art zwischengeschaltet. Die daraus resultierenden Probleme wurden oben bereits erörtert.

Verfügungen vor Eintritt des Alterssicherungsfalls regeln die Vorschläge ebenfalls unterschiedlich. Die Sparpläne sehen „lediglich" Mindestvertragslaufzeiten vor. Vorzeitig sind steuerunschädliche Verfügungen in Ausnahmefällen möglich. Eine Auszahlung setzt den Eintritt eines bestimmten Ereignisses nicht voraus.[2] Im Rahmen der betrieblichen Alterssicherung hingegen gilt das Betriebsrentenrecht: Der Zahlungsbeginn ist an den der gesetzlichen Rentenversicherung geknüpft.

Die Analyse der Reformvorschläge zeigt, daß in vielen Aspekten noch Konkretisierungsbedarf besteht. Wichtig wäre aber vor allem eine konzeptionelle Orientierung. Insbesondere die Vorschläge zu Neuerungen in der betrieblichen Alterssicherung halten weitgehend an dem Versicherungsgedanken fest. Wettbewerbliche Aspekte, wie sie für das amerikanische und für das britische System typisch sind, findet man kaum. Der private Aktiensparplan des DAI verspricht dem Anleger den höchsten Grad an

---

1 Gleichwohl ist Privatpersonen die Auftragsausführung über die Börse nicht möglich; dieses Privileg liegt bei den zur Teilnahme am Börsenhandel zugelassenen Personen, wie z.B. Kreditinstitute, § 7 BörsG.

2 In den USA ist den Inhabern von IRAs eine mehrjährige Frist für den Auszahlungsbeginn vorgegeben. Ab 59 ½ Jahren dürfen sie über Guthaben verfügen, spätestens mit 70 ½ Jahren müssen sie über einen Mindestbetrag verfügen. Department of the Treasury, Internal Revenue Service (1998c), Kapitel 5.

Anlagenvielfalt und Entscheidungsbefugnis. Allerdings erfordert seine Umsetzung auch umfangreiche Änderungen im Steuer-, Arbeits- und Sozialversicherungsrecht, wenn man ihn im Rahmen der gesamten privaten Alterssicherung einsetzen möchte.

Konsequenzen für eine und aus einer Reform der privaten Alterssicherung

Wie ist das System der Alterssicherung in Deutschland derzeit organisiert und worin unterscheidet es sich von den Systemen in den USA und in Großbritannien? Diese Bestandsaufnahme lieferte der erste Teil der Arbeit. Auf die Frage, welche potentiellen Reibungsverluste die derzeit in Deutschland steuerlich begünstigten Instrumente der privaten Alterssicherung bergen, antwortete der zweite Teil. Er lieferte ebenfalls Anregungen für mögliche Gegenmaßnahmen. Aus den Ergebnissen der ersten beiden Teile ließen sich im dritten Teil Anforderungen an neue Formen der privaten Alterssicherung ableiten, die diese erfüllen sollten, um steuerlich gefördert zu werden. Welche steuerrechtlichen Anpassungsmaßnahmen dafür aus ökonomischer Sicht wünschenswert und auf Basis geltenden Rechts erforderlich wären, zeigte ebenfalls der dritte Teil der Arbeit auf. Die Beurteilung ausgewählter Vorschläge zur Reform der privaten Alterssicherung im Spiegel der herausgearbeiteten Anforderungen rundete den Teil ab.

Worin bestehen nun die Eckpfeiler einer neuen förderungswürdigen privaten Alterssicherung und welche Rückwirkungen auf den Kapitalmarkt und die Gesamtwirtschaft lassen sie erwarten? Ein wichtiger Ausgangspunkt der Überlegungen war, daß die Leistungen der betrieblichen Alterssicherung zunehmend einen Bestandteil der Gesamtvergütung eines Arbeitnehmers bilden. Sie unterliegen im Gegensatz zum Barlohn aber einer bestimmten Verwendungsabrede. Die betriebliche Alterssicherung hat wie die individuelle Alterssicherung zum Ziel, auf privater Basis Vermögen für den Arbeitnehmer im Alter aufzubauen. Aus ökonomischer Sicht lassen sich unterschiedliche steuerliche Rahmenbedingungen für die beiden Formen mithin nicht rechtfertigen. Großbritannien dient hinsichtlich der steuerlichen Gleichbehandlung individueller und betrieblicher Alterssicherung als Vorbild. Eine Angleichung erscheint auch für Deutschland geboten. Eine strikte Trennung betrieblicher und individueller Alterssicherung mit der Folge komplexer und nur schwer nachvollziehbarer Rechtskonstruktionen erübrigte sich. Überschaubare Rahmenbedingungen wären für alle beteiligten Personen die Folge.

Diente die interne Finanzierung der betrieblichen Alterssicherung den Unternehmen gleichzeitig als kostengünstige Kapitalquelle, solange der Kapitalmarkt noch in seiner "Gründungsphase" steckte, sind heute die Vorteile einer kapitalmarktorientierten

Alterssicherung unverkennbar, die durch Wettbewerb, Diversifikation und Transparenz geprägt ist. Diese Vorteile sind nicht durch einzelne Korrekturen im derzeitigen System zu erzielen. Vielmehr bedarf es einer grundlegend neuen Konzeption. Sie basiert auf der agencytheoretischen Grundposition, daß Zwang stets mit Verschwendungsanreizen für die Verwalter von Alterssicherungsvermögen einhergeht, während Wettbewerb die Verwalter zu guter Leistung herausfordert und Effizienz verspricht. Die Anforderungen, die Formen der privaten Alterssicherung erfüllen sollten, um steuerlich gefördert zu werden, sind deshalb aus dem Blickwinkel der wettbewerblichen Kontrolle zu formulieren. Zusammenfassend lauten diese Anforderungen:[1]

1. Der Arbeitnehmer darf zwischen Versorgungs- und Vorsorgezusage seines Arbeitgebers wählen. Das setzt voraus, daß der Arbeitgeber den Gehaltsbestandteil offenlegt, den der Arbeitnehmer zum Zwecke der Alterssicherung erhält.

2. Neben betrieblichen ist unabhängigen Alterssicherungsinstituten der Marktzugang zu ermöglichen. Der Arbeitnehmer bestimmt selbst das oder die Alterssicherungsinstitute, die er mit seiner Alterssicherung betrauen möchte. Er darf das Alterssicherungsinstitut auch wechseln.

3. Alterssicherungsinstitute können einige ausgewählte Instrumente, aber auch sämtliche Anlageformen und Versicherungsverträge anbieten. Wichtig ist, daß dem Arbeitnehmer verschiedene Instrumente zugänglich gemacht werden. Er selbst entscheidet den Umfang des Versicherungsschutzes und die Form der Anlagen. Umschichtungen sind zulässig.

4. Zahlungen aufgrund von Vorsorgezusagen werden auf individuellen Konten verbucht.

5. Die Alterssicherungsinstitute sind dazu verpflichtet, die Arbeitnehmer umfassend und regelmäßig zu informieren: über den Kontostand, die Vermögenszusammensetzung, alternative Anlageformen und über das Geschäftsgebaren des Alterssicherungsinstituts.

---

[1] Im Detail siehe die Seiten 235 - 236 und die Seiten 250 - 251.

6. Ergänzend zur marktlichen Kontrolle ist den Arbeitnehmern zu ermöglichen, an der Kontrolle ihres oder ihrer Alterssicherungsinstitute mitzuwirken.

Formen der privaten Alterssicherung, die diese sechs Punkte erfüllen, sollten folgende steuerliche Förderung genießen:

1. Zahlungen mit dem Zweck der privaten Alterssicherung mindern das zu versteuernde Einkommen des Arbeitnehmers im Jahr der Zahlung. Dabei ist es unerheblich, ob der Arbeitnehmer oder sein Arbeitgeber die Zahlung an das Alterssicherungsinstitut vornimmt.

2. Zahlungen auf private Alterssicherungskonten sind in unbegrenzter Höhe zulässig. Begrenzt ist allerdings der Betrag, der gemäß Punkt 1 steuerwirksam ist. Dieser Betrag bemißt sich nach einem bestimmten Prozentsatz des zu versteuernden Einkommens des Arbeitnehmers. Er ist nach oben durch einen absoluten Betrag begrenzt. Zahlungen, die den steuerwiksamen Betrag eines Jahres übersteigen, werden auf kommende Jahre steuerwirksam vorgetragen.

3. Erträge aus dem Alterssicherungsvermögen werden steuerfrei thesauriert. Gleichwohl werden sämtliche Alterssicherungsvermögen in das körperschaftsteuerliche Anrechnungsverfahren einbezogen.

4. Entnahmen aus dem Alterssicherungsvermögen, das aus unversteuertem Einkommen aufgebaut wurde, und aus den Erträgen sind steuerpflichtig. Der Arbeitnehmer darf Alterssicherungsvermögen frühestens ab einem bestimmten Alter entnehmen und muß spätestens mit einem bestimmten Alter damit beginnen. In besonderen Lebenslagen sind vorzeitige Verfügungen steuerschädlich zulässig.

Die Freiheit der Arbeitnehmer, private Alterssicherung wahlweise über ihren Arbeitgeber oder über sonstige Intermediäre unter gleichen steuerlichen Rahmenbedingungen vorzunehmen, schließt die Arbeitgeber in eine marktliche Kontrolle ein. Die Arbeitgeber müssen sich im Wettbewerb um Alterssicherungsvermögen behaupten. Bietet ein Arbeitgeber günstigere oder zumindest gleiche Konditionen wie die Konkurrenz, werden die Arbeitnehmer freiwillig "ihr" betriebliches Alterssicherungsinstitut mit der Verwaltung ihres Alterssicherungsvermögens betrauen. Sind die Konditionen hingegen schlechter, sind die Arbeitnehmer nicht länger gezwungen, Teile ihres Alterssicherungsvermögens zur Subvention des betrieblichen Alterssicherungsinstituts einzusetzen. Andere Anbieter stehen ihnen offen, so daß konkurrenzunfähige betriebliche Alterssicherungsinstitute nicht bestehen werden.

Diversifikation ist bei den Anlageformen, aber auch bei den Alterssicherungsinstituten möglich, da der Arbeitnehmer sein Alterssicherungsvermögen frei anlegen, umschichten und das Alterssicherungsinstitut wählen und wechseln darf. Er kann sein Vermögen auch bei mehreren Instituten verwalten lassen. Kosten eines zwangsweisen Übertrags und Einbußen in der betrieblichen Alterssicherung bei Wechsel des Arbeitgebers werden vermieden. Besonders bedeutend ist jedoch, daß sich der Wettbewerb unter den Anlageformen und den Alterssicherungsinstituten nicht nur auf den Zeitpunkt des Vertragsabschlusses und der Neuanlage bezieht, sondern sich über die gesamte Anspar- und Entsparphase des Alterssicherungsvermögens erstreckt. Die wettbewerblichen Organisationsstrukturen lassen im Vergleich zur derzeitigen Lage geringere Reibungsverluste bei der Alterssicherung erwarten.

Solange eine marktliche Kontrolle der betrieblichen Alterssicherungsinstitute noch nicht gegeben ist, kommt den internen Kontrollstrukturen besondere Bedeutung zu. Als unmittelbar Betroffene sollten die Arbeitnehmer die Vermögensverwalter bestimmen und kontrollieren dürfen. Das setzt umfangreiche Information der Arbeitnehmer voraus.

Die Anerkennung der betrieblichen Alterssicherungsleistungen als Gehaltsbestandteil verpflichtet zu mehr Transparenz gegenüber dem Arbeitnehmer. Überläßt man ihm die Wahl des Alterssicherungsinstituts, muß die Gehaltsabrechnung zwangsweise den Betrag ausweisen, der zur Alterssicherung einsetzbar ist. Die Kosten einer betrieblichen Alterssicherung werden dem Arbeitnehmer damit offengelegt. Es ist anzunehmen, daß die Arbeitnehmer den Leistungen einen höheren Wert beimessen werden als bisher.

Der Arbeitnehmer bestimmt die Anlage des Alterssicherungsvermögens und trägt damit selbst die Verantwortung für seine finanzielle Situation im Alter. Er kann die Alterssicherung an seinen individuellen Bedürfnissen ausrichten. Seine Risikoeinstellung, seine Vermögenssituation und seine Verpflichtungen gegenüber Hinterbliebenen fließen in die Anlageentscheidungen ein. Weiterhin ist es möglich, professionelle Hilfe beim Vermögensaufbau in Anspruch zu nehmen und biometrische Risiken und Marktrisiken über den Arbeitgeber oder über sonstige Intermediäre abzudecken. Die individuelle Verbuchung des Alterssicherungsvermögens ist Grundlage für die regelmäßige Information des Arbeitnehmers über den Marktwert seines Alterssicherungsvermögens. Vermögensumschichtungen ermöglichen es dem Arbeitnehmer, auf Marktentwicklungen zu reagieren, aber auch seine Alterssicherung an sich ändernde Präferenzen anzupassen. Der verstärkte Wettbewerb unter den Anlageformen und den Alterssicherungsinstituten läßt zudem niedrigere Reibungsverluste bei der Vermögensverwaltung und damit eine bessere Entwicklung des Alterssicherungsvermögens erwarten.

Ein Arbeitnehmer ist nicht länger an seinen Arbeitgeber gebunden, um private Alterssicherung steuerbegünstigt vornehmen zu können. Damit öffnet sich auch der Markt für neue, unabhängige Alterssicherungsinstitute. Die Unabhängigkeit bezieht sich dabei nicht nur auf das Verhältnis zum Arbeitgeber, sondern auch auf das zu anderen Interessengruppen, z.B. den Kreditinstituten. Ausschließliches Ziel der Alterssicherungsinstitute sollte es sein, das Alterssicherungsvermögen der Arbeitnehmer oder Anleger bestmöglich zu verwalten.

Für die Unternehmen, die betriebliche Alterssicherungsleistungen gewähren, erhöht sich die Vielfalt an Gestaltungsvarianten.[1] Sie können weiterhin sogenannte In-House-Lösungen anbieten oder einzelne Komponenten auslagern. Betriebliche Alterssicherung wird für sie wieder kalkulierbar. Im Gegensatz zur derzeitigen Situation entscheiden aber die Arbeitnehmer darüber, auf welche Art die betriebliche Alterssicherung erfolgt. Kleine Arbeitgeber, die selbst kein Alterssicherungsinstitut betreiben können, sind gegenüber Großunternehmen mit innerbetrieblicher Alterssicherung im Wettbewerb um Arbeitskräfte nicht länger benachteiligt. Ihre Arbeitnehmer haben die Möglichkeit, über unabhängige Institute Alterssicherung zu betreiben, ohne steuerlich benachteiligt zu sein. Mit einer Ausweitung der privaten Alterssicherung ist daher zu rechnen.

---

1 Gleichwohl entfallen zumindest mittelfristig die derzeitigen Durchführungswege.

Die externe Anlage des Alterssicherungsvermögens führt zudem zu niedrigeren Sicherungskosten in der betrieblichen Alterssicherung gegen die Insolvenz des Arbeitgebers. Vorsorgezusagen bedürfen keiner institutionellen Versicherung des Anlagevermögens. Auch die Sicherungskosten für Versorgungszusagen lassen sich durch den externen Vermögensaufbau senken, da der Versicherer nur für die Unterdeckung der Versorgungsansprüche einzustehen hat. Die Unterdeckung dürfte im Vergleich zur internen Finanzierung niedriger sein, da ein Aufzehren oder eine Beleihung des Vermögens durch das Trägerunternehmen nicht möglich ist. Hohe Sicherungskosten der internen Finanzierung lassen erwarten, daß die Arbeitnehmer diesen Durchführungsweg nicht länger wählen werden, sofern nicht andere Vorteile die Sicherungskosten überkompensieren.

Um die neue Konzeption der privaten Alterssicherung schnellstmöglich umzusetzen und den Verbreitungsgrad der privaten Alterssicherung zu erhöhen, sollte das Grundkonzept eine besondere steuerliche Förderung erfahren. Im Rahmen bestimmter Obergrenzen erscheint die nachgelagerte Besteuerung zielgerecht.

Welche Rückwirkungen läßt nun eine Reform der privaten Alterssicherung in Richtung auf eine wettbewerbliche Organisationsstruktur erwarten, die sich den Kapitalmarkt zunutze macht? Im Vordergrund der Reformüberlegungen dürfte und sollte dabei die Verbesserung der finanziellen Situation der Anleger und Arbeitnehmer im Alter stehen. Nicht zuletzt ist aber auch damit zu rechnen, daß zahlreiche Unternehmen Nutzen aus derartigen Strukturänderungen ziehen. Darüber hinaus sind Impulse für den Kapitalmarkt und positive gesamtwirtschaftliche Effekte zu erwarten.

Dem Kapitalmarkt kommt bei dieser neuen Form der privaten Alterssicherung eine hohe Bedeutung zu. Allein die Zuführung zum betrieblichen Alterssicherungsvermögen betrug in 1996 ca. 25 Mrd. DM.[1] Entfällt in einer Übergangsphase nur ein geringer Anteil hiervon auf die neue Form der Alterssicherung, wird über kurz oder lang sämtliches Alterssicherungsvermögen über den Kapitalmarkt plaziert werden. Überläßt man den Anlegern die Wahl der Anlagemöglichkeiten, ist allerdings nicht vorhersehbar, welcher Anteil in festverzinsliche Anlagen und welcher Anteil in Aktien

---

[1] Die Deckungsmittel der betrieblichen Altersversorgung betrugen nach Schätzungen der Arbeitsgemeinschaft betriebliche Altersversorgung e.V. Ende 1995 490,3 Mrd. DM und stiegen bis Ende 1996 auf 514,6 Mrd. DM an. C. Urbitsch (1998). Neuere Daten liegen noch nicht vor.

investiert wird. Zahlen aus den USA und aus Großbritannien belegen, daß dort 52 % bzw. 80 % des Pensionsfondsvermögens in Aktien geflossen sind.[1] Unterstellt man für Deutschland lediglich die halbe Quote der USA, handelt es sich immerhin um über 6 Mrd. DM jährlich, die dem Aktienmarkt zusätzlich zur Verfügung stehen.

Lebensversicherungsunternehmen dürften einem stärkeren Wettbewerbsdruck ausgesetzt sein, wenn ihnen andere Intermediäre und die betrieblichen Alterssicherungsinstitute steuerlich gleich gestellt werden. Sie werden gezwungen sein, ihre Vermögensverwaltung noch effizienter zu betreiben als bisher. Dabei ist zu erwarten, daß auch ihre Nachfrage nach Aktien steigen wird.

Kritiker einer kapitalmarktorientierten Alterssicherung warnen, der deutsche Kapitalmarkt könne das wachsende Kapitalangebot nicht aufnehmen. Sucht jedoch mehr Kapital nach einer Verwendung, werden die Aktienkurse bei gegebener Kapitalnachfrage von Seiten der Unternehmen steigen. Damit sinken die Kosten externen Eigenkapitals, was weitere Unternehmen zum Gang an die Börse veranlassen dürfte. Gleichwohl ist aufgrund der Globalisierung der Kapitalmärkte und aufgrund der Einführung des Euro auch mit einer verstärkten Mittelanlage im Ausland zu rechnen. Erfahrungen aus den USA und aus Großbritannien zeigen jedoch, daß der überwiegende Teil des Alterssicherungsvermögens im Inland verbleibt.[2] Im Ergebnis ist damit zu rechnen, daß Kapitalangebot und Kapitalnachfrage steigen.

Eine erhöhte Kapitalnachfrage von Seiten der Unternehmen ist ebenfalls dann gegeben, wenn ihnen die Innenfinanzierung über Pensionsrückstellungen nicht länger möglich ist oder wenn sie von sich aus auf die neue Form der betrieblichen Alterssicherung umsteigen. Die erhöhte Kapitalnachfrage dürfte sich wiederum auf sämtliche Kapitalquellen erstrecken. Da es sich bei den Unternehmen, die bisher Pensionsrückstellungen gebildet haben, in der Regel um größere Unternehmen handelt, ist auch hier mit einem erheblichen Angebot von Forderungs- und Beteiligungstiteln am offenen Kapitalmarkt zu rechnen. Ein breiteres Angebot an Unternehmensanleihen und Aktien ist absehbar. Werden die Unternehmen gezwungen, sich über Kreditinstitute

---

1 Die Zahlen beziehen sich auf Ende 1994. De Ryck (1996), S. 35.

2 Gut 10 % des Vermögens amerikanischer Pensionsfonds war Ende 1994 im Ausland investiert, 75 % davon in Aktien. Britische Pensionsfonds hielten in dem Zeitpunkt immerhin 26 % ihres Vermögens in ausländischen Aktien. K. de Ryck (1996), S. 29 und 31.

oder am offenen Kapitalmarkt Mittel zu besorgen, unterliegen sie zudem einer intensiveren marktlichen Kontrolle und sind zu umfangreicherer Transparenz verpflichtet. Nutznießer dürften letztlich die Anleger sein.

Der Aufbau neuer Alterssicherungsinstitute und die wachsende Kapitalmarktorientierung in der privaten Alterssicherung lassen erwarten, daß zunehmend externe institutionelle Anleger das Alterssicherungsvermögen verwalten werden. Erfahrungen aus den USA und Großbritannien untermauern diese Vermutung.[1] Es ist anzunehmen, daß der Kapitalmarkt neue Impulse von diesen Instituten erhält: Zum einen werden sie an der Entwicklung neuer Kapitalmarktinstrumente beteiligt sein, zum anderen wesentlichen Einfluß auf die Marktstrukturen nehmen. Aufgrund des Anlagevolumens dürften sich beispielsweise die Marktorganisatoren bemühen, die Bedürfnisse der institutionellen Anleger aufzunehmen, und entsprechende Handelsdienstleistungen anbieten.

Infolge der neuen Strukturen in der privaten Alterssicherung ist mit Änderungen hinsichtlich der Unternehmenskontrolle zu rechnen. Dabei wird es entscheidend darauf ankommen, ob neue, unabhängige Finanzdienstleister in den Markt eintreten.[2] Die Abkoppelung der betrieblichen Alterssicherung von dem Unternehmen, in dem der Arbeitnehmer beschäftigt ist, bildet die Grundlage dafür. Die Kapitalanlagegesellschaften bieten zur Zeit aufgrund ihrer überwiegenden Bankennähe ohne Wettbewerb mit Anbietern anderer Struktur allerdings keine wirkliche Alternative. Alterssicherungsinstitute, die von den betroffenen Arbeitnehmern selbst geführt und kontrolliert werden, lassen ein höheres Maß an Unabhängigkeit erwarten. Es läge dann in den Händen der Arbeitnehmer, professionelle Dienstleister für die Vermögensverwaltung auszuwählen. Möglichen Kollisionen mit den Interessen von Arbeitgebern oder Konzernmüttern der Kapitalanlagegesellschaften wäre vorgebeugt.

Art und Ausmaß der Unternehmenskontrolle durch Alterssicherungsinstitute hängt wesentlich von ihrer Anlagestrategie ab.[3] Untersuchungen aus den USA lassen erkennen, daß passiv verwaltete Fonds vornehmlich an einem guten Aktienklima im

---

1 P. F. Drucker (1976).

2 J. Drukarczyk und H. Schmidt (1997), S. 263; H. Schmidt, J. Drukarczyk, D. Honold, S. Prigge, A. Schüler und G. Tetens (1997), S. 162; W. Gerke u.a. (1998), S. 44f.

3 D. Del Guercio und J. Hawkins (1998), S. 6 - 11.

allgemeinen interessiert sind. Fonds mit aktiver Anlagestrategie hingegen üben unmittelbar auf einzelne Unternehmensführungen Einfluß aus. Je nach Typ des Fonds, der sich in der privaten Alterssicherung durchsetzen wird, ist insofern mit Änderungen in der Unternehmenskontrolle zu rechnen.

Der intensivere Wettbewerb um privates Alterssicherungsvermögen verbunden mit der Entstehung neuer Alterssicherungsinstitute dürfte auch bewirken, daß sich Dienstleister etablieren, die die Alterssicherungsinstitute beurteilen. Das dürfte ebenfalls zu einem Abbau der Reibungsverluste bei den privaten Alterssicherungsinstituten beitragen.

Ferner verspricht die neue Struktur mehr Effizienz in der privaten Alterssicherung und damit positive gesamtwirtschaftliche Impulse. Müssen die Anleger und Arbeitnehmer einen geringeren Anteil ihres Einkommens für das Alter zurücklegen, um ein bestimmtes Alterssicherungsvermögen aufzubauen, steht ihnen während ihrer Erwerbstätigkeit ein größerer Betrag zu Konsumzwecken zur Verfügung. Die erhöhte Binnennachfrage dürfte sich positiv auf die Inlandskonjunktur auswirken und zu einem Anstieg des Bruttoinlandsprodukts beitragen. Positive Rückwirkungen auf den Arbeitsmarkt sind zu erwarten. Ändern die Anleger und Arbeitnehmer ihr Spar- und Konsumverhalten während der Ansparphase nicht, ist damit zu rechnen, daß sie im Alter über ein höheres Vermögen verfügen, als unter derzeitigen Rahmenbedingungen absehbar ist, auch wenn die Entnahmen steuerpflichtig werden. Die skizzierten gesamtwirtschaftlichen Folgen träten dann erst später ein.

Positive Auswirkungen auf den Arbeitsmarkt sind zudem allein aufgrund der steigenden Mobilität der Arbeitnehmer absehbar. Ältere Arbeitnehmer werden eher bereit sein, ihren Arbeitsplatz zu wechseln, wenn sie daraus keine Einbußen in der betrieblichen Alterssicherung erleiden. Unternehmen sind dadurch in der Lage, strukturelle Änderungen einfacher und kostengünstiger vorzunehmen. Wollen sie darüber hinaus ältere Arbeitnehmer neu einstellen, die bereits über eine betriebliche Alterssicherung verfügen, müssen sie deren potentiellen Verluste nicht länger kompensieren, um sie für sich zu gewinnen. Ein intensiverer Wettbewerb um qualifiziertes Personal und eine höhere Kongruenz zwischen Anforderungsprofil eines Arbeitsplatzes und Qualifikation des Arbeitnehmers sind wahrscheinlich. Nicht zuletzt dürften neue Arbeitsplätze bei Dienstleistern rund um die private Alterssicherung entstehen.[1] Nimmt die Zahl der beschäftigten Arbeitnehmer zu, werden die Einnahmen der gesetzlichen Rentenversicherung steigen, was im Ergebnis zur Entlastung der staatlichen Alterssicherung beiträgt.

Der Vergleich der Alterssicherungssysteme Deutschlands, der USA und Großbritanniens hat verdeutlicht, daß sich von Land zu Land unterschiedliche Denkweisen über Kapitalmärkte auch in den Strukturen der privaten Alterssicherung widerspiegeln. Während in Deutschland der Versicherungsgedanke und das Streben nach Stabilität die Formen der privaten Alterssicherung dominieren, stehen in Großbritannien und in den USA der Wettbewerbs- und der Effizienzgedanke im Vordergrund.[2] Eine Reform der privaten Alterssicherung in Deutschland, die sich an dem oben dargestellten Leitbild ausrichtet, dürfte Wettbewerb und Effizienz am deutschen Kapitalmarkt unterstützen und die finanzielle Belastung des einzelnen und der Gemeinschaft durch die Alterssicherung reduzieren.

---

1 Siehe dazu auch W. Gerke u.a. (1998), S. 47.

2 Zur Differenzierung von Finanzsystemen siehe F. Allen und D. Gale, Comparative financial systems: Competition versus insurance, o.O., First draft 1997.

Literaturverzeichnis

Adams, Michael (1994)
Die Usurpation von Aktionärsbefugnissen mittels Ringverflechtung in der „Deutschland AG". In: Die Aktiengesellschaft, 39. Jg. (1994), S. 148 - 158.

Adams, Michael (1996)
Aufsichtsräte und Banken - Kontrolldefizite und Einflußkumulation in der deutschen Wirtschaft - Es empfehlen sich gesetzliche Maßnahmen zur Einschränkung des Einflusses der Kreditinstitute und Allfinanzkonzerne. Diskussionsbeiträge Recht und Ökonomie Nr. 30. Universität Hamburg. Hamburg 1996.

Adams, Michael (1997a)
Revolution im Versicherungsgewerbe. In: Zeitschrift für Wirtschaftsrecht ZIP, 18. Jg. (1997), S. 1224 - 1228.

Adams, Michael (1997b)
Die Kapitallebensversicherung als Anlegerschädigung. In: Zeitschrift für Wirtschaftsrecht ZIP, 18. Jg. (1997), S. 1857 - 1865.

Advisory Council on Social Security (1997)
Report of the 1994 - 1996 Advisory Council on Social Security, Vol. I. Washington 1997.
http://www.ssa.gov/policy/adcouncil/toc.htm

Ahrend, Peter (1995)
Bewertung von Versorgungsverpflichtungen im internationalen Vergleich - Rechnungslegungsvorschriften als Standortnachteil für die betriebliche Altersversorgung. In: Rechenschaftslegung im Wandel. Festschrift für Wolfgang Dieter Budde. Hrsg. Gerhart Förschle, Klaus Kaiser und Adolf Moxter. München 1995, S. 1 - 17.

Ahrend, Peter, und Wolfgang **Förster** (1991)
Gesetz zur Verbesserung der betrieblichen Altersversorgung mit zivilrechtlichen, arbeitsrechtlichen, steuerrechtlichen Vorschriften und Erläuterungen. 4. Aufl., München 1991.

Ahrend, Peter, Wolfgang **Förster** und Norbert **Rößler** (1995a)
Steuerrecht der betrieblichen Altersversorgung - mit arbeitsrechtlicher Grundlegung, Band I und II. 4. Aufl., Köln 1995.

Ahrend, Peter, Wolfgang **Förster** und Norbert **Rößler** (1995b)
Effizienzgewinne bei gleichzeitiger Kostenreduktion in der betrieblichen Altersversorgung. In: Betriebs-Berater, 50. Jg. (1995), Beilage 10 zu H. 32.

Ahrend, Peter, und Heinz-J. **Heger** (1995)
Neustrukturierung der (betrieblichen) Altersversorgung - aus der Sicht des Unternehmens -. In: Deutsche Steuer-Zeitung, 83. Jg. (1995), S. 485 - 493.

Akerlof, George A. (1970)
The market for "lemons": Quality uncertainty and the market mechanism. In: Quarterly Journal of Economics, 84. Jg. (1970), S. 488 - 500.

Akionskreis Finanzplatz e.V. (1998)
Altersvorsorge in Deutschland. Frankfurt 1998.

Allen, Everett T., Joseph J. **Melone** und Jerry S. **Rosenbloom** (1984)
Pension planning, pension, profit sharing, and other deferred compensation plans. 5. Aufl., Illinois 1984.

Allen, Franklin, und Douglas **Gale** (1997)
Comparative financial systems: Competition versus insurance. First draft. O.O. 1997.

Andresen, Boy-Jürgen (1997)
Die zukünftige Bedeutung der betrieblichen Altersversorgung. In: Der langfristige Kredit, 48. Jg. (1997), S. 14 - 16.

Andrews, Emily (1993)
Private pensions in OECD countries. The United States. Hrsg. OECD. Social policy study No. 10. Paris 1993.

apRoberts, Lucy (1993)
Zusatzrentensysteme: Auf dem Weg zu einer terminologischen Definition. In: Internationale Revue für soziale Sicherheit, Band 46 (1993), H. 4, S. 55 - 73.

Arbeitsgemeinschaft für betriebliche Altersversorgung e.V. (1995)
Memorandum zur Sicherung und Förderung der betrieblichen Altersversorgung in Deutschland. In: Betriebliche Altersversorgung, 50. Jg. (1995), S. 1 - 28.

Arrow, Kenneth J. (1963)
Uncertainty and medical care. In: American Economic Review, 53. Jg. (1963), S. 941 - 973.

Arrow, Kenneth J. (1985)
The economics of agency. In: Principals and agents - The structure of business. Hrsg. John W. Pratt und Richard J. Zeckhauser. Boston 1985, S. 37 - 51.

Assmann, Heinz-Dieter, und Uwe H. **Schneider** (1995)
Wertpapierhandelsgesetz: Kommentar. Köln 1995.

Barnea, Amir, Robert A. **Haugen** und Lemma W. **Senbet** (1981)
Market imperfections, agency problems, and capital structure: A review. In: Financial Management, 10. Jg. (1981), Heft 3, S. 7 - 22.

Barnea, Amir, Robert A. **Haugen** und Lemma W. **Senbet** (1985)
Agency problems and financial contracting. Englewood Cliffs 1985.

Basedow, Jürgen (1992)
Die Kapitallebensversicherung als partiarisches Rechtsverhältnis. Eine zivilistische Konstruktion der Überschußbeteiligung. In: Zeitschrift für die gesamte Versicherungswissenschaft, 81. Jg. (1992), S. 419 - 455.

Baumann, Horst (1988)
Überschußbeteiligung, rechtliche Grundlagen. In: Handwörterbuch der Versicherung. Hrsg. Dieter Farny, Elmar Helten, Peter Koch und Reimer Schmidt. Karlsruhe 1988, S. 895 - 900.

Baums, Theodor (1996)
Universal banks and investment companies in Germany. In: Universal banking. Financial system design reconsidered. Hrsg. Anthony Saunders und Ingo Walter. Chicago u.a. 1996, S. 124 - 160.

Baums, Theodor, und Christian **Fraune** (1995)
Institutionelle Anleger und Publikumsgesellschaft: Eine empirische Untersuchung. In: Die Aktiengesellschaft, 40. Jg. (1995), S. 97 - 112.

Baums, Theodor, und Markus **König** (1997)
Investmentfonds im Universalbankkonzern: Rechtstatsachen und aktuelle Reformfragen. In: Aktien- und Bilanzrecht. Festschrift für Bruno Kropff. Hrsg. Karl-Heinz Forster, Barbara Grunewald, Marcus Lutter und Johannes Semler. Düsseldorf 1997, S. 1 - 36.

Baur, Jürgen (1997)
Investmentgesetze. Gesetz über Kapitalanlagegesellschaften und Gesetz über den Vertrieb ausländischer Investmentanteile und über die Besteuerung der Erträge aus ausländischen Investmentanteilen. Kommentar nebst Länderübersicht EG/EWR-Staaten, Japan, Schweiz, USA. 2., völlig neu bearb. u. erw. Aufl., Berlin 1997.

Bayer, Patrick J., B. Douglas **Bernheim** und John Karl **Scholz** (1996)
The effects of financial education in the workplace: evidence from a survey of employers. NBER working paper No. 5655. Cambridge 1996.

Beam, Burton T., und John J. **McFadden** (1996)
Employee benefits. 4. Aufl., USA 1996.

Becker, Gary S. (1994)
Unerläßliche Reform der Altersvorsorge - Weltweite Krise des Umlageverfahrens. In: Neue Zürcher Zeitung, Nr. 301 vom 25./26.12.1994, S. 14.

Beise, Marc (1996)
Nicht das Einkommen muß besteuert werden, sondern der Konsum. Der Markt soll vor dem Einfluß des Steuerrechts geschützt werden. In: Handelsblatt, Nr. 176 vom 11.09.1996, S. 8.

Benefits Agency (1998)
Social security benefit rates. Leaflet NI196. O.O. 1998.

Berle, Adolf A., und Gardiner C. **Means** (1932)
The modern corporation and private property. New York 1932.

Bernheim, B. Douglas, und Daniel M. **Garrett** (1996)
The determinants and consequences of financial education in the workplace: Evidence from a survey of households. NBER working paper No. 5667. Cambridge 1996.

Beye, Claus-Jürgen (1995)
Jahressteuergesetz 1996: Zuwendungen an Unterstützungskassen - Neufassung von § 4d EStG. In: Der Betrieb, 48. Jg. (1995), S. 2033 - 2038.

Beyer, Jürgen (1994a)
Entwicklung der betrieblichen Altersversorgung in Deutschland. In: Betriebs-Berater, 49. Jg. (1994), S. 653 - 658.

Beyer, Jürgen (1994b)
Zur aktuellen Entwicklung der betrieblichen Altersversorgung in Deutschland. In: Versicherungswirtschaft, 49. Jg. (1994), S. 683 - 687.

Bieling, Jörg (1998)
Die berufsständische Altersversorgung der Ärzte, Zahnärzte und Tierärzte. In: Versicherungswirtschaft, 53. Jg. (1998), S. 748 - 754.

Bierman, Harold Jr. (1997)
Portfolio allocation and the investment horizon. In: Journal of Portfolio Management, 23. Jg. (1997), Summer, S. 51 - 55.

Bitz, Michael (1997)
Finanzdienstleistungen. 3., völlig überarb. und erw. Aufl., München 1997.

Blaesius, Stefan (1988)
Zur Rentabilität von Lebensversicherungen. In: Zeitschrift für Betriebswirtschaft, 58. Jg. (1988), S. 708 - 723.

Blair, Margaret M. (1995)
Ownership and control. Rethinking corporate governance for the twentyfirst century. Washington 1995.

Blake, David (1995)
Pension schemes and pension funds in the United Kingdom. Oxford 1995.

Blomeyer, Wolfgang (1994)
Direktversicherung durch Gehaltsumwandlung. In: Der Betrieb, 47. Jg. (1994), S. 882 - 886.

Blomeyer, Wolfgang (1996)
Arbeitsrechtliche Grundlinien der beitragsorientierten Versorgungszusage zwischen Beitrags- und Leistungszusage. In: Betriebliche Altersversorgung, 51. Jg. (1996), S. 308 - 315.

Blomeyer, Wolfgang (1997a)
Flexibilisierung des Betriebsrentenrechts durch Beitragszusagen. In: Der Betrieb, 50. Jg. (1997), S. 1921 - 1926.

Blomeyer, Wolfgang (1997b)
Pensionsfonds in der parlamentarischen Beratung. In: Zeitschrift für Wirtschaftsrecht ZIP, 18. Jg. (1997), S. 1955 - 1957.

Blomeyer, Wolfgang (1997c)
Betriebsrente durch Pensionsfonds? In: Zeitschrift für Wirtschaftsrecht ZIP, 18. Jg. (1997), S. 1397 - 1404.

Blomeyer, Wolfgang, und Klaus **Otto** (1984)
Gesetz zur Verbesserung der betrieblichen Altersversorgung. Kommentar. München 1984.

Blume, Marshall E. (1993)
Soft dollars and the brokerage industry. In: Financial Analysts Journal, 49. Jg. (1993), Heft 2, S. 36 - 44.

Blundell, Richard, und Paul **Johnson** (1997)
Pensions and retirement in the UK. NBER working paper No. 6154. Cambridge 1997.

Bode, Christoph (1994)
Betriebliche Altersversorgung in Form von Gehaltsumwandlungs-Direktzusagen. In: Der Betrieb, 49. Jg. (1994), S. 784 - 786.

Bode, Christoph (1997)
Gehaltsumwandlung im Tarifbereich. In: Der Betrieb, 52. Jg. (1997), S. 1769 - 1775.

Bode, Christoph, und Edwin R. **Grabner** (1998)
Teuerungsanpassung der Betriebsrenten in 1998. In: Der Betrieb, 51. Jg. (1998), S. 201 - 204.

Bode, Karl-Josef, Christoph **Bode**, Welf **Dickfeld**, F. **Dresp** und Eleonore **Emmert** (1995)
Pensionskassen. In: Handbuch der betrieblichen Altersversorgung. Hrsg. Arbeitsgemeinschaft für betriebliche Altersversorgung e.V. Stand März 1995. Heidelberg 1995, Abschnitt 50.

Bode, Karl-Josef, und Edwin R. **Grabner** (1997)
Pensionsfonds in Deutschland? Realisierungsmöglichkeiten innerhalb der betrieblichen Altersversorgung. In: Der Betrieb, 50. Jg. (1997), S. 929f.

Bodie, Zvi (1992)
Pensions. In: The new palgrave dictionary of money and finance, Band III. Hrsg. Peter Newman u.a. London und New York 1992, S. 130 - 133.

Bodie, Zvi, und Dwight B. **Crane** (1997)
Personal investing: Advice, theory, and evidence. In: Financial Analysts Journal, 53. Jg. (1997), Heft 6, S. 13 - 23.

Bodie, Zvi, Alan J. **Marcus** und Robert C. **Merton** (1988)
Defined benefit versus defined contribution plans: What are the real trade-offs? In: Pensions in the US Economy. Hrsg. Zvi Bodie, John B. Shoven und David A. Wise. Chicago und London 1988, S. 139 - 162.

Bogner, Stefan, und Peter **Swoboda** (1994)
Der steuerliche Beitrag zur Finanzierung unmittelbarer betrieblicher Pensionszusagen unter Berücksichtigung von Inflation und realen Gehaltssteigerungen. In: Zeitschrift für betriebswirtschaftliche Forschung, 46. Jg. (1994), S. 568 - 581.

Bokeloh, Arno (1988)
Das System der britischen Alterssicherung. In: Die Rentenversicherung, 29. Jg. (1988), S. 1 - 6.

Bräuninger, Dieter, und Bettina **Nürk** (1996)
Vorfahrt für Kapitalbildung bei der Altersvorsorge - die Bedeutung von Pensionsfonds im internationalen Vergleich. In: Bulletin der Deutsche Bank Research vom 23.07.1996. Frankfurt 1996.

Bredebusch, Peter (1996)
Arbeitnehmerfinanzierte Pensionszusagen mit Rückdeckung. In: Der Betrieb, 49. Jg. (1996), S. 49 - 56.

Broxson, Alan (1996)
Mobile Betriebsrentenansprüche. In: Börsen-Zeitung, Nr. 53 vom 15.03.1996, S. 17.

Brümmerhoff, Dieter (1996)
Finanzwissenschaft. 7., völlig überarb. Aufl., München 1996.

Budd, Alan, und Nigel **Campbell** (1997)
The roles of the public and private sectors in the UK pension system. HM Treasury Note. O.O. 1997.
http://www.hm-treasury.gov.uk/pub/html/docs/misc/pensions.html#a

Bundesministerium der Finanzen (1997)
Reform der Einkommensbesteuerung - Vorschläge der Steuerreform-Kommission - vom 22. Januar 1997. "Petersberger Beschlüsse". Schriftenreihe des BMF, Heft 61, Bonn 1997.

Bundesrat (1997)
Stellungnahme zum Entwurf eines Gesetzes zur weiteren Fortentwicklung des Finanzplatzes Deutschland (Drittes Finanzmarktförderungsgesetz). Bundesrats-Drucksache 605/97 (Beschluß) vom 17.10.1997.

Bundesrat (1998)
Beschluß des Gesetzes zur weiteren Fortentwicklung des Finanzplatzes Deutschland (Drittes Finanzmarktförderungsgesetz). Bundesrats-Drucksache 134/98 (Beschluß) vom 06.03.1998.

Bundesregierung (1995)
Bericht der Bundesregierung über die gesetzliche Rentenversicherung, insbesondere über die Entwicklung der Einnahmen und Ausgaben, der Schwankungsreserve sowie des jeweils erforderlichen Beitragssatzes in den künftigen 15 Kalenderjahren gemäß § 154 SGB VI (Rentenversicherungsbericht 1995). Bundestags-Drucksache 13/2017 vom 18.07.1995.

Bundesregierung (1997a)
Bericht der Bundesregierung über die gesetzliche Rentenversicherung, insbesondere über die Entwicklung der Einnahmen und Ausgaben, der Schwankungsreserve sowie des jeweils erforderlichen Beitragssatzes in den künftigen 15 Kalenderjahren gemäß § 154 SGB VI (Rentenversicherungsbericht 1997). Bundestags-Drucksache 13/8300 vom 24.07.1997.

Bundesregierung (1997b)
Gegenäußerung der Bundesregierung zur Stellungsnahme des Bundesrates zu dem Entwurf eines Gesetzes zur weiteren Fortentwicklung des Finanzplatzes Deutschland (Drittes Finanzmarktförderungsgesetz). Bundestags-Drucksache 13/8933 vom 06.11.1997.

Bundesregierung (1998)
Alterssicherungsbericht 1997. Hrsg. Bundesministerium für Arbeit und Sozialordnung. Bonn 1998.

Bundesverband deutscher Banken (1996)
Stärkung der privaten Altersvorsorge. Daten, Fakten, Argumente. Köln 1996.

Bundesverband deutscher Banken (1997a)
Entwurf zur Änderung und Ergänzung des Entwurfs eines Gesetzes zur weiteren Fortentwicklung des Finanzplatzes Deutschland (Drittes Finanzmarktförderungsgesetz), Fassung 24.11.1997. O.O. 1997.

Bundesverband deutscher Banken (1997b)
Begründung zu den Änderungsvorschlägen betreffend den Entwurf eines Gesetzes zur weiteren Fortentwicklung des Finanzplatzes Deutschland (Drittes Finanzmarktänderungsgesetz), Fassung 24.11.1997. O.O. 1997.

Bundesverband deutscher Banken (1998)
Vermögenspolitik vor neuen Weichenstellungen. Köln 1998.

Bundesverband Deutscher Investment-Gesellschaften e.V. (1996)
Investment 96. Daten, Fakten, Entwicklungen. Frankfurt 1996.

Bundesverband Deutscher Investment-Gesellschaften e.V. (1997)
Investment 97. Daten, Fakten, Entwicklungen. Frankfurt 1997.

Bundesvereinigung der Deutschen Arbeitgeberverbände (1998)
Sozialpolitik für mehr Wettbewerbsfähigkeit und Beschäftigung. Ordnungspolitische Grundsätze der BDA. Köln 1998

Bury, Hans Martin (1997)
Für einen freien Wettbewerb der Anlageformen. In: Zeitschrift für das gesamte Kreditwesen, 50. Jg. (1997), S. 155f.

Buttler, Andreas (1997)
Steuerliche Zweifelsfragen zur rückgedeckten Unterstützungskasse. In: Betriebs-Berater, 52. Jg. (1997), S. 1661 - 1666.

Buttler, Günter, und Norbert **Jäger** (1988)
Reform der gesetzlichen Rentenversicherung durch ein Teilkapitaldeckungsverfahren. In: Zeitschrift für das gesamte Versicherungswesen, 77. Jg. (1988), S. 385 - 406.

Campbell, Sharyn (1996)
Hybrid retirement plans: The retirement income system continues to evolve. In: Special Report and Issue Brief No. 171. Hrsg. Employee Benefit Research Institute. O.O., März 1996.

Casmir, Bernd (1989)
Staatliche Rentenversicherungssysteme im internationalen Vergleich. Europäische Hochschulschriften Reihe V, Band 985. 2., unveränd. Aufl., Frankfurt 1989.

CDU (1997)
Projekt Zukunftschancen. Verantwortung für Deutschland. Beschluß des 9. Parteitages der CDU Deutschlands. CDU-Dokumentation 32/1997. Bonn 1997.

Chand, Sheetal K., und Albert **Jaeger** (1996)
Aging populations and public pension schemes. Hrsg. International Monetary Fund. Occasional paper No. 147. Washington 1996.

Chung, Kee H., und Stephen W. **Pruitt** (1996)
Executive ownership, corporate value, and executive compensation: A unifying framework. In: Journal of Banking and Finance, 20. Jg. (1996), S. 1135 - 1159.

Clark, Gordon L. (1998)
Pension fund capitalism: A causal analysis. Working paper. Oxford 1998. http://www.geog.ox.ac.uk

Claus, Gottfried (1985)
Gedanken zu einer neuen Tarifstruktur in der Lebensversicherung aus aufsichtsbehördlicher Sicht. Mannheimer Vorträge zur Versicherungswissenschaft Nr. 34. Hrsg. Elmar Helten und Egon Lorenz. Karlsruhe 1985.

Collins, Bruce M., und Frank J. **Fabozzi** (1991)
A methodology of measuring transaction costs. In: Financial Analysts Journal, 47. Jg. (1991), Heft 2, S. 27 - 36 u. 44.

Contributions Agency (1997)
Your national insurance number. Leaflet CA 13. O.O. 1997.
http://www.dss.gov.uk/ca/ca13/ca13-04.htm

Contributions Agency (1998)
Detailed national insurance contribution changes announced for the 1998/99 tax year. O.O. 1998.
http://www.dss.gov.uk/ca/ninews/feb98-02.htm

Cramer, Konrad (1996)
Anerkennung von Pensionsrückstellungen in Arbeitsverhältnissen unter Ehepartnern. In: Der Betrieb, 49. Jg. (1996), S. 1093 - 1097.

Cunliffe, John (1994)
The role of the pension fund trustee. 3. Aufl., Kingston 1994.

Davis, E. Philip (1991)
The development of pension funds - an international comparison. In: Quarterly Bulletin, 31. Jg. (1991), S. 380 - 390.

Davis, E. Philip (1995a)
Pension funds, retirement-income security and capital markets. Oxford 1995.

Davis, E. Philip (1995b)
International investment of pension funds in Europe: Scope and implications for international financial stability. In: Finanzmarkt und Portfolio Management, 9. Jg. (1995), S. 155 - 186.

Davis, E. Philip (1996)
Pension fund investments. In: The European equity markets. Hrsg. Benn Steil. London 1996.

Del Guercio, Diane, und Jennifer **Hawkins** (1998)
The motivation and impact of pension fund activism. Version Mai 1998. Erscheint demnächst im Journal of Financial Economics.

Department of Labor (1997a)
Retirement savings education campaign. Washington 1997.
http://www.dol.gov/dol/pwba/public/pubs/introprg.htm

Department of Labor (1997b)
What you should know about your pension rights. Washington 1997.
http://www.dol.gov/dol/pwba/public/pubs/youknow/knowtoc.htm

Department of Labor (1997c)
Simplified employee pensions (SEPs): What small businesses need to know. Washington 1997.
http://www.dol.gov/dol/pwba/public/pubs/seps97.htm

Department of Labor (1998a)
Savings Incentive Match Plans for Employees: A small business retirement savings advantage. Washington 1998.
http://www.dol.gov/dol/pwba/public/pubs/simple.htm

Department of Labor (1998b)
Protecting your pension. Washington 1998.
http://www.dol.gov/dol/pwba/public/pubs/protect/guide.htm

Department of Labor und PWBA (1997)
Private pension plan bulletin. Abstract of 1993 Form 5500 annual reports. No. 6. Washington 1997.

Department of Labor, Social Security Administration, U.S. Small Business Administration, Pension Benefit Guaranty Corporation (1994)
Pension and health benefits of American workers. New findings from the April 1993 current population survey. Washington 1994.

Department of Social Security (1997a)
The evolution of social security. Welfare reform focus file No. 2. O.O. 1997.

Department of Social Security (1997b)
Pensioners` incomes. Welfare reform focus file No. 6. O.O. 1997.

Department of Social Security (1998a)
Second tier pension provision. Press release ref. 98/022 vom 05.02.1998.
http://www.dss.gov.uk/hq/press/press298/022.htm

Department of Social Security (1998b)
Facts and Figures. O.O. 1998.
http://www.dss.gov.uk/hq/facts/fig1/fig1pg12.htm

Department of the Treasury, Internal Revenue Service (1997)
Social security and equivalent railroad retirement benefits. Publication No. 915. Washington 1997.

Department of the Treasury, Internal Revenue Service (1998a)
Your federal income tax. Publication No. 17. Washington 1998.

Department of the Treasury, Internal Revenue Service (1998b)
Retirement plans for small business (SEP, Keogh, and SIMPLE Plans). Publication No. 560. Washington 1998.

Department of the Treasury, Internal Revenue Service (1998c)
Individual retirement arrangements. Publication No. 590. Washington 1998. http://www.irs.ustreas.gov/prod/forms_pubs/pubs/p5900302.htm

De Ryck, Koen (1996)
European pension funds. Their impact on European capital markets and competitiveness. Brüssel 1996.

Deutsche Bundesbank (1994a)
Aufkommen und ökonomische Auswirkungen des steuerlichen Zinsabschlags. In: Monatsbericht, 46. Jg. (1994), Nr. 1, S. 45 - 58.

Deutsche Bundesbank (1994b)
Entwicklung und Bedeutung der Geldanlage in Investmentzertifikaten. In: Monatsbericht, 46. Jg. (1994), Nr. 10, S. 49 - 63.

Deutsche Bundesbank (1995)
Zur Finanzentwicklung der gesetzlichen Rentenversicherung seit Beginn der neunziger Jahre. In: Monatsbericht, 47. Jg. (1995), Nr. 3, S. 17 - 31.

Deutsche Bundesbank (1997)
Die Aktie als Finanzierungs- und Anlageinstrument. In: Monatsbericht, 49. Jg. (1997), Nr. 1, S. 27 - 41.

Deutscher Bundestag (1974)
Entwurf eines Dritten Steuerreformgesetzes. Bundestags-Drucksache 7/1470 vom 09.01.1974.

Deutscher Bundestag (1982)
Entwurf eines Vierzehnten Gesetzes zur Änderung des Versicherungsaufsichtsgesetzes. Bundestags-Drucksache 9/1493 vom 24.03.1982.

Deutscher Bundestag (1994)
Entwurf eines Dritten Gesetzes zur Durchführung versicherungsrechtlicher Richtlinien des Rates der Europäischen Gemeinschaften (Drittes Durchführungsgesetz/EWG zum VAG). Bundestags-Drucksache 12/6959 vom 04.03.1994.

Deutscher Bundestag (1995)
Entwurf zum Jahressteuergesetz 1996. Bundestags-Drucksache 13/1686 vom 13.06.1995.

Deutscher Bundestag (1997a)
Entwurf zum Steuerreformgesetz 1999. Bundestags-Drucksache 13/7917 vom 11.06.1997 i.d.F. Bundestags-Drucksache 13/7480 vom 22.04.1997.

Deutscher Bundestag (1997b)
Entwurf zum Rentenreformgesetz 1999. Bundestags-Drucksache 13/8011 vom 24.06.1997.

Deutscher Bundestag (1997c)
Entwurf zur Reform des Versicherungsvertragsgesetzes. Bundestags-Drucksache 13/8163 vom 02.07.1997.

Deutscher Bundestag (1998)
Beschluß des Gestzes zur weiteren Fortentwicklung des Finanzplatzes Deutschland (Drittes Finanzmarktförderungsgesetz). Bundestags-Drucksache 13/9874 vom 12.02.1998.

Deutsches Aktieninstitut e.V. (1995)
Wirtschaft und Sozialstaat ohne Aktien nicht finanzierbar. Memorandum des Deutschen Aktieninstituts e.V. Frankfurt 1995.

Deutsches Aktieninstitut e.V. (1996)
Privater Aktiensparplan - PAS. Frankfurt 1996.

Diamond, Peter A. (1996)
Proposals to restructure social security. In: Journal of Economic Perspectives, 10. Jg. (1996), S. 67 - 88.

Diamond, Peter A., und Jonathan **Gruber** (1997)
Social security and retirement in the U.S. NBER working paper No. 6097. Cambridge 1997.

Doetsch, Peter A. (1995)
Zuwendungen an Unterstützungskassen unter Berücksichtigung der Änderungen durch das Jahressteuergesetz 1996. In: Betriebs-Berater, 50. Jg. (1995), S. 2553 - 2558.

Doetsch, Peter A., Wolfgang **Förster** und Jochen **Rühmann** (1998)
Änderungen des Betriebsrentengesetzes durch das Rentenreformgesetz 1999. In: Der Betrieb, 51. Jg. (1998), S. 258 - 263.

Dotsey, Michael (1997)
Investing in equities: Can it help social security? In: Economic Quarterly, Federal Reserve Bank of Richmond, 83. Jg. (1997), Heft 4, S. 49 - 69.

Drucker, Peter F. (1976)
The unseen revolution. How pension fund socialism came to America. New York u.a. 1976.

Drukarczyk, Jochen (1993)
Theorie und Politik der Finanzierung. 2., völlig neu gest. Aufl., München 1993.

Drukarczyk, Jochen, und Hartmut **Schmidt** (1997)
Permanente Unternehmenskontrolle statt gelegentlicher Schreckschüsse. In: Wirtschaftsdienst, 77. Jg. (1997), S. 261 - 263.

EBRI (1990)
Fundamentals of employee benefit programs. 4. Aufl., Washington 1990.

EBRI (1995)
Can we save enough to retire? Participant education in defined contribution plans. Issue Brief No. 160. Washington, April 1995.

EBRI (1996a)
Private pension plans, participation, and assets. EBRI Fact Sheet. Washington, Januar 1996.
http://www.ebri.org/facts/0697fact.htm

EBRI (1996b)
Worker investment decisions: An analysis of large 401(k) plan data. Issue Brief No. 176. Washington, August 1996.

EBRI (1997a)
Defined contribution plan dominance grows across sectors and employer sizes, while mega defined benefit plans remain strong: Where we are and where we are going. Issue Brief No. 190. Washington, Oktober 1997.

EBRI (1997b)
Databook on employee benefits. 4. Aufl., Washington 1997.
http://www.ebri.org/facts/1297fact.htm

Ehlers, Ernst-August (1993)
Steuerverschärfung bei Finanzierungen über Lebensversicherungen nach dem Steueränderungsgesetz 1992. In: Betriebs-Berater, 48. Jg. (1993), Beilage 4 zu H. 6.

Esser, Clemens (1997)
Läßt sich das Korrespondenzprinzip halbieren? Zur Rentenbesteuerung nach den Petersberger Steuervorschlägen. In: Steuer und Wirtschaft, 74. (27.) Jg. (1997), S. 244 - 256.

Esser, Klaus, und Günter **Sieben** (1997)
Betriebliche Altersversorgung. Eine betriebswirtschaftliche Analyse. Stuttgart 1997.

Etzel, Hans A. (1996)
Gesetz zur Verbesserung der betrieblichen Altersversorgung in Großbritannien. In: Betriebliche Altersversorgung, 51. Jg. (1996), S. 97f.

Europäische Kommission (1997)
Zusätzliche Altersversorgung im Binnenmarkt. Grünbuch. Brüssel 1997. http://www.europa.eu.int/comm/dg15/en/finances/pensions/507.htm

Fama, Eugene F. (1970)
Efficient capital markets: A review of theory and empirical work. In: Journal of Finance, 25. Jg. (1970), S. 383 - 423.

Fama, Eugene F. (1980)
Agency problems and the theory of the firm. In: Journal of Political Economy, 88. Jg. (1980), Band I, S. 288 - 307.

Fama, Eugene F. (1991)
Efficient capital markets: II. In Journal of Finance, 46. Jg. (1991), S. 1575 - 1617.

Fama, Eugene F., und Michael C. **Jensen** (1983a)
Separation of ownership and control. In: Journal of Law & Economics, 26. Jg. (1983), S. 301 - 325.

Fama, Eugene F., und Michael C. **Jensen** (1983b)
Agency problems and residual claims. In: Journal of Law & Economics, 26. Jg. (1983), S. 327 - 349.

Farny, Dieter (1995)
Versicherungsbetriebslehre. 2., überarb. Aufl., Karlsruhe 1995.

Financial Services Authority (1998a)
Putting things right. The mis-selling of personal pensions. London 1998. http://www.sib.co.uk/factsht.htm

Financial Services Authority (1998b)
Pension transfers and opt outs review. Phase 2. London 1998

Finke, Renate, Marc **Piazolo** und Jürgen **Stanowsky** (1997)
Pensions to be put to the test. The future of pension systems. Hrsg. Dresdner Bank AG. Frankfurt 1997.

Finsinger, Jörg (1997)
Lebensversicherungsvergleiche. In: Versicherungswirtschaft, 52. Jg. (1997), S. 208 - 215.

Fitting, Karl, u.a. (1992)
Betriebsverfassungsgesetz. Handkommentar. 17., neubearb. Aufl., München 1992.

Flesch, Carl F. (1993)
Die Reform der betrieblichen Altersversorgung in Großbritannien (II). In: Versicherungswirtschaft, 48. Jg. (1993), S. 992 - 996.

Fraune, Christian (1996)
Der Einfluß institutioneller Anleger in der Hauptversammlung. Köln u.a. 1996.

Fritsch, Ulrich (1991)
Steuerbegünstigte Aktiensparpläne für breite Bevölkerungskreise. Hrsg. Deutsches Aktieninstitut e.V. Düsseldorf 1991.

Gerke, Wolfgang, u.a. (1998)
Bericht des Arbeitskreises "Betriebliche Pensionsfonds" im Auftrag des "Forum Finanzplatz" beim Bundesministerium der Finanzen. Bonn 1998.

Gesamtverband der Deutschen Versicherungswirtschaft (1997)
Statistisches Taschenbuch der Versicherungswirtschaft 1997. Bonn 1997.

Glismann, Hans H., und Ernst-Jürgen **Horn** (1994)
Die Krise des deutschen Systems sozialer Sicherung. Kieler Arbeitspapier Nr. 658. Kiel 1994.

Glismann, Hans H., und Ernst-Jürgen **Horn** (1996)
Das staatliche Rentensystem in Deutschland. In: Wirtschaftswissenschaftliches Studium, 25. Jg. (1996), S. 397 - 403.

Goecke, Oskar (1997)
Neuorientierung der steuerlichen Förderung der Direktversicherung. In: Der Betrieb, 50. Jg. (1997), S. 2568 - 2571.

Grabner, Edwin R. (1996)
Die Jahresnettoprämie als Beurteilungsmaßstab für eine angemessene betriebliche Versorgung. In: Betriebliche Altersversorgung, 51. Jg. (1996), S. 162 - 170.

Gramlich, Edward M. (1996)
Different approaches for dealing with social security. In: Journal of Economic Perspectives, 10. Jg. (1996), S. 55 - 66.

Gratz, Kurt, und Hans-Herrmann **Bühl** (1996)
Beseitigung der partiellen Steuerpflicht einer Unterstützungskasse - ein Irrweg? In: Der Betrieb, 49. Jg. (1996), S. 1995 - 1999.

Griebeling, Gert (1995)
Betriebliche Altersversorgung durch Direktzusage. Handbuch der betrieblichen Altersversorgung. Hrsg. Arbeitsgemeinschaft für betriebliche Altersversorgung e.V. Stand März 1995. Heidelberg 1995, Abschnitt 30.

Groffmann, Thomas, und Gerrit **Weber** (1998)
Indexfonds - Konstruktion und Marktentwicklung. In: Die Bank, o. Jg. (1998), S. 536 - 539.

Großmann, Jörg Matthias (1992)
Die flexible Finanzierung der betrieblichen Altersversorgung mit Hilfe von Spezialfonds. Frankfurt u.a. 1992.

Grünbichler, Andreas (1990)
Zur Ermittlung risikoangepaßter Versicherungsprämien für die betriebliche Altersvorsorge. In: Zeitschrift für Betriebswirtschaft, 60. Jg. (1990), S. 319 - 341.

Grünbichler; Andreas (1991)
Betriebliche Altersvorsorge als Principal-Agent-Problem. Wiesbaden 1991.

Haberstock, Lothar (1991)
Steuerbilanz und Vermögensaufstellung. Hamburg 1991.

Häuselmann, Holger (1992)
Zur Bilanzierung von Investmentanteilen, insbesondere von Anteilen an Spezialfonds. In: Betriebs-Berater, 47. Jg. (1992), S. 312 - 321.

Häuser, Karl, Adolf **Rosenstock**, Thomas **Vorwerk** und Andreas **Seum** (1985)
Aktienrendite und Renditeparadoxie - 1964 - 1983 in der Bundesrepublik Deutschland. Frankfurt 1985.

Hagelschuer, Paul B. (1987)
Lebensversicherung. 2., überarb. u. erw. Aufl., Wiesbaden 1987.

Harder, Peter C. von (1996)
Perspektiven einer zeitgemäßen Altersvorsorge. In: Versicherungswirtschaft, 51. Jg. (1996), S. 674 - 679.

Harrison, Debbie (1995)
Pension power. Understand and control your most valuable asset. Chichester 1995.

Hartmann, Alexander (1990)
Ökonomie des Investmentsparens. Baden-Baden 1990.

Hartmann-Wendels, Thomas (1989)
Principal-Agent-Theorie und asymmetrische Informationsverteilung. In: Zeitschrift für Betriebswirtschaft, 59. Jg. (1989), S. 714 - 734.

Hawley, James P. (1995)
Political voice, fiduciary activism, and the institutional ownership of U.S. corporations: The role of public and noncorporate pension funds. In: Sociological Perspectives, 38. Jg. (1995), S. 415 - 435.

Hawley, James P., und Andrew T. **Williams** (1996)
Corporate governance in the United States: The rise of fiduciary capitalism. Arbeitspapier Saint Mary's College of California. O.O., Januar 1996.

Hayek, Friedrich August von (1968)
Wettbewerb als Entdeckungsverfahren. Kieler Vorträge Nr. 56. Kiel 1968.

Hein, Olaf-Christian (1991)
Pensionsfonds-Management in den USA unter dem Einfluß der Globalisierung von Wertpapieranlagen. Kiel 1991.

Henke, Klaus-Dieter (1988)
Die betriebliche Altersversorgung aus einkommensteuersystematischer Sicht. In: Finanzarchiv, Band 46 (1988), S. 268 - 282.

Heppt, Ehrenfried (1995)
Betriebliche Altersversorgung 1990 im früheren Bundesgebiet. In: Wirtschaft und Statistik, Hrsg. Statistisches Bundesamt, o. Jg. (1995), S. 155 - 165.

Hermann, Christiane (1997)
Hürden vor dem Einstieg in die Altersversorgung. Sondervermögen und Betriebspensionsfonds erfüllen Kriterien der Betriebsrente noch nicht. In: Börsen-Zeitung, Nr. 249 v. 31.12.1997, S. 38f.

Herrmann, Carl, Gerhard **Heuer** und Arndt **Raupach** (1998)
Einkommen- und Körperschaftsteuergesetz. Kommentar. 21. Aufl., einschl. 192. Ergänzungslieferung (Stand: April 1998), Köln 1998.

Hesberg, Dieter (1997)
Das Rechnungswesen im Versicherungsbetrieb. 2. Aufl., Wiesbaden 1997.

Heubeck, Georg (1995)
Die Pensionsrückstellung. In: Handbuch der betrieblichen Altersversorgung. Hrsg. Arbeitsgemeinschaft für betriebliche Altersversorgung e.V. Stand März 1995. Heidelberg 1995, Abschnitt 40.

Heubeck, Georg, Gerhard **Höhne**, Jürgen **Paulsdorff**, Hans Gerd **Rau** und Wolfgang **Weinert** (1982)
Kommentar zum Betriebsrentengesetz. 2. Aufl., Heidelberg 1982.

Heubeck, Klaus (1996)
Zu den Grundlagen der Anpassung der Betriebsrenten. In: Betriebs-Berater, 51. Jg. (1996), S. 955 - 958.

Heveling, Hubert (1975)
Zur Rentabilität einer Lebensversicherung. In: Zeitschrift für das Versicherungswesen, 26. Jg. (1975), S. 688 - 694.

Hirschman, Albert O. (1974)
Abwanderung und Widerspruch. Schriften zur Kooperationsforschung, Band 8. Tübingen 1974.

Höfer, Reinhold (1996)
Pensionsrückstellungen und angemessenes Versorgungsniveau. In: Betriebliche Altersversorgung, 51. Jg. (1996), S. 76 - 80.

Homburg, Stefan (1988a)
Theorie der Alterssicherung. Berlin u.a 1988.

Homburg, Stefan (1988b)
Umlage- versus Kapitaldeckungsverfahren. In: Wirtschaftswissenschaftliches Studium, 17. Jg. (1988), S. 605 - 609.

Horlemann, Heinz-Gerd (1994)
Ertragsteuerliche Behandlung von Lebensversicherungsverträgen unter dem Eindruck des Europäischen Binnenmarktes. In: Deutsche Steuer-Zeitung, 82. Jg. (1994), S. 481 - 484.

Horlemann, Heinz-Gerd (1995)
Der Vorsorgegedanke bei der Beurteilung von Lebensversicherungsverträgen. In: Deutsche Steuer-Zeitung, 83. Jg. (1995), S. 745 - 751.

Horlemann, Heinz-Gerd (1997)
Besteuerung von Renten und Lebensversicherungen nach den Vorschlägen zur Steuerreform 1999. In: Betriebs-Berater, 52. Jg. (1997), S. 1609 - 1618.

Horlemann, Heinz-Gerd (1998)
Steuerrechtliche Behandlung von fonds- und aktienindexgebundenen Lebensversicherungen. In: Der Betrieb, 51. Jg. (1998), S. 743 - 748.

Horne, James C. van (1992)
Financial management and policy. 9. Aufl., Englewood Cliffs 1992.

HR Investment Consultants (1997)
401k provider directory. Baltimore 1997.
http://www.401ksearch.com/pubs.html

Huang, Roger D., und Hans R. **Stoll** (1994)
Anatomy of trading costs: Evidence from the NYSE. Owen Graduate School of Management, Vanderbilt University. Working paper 94-05. Nashville 1994.

Hübner, Peter B. (1991)
Die Pensionsfonds-Verwaltung im Angebot britischer Lebensversicherer. In: Betriebliche Altersversorgung, 46. Jg. (1991), S. 106 - 110.

Hübner, Ulrich (1988)
Versicherungs-Aktiengesellschaft. In: Handwörterbuch der Versicherung. Hrsg. Dieter Farny, Elmar Helten, Peter Koch und Reimer Schmidt. Karlsruhe 1988, S. 965 - 970.

Huhn, Harald, und Withold **Galinat** (1996)
Pensionskasse - neue Möglichkeiten. In: Betriebliche Altersversorgung, 51. Jg. (1996), S. 56 - 58.

Inland Revenue (1995)
Income tax and pensioners. Leaflet IR121. London 1995.
http://www.open.gov.uk/inrev/ir121.htm

Inland Revenue (1997a)
Personal equity plans - A guide for potential investors. Leaflet IR89. London 1997.
http://www.open.gov.uk/inrev/ir89.htm

Inland Revenue (1997b)
The new individual savings account. A consultative document. London 1997.
http://www.open.gov.uk/inrev/condoc8.htm

Inland Revenue (1998)
The individual savings account. Draft tax regulations. London 1998.

Ippolito, Richard A., und John A. **Turner** (1987)
Turnover, fees and pension plan performance. In: Financial Analysts Journal, 43. Jg. (1987), Heft 6, S. 16 - 26.

Issing, Otmar (1996)
Private Altersvorsorge - auf dem Fundament stabilen Geldes. Vortrag auf der Veranstaltung „Private Altersvorsorge im dritten Jahrtausend", in Frankfurt am Main, am 15. November 1996. In: Auszüge aus Presseartikeln vom 18.11.1996, Hrsg. Deutsche Bundesbank, Nr. 72, S. 6 - 10.

Jacob, Michael (1996)
Investmentfonds. Frankfurt 1996.

Jensen, Michael C. (1968)
Problems in selection of security portfolios. The performance of mutual funds in the period 1945 - 1964. In: Journal of Finance, 23. Jg. (1968), S. 389 - 416.

Jensen, Michael C. (1986)
Agency costs of free cash flow, corporate finance, and takeovers. In: The American Economic Review, 76. Jg. (1986), S. 323 - 329.

Jensen, Michael C., und William H. **Meckling** (1976)
Theory of the firm: Managerial behavior, agency costs and ownership structure. In: Journal of Financial Economics, 3. Jg. (1976), S. 305 - 360.

Kaen, Fred R., und Heidemarie C. **Sherman** (1994)
German banking and German corporate governance. In: Tokyo Club Papers No. 7. O.O. 1994, S. 230 - 268.

Kandlbinder, Hans Karl (1997)
Der Boom der Spezialfonds. In: Zeitschrift für das gesamte Kreditwesen, 50. Jg. (1997), S. 754 - 771.

Kannengießer, Walter (1996)
Die Rente muß bezahlbar bleiben. In: Frankfurter Allgemeine Zeitung, Nr. 13 vom 16.01.1996.

Kirchhof, Paul, und Hartmut **Söhn** (1998)
Einkommensteuergesetz. Kommentar. Einschließlich 80. Ergänzungslieferung (Stand: April 1998). Heidelberg 1998.

Klingebiel, Olaf (1994)
Die Weiterentwicklung der betrieblichen Altersversorgung aus alterssicherungspolitischer und steuersystematischer Sicht. Köln 1994.

Klöckner, Klaus (1998)
Fünftes Vermögensbildungsgesetz: Änderungen durch das Dritte Vermögensbeteiligungsgesetz. In: Der Betrieb, 51. Jg. (1998), S. 1631f.

Knospe, Dieter (1995)
Ökonomische Probleme der Besteuerung von Alterseinkünften. Institut „Finanzen und Steuern" e. V., Schrift Nr. 340. Bonn 1995.

Koch, Peter (1995)
Versicherungswirtschaft: ein einführender Überblick. 4., neubearb. Aufl. 1995, Karlsruhe 1995.

Köndgen, Johannes (1997a)
Investmentgeschäft. In: Bankrechtshandbuch, Band III. Hrsg. Herbert Schimansky, Hermann-Josef Bunte und Hans-Jürgen Lwowski. München 1997.

Köndgen, Johannes (1997b)
Regierungsentwurf eines Dritten Finanzmarktförderungsgesetzes (I). In: Zeitschrift für Bankrecht und Bankwirtschaft, 7. Jg. (1997), S. 286 - 309.

Kolvenbach, Paulgerd (1997a)
Für eine Pensionsfonds-Unterstützungskasse. In: Der Betrieb, 51. Jg. (1997), S. 290 - 292.

Kolvenbach, Paulgerd (1997b)
Weiterentwicklung der Unterstützungskasse. In: Betriebliche Altersversorgung, 52. Jg. (1997), Heft 6, S. 210 - 214.

Kosler, Robert, und Kay **Bölke** (1997)
Die aktienindexgebundene Lebensversicherung aus der Sicht eines deutschen Erstversicherers. In: Versicherungswirtschaft, 52. Jg. (1997), S. 428 - 434.

KPMG US (1998)
Taxpayer Relief Act of 1997 Booklet. O.O. 1998.
http://www.us.kpmg.com/taxact/booklet/9empben.html

Kroker, Rolf (1998)
Altersvorsorge - soziale Absicherung - gerechte Einkommensverteilung: Vermögensbildung als Problemlöser? In: Neuausrichtung der Vermögenspolitik, 33. Königsteiner Gespräch. Referate und Statements. Band 60 der Schriftenreihe des Instituts für Städtebau, Wohnungswirtschaft und Bausparwesen e.V. Bonn 1998, S. 70 - 74.

Kümpel, Siegfried (1995a)
Bank- und Kapitalmarktrecht. Köln 1995.

Kümpel, Siegfried (1995b)
Die allgemeinen Verhaltensregeln des Wertpapierhandelsgesetzes. In: Wertpapier-Mitteilungen, 49. Jg. (1995), S. 689 - 694.

Küting, Karlheinz, und Michael **Strickmann** (1997)
Die betriebliche Altersversorgung im Spannungsfeld von Bilanzpolitik und Bilanzanalyse. In: Betriebs-Berater, 52. Jg. (1997), Beilage 12 zu Heft 34.

Küting, Karlheinz, und Claus-Peter **Weber** (1995)
Handbuch der Rechnungslegung. 4., grundl. überarb. u. wesentl. erw. Aufl., Stuttgart 1995.

Langohr-Plato, Uwe (1996)
Betriebliche Altersversorgung am Scheideweg. In: Finanz-Rundschau, 78. Jg. (1996), S. 229 - 237.

Lansch, Rita (1996)
Hinter der Kulisse. Lebensversicherung oder Fonds? In: Handelsblatt, Nr. 187 vom 26.09.1996, S. 42.

Laux, Hans (1993)
Was sind Vorsorgeaufwendungen? In: Versicherungswirtschaft, 48. Jg. (1993), S. 920f.

Laux, Hans (1995)
Vorsorgeaufwendungen 1995. In: Betriebs-Berater, 50. Jg. (1995), S. 857 - 859.

Laux, Hans (1996)
Vorsorgeaufwendungen 1996. In: Betriebs-Berater, 51. Jg. (1996), Beilage 10 zu Heft 22.

Laux, Hans (1997)
Vorsorgeaufwendungen 1997. In: Betriebs-Berater, 52. Jg. (1997), Beilage 7 zu Heft 19.

Laux, Manfred (1996)
Pensions-Sondervermögen zur Abrundung des Altersvorsorgesystems. In: Zeitschrift für das gesamte Kreditwesen, 49. Jg. (1996), S. 12 - 18.

Laux, Manfred (1997a)
Was macht Pensions-Sondervermögen für die Altersvorsorge so interessant? In: Der langfristige Kredit, 48. Jg. (1997), S. 19 - 21.

Laux, Manfred (1997b)
Pensions-Sondervermögen - ein effizientes, flexibles und transparentes Altersvorsorgeinstrument. In: Zeitschrift für das gesamte Kreditwesen, 50. Jg. (1997), S. 163 - 167.

Laux, Manfred (1998)
Altersvorsorge-Sondervermögen - Ein ergänzendes Instrument für die private und betriebliche Altersvorsorge. In: Asset Management. Finanzdienstleistungen von und für Versicherungen. Hrsg. Elisabeth Hehn. Stuttgart 1998, S. 325 - 340.

Leibfritz, Willi, Wolfgang **Nierhaus** und Rüdiger **Parsche** (1990)
Der Beitrag des Steuersystems zur Reform der Alterssicherung. Gutachten im Auftrag des Bayerischen Staatsministerium der Finanzen. Ifo-Studien zur Finanzpolitik 48. München 1990.

Littmann, Eberhard, Horst **Bitz** und Peter **Hellwig** (1998)
Das Einkommensteuerrecht. Kommentar zum Einkommensteuerrecht. 15. Aufl., einschließlich 36. Ergänzungslieferung (Stand Juli 1998). Stuttgart 1998.

Logue, Dennis E., und Jack S. **Rader** (1998)
Managing pension plans. Boston 1998.

Lohneiß, Herbert (1997)
Pensionsfonds für die betriebliche Altersversorgung. In: Betriebliche Altersversorgung, 52. Jg. (1997), S. 214 - 222.

Lorenz, Egon (1993)
Rechtsfragen zur Überschußbeteiligung in der Kapitallebensversicherung. In: Zeitschrift für die gesamte Versicherungswissenschaft, 82. Jg. (1993), S. 283 - 323.

Machan, Dyan (1993)
Monkey business. In: Forbes, o. Jg. (1993), H. 10, S. 184 - 190.

Mackenzie, George A., Philip **Gerson** und Alfredo **Cuevas** (1997)
Pension regimes and saving. Hrsg. International Monetary Fund. Washington 1997.

Manne, Henry G. (1965)
Mergers and the market for corporate control. In: Journal of Political Economy, 73. Jg. (1965), S. 110 - 120.

Matthießen, Volker (1996)
Rechtsentwicklungstendenzen in der betrieblichen Altersversorgung. In: Der Betrieb, 51. Jg. (1996), S. 1034 - 1038.

Mayers, David, und Clifford W. **Smith**, Jr. (1981)
Contractual provisions, organizational structure, and conflict control in insurance markets. In: Journal of Business, 54. Jg. (1981), S. 407 - 434.

Mayers, David, und Clifford W. **Smith**, Jr. (1986)
Ownership structure and control. The mutualization of stock life insurance companies. In: Journal of Financial Economics, 16. Jg. (1986), S. 73 - 98.

McCarthy, Jonathan, und Han N. **Pham** (1995)
The impact of individual retirement accounts on saving. In: Current Issues in Economics and Finance, Federal Reserve Bank of New York, 1. Jg. (1995), Nr. 6.

Melchiors, Hans H., und Lambert **Escher** (1997)
Betriebliche Altersversorgung. Wiesbaden 1997.

Mitchell, Olivia S., James M. **Poterba** und Mark J. **Warshawsky** (1997)
New evidence on the money`s worth of individual annuities. NBER working paper No. 6002. Cambridge 1997.

Monks, Robert A., und Nell **Minow** (1995)
Corporate governance. Cambridge 1995.

NAPF (1995)
Changing your job? Opting out of a pension scheme? What about your pension? London 1995.

NAPF (1996a)
The Pensions Act made simple. London 1996.

NAPF (1996b)
Pensions Act 1995. Indexation and administration made simple. London 1996.

Neus, Werner (1989)
Ökonomische Agency-Theorie und Kapitalmarktgleichgewicht. Beiträge zur betriebswirtschaftlichen Forschung, Band 65. Wiesbaden 1989.

Niermann, Walter (1995)
Arbeitnehmerfinanzierte Pensionszusagen. In: Der Betrieb, 48. Jg. (1995), S. 704.

Nürk, Bettina (1997)
Der steinige Weg zu deutschen Pensionsfonds. In: Börsen-Zeitung, Nr. 195 vom 11.10.1997, S. B8.

Nürk, Bettina, und Alexander **Schrader** (1995)
Von der Pensionsrückstellung zum Pensionsfonds: Eine Chance für den deutschen Finanzmarkt. Hrsg. Deutsche Bank Research. Frankfurt 1995.

OECD (1998)
Private pension systems: Regulatory policies (Part I). In: Financial Market Trends, No. 70. Paris 1998, S. 39 - 82.

Office for National Statistics (1998)
Social Trends. Folge 28. London 1998.

Olbertz, Peter (1997)
Der Ausschluß der steuerlichen Anerkennung künftiger gewinnabhängiger Gehaltsbestandteile bei Pensionsrückstellungen gemäß § 6a EStG durch das JStG 1997. In: Betriebs-Berater, 52. Jg. (1997), S. 1023f.

Olson, Mancur (1992)
Die Logik des kollektiven Handelns. 3., durchges. Aufl., Tübingen 1992.

Ophoff, Jürgen, und Norbert **Walkiewicz** (1996)
Kostenneutrale und insolvenzsichere Gestaltung arbeitnehmerfinanzierter Pensionszusagen. In: Der Betrieb, 49. Jg. (1996), S. 2240 - 2244.

o. Verf. (1972a)
Altersversorgung. In: Brockhaus Enzyklopädie, Band 1. 17., völlig neu bearb. Aufl., Wiesbaden 1972.

o. Verf. (1972b)
Plan. In: Brockhaus Enzyklopädie, Band 1. 17., völlig neu bearb. Aufl., Wiesbaden 1972.

o. Verf. (1994a)
Getting information about pensions. Hrsg. Pension Rights Center. Fact Sheet No. 6. O.O. 1994.

o. Verf. (1994b)
Zillmerverfahren. In: Bank- und Versicherungslexikon. Hrsg. Henner Schierenbeck. 2., völlig überarb. u. erw. Aufl., München 1994, S. 748.

o. Verf. (1995)
Corporate governance and pension plans. If one cannot sell, one must care. A Wharton Impact Conference. University of Pennsylvania. Pennsylvania 1995.

o. Verf. (1996a)
Die deutsche Lebensversicherung. Jahrbuch 1996. Hrsg. Pressestelle des Verbandes der Lebensversicherungs-Unternehmen e.V. Bonn 1996.

o. Verf. (1996b)
Blüm verteidigt Reform der Frührente. In: Handelsblatt Nr. 16 vom 23.01.1996.

o. Verf. (1996c)
SPD-Antrag soll Kapitalmarkt stärken. In: Börsen-Zeitung, Nr. 29 vom 10.02.1996, S. 3.

o. Verf. (1996d)
75 Prozent der Deutschen halten Renten für unsicher. In: Die Welt, Nr. 70 vom 22.03.1996.

o. Verf. (1996e)
„LV-Besteuerung kontraproduktiv“. In: Börsen-Zeitung, Nr. 194 vom 09.10.1996, S. 15.

o. Verf. (1996f)
Sozialversicherung: Beiträge größtenteils steuerfrei. In: Frankfurter Allgemeine Zeitung, Nr. 239 vom 14.10.1996, S. 17.

o. Verf. (1996g)
Pensions-Sondervermögen kritisiert. GDV: Begriff ist Mogelpackung - Falsche Erwartungen geweckt. In: Börsen-Zeitung, Nr. 216 vom 08.11.1996, S. 12.

o. Verf. (1996h)
Versicherer: Pensionskasse weiterentwickeln. Einheitlicher Steuerrahmen für Betriebsrente - Gegen Begriffsverwirrung mit Pensionsfonds. In: Börsen-Zeitung, Nr. 236 vom 06.12.1996, S. 4.

o. Verf. (1997a)
Vermögen aufbauen mit Lebensversicherungen. In: Finanztest, o. Jg. (1997), Heft 11, S. 26 - 28.

o. Verf. (1997b)
Die britische Regierung will die Altersvorsorge in private Hand legen. In: Frankfurter Allgemeine Zeitung, Nr. 56 vom 07.03.1997, S. 17.

o. Verf. (1997c)
Der britische Staat will sich aus der Altersvorsorge zurückziehen. In: Frankfurter Allgemeine Zeitung, Nr. 58 vom 10.03.1997, S. 14.

o. Verf. (1997d)
Sondervermögen ist kein Pension Fund. Allianz: Zur Anlage, aber nicht für Betriebsrente geeignet. In: Börsen-Zeitung, Nr. 69 vom 11.04.1997, S. 6.

o. Verf. (1997e)
Wirtschaftsrat für private Vorsorge. In: Börsen-Zeitung, Nr. 79 vom 25.04.1997, S. 4.

o. Verf. (1997f)
PSV greift in die Reserven. Vulkan und KHD bescheren schlimmstes Jahr - Beitragsanstieg. In: Börsen-Zeitung, Nr. 94 vom 21.05.1997, S. 10.

o. Verf. (1997g)
Rücklagenanteile der Altersversorgung. Anteile am Einkommen der Rentnerhaushalte in Prozent. In: Frankfurter Allgemeine Zeitung, Nr. 117 vom 23.05.1997, S. 24.

o. Verf. (1997h)
Steuerpläne stören Lebensversicherer. In: Börsen-Zeitung, Nr. 103 vom 04.06.1997, S. 11.

o. Verf. (1997i)
Arbeitgeber zur Anpassung verpflichtet. Einschränkung des Nominalwertprinzips. In: Handelsblatt, Nr. 107 vom 09.06.1997, S. 44.

o. Verf. (1997j)
Beitragssätze zur Krankenversicherung. In: Informationsdienst des Instituts der deutschen Wirtschaft, 23. Jg. (1997), Nr. 51/52, S. 1.

o. Verf. (1998a)
A guide to benefits. A concise guide to benefits and pensions. Leaflet MG1. Hrsg. Benefits Agency Communications and Customer Liaison Branch. O.O. 1998.

o. Verf. (1998b)
Pensionszusage darf nicht zu hoch sein. In: Handelsblatt, Nr. 17 vom 26.01.1998, S. 39.

o. Verf. (1998c)
Versicherungsfremde Leistungen sind zulässig. In: Frankfurter Allgemeine Zeitung, Nr. 25 vom 30.01.1998, S. 17.

o. Verf. (1998d)
Altersversorgung. Mehr Freiheit für Pensionskassen. In: Handelsblatt, Nr. 30 vom 12.02.1998, S. 24.

o. Verf. (1998e)
Labour will private Zusatzrente ausbauen. In: Handelsblatt, Nr. 80 vom 27.04.1998, S. 9

o. Verf. (1998f)
Die Versicherungen zeigen ihre geheimen Schätze. In: Handelsblatt, Nr. 100 vom 27.05.1998, S. 47.

o. Verf. (1998g)
Blüm verteidigt Rentenreform. In: Handelsblatt, Nr. 149 vom 06.08.1998, S. 4.

Papke, Leslie E. (1996)
Are 401(k) plans replacing other employer-provided pensions? Evidence from panel data. NBER working paper No. 5736. Cambridge 1996.

Passow, Rolf (1996)
Private Altersvorsorge sichert Lebensstandard. Vermögensaufbau mit Aktienfonds - Plädoyer für die Zulassung von Pensions-Sondervermögen. In: Börsen-Zeitung, Nr. 217 vom 09.11.1996, S. 15f.

Paulsdorff, Jürgen (1992)
Der Begriff der betrieblichen Altersversorgung als Gegenstand der Insolvenzsicherung. In: Betriebliche Altersversorgung in der Diskussion zwischen Praxis und Wissenschaft. Festschrift zum 60. Geburtstag von P. Ahrend. Hrsg. W. Förster und N. Rößler. Köln 1992, S. 195 - 207.

PBGC (1996)
1996 model participant notice. O.O. 1996.
http://www.pbgc.gov/tech96-5.htp

PBGC (1997a)
PBGC`s early warning program. O.O. 1997.
http://www.pbgc.gov/earlwarn.htp

PBGC (1997b)
Pension insurance premiums fact sheet. O.O. 1997.
http://www.pbgc.gov/premfact.htm

PBGC (1997c)
Retirement Protection Act of 1994 - Summary of major reforms. O.O. 1997. http://www.pbgc.gov/rpasum.htp

PBGC (1998)
Your guaranteed pension pamphlet. O.O. 1998. http://www.pbgc.gov/ygptext.htm#fulltext

Pellens, Bernhard (1998)
Internationale Rechnungslegung. Unter Mitarbeit von Andreas Bonse, Rolf Uwe Fülbier, Joachim Gassen und Silke Sürken. 2., überarb. u. erw. Aufl., Stuttgart 1998.

Pensions Education Working Group (1998)
Getting to know about pensions. Report of the Pensions Education Working Group. O.O. 1998.
http://www.dss.gov.uk/hq/pubs/pewg/index.htm

Pensions-Sicherungs-Verein VVaG (1998a)
Bericht über das Geschäftsjahr 1997. Köln 1998.

Pensions-Sicherungs-Verein VVaG (1998b)
Insolvenzsicherung von Versorgungsleistungen aufgrund Entgeltumwandlung. Merkblatt 300/M 11. Stand Juni 1998.

Perold, André F. (1988)
The implementation shortfall: Paper versus reality. In: Journal of Portfolio Management, 14. Jg. (1988), Spring, S. 4 - 9.

Pfaffenzeller, Dieter, und Helmuth **Reich** (1990)
Rentenversicherung in Großbritannien. In: Versicherungswirtschaft, 45. Jg. (1990), S. 40 - 45.

Pinera, José (1997)
Auf dem Weg zum mündigen Bürger: Reform der Altersversorgung am Beispiel Chile. In: Rentenreform - Lehren von draußen. Hrsg. Frankfurter Institut - Stiftung Marktwirtschaft und Politik, Band 23. Bad Homburg 1997.

Pophal, Roger (1997)
Direktversicherung als Beitrags- oder Leistungszusage. In: Betriebliche Altersversorgung, 52. Jg. (1997), S. 174 - 178.

Poterba, James M. (1997)
The history of annuities in the United States. NBER working paper No. 6001. Cambridge 1997.

Poterba, James M., Steven F. **Venti** und David A. **Wise** (1995a)
The effects of special savings programs on saving and wealth. NBER working paper No. 5287. Cambridge 1995.

Poterba, James M., Steven F. **Venti** und David A. **Wise** (1995b)
Do 401(k) contributions crowd out other personal saving? In: Journal of Public Economics, 58. Jg. (1995), Heft 9, S. 1 - 32.

Poterba, James M., Steven F. **Venti** und David A. **Wise** (1995c)
Lump-sum distributions from retirement saving plans: Receipt and utilization. NBER working paper No. 5298. Cambridge 1995.

Poterba, James M., Steven F. **Venti** und David A. **Wise** (1996)
Personal saving programs and asset accumulation: Reconciling the evidence. NBER working paper No. 5599. Cambridge 1996.

Poterba, James M., und Davis A. **Wise** (1996)
Individual financial decisions in retirement saving plans and the provision of resources for retirement. NBER working paper No. 5762. Cambridge 1996.

Pottier, Steven W., und David W. **Sommer** (1997)
Agency theory and life insurance ownership structure. In: Journal of Risk and Insurance, 64. Jg. (1997), S. 529 - 543.

Pratt, John W., und Richard J. **Zeckhauser** (1985)
Principals and agents: The structure of business. Boston 1985.

Prölss (1997)
Versicherungsaufsichtsgesetz. Becksche Kurzkommentare, Band 15. Hrsg. Reimer Schmidt. 11., völlig neu bearb. Aufl., München 1997.

Prognos AG (1995)
Prognos-Gutachten 1995. Perspektiven der gesetzlichen Rentenversicherung für Gesamtdeutschland vor dem Hintergrund veränderter politischer und ökonomischer Rahmenbedingungen. Hrsg. Verband Deutscher Rentenversicherungsträger. DRV Schriften, Band 4. Frankfurt am Main 1995.

PWBA (1997)
What you should know about your pension rights. Washington 1997.
http://www.dol.gov/dol/pwba/public/pubs/youknow/know1.htm

PWBA Advisory Council (1997a)
Report of the working group on the merits of defined contribution versus defined benefit plans with an emphasis on small business concerns. O.O., November 1997.
http://www.dol.gov/dol/pwba/public/adcoun/dbvsdc.htm

PWBA Advisory Council (1997b)
Report of the working group on employer assets in ERISA employer-sponsored plans. O.O., November 1997.
gatekeeper.dol.gov/dol/pwba/public/adcoun/acemer.htm

PWBA Advisory Council (1997c)
Report of the working group on soft dollar and directed brokerage. O.O., November 1997.
http://www.dol.gov/dol/pwba/public/adcoun/softdolr.htm

Rauser, Klaus-Dieter, Rainer **Wurzberger** und Francesco **De Meo** (1995)
Deferred compensation. In: Betriebs-Berater, 50. Jg. (1995), S. 381 - 383.

Reichelstein, Stefan (1992)
Agency. In: The new palgrave dictionary of money and finance, Band I. Hrsg. Peter Newman u.a. London u.a. 1992, S. 23 - 26.

Reichenbach, Rita (1998)
Aspekte der Mitbestimmung bei der Gestaltung betrieblicher Versorgungswerke. In: Betriebliche Altersversorgung, 53. Jg. (1998), S. 161 - 165.

Richter, Gerd (1996)
Zeitgemäße Gestaltung von Pensionsplänen. In: Der Betrieb, 49. Jg. (1996), S. 1733 - 1737.

Rintoul, Fiona (1997)
Kritik an privaten Pensionsfonds. In: Handelsblatt, Nr. 234 vom 04.12.1997, S. 41.

Roe, Mark J. (1991)
A political theory of American corporate finance. In: Columbia Law Review, 91. Jg. (1991), Heft 10, S. 11 - 67.

Roe, Mark J. (1995)
The modern corporation and private pensions: Strong managers, weak owners. In: Journal of Applied Corporate Finance, 8. Jg. (1995), Nr. 2, S. 111 - 119.

Romano, Roberta (1993a)
Public pension fund activism in corporate governance reconsidered. In: Institutional Investors and Corporate Governance. Hrsg. Theodor Baums, Richard M. Buxbaum und Klaus J. Hopt. Berlin u.a. 1993.

Romano, Roberta (1993b)
Pension fund activism in corporate governance reconsidered. In: Columbia Law Review, 93. Jg. (1993), S. 795 - 853.

Rose, Manfred (1994)
Ein einfaches Steuersystem für Deutschland. In: Wirtschaftsdienst, 74. Jg. (1994), S. 423 - 432.

Rosen, Rüdiger von (1995a)
Zweites Finanzmarktförderungsgesetz und Privatanleger. In: Die Bank, o. Jg. (1995), S. 9 - 14.

Rosen, Rüdiger von (1995b)
Aktiensparplan als Lösungsansatz. In: Börsen-Zeitung, Nr. 129 vom 08.07.1995, S. 9.

Rosen, Rüdiger von (1996a)
Finanzielles Anreizsystem zur Öffnung der Aktie für breite Bevölkerungsschichten: Der Private Aktiensparplan (PAS). Vortrag auf dem Unternehmertag „Risiko-, Mitarbeiter- und Beteiligungskapital - Wege zur Stärkung der Eigenkapitalbasis“ am 01.02.1996 in Altenburg.

Rosen, Rüdiger von (1996b)
Was machen die anderen besser? In: Börsen-Zeitung, Nr. 38 vom 23.02.1996, S. 18.

Rosenbloom, Jerry S. (1988)
The handbook of employee benefits. 2. Aufl., Homewood 1988.

Ross, Stephen A., Randolph W. **Westerfield** und Jeffrey F. **Jaffe** (1990)
Corporate finance. 2. Aufl., Homewood 1990.

Ruppert, Wolfgang (1997)
Ungünstige Bedingungen für die betriebliche Altersversorgung. In: IFO Schnelldienst, 50. Jg. (1997), Heft 28, S. 10 - 19.

Sachverständigenrat zur Begutachtung der gesamtwirtschaftlichen Entwicklung (1988)
Jahresgutachten 1988/89. Arbeitsplätze im Wettbewerb. Bundestags-Drucksache 11/3478 vom 24.11.1988.

Sachverständigenrat zur Begutachtung der gesamtwirtschaftlichen Entwicklung (1994)
Jahresgutachten 1994/95. Den Aufschwung sichern - Arbeitsplätze schaffen. Bundestags-Drucksache 13/26 vom 21.11.1994.

Sachverständigenrat zur Begutachtung der gesamtwirtschaftlichen Entwicklung (1996)
Jahresgutachten 1996/97. Reformen voranbringen. Bundestags-Drucksache 13/6200 vom 18.11.1996.

Sametz, Arnold W. (1994)
Reconfiguring corporate governance activity of private pension funds. New York University. Working paper series S - 94 - 26. New York 1994.

Sametz, Arnold W. (1995)
An expanded role for private pensions in U.S. corporate governance. In: Journal of Applied Corporate Finance, 8. Jg. (1995), Nr. 2, S. 97 - 110.

Samwick, Andrew A., und Jonathan **Skinner** (1996)
Abondoning the nest egg? 401(k) plans and inadequate pension saving. NBER working paper No. 5568. Cambridge 1996.

Schaber, Mathias (1994)
Spezialfonds: Maßgeschneidertes Investmentprodukt oder ein Fall für das Gesetz zur Bekämpfung des Mißbrauchs und zur Bereinigung des Steuerrechts? In: Der Betrieb, 47. Jg. (1994), S. 993 - 998.

Schaber, Mathias, und Georg **Staber** (1995)
Vom Wertpapiersparen zum Asset-Management. In: Zeitschrift für Betriebswirtschaft, 65. Jg. (1995), S. 157 - 175.

Schanz, Gerhard (1996)
Die Betriebsrentensicherung wird kaum billiger. In: Börsen-Zeitung, Nr. 141 vom 25.07.1996, S. 9.

Schanz, Thomas (1997)
Steuerliche und wirtschaftliche Fallstricke bei aus Gehaltsumwandlung der Mitarbeiter finanzierten Versorgungszusagen. In: Betriebs-Berater, 52. Jg. (1997), S. 602 - 610.

Schmähl, Winfried (1981)
Soziale Sicherheit im Alter. In: Handwörterbuch der Wirtschaftswissenschaft, Band 6. Hrsg. W. Albers u.a. Stuttgart 1981, S. 645 - 661.

Schmähl, Winfried (1993)
Alterssicherung in der Diskussion: Finanzierungsverfahren, staatliche versus private Alterssicherung und die Bedeutung von Eigenvorsorge. In: Sozialpolitik vor neuen Aufgaben. Festschrift für H. Sanmann. Bern u.a. 1993.

Schmähl, Winfried (1994)
Strategien und Maßnahmen künftiger Alterssicherungspolitik in Deutschland. In: Wirtschaftsdienst, 74. Jg. (1994), S. 507 - 514.

Schmähl, Winfried (1995)
Gutachten des Sozialbeirats zum Rentenversicherungsbericht 1995. In: Bundestags-Drucksache 13/2017 vom 18.07.1995, S. 223 - 227.

Schmähl, Winfried (1997)
Alterssicherung zwischen Vorsorge und Versorgung: Konzeption, Entwicklungstendenzen und eine Entwicklungsstrategie für die deutsche Alterssicherung. ZeS-Arbeitspapier Nr. 5/97. Bremen 1997.

Schmidt, Hartmut (1970)
Börsenorganisation zum Schutze der Anleger. Tübingen 1970.

Schmidt, Hartmut (1977)
Vorteile und Nachteile eines integrierten Zirkulationsmarktes für Wertpapiere gegenüber einem gespaltenen Effektenmarkt. Brüssel und Luxemburg 1977.

Schmidt, Hartmut (1988)
Wertpapierbörsen. München 1988.

Schmidt, Hartmut, und Anke **Steenbock** (1996)
Fazit des Seminars zur Bankbetriebslehre am Institut für Geld- und Kapitalverkehr der Universität Hamburg zum Thema „Altersvorsorge und Kapitalmarkt" im WS 1995/96. Hamburg 1996.

Schmidt, Hartmut, Jochen **Drukarczyk**, Dirk **Honold**, Stefan **Prigge**, Andreas **Schüler** und Gönke **Tetens** (1997)
Corporate governance in Germany. Baden-Baden 1997.

Schmitz, Jöns-Peter (1996)
Sind Pensionsfonds für die deutsche betriebliche Altersversorgung die einzig sinnvolle Lösung? In: Betriebs-Berater, 51. Jg. (1996), S. 1547 - 1553.

Schoden, Michael (1994)
Betriebliche Altersversorgung. Basiskommentar zum Betriebsrentengesetz mit arbeitsrechtlicher Einführung für die Praxis. 3., überarb. Aufl., Köln 1994.

Schoppe, Siegfried G. u.a (1995)
Moderne Theorie der Unternehmung. München 1995.

Schulin, Bertram (1994)
Dispositionsmöglichkeiten für die Versicherten in der gesetzlichen Krankenversicherung - rechtliche Regelungen und ihre tatsächliche Nutzung. In: Zeitschrift für die gesamte Versicherungswissenschaft, 83. Jg. (1994), S. 29 - 52.

Schulte, Bernd (1987)
Alterssicherung in Großbritannien. In: Zeitschrift für ausländisches und internationales Arbeits- und Sozialrecht, 1. Jg. (1987), S. 93 - 158.

Schulte, Bernd (1991)
Alterssicherung in Großbritannien. In: Deutsche Angestellten-Versicherung, 38. Jg. (1991), S. 369 - 377.

Schwab, Stewart J., und Randall S. **Thomas** (1998)
Realigning corporate governance: Shareholder activism by labor unions. In: Michigan Law Review, 96. Jg. (1998), S. 1018 - 1094.

Schwartz, Robert A. (1991)
Reshaping the equity markets: a guide for the 1990s. New York 1991.

Schwarzbauer, Fritz (1995)
Unterstützungskassen. In: Handbuch der betrieblichen Altersversorgung. Hrsg. Arbeitsgemeinschaft für betriebliche Altersversorgung e.V. Stand März 1995. Heidelberg 1995, Abschnitt 60.

Schwebler, Robert (1988)
Lebensversicherung. In: Handwörterbuch der Versicherung. Hrsg. Dieter Farny, Elmar Helten, Peter Koch und Reimer Schmidt. Karlsruhe 1988, S. 417 - 425.

Schwinger, Reiner (1997)
Betriebliche Altersversorgung und Kapitalmarkt - eine Anmerkung zur aktuellen Diskussion über Pensionsfonds. In: Steuerberatung im Spannungsfeld von Betriebswirtschaft und Recht. Festschrift zum 75. Geburtstag von Professor Dr. Heinz Stehle. Hrsg. Franz W. Wagner. Stuttgart u.a. 1997, S. 163 - 183.

Secretary of State for Social Security and the Minister for Welfare Reform (1998)
New ambitions for our country: A new contract for welfare. London 1998.

Seely, Antony (1998)
Personal tax allowances & reliefs 1998-99. Research paper 98/37. House of Commons. O.O. 1998.

Self, Roger (1996)
Pension fund trustee handbook. 3. Aufl., Croydon 1996.

Sieper, Hartmut (1994)
Zunehmender Einsatz von Fonds. In: Zeitschrift für das gesamte Kreditwesen, 47. Jg. (1994), S. 367f.

Skinner, Jonathan (1991)
Individual retirement accounts: A review of the evidence. NBER working paper No. 3938. Cambridge 1991.

Smith, Jr., Clifford W., und Jerold B. **Warner** (1979)
On financial contracting. An analysis of bond covenants. In: Journal of Financial Economics, 7. Jg. (1979), S. 117 - 161.

Smith, Jr., Clifford W. (1992)
Agency costs. In: The new palgrave dictionary of money and finance, Band I. Hrsg. Peter Newman u.a. London u.a. 1992, S. 26 - 28.

Smyth, Kathleen C. (1994)
The coming investor revolt. In: Fortune, o. Jg. (1994), Heft 31, S. 92 - 97.

Social Security Administration (1997a)
A snapshot. Social security fact sheet. Publication No. 05-10006. Washington 1997.
http://www.ssa.gov/pubs/10006.html

Social Security Administration (1997b)
How you earn credits. Publication No. 05-10072. Washington 1997.
http://www.ssa.gov/pubs/10072.html

Social Security Administration (1997c)
Financing social security. Social security fact sheet. Publication No. 05-10094. Washington 1997.
http://www.ssa.gov/pubs/10094.html

Social Security Administration (1997d)
Social Security Handbook 1997. 13. Aufl., Washington 1997.

Social Security Board of Trustees (1997)
Annual Report 1996. Washington 1997.
http://www.ebri.org/facts/0597fact.htm

Spengel, Christoph, und Frank **Schmidt** (1997a)
Betriebliche Altersversorgung, Besteuerung und Kapitalmarkt. Ein Vergleich der Verhältnisse in Deutschland, Frankreich, Großbritannien, den Niederlanden und den USA. Schriftenreihe des ZEW, Band 15. Baden-Baden 1997.

Spengel, Christoph, und Frank **Schmidt** (1997b)
Pensionsfonds als Allheilmittel zur stärkeren Verbreitung der betrieblichen Altersversorgung? In: Betriebliche Altersversorgung, 52. Jg. (1997), S. 83 - 88.

Spremann, Klaus (1990)
Investition und Finanzierung. 3. Aufl., München 1990.

Stapledon, G. P. (1996)
Institutional shareholders and corporate governance. Oxford 1996.

Stark, Gunnar (1997)
Zur Bewertung von Kapitallebensversicherungen. In: Zeitschrift für betriebswirtschaftliche Forschung, 49. Jg. (1997), S. 685 - 711.

Statistisches Bundesamt (1994)
Entwicklung der Bevölkerung bis 2040. In: Wirtschaft und Statistik, o. Jg. (1994), H. 7, S. 501.

Statistisches Bundesamt (1995)
Statistisches Jahrbuch 1995 der Bundesrepublik Deutschland. Wiesbaden 1995.

Statistisches Bundesamt (1997)
Statistisches Jahrbuch 1997 der Bundesrepublik Deutschland. Wiesbaden 1997.

Statistisches Bundesamt (1998)
Lohn- und Einkommensteuerstatistik 1992. Wiesbaden 1998.

Stehle, Richard, und Anette **Hartmond** (1991)
Durchschnittsrenditen deutscher Aktien 1954 - 1988. In: Kredit und Kapital, 24. Jg. (1991), S. 371 - 411.

Steil, Benn (1996)
The European equity markets. London 1996.

Steiner, Manfred, und Christoph **Bruns** (1996)
Wertpapiermanagement. 5., überarb. und erw. Aufl., Stuttgart 1996.

Steinmeyer, Heinz-Dietrich (1991)
Betriebliche Altersversorgung und Arbeitsverhältnis. Schriften des Instituts für Arbeits- und Wirtschaftsrecht der Universität zu Köln, Band 59. München 1991.

Steinmeyer, Heinz-Dietrich (1992)
Die Gehaltsumwandlungsversicherung als betriebliche Altersversorgung. In: Betriebliche Altersversorgung, 47. Jg. (1992), S. 192 - 198.

Stephen, Richard (1992)
Betriebliche Altersversorgung in Großbritannien. In: Betriebliche Altersversorgung, 47. Jg. (1992), S. 68 - 71.

Stiglitz, Joseph E. (1992)
Principal and agent. In: The new palgrave dictionary of money and finance, Band III. Hrsg. Peter Newman u.a. London u.a. 1992, S. 185 - 191.

Strenger, Christian (1996)
Ertragsstarke Aktienfonds zur Vorsorge nutzen. In: Börsen-Zeitung, Nr. 232 vom 30.11.1996, S. 13.

Stützel, Wolfgang (1976)
Wert und Preis. In: Handwörterbuch der Betriebswirtschaft, Band I/3. Hrsg. Erwin Grochla und Waldemar Wittmann. 4., völlig neu gest. Aufl., Stuttgart 1976, Sp. 4404 - 4425.

Tamburi, Giovanni u.a. (1994)
Ergänzende Altersversorgungssysteme in der Europäischen Union. Hrsg. Europäische Kommission. Brüssel 1994.

Thelen, Peter (1997)
Briten verlassen staatliche Altersversorgung in Scharen. In: Handelsblatt, Nr. 5 vom 08.01.1997, S. 9.

Thurston, John (1994)
A practitioner`s guide to trusts. Croydon 1994.

TIAA-CREF (1997)
Faculty pension choices in a public institution: Defined benefit and defined contribution plans. Research dialogues No. 50. O.O. 1997.

TIAA-CREF (1998a)
Making sense of social security. O.O. 1998.
http://www.tiaa-cref.org/libser/mss/docs/future.html

TIAA-CREF (1998b)
How social security figures your retirement benefits. O.O. 1998.
http://www.tiaa-cref.org/libser/mss/docs/figures.html

TIAA-CREF (1998c)
New directions under the Tax Act. In: Participant, o. Jg. (1998), Heft 2, S. 14f.

Tiedtke, Klaus, und Joachim **Reuß** (1994)
Höchstbetragsregelung und Vorsorgepauschale bei Vorsorgeaufwendungen. In: Deutsches Steuerrecht, 32. Jg. (1994), S. 957 - 963.

Tiley, John, und David **Collison** (1997)
Tiley and Collison's UK tax guide. 15. Aufl., London 1997.

Tipke, Klaus, und Joachim **Lang** (1991)
Steuerrecht. Ein systematischer Grundriß. 13., völlig überarb. Aufl., Köln 1991.

Tipke, Klaus, und Joachim **Lang** (1996)
Steuerrecht. 15., völlig überarb. Aufl., Köln 1996.

Tollerton, Tony, Sarah **Black**, Elizabeth **Pearce** und Helen **Whitbread** (1996)
Introduction to pension schemes and social security. Subject 1. Hrsg. PMI Tuition Service. London 1996.

Treisch, Corinna (1995a)
Die private Rentenversicherung im Einkommensteuerrecht. Historische Entwicklung - Systematische Einordnung - Neuregelung. Wiesbaden 1995.

Treisch, Corinna (1995b)
Die private Rentenversicherung im Einkommensteuerrecht. In: Steuer und Wirtschaft, 72. (25.) Jg. (1995), S. 28 - 38.

TUC (1996a)
Pension Fund Investment. London 1996.

TUC (1996b)
Pensions factsheet No. 4. London 1996.

Turner, John A., und Noriyasu **Watanabe** (1995)
Private pension policies in industrialized countries. A comparative analysis. Kalamazoo 1995.

Uebelhack, Birgit (1995)
Die betriebliche Altersversorgung. In: Handbuch der betrieblichen Altersversorgung. Hrsg. Arbeitsgemeinschaft für betriebliche Altersversorgung e.V. Stand März 1995. Heidelberg 1995, Abschnitt 10.

Urbitsch, Christian (1998)
Deckungsmittel der betrieblichen Altersversorgung überschreiten 500 Mrd. DM. In: Betriebliche Altersversorgung, 53. Jg. (1998), S. 31.

Vogt, Wolfgang (1998)
Vermögen für alle - Investivlohn jetzt. Bundespressekonferenz vom 07.01.1998.

Wagenhofer, Alfred (1996)
Anreizsysteme in Agency-Modellen mit mehreren Aktionen. In: Die Betriebswirtschaft, 56. Jg. (1996), S. 155 - 165.

Wagner, Wayne H., und Mark **Edwards** (1993)
Best execution. In: Financial Analysts Journal, 49. Jg. (1993), Nr. 1, S. 65 - 71.

Wagner, Franz W., und Harald **Wissel** (1995)
Entscheidungsneutralität der Besteuerung als Leitlinie einer Reform der Einkommensteuer. In: Wirtschaftswissenschaftliches Studium, 24. Jg. (1995), Heft 2, S. 65 - 70.

Walter, Norbert (1995)
Mehr Eigenvorsorge stärkt die Wirtschaft. In: Handelsblatt, Nr. 5 vom 06./07.01.1995, S. 5.

Weber, Manfred (1997)
Künftige Altersvorsorge: Eine - etwas - andere Sicht. In: Wertpapier-Mitteilungen, 51. Jg. (1997), S. 308f.

Weber, Manfred (1998)
Betriebs-Pensions-Fonds - die attraktive Alternative. In: Die Bank, o. Jg. (1998), S. 339 - 343.

Wehlmann, Frank (1996)
Betriebliche Altersversorgung - Spezialfonds als neues Finanzierungsmodell. In: Der Betrieb, 49. Jg. (1996), S. 1145 - 1148.

Weinert, Wolfgang (1975)
Die Vorschriften des Gesetzes für die Arbeitnehmer des öffentlichen Dienstes. In: Gesetz zur Verbesserung der betrieblichen Altersversorgung (Betriebsrentengesetz). Gesetzestext und steuerliche Durchführungsvorschriften mit einer Einführung von Georg Heubeck, Gerhard Höhne, Hans Gerd Rau und Wolfgang Weinert. 2., überarb. und erw. Aufl., Heidelberg 1975, S. 97 - 108.

Wells, Brenda P., Larry A. **Cox**, Kenneth M. **Gaver** (1995)
Free cash flow in the life insurance industry. In: Journal of Risk and Insurance, 62. Jg. (1995), S. 50 - 66.

Weltbank (1994)
Averting the old age crisis and promote growth. Washington 1994.

Windel, Eckart (1985)
Die Beitragsgestaltung der Insolvenzsicherung. In: 10 Jahre Insolvenzsicherung der betrieblichen Altersversorgung in Deutschland. Hrsg. PSVaG. Köln 1985.

Wissenschaftlicher Beirat beim Bundesministerium der Finanzen (1986)
Gutachten zur einkommensteuerlichen Behandlung von Alterseinkünften. Bonn 1986.

Wissenschaftlicher Beirat beim Bundesministerium der Finanzen (1994)
Gutachten über die Perspektiven staatlicher Ausgabenpolitik. Bonn 1994.

Wissenschaftlicher Beirat beim Bundesministerium für Wirtschaft (1998)
Grundlegende Reform der gesetzlichen Rentenversicherung. Bonn 1998.

Wohlleben, Hermann Peter (1998)
Neuregelungen zur Insolvenzsicherung der Betriebsrenten. In: Der Betrieb, 51. Jg. (1998), S. 1230 - 1233.

Yakoboski, Paul, und Bill **Pierron** (1997)
IRAs: It`s a whole new ballgame. In: EBRI Notes, 18. Jg. (1997), Nr. 9, S. 1 - 4.

Zechner, Josef (1982)
Managerverhalten und die optimale Kapitalstruktur von Unternehmungen. In: Journal für Betriebswirtschaft, 32. Jg. (1982), S. 180 - 197.

Zimmermann, Horst, und Klaus-Dirk **Henke** (1994)
Finanzwissenschaft. 7., völlig überarb. und erw. Aufl., München 1994.

Gesetzestexte, Gesetzentwürfe, Richtlinien und Verordnungen

Aktiengesetz (AktG)
In der Fassung vom 06.09.1965 mit allen Änderungen, BGBl. III 4121-1.

Betriebsverfassungsgesetz (BetrVG)
In der Fassung vom 23.12.1988 mit allen Änderungen, BGBl. III 801-7.

Börsengesetz
In der Fassung der Bekanntmachung vom 17.07.1996 mit allen Änderungen, BGBl. III 4110-1.

Bundesministerium der Finanzen
Schreiben vom 6.12.1996, IV B 1 - S 2221 - 301/96. In: Bundessteuerblatt 1996, Teil I, S. 1438.

Einkommensteuergesetz (EStG)
In der Fassung vom 16.04.1997 mit allen Änderungen, BGBl. I, S. 821.

Einkommensteuer-Richtlinien 1996 (EStR 1996)
Allgemeine Verwaltungsvorschrift zur Anwendung des Einkommensteuerrechts vom 28.02.1997 (Banz. Nr. 53a; Bundessteuerblatt I Sondernummer 1) mit den Einkommensteuer-Hinweisen 1997.

Employee Retirement Income Security Act (ERISA)
http://www.law.cornell.edu/uscode/29/ch18.html

FinMin. NRW
Mit dem BMF und den Ländern koordinierter Erlaß vom 15.05.1995, S 2332 - 75 - V B 3. In: Der Betrieb, 48. Jg. (1995), S. 1150f.

Fünftes Gesetz zur Förderung der Vermögensbildung der Arbeitnehmer (Fünftes Vermögensbildungsgesetz - 5. VermBG)
In der Fassung vom 04.03.1994 mit allen Änderungen, BGBl. III/FNA 800-9.

Gesetz betreffend die Gesellschaften mit beschränkter Haftung (GmbHG)
In der Fassung vom 20.05.1898 mit allen Änderungen, BGBl. III 4123-1.

Gesetz über den Versicherungsvertrag (Versicherungsvertragsgesetz - VVG)
In der Fassung vom 30.05.1908 mit allen Änderungen, BGBl. III 7632-1.

Gesetz über den Wertpapierhandel (Wertpapierhandelsgesetz - WpHG)
In der Fassung vom 26.07.1994 mit allen Änderungen, BGBl. III 4110-4/1.

Gesetz über die Beaufsichtigung der Versicherungsunternehmen (Versicherungsaufsichtsgesetz - VAG)
In der Fassung vom 17.12.1992 mit allen Änderungen, BGBl. III 7631-1.

Gesetz über Kapitalanlagegesellschaften (KAGG)
In der Fassung vom 14.01.1970 mit allen Änderungen, BGBl. III 4120-4.

Gesetz zur Finanzierung eines zusätzlichen Bundeszuschusses zur gesetzlichen Rentenversicherung
Bundesgesetzblatt Teil I 1997, Nr. 86 vom 23.12.1997, S. 1321.

Gesetz zur Förderung eines gleitenden Übergangs in den Ruhestand
Bundesgesetzblatt Teil I 1996, Nr. 38 vom 29.07.1996, S. 1078 - 1087.

Gesetz zur Umsetzung des Programms für mehr Wachstum und Beschäftigung in den Bereichen der Rentenversicherung und Arbeitsförderung
Bundesgesetzblatt Teil I 1996, Nr. 48 vom 27.09.1996, S. 1461 - 1475.

Gesetz zur Verbesserung der betrieblichen Altersversorgung (Betriebsrentengesetz)
In der Fassung vom 19.12.1974 mit allen Änderungen, BGBl. III 800-22.

Individual savings account regulations 1998 (Draft)
http://www.open.gov.uk/inrev/isareg.ht

Internal Revenue Code
In: Commercial Clearing House, Standard Federal Tax Reporter, einschließlich 33. Lfg. vom 10.08.1998 (Stand: August 1998), Chicago 1998.

Körperschaftsteuergesetz (KStG)
In der Fassung der Bekanntmachung vom 22.02.1996 mit allen Änderungen, BGBl. I, S. 340.

Körperschaftsteuerrichtlinien (KStR)
Allgemeine Verwaltungsvorschrift zur Körperschaftsteuer vom 15.12.1995 (Banz. 1996 Nr. 4a; Bundessteuerblatt 1996 I Sondernummer 1).

Körperschaftsteuer-Durchführungsverordnung 1994 (KStDV 1994)
In der Fassung der Bekanntmachung vom 22.02.1996 mit allen Änderungen (BGBl. I S. 365).

Konkursordnung (KO)
In der Fassung vom 10.02.1877 mit allen Änderungen, BGBl. III 311-4.

Pensions Act 1995

Retirement Benefits Schemes (Indexation of Earnings Cap) Order 1998
Statutory Instrument 1998 No. 758.

Social Security Act
In der Fassung vom 05.08.1997.

Social Security Benefits Up-rating Order 1998
Statutory Instrument 1998 No. 470.

Social Security Contributions and Benefits Act 1992

Tax Act 1988 (TA 1988)
In: Simon`s Direct Tax Service, Band 10, einschließlich Issue No. 41 (Stand: Mai 1998), London 1998.

Verordnung über die Berichterstattung von VersUnternehmen gegenüber dem BAV (BerVersV)
Vom 14.06.1995, BGBl. I, S. 858.

Verordnung über die Mindestbeitragsrückerstattung in der Lebensversicherung (ZRQuotenV)
Vom 23.07.1996, BGBl I, S. 1190.

Verordnung über die Rechnungslegung von VersUnternehmen (RechVersV)
Vom 08.11.1994, BGBl. I, S. 3378.

Verordnung zur Bestimmung von Pensionskassen als Unternehmen von erheblicher wirtschaftlicher Bedeutung (PKewBV)
Vom 16.04.1996. BGBl. I, S. 618.

Viertes Sozialgesetzbuch (SGB IV) - Gemeinsame Vorschriften für die Sozialversicherung -
In der Fassung vom 23.12.1976 mit allen Änderungen, BGBl. III 860-4-1.

Gerichtsurteile

BAG (1990)
Urteil vom 08.05.1990 - 3 AZR 121/89. In: Der Betrieb, 43. Jg. (1990), S. 2375.

BAG (1993)
Urteil vom 04.05.1993 - 3 AZR 625/92. In: Der Betrieb, 47. Jg. (1994), S. 383f.

BAG (1995)
Urteil vom 28.03.1995 - 3 AZR 900/94. In: Der Betrieb, 48. Jg. (1995), S. 1969.

BFH (1995)
Urteil vom 17.05.1995 - I R 16/94. In: Bundessteuerblatt 1996, Teil II, S. 420 - 423.

BFH (1997)
Urteil vom 29.10.1997 - I R 52/97. Nicht veröffentlicht.

BGH (1994)
Urteil vom 23.11.1994 - IV ZR 124/93. In: Zeitschrift für Wirtschaftsrecht ZIP, 16. Jg. (1995), S. 33 - 37.

BVerfG (1980)
Urteil vom 23.03.1980 - Az 1 BvR 121, 122/76. In: Bundessteuerblatt 1980, Teil II, S. 545 - 554.

LAG Köln (1996)
Urteil vom 04.12.1996 - 7 Sa 1068/94. In: Der Betrieb, 50. Jg. (1997), S. 987f.

GPSR Compliance

The European Union's (EU) General Product Safety Regulation (GPSR) is a set of rules that requires consumer products to be safe and our obligations to ensure this.

If you have any concerns about our products, you can contact us on ProductSafety@springernature.com

In case Publisher is established outside the EU, the EU authorized representative is:

Springer Nature Customer Service Center GmbH
Europaplatz 3
69115 Heidelberg, Germany

Batch number: 10815962

Printed by Printforce, the Netherlands